Nicholas Reynolds · Beck

Nicholas Reynolds

BECK

Gehorsam und Widerstand

Das Leben des deutschen
Generalstabschefs
1935 – 1938

Limes

Das englische Original hat den Titel
Treason was no crime
und erschien 1976 bei William Kimber & Co. Limited in London

Deutsch von Heinrich Graf von Einsiedel und Martin Schulte

Satz und Druck: Sulzberg-Druck, Sulzberg/Allgäu
Umschlagentwurf: Klaus Neumann, Wiesbaden
Titelfoto: Süddeutscher Verlag
Printed in Germany
ISBN 3-8090-2112-1

Sir John Wheeler-Bennett zum Gedenken

Inhalt

Vorwort

Ludwig Beck hat als erster Generalstabschef im Dritten Reich und als die Schlüsselfigur des deutschen Widerstands gegen Hitler geschichtliche Bedeutung erlangt. Seine Persönlichkeit war durch ein starkes Traditionsbewußtsein geprägt. Beck verkörperte die Tradition des älteren Moltke. Für seine Zeitgenossen war er der Prototyp des preußischen Generalstabsoffiziers – ein Mann, der klares strategisches Denken mit einem strengen, kompromißlosen Ehrenkodex verband. Diese Grundhaltung bestimmte sein Handeln sowohl als Generalstabschef wie später als Haupt des Widerstands.

Für konservative deutsche Historiker nach 1945 war Beck eine wichtige Entdeckung. Ihnen lag daran, die deutsche Führungsschicht von der Verantwortung für die »deutsche Katastrophe« freizusprechen. Die Armee, Sinnbild preußisch-deutscher Tradition, war mit besonderer Bitterkeit kritisiert worden, und sie schrieben nun über Beck mit dem Ziel, die tiefe Kluft zwischen Hitler und dieser Tradition aufzuzeigen. Hans Rothfels und Friedrich Meinecke zollten Beck in ihren Werken über das Dritte Reich und den Widerstand höchste Anerkennung; Wolfgang Foerster skizzierte in einem kleinen Buch Becks Karriere. Ihre Charakterisierungen wurden von späteren Autoren übernommen, vor allem von Gert Buchheit, der dieses Material und die daraus gezogenen Schlußfolgerungen seiner sehr positiven Biographie zugrunde legte. In all diesen Arbeiten wird Beck als ein kompromißloser Gegner des Nationalsozialismus dargestellt – in seiner Zeit als Generalstabschef wie später.

Beck so zu porträtieren heißt aber, ihn mißzuverstehen. Gerade sein Konservativismus brachte ihn dazu, mit Hitler zusammenzuarbeiten, und hinderte ihn daran, sich der Sache des Widerstands zu verschreiben, solange er im Amt war. Er diente Hitler loyal von 1933 bis 1938. Seine Kritik an der nationalsozialistischen Politik während der ersten Jahre des Hitlerregimes hatte eher das Ziel, diese Politik wirkungsvoller zu gestalten, als sich ihr prinzipiell zu widersetzen. Noch 1938, als bereits Differenzen grundsätzlicher Art zwischen Beck und Hitler aufgetreten waren, lehnte der General einen Staatsstreich gegen den Diktator ab. Erst 1939 begann er sich mit solchen Plänen zu identifizieren.

In dieser Biographie über Beck habe ich das Schwergewicht verlagert: Die konservativen deutschen Historiker haben Beck als Mann des Widerstands herausgestellt, meine Darstellung konzentriert sich auf den Soldaten Beck. Der deutsche Generalstab hatte seine eigene Logik, die Hitler mit großem Erfolg für seine Pläne einzusetzen verstand, und als Beck sich dem Widerstand anschloß, mußte er versuchen, diese Logik zu überwinden. Als er sich gegen Hitler wandte, bedeutete das nicht die konsequente Fortsetzung des Werkes, das er als Generalstabschef begonnen hatte – dieser Schritt war vielmehr ein Bruch. Beck glaubte, zur Wiedergutmachung verpflichtet zu sein. Wenn ihm der entscheidende Erfolg auch versagt blieb, so ist doch an der Lauterkeit seines Handelns kein Zweifel erlaubt. Die Tragik Becks, wenn man es so nennen will, liegt in eben diesem Widerspruch zwischen seiner Hingabe an das Ziel und seinem schließlichen Scheitern.

N. R.

I

Die Jahre von 1880 bis 1918

Seine Liebe zum Soldatenberuf ist angeboren

Ludwig August Theodor Beck wurde am 29. Juni 1880 in Biebrich am Rhein geboren. Er war der zweite von drei Söhnen. Sein Vater, Dr. phil. Ludwig Beck, war ein belesener und hochgeachteter Eisenhüttenfachmann, der seit 1869 die Eisengießerei »Rheinhütte« bei Biebrich betrieb. Die Mutter, Bertha geborene Draudt, war eine elegante, kultivierte Dame von außergewöhnlicher Liebenswürdigkeit. Beide Eltern erzogen ihre Kinder im Geist eines streng disziplinierten Humanismus, der in starkem Kontrast zu dem leeren Bombast und der kulturellen Dekadenz des Wilhelminischen Deutschlands stand. Die Familie Beck ließ sich vom materialistischen Zeitgeist des jungen Reiches nicht beeinflussen und hatte wenig gemein mit der neuen wohlhabenden deutschen Mittelklasse, zu der sie eigentlich gehörte. Ihr zurückgezogenes kultiviertes Leben beschwor ein anderes Deutschland, das Land der »Dichter und Denker«.

Diese Besonderheit ihrer Erziehung wurde von Beck und seinem Bruder Wilhelm aus Anlaß des 100. Geburtstages ihres Vaters in einem Aufsatz dankbar hervorgehoben.

»Die Erziehung der Söhne beeinflußte der Vater im Verein mit der Mutter weniger durch Lehrhaftigkeit als durch das Beispiel der eigenen Haltung, für die der Ausspruch Theodor Vischers zutraf: ›Das Moralische versteht sich immer von selbst‹, durch das enge Familienleben sowie durch das Vorbild an Arbeit, Pflicht – nicht zuletzt auch des Frühaufstehens – und steter wissenschaftlicher und innerer Fortbildung. Eine besondere Gabe von ihm war es, daß er immer Zeit für die Söhne hatte, trotz eigener vieler und vielseitiger Beanspruchung, und stets die Ruhe bewahrte. Beide Eltern waren einfach und bescheiden in ihrer Lebensführung und bemüht, in den Söhnen keine Überbewertung des äußeren Besitzes hochkommen zu lassen, wozu der Verkehr mit einzelnen sehr wohlhabenden, gut bekannten Familien hätte verleiten können. Sooft es die Zeit zuließ, unternahm der Vater mit den Söhnen Ausflüge in die nähere und weitere Umgebung, öfters auch über mehrere Tage. Zu Hause las er gern aus den Dramen der deutschen Klassiker vor, aus Shakespeare, aus der Bibel, aber auch aus heiteren Lokaldichtern in Mundart. Beide Eltern, religiös tolerant, waren häufige Kirchengänger und hielten auch die Söhne zum Kirchenbesuch an. Unter den Lebensweisheiten, die der Vater den Söhnen gegenüber gern aussprach, seien außer der Mahnung, den Wert der Menschenkenntnis nicht zu unterschätzen, das ›Erkenne dich selbst‹ des Sokrates und von den Lehren, die Polonius seinem Sohn

Laertes mitgab, die beiden genannt: ›Sei dir selber treu‹ und ›Kein Borger sei und auch Verleiher nicht‹ ... Viel vortreffliche Hausmusik wurde gemacht. Die Mutter war eine hervorragende Klavierspielerin. Vor allem wurde die klassische Kammermusik gepflegt, was für alle ... ein hoher Genuß war. Große Geselligkeit liebten beide Eltern dagegen wenig ... Sehr liebten sie aber den einfachen gastlichen Verkehr mit Verwandten und nahen Bekannten im eigenen Hause ... Unzählig viele schöne und unvergeßliche Erinnerungen haften für alle, welche diese Zeit miterlebt haben, an diesem Heim, an seine herrliche Lage am Rhein ... an dem ungebundenen Leben außerhalb der Stadt ...[1]«

Ihr kulturelles Engagement ließ der Familie Beck wenig Zeit für die Politik, ja der Vater Becks war im Grunde ein völlig unpolitischer Mensch. Sein eigentliches Interesse galt der Wissenschaft, und er konnte sogar zuweilen seine Eisengießerei über seiner Bibliothek vernachlässigen, in der er zwanzig Jahre an einer voluminösen, fünfbändigen »Geschichte des Eisens« schrieb.

Als er in die Nationalliberale Partei eintrat, tat er dies keineswegs aus einer starken politischen Überzeugung, sondern einfach weil er deren Führer, Rudolf von Bennigsen, bewunderte. Wie viele Nationalliberale begnügte er sich mit der Pflege seiner konservativen Grundhaltung.

Die Revolution von 1848 bedeutete ihm wenig mehr als eine unerschöpfliche Quelle lustiger Anekdoten. Die deutsche Einheit unter preußischer Führung erschien ihm einfach »naturgegeben« und »gesund«. Wie »alle guten Deutschen« hatte er die Gründung des Reiches begeistert begrüßt und seine Loyalität den Hohenzollern zugewandt. Sosehr er auch die Vergangenheit liebte und das reiche und vielfältige kulturelle Erbe der deutschen Stämme schätzte, war er doch der Überzeugung, daß die Zeit der Kleinstaaterei endgültig der Vergangenheit angehöre; sie war nur noch die Zielscheibe seines Spottes.

Politische Sorge bereiteten ihm die Feinde des endlich geschaffenen Reiches. Er war beunruhigt über die Ausbreitung des Marxismus mit seiner Klassenkampftheorie, die er vom Standpunkt des patriarchalischen Fabrikbesitzers aus als verderblich und umstürzlerisch ansah.

Wenn also die Großzügigkeit der Beckschen Erziehung und die persönlichen Wertmaßstäbe der Familie nicht für die deutsche Mittelklasse typisch waren – das Verhältnis des älteren Beck zur Politik war es um so mehr. Seine politischen Ansichten waren vorindustriell und konservativ in einem sehr deutschen Sinn. Auf der einen Seite Anerkennung der Notwendigkeit einer starken politischen Autorität, der Treue zum Kaiser und der Vormachtstellung Preußens im Reich. Auf der anderen Seite Verständnislosigkeit für gesellschaftspolitische Strukturveränderungen, die allein dem mächtigen Staat innere Festigkeit geben konnten, und Desinteresse an den Fragen der praktischen Politik.

Das war die Politik des »unpolitischen« Deutschen, ein Teil von Bismarcks Erbe. Mit einer brillanten und zynischen Mischung von Gewalt und Diplomatie hatte dieser die Einheit Deutschlands unter der Ägide Preußens und der Hohenzollern geschaffen. Obrigkeitsdenken usurpierte so den Platz der Freiheit bei der Gründung der Nation, und Autorität war das Führungsprinzip des Reiches. Wo in anderen Ländern die Bürger auf die demokratischen Ideale ihrer Vorfahren stolz waren, lernten die Deutschen die bewaffnete Macht zu feiern und Machtpolitik zu bewundern. Die Konzessionen an die politische Notwendigkeit einer Modernisierung des Staates blieben unbedeutend. Die Industrialisierung führte in Deutschland nicht zu größeren politischen Rechten für das Bürgertum oder gar für das Proletariat. Der Citoyen mit seinen für die Demokratie so wichtigen Funktionen blieb in Deutschland unbekannt.
Persönliche Wertmaßstäbe hatten nur geringe Auswirkungen auf die politische Haltung, weil die meisten Deutschen die private und die politische Sphäre voneinander trennten. Die Interessen des gebildeten Bürgers lagen meist außerhalb der Politik; die Folge war oft eine blinde Unterwerfung unter den Obrigkeitsstaat.

In diesem Milieu wuchs Ludwig Beck auf; er war zurückhaltend und äußerst sensibel. Einer seiner Freunde erinnerte sich an ihn als »ernst und allen überlegen, ohne Spielverderber zu sein«. Seine ganze Anhänglichkeit galt den Eltern, die seine besten Freunde waren. Dabei schloß er sich nicht von Gleichaltrigen ab, die besonders seinen ausgeprägten Sinn für Humor schätzten. Seine von den Eltern begonnene geistige Erziehung wurde auf einem Humanistischen Gymnasium fortgesetzt. Neben soliden Grundlagen in Geschichte und Literatur eignete er sich dort gründliche mathematische Kenntnisse an, für die er nach praktischer Anwendung suchte. Das Abitur bestand er glänzend. Wie sein Vater hatte er Freude an eher abstrakten intellektuellen Beschäftigungen, aber von seinem Vater scheint er auch die kurzsichtigen politischen Ansichten unreflektiert übernommen zu haben.1898 zum Beispiel erklärte er naiv, es werde nie wieder Krieg geben. Wie sein Vater war er fest von der Notwendigkeit der Vorherrschaft Preußens überzeugt.
Becks Eltern haben wenig Einfluß auf die Berufswahl ihrer Söhne genommen. Für ihn selbst gab es darüber nie irgendwelche Zweifel. Wilhelm Beck, sein Bruder, hat von der »ihm angeborenen Liebe zum Soldatenberuf« geschrieben. Abgesehen vom Vater waren seine Vorfahren über viele Generationen Offiziere der hessischen Armee gewesen. Großen Einfluß auf Beck hatte sein Onkel August Draudt, ein General der Artillerie. Dieser Einfluß und der Wunsch, seine mathematische Begabung anzuwenden, bestimmten seinen Entschluß, die Offizierslaufbahn einzuschlagen. Am 12. März 1898 trat er als Fahnenjunker in das preußische Feldartillerieregiment 15 ein[2].

Becks Veranlagung und Herkunft waren gute Voraussetzungen für eine Karriere im preußischen Heer, aber er unterschied sich von vielen seiner Kameraden. Er gehörte nicht zu jenen jungen Männern der Mittelklasse, die in der blinden Begeisterung nach 1870 in die Armee drängten. Er war keiner der »Söhne reicher Bürgerfamilien, die jetzt zu den Fahnen strebten ... und die Denkweise, die Manieren und auch die Laster ihrer aristokratischen Waffenbrüder nachäfften und übertrieben[3]«. Er war der Sproß einer Familie mit alter militärischer Tradition. Die besten Eigenschaften des preußischen Offiziers – strenge und selbstlose Pflichtauffassung, die Anerkennung eines traditionsbewußten Ehrenkodex und die bedingungslose Loyalität gegenüber dem König – waren Beck durch seine Erziehung in Biebrich selbstverständlich. Dennoch war er auch hier eine Ausnahmeerscheinung: Sein hoher Bildungsstand unterschied ihn von den aus alten Offiziersfamilien stammenden Kameraden, deren Interessen auf militärische Dinge beschränkt waren.

Becks Offizierskameraden waren von seinen ungewöhnlichen Qualitäten beeindruckt. Sie beneideten seine Überlegenheit nicht – sie bewunderten sie. Ein Offizier, der Beck bei einem Manöver im Jahre 1900 begegnete, erklärte später, er sei entschieden reifer gewesen als seine Altersgenossen, und hob seine Bescheidenheit, hohe Intelligenz und sein »eisernes Pflichtbewußtsein« hervor. Beck galt als guter Kamerad, obwohl er sich nie an den üblichen Eskapaden junger Offiziere beteiligte. Zwei Reserveoffiziere, die kurz nach der Jahrhundertwende von ihm ausgebildet wurden, nannten ihn einen zwar strengen, aber warmherzigen Vorgesetzten. »... als Akademiker«, schrieb einer von ihnen, »(waren wir) durchaus kritisch eingestellt ... seine als überragend empfundene Persönlichkeit imponierte uns ... Durchdringender Verstand mit der Gabe scharfer Konzentration und seltener Präzision im Ausdruck hoben ihn in unseren Augen weit über den landläufigen Leutnantstyp hinaus[4].«

Der Anfang des Jahrhunderts war eine Zeit für die Armee. Sie war tonangebend in Gesellschaft und Regierung, und die Berufsoffiziere hatten manche Gelegenheit, ihren Standesdünkel und ihre Arroganz auszuspielen. Beck setzte diese Haltung in einen bewußten Professionalismus um, den er in den Lehrgängen bewies, die er als junger Offizier leitete. Mit preußischer Gründlichkeit widmete er sich zum Beispiel der Sprechweise, der sich ein Offizier zu bedienen habe. »In der Armee«, so erklärte er den jungen Offiziersanwärtern, »müssen Sie sich eine bestimmte Art zu sprechen angewöhnen, insbesondere wenn Sie Befehle erteilen, selbst auf die Gefahr hin, affektiert zu wirken. Der mündlich gegebene Befehl muß schon durch die Art seiner stimmlichen Formulierung wirken.« Wurde die von ihm geforderte Klarheit und Entschlossenheit nicht erreicht, konnte Beck kalt und sarkastisch sein. So fragte er einen Fahnenjunker, der bei einer Aufgabe versagt hatte: »Und nun? Ich schlage vor, Sie befehlen ›Helm ab zum Gebet‹ und lassen sich dann wegen Unfähigkeit pensionieren ...[5].«

1908 wurde Beck an die Kriegsakademie nach Berlin abkommandiert. Dort blieb er drei Jahre und wurde dann zwei Jahre auf Probe im Generalstab verwendet, bevor er endgültig als Hauptmann in den Generalstab übernommen wurde. In diesen Jahren bewies er, daß er das Zeug für einen idealen Generalstabsoffizier hatte (trotz seiner Neigung zum Intellektualismus). Einer seiner Ausbilder meinte schon damals, daß er an den älteren Moltke erinnere, und beurteilte ihn als den bei weitem Besten seines Jahrganges. Das bedeutete viel in einer Zeit, in der die Kommandierung zur Kriegsakademie an sich schon eine große Auszeichnung darstellte und es sehr schwierig war, sich dort zu qualifizieren. Wie hoch die Anforderungen für diese Karriere waren, geht schon aus der Tatsache hervor, daß die deutsche Armee 1914 nur 625 Generalstabsoffiziere hatte[6]. Generalstabsoffiziere waren den Truppenoffizieren in ihren militärischen Fähigkeiten und – das wurde wenigstens unterstellt – ihrer allgemeinen Bildung überlegen. Als Scharnhorst Anfang des 19. Jahrhunderts die Kriegsakademie gründete, forderte er für die Generalstabsoffiziere »die Verbindung mit der allgemeinen geistigen Bewegung der Nation«. Auch zu Becks Zeit unterlag die Ausbildung an der Kriegsakademie noch diesem Scharnhorstschen Postulat. Selbst der geniale, aber einseitig militärisch interessierte Graf Schlieffen, der um die Jahrhundertwende Chef des Stabes war, bekannte sich zu der Überzeugung, die Kriegsakademie habe für eine Vertiefung des Allgemeinwissens der angehenden Generalstabsoffiziere zu sorgen[7].

In der Praxis blieb jedoch die allgemeine Erziehung weit hinter diesen Forderungen zurück. Dies geht deutlich aus Heinz Guderians Beschreibung des Lehrgangs von 1913 hervor:
»Der Unterricht an der Kriegsakademie ... wurde großzügig gehandhabt. Direktor der Preußischen Kriegsakademie war 1913 der Generalleutnant von Gündell, ein sehr befähigter Offizier der alten Preußischen Armee ... Fast noch mehr als er übte ... Oberst Graf von der Goltz, der im Ersten Weltkrieg durch seine Expedition nach Finnland und 1919 durch seinen Aufenthalt im Baltikum bekannt wurde, erzieherischen Einfluß auf die jungen Offiziere aus.
Die Lehrer für Taktik und Kriegsgeschichte wurden dem Generalstabe, die der übrigen militärischen Fächer dem Truppenoffizierkorps entnommen, während für die allgemein-wissenschaftlichen Fächer Professoren der Universität Berlin zu Vorlesungen herangezogen wurden. Der Lehrkörper stand auf hoher Stufe.
Die Schüler setzten sich aus Angehörigen aller deutschen Kontingente, mit Ausnahme der Bayern, die eine eigene Kriegsakademie besaßen, zusammen. Es herrschte gute Kameradschaft; ein außerdienstlicher Zusammenhalt bestand jedoch nur zwischen denen, die sich von früher kannten ...

Im ersten Jahr ... lag der Schwerpunkt ausgesprochen auf der Vertiefung des allgemeinen Wissens der Hörer, während im zweiten und dritten Jahr die Ausbildung im Generalstabsdienst zunächst im Rahmen der Division, sodann des Armeekorps in den Vordergrund trat ...
Hauptfach im ersten Lehrgang ... war die Taktik. Alle anderen Fächer standen an Bedeutung weit zurück. In der Kriegsgeschichte wurde der Siebenjährige Krieg ... und aus ihm hauptsächlich die Einleitung des Feldzuges von 1757 ... besprochen. Anschließend wurde der Feldzug von 1805 vorgetragen. Die Vorträge fanden in applikatorischer Methode statt. Eine Verbindung mit dem Taktikunterricht bestand nicht.
Die Geschichtsvorträge ... beschäftigten sich mit dem Dreißigjährigen Kriege. Sie standen außer Zusammenhang mit der Kriegsgeschichte. Nach Abschluß jeden Jahrgangs fand ... ein Waffenkommando statt ... Den Abschluß der dreijährigen Ausbildung bildete eine Schlußreise, auf deren Ergebnissen die Entscheidung über die zukünftige Verwendung der Lehrgangsteilnehmer aufgebaut wurde ...[8]«
So widerspruchsvoll Guderians Darstellung auch ist, sie wirft doch ein Schlaglicht auf die Geisteshaltung der deutschen Generalstabsoffiziere. Seine Bemerkung über die »Vertiefung des allgemeinen Wissens« ist kaum wörtlich zu nehmen, denn trotz allen gegenteiligen Behauptungen waren die Absolventen der Kriegsakademie in Wirklichkeit höchst einseitig ausgebildet. Sie hatten nur sehr wenige Vorlesungen über allgemeine Themen gehört, die in keinerlei Zusammenhang mit ihrer Tätigkeit standen, und sie wurden weder auf diesen Gebieten geprüft noch dazu angehalten, die eventuell erworbenen Kenntnisse auch anzuwenden.
Becks geistiger Horizont konnte daher durch die Ausbildung auf der Kriegsakademie kaum erweitert werden, zumal er durch seine Erziehung den meisten Absolventen bildungsmäßig weit überlegen war. (Im Jahrbuch der Kriegsakademie wurden sein leidenschaftliches Interesse an Tagesfragen und seine ausgezeichneten literarischen Kenntnisse hervorgehoben.) Im Gegenteil könnte sich Becks Horizont in diesen Jahren eher verengt haben. Er war kultiviert, aber kein als Soldat verkleideter Humanist. Auf der Kriegsakademie entwickelte er seine Fähigkeit zu generalstabsmäßiger Arbeit, und er teilte auch durchaus den Stolz und den Korpsgeist, die bei Guderian so stark ausgeprägt waren. Im Laufe seiner Karriere wurde diese Haltung immer dominierender, nicht selten zum Nachteil seiner Gesamtpersönlichkeit.

Im Juni 1913 verlobte sich Beck. Er lernte seine Braut, Amalie Pagenstecher, die Schwägerin eines Kameraden, auf einem Offiziersball kennen und verliebte sich sofort in sie. Sie war eine attraktive, lebhafte junge Dame, und Beck zögerte nicht lange, sich ihr zu erklären. Aber bevor er sie heiraten konnte, mußte er erst den Widerstand ihres Vaters, eines

Carl, Wilhelm, Bertha, Ludwig (jr.) und Ludwig (sen.) Beck

Das Haus der Familie in Biebrich am Rhein

Ludwig Beck im Alter von zwei Jahren

reichen Bremer Kaufmanns, überwinden, der keinen zweiten Offizier in der Familie haben wollte. So kam es erst im Mai 1916 zur Hochzeit. Die Ehe war sehr glücklich. Am 30. Januar 1917 wurde die Tochter Gertrud geboren. Leider war Amalie Beck nicht von kräftiger Konstitution, und sie starb im November 1917, wie vorher bereits ihre beiden Schwestern, an Tuberkulose. Beck erhielt die Nachricht an der Westfront. Ihr Tod war für ihn, der von Natur aus zur Abkapselung neigte, ein schwer zu verwindender Schlag. Wie schwer ihn dieser Verlust getroffen haben muß, geht schon daraus hervor, daß er sich entschloß, nicht wieder zu heiraten. Nach dem Tod seiner Frau wurde Beck noch stiller und noch verschlossener. Er musizierte nicht einmal mehr, was er zu Hause in Biebrich doch so gern getan hatte. Von nun an war die Arbeit sein Leben. Auch Schlieffen hatte seine Frau sehr früh verloren und war danach der Prototyp des militärischen Asketen geworden. Aber im Gegensatz zu ihm bewahrte sich Beck seine Menschlichkeit.

Als der Erste Weltkrieg ausbrach, wurde Beck zunächst zum Stab des VI. Reservekorps und später der 117. und der 13. Division versetzt. Alle drei Truppenteile standen an der Westfront. Zu Beginn des Krieges stand Beck noch unter dem Eindruck, daß Kriegführen eine soldatische Bewährungsprobe sei, eine Auffassung, die in seinem Berufsstolz und seiner Wertschätzung soldatischer Tugenden begründet war. Becks Brief vom April 1915 an seinen früheren Kommandeur, von Gossler, gibt darüber Aufschluß.
»... Es ist mir ein Bedürfnis, Euer Exzellenz zu versichern, daß ich die lange, einzig schöne und große Zeit, die ich die Ehre hatte, dem VI. Reservekorps anzugehören, als eine bleibende, unvergeßliche Erinnerung in mir bewahre ... Die neue Division, zu der ich gehöre, ist jetzt gebildet worden. Ihre Aufstellung verlief ganz glatt ... Am ersten Marschtag erschien unerwartet Seine Majestät ... Die Division hatte so die Ehre, daß ihr erstes Auftreten sich gleich unter den Augen S.M. vollzog. Der Kaiser war beim prachtvollen Wetter ... in bester Stimmung ...[9]«
Im Winter 1916 hatte sich jedoch Becks Auffassung vom Kriege drastisch geändert. Wie viele seiner Kameraden im Generalstab kannte er die Lage an der Front nur zu gut, und ihm waren die schrecklichen Seiten des Stellungskrieges durchaus bewußt. Im Dezember 1916 berichtete er zum Beispiel über die deutschen Stellungen in der Nähe von Louppy, wo die 13. Reservedivision nicht mehr in der Lage gewesen war, die französischen Angriffe abzuwehren, und von der 39. Infanteriedivision abgelöst worden war. Nach genauer Prüfung kam Beck zu der höchst unpopulären Überzeugung, daß die 39. Division genausowenig Erfolg haben würde wie ihre Vorgängerin. Der Divisionskommandeur, von Zwehl, hörte sich Becks Lagebeurteilung an und tadelte ihn wegen seiner »Schwarzseherei«. Aber Beck wußte, daß sein negatives Urteil berechtigt war. Zu dieser Zeit

hatte er bereits die Überzeugung gewonnen, daß der Krieg verloren war, wenn – wie er seinem Bruder gegenüber erklärte – die Kriegführung nicht entscheidend geändert werde. Ähnliche Ansichten äußerte er in einem ungewohnt langen, seine tiefe Besorgnis enthüllenden Brief an seine Schwägerin. Seine Befürchtungen wurden bestätigt, als er zum Jahresende zum Stab der Heeresgruppe Deutscher Kronprinz versetzt wurde und dort tieferen Einblick in die Gesamtlage erhielt[10].

Die Heeresgruppe wurde von Kronprinz Wilhelm persönlich geführt, und Beck gewann in dieser Zeit seine Achtung und Freundschaft, wie auch die des Chefs des Stabes Graf von der Schulenburg. Die engen persönlichen Beziehungen der drei Männer überdauerten den Krieg und beeinflußten Beck sehr stark[11].

Die Freundschaft Becks mit dem Kronprinzen ist auf den ersten Blick überraschend. Der Kronprinz hatte die schlechtesten Eigenschaften seines Vaters geerbt. Er war Chauvinist und Militarist ohne politische und militärische Fähigkeiten, sein Privatleben war alles andere als beispielhaft. Aber Becks monarchistische Einstellung machte ihn für die Fehler des Kronprinzen, wie die des Kaisers, blind. Er übersah seine charakterlichen Schwächen und schätzte ihn wegen seiner Großzügigkeit und chevaleresken Art. Schulenburg war dagegen eine viel unkompliziertere Natur, ein nüchterner Soldat. Er war ein typischer Vertreter der preußischen Aristokratie und politisch ein Erzreaktionär. Beck scheint sich viele von Schulenburgs Ansichten zu eigen gemacht zu haben. Er hatte größte Hochachtung vor dessen militärischen Fähigkeiten[12].

Wilhelm und Schulenburg übertrugen Beck verantwortungsvolle Aufgaben und zogen ihn zu ihren Beratungen hinzu. 1917 erhielt er den Auftrag, rückwärtige Verteidigungsstellungen vorzubereiten und Generalstabsoffiziere in den berühmten »Sedan-Lehrgängen« auszubilden. Einige Monate später bewies Schulenburg ihm sein besonderes Vertrauen, als er mit ihm die Aussichten der kommenden Frühjahrsoffensive 1918 gegen die Engländer erörterte. Am Vorabend der Offensive sagte Schulenburg illusionslos ihr Scheitern voraus. Er glaubte nicht daran, daß die deutschen Streitkräfte einen entscheidenden Durchbruch erzwingen und die Alliierten in einen Bewegungskrieg verwickeln könnten. Er erklärte, die Deutschen würden nur einen Anfangserfolg durch einen Einbruch in die alliierte Front erringen. Die damit verbundenen Verluste und Frontverlängerungen würden es aber sehr schwer machen, das gewonnene Terrain zu halten. Aus diesem Grunde werde sich ihre strategische Lage nur verschlechtern, und die Aussichten, den Krieg noch zu gewinnen, würden sich weiter verringern. Dieser Realismus Schulenburgs stand in starkem Widerspruch zu Ludendorffs überschwenglicher Siegeszuversicht. Drei Tage nach dem Beginn der Offensive hörte Beck den Ersten Generalquartiermeister, der praktisch den Oberbefehl ausübte, zum Kaiser sagen, daß Deutschland nun bald siegen werde[13].

Die Ereignisse gaben jedoch Schulenburg recht, und Beck wurde Zeuge, wie seine Vorgesetzten sich gegen Ludendorff zur Wehr setzten. Im Juli fuhr Beck mit dem Kronprinzen nach Spa, wo Wilhelm unter vier Augen mit Ludendorff konferierte. Als er zum Wagen zurückkehrte, beklagte sich der Kronprinz, daß Ludendorff sich geweigert habe, auf ihn zu hören. Er habe nachdrücklich darauf hingewiesen, »daß es höchste Zeit sei, mit den Gegnern zu einer Verständigung zu kommen«. Aber Ludendorff habe lediglich seine Entschlossenheit unterstrichen, den totalen Sieg zu erzwingen.

Schon wenige Tage danach verschlechterte sich die militärische Lage weiter, und der zutiefst verzweifelte Schulenburg erklärte Beck: »Wir haben den Krieg endgültig verloren und wahrscheinlich auch den Kaiser und die Monarchie.«

Ungeachtet dessen erfüllte der Stab der Heeresgruppe Deutscher Kronprinz entschlossen seine Pflicht, wenn auch unter immer heftigerem Protest gegen Ludendorff. Bei mehr als einer Gelegenheit hatte Beck ihm die Ansichten der Heeresgruppe darzulegen, und er drängte ihn, allerdings ohne Erfolg, realistische Maßnahmen einzuleiten, um die totale Niederlage abzuwenden[14].

In diesen letzten Monaten des Krieges stand Beck unter einem ungeheuren seelischen Druck. Zu der drohenden Katastrophe an der Front kamen noch schwere private Belastungen. Im März 1917 war sein Bruder Karl gestorben; wenige Monate später seine Frau, und im August 1918 starb sein Vater an Krebs. Unter diesen Umständen ist es begreiflich, daß der Zusammenbruch der Armee und der Monarchie 1918 ihn in eine schon fast irrationale Verzweiflung stürzte. Die Ereignisse trafen ihn um so härter, als seine Ergebenheit gegenüber dem Hause Hohenzollern sich durch seinen engen Kontakt mit dem Kronprinzen noch vertieft hatte.

Im Oktober war Ludendorff von seinem Posten abgelöst worden, »weil sein sich ständig steigernder Größenwahn die Verhandlungen (mit den Alliierten) gefährdet hätte, die auf sein Drängen hin begonnen worden waren«[15]. Sein Versuch, den Krieg rein militärisch, ohne Flankenschutz durch eine politische Offensive zu gewinnen, war gescheitert. Hindenburg, obzwar nominell noch Chef des Generalstabes, war zu schwach, um die Verantwortung für die Beendigung des Krieges auf sich zu nehmen, und war deshalb in den Hintergrund getreten. So blieb es Ludendorffs Nachfolger Wilhelm Groener überlassen, sich mit den Alliierten und der revolutionären Lage in Deutschland gleichzeitig auseinanderzusetzen.

Anfang November war es zu Unruhen im Kriegshafen Kiel gekommen, und bald darauf, am 7. November, proklamierte Kurt Eisner die Republik Bayern. Überall in Deutschland bildeten radikale Elemente »Arbeiter- und Soldatenräte« nach sowjetischem Muster. Am 9. November rief der Sozialdemokrat Philipp Scheidemann in Berlin die »freie deutsche Republik« aus. Am gleichen Tage debattierte man im Hauptquartier in Spa, was mit dem Kaiser geschehen solle, der mit seiner Anwesenheit an der Westfront die Generale in Verlegenheit brachte. Groener hatte ursprünglich jeden Gedanken an eine Abdankung des Kaisers weit von sich gewiesen. Aber Anfang November war ihm klargeworden, daß die Situation des Kaisers unhaltbar geworden war. Deshalb drängte er ihn, das Vertrauen in die Monarchie dadurch wiederherzustellen, daß er den Tod auf dem Schlachtfeld suche. Der Kaiser lehnte ab. Politisch weniger weitsichtige Männer schlugen nun vor, die Armee solle ihre Waffen gegen die Revolutionäre wenden und der Kaiser solle an der Spitze seiner Bataillone nach Deutschland marschieren.

Dieser Vorschlag wurde ernsthaft erörtert, und am Abend des 8. Novembers wurde eine Reihe von Frontkommandeuren eilends nach Spa beordert. Sie sollten befragt werden, ob die Truppe zum Kaiser stehe und gegen die Revolutionäre marschieren werde. Unter diesen Offizieren waren auch Schulenburg und Beck.

Bei ihrer Ankunft in Spa am nächsten Morgen war die Situation völlig verworren. Viele Kommandeure waren die ganze Nacht durch gefahren und liefen jetzt müde und deprimiert durcheinander. Niemand hatte eine Ahnung, wozu man sie nach Spa befohlen hatte. Wilde Gerüchte über die Lage in Deutschland machten die Runde. Gegen 9 Uhr morgens wurden sie zu einer Konferenz versammelt. Generalfeldmarschall von Hindenburg erschien und gab einen Bericht über die Lage: Revolution sei in Deutschland ausgebrochen, und die Revolutionäre verlangten die Abdankung des Kaisers. Das Oberkommando hoffe, den Aufstand niederwerfen zu können, müsse sich aber vergewissern, ob die Armee dazu in der Lage sei. Dies sei der Zweck der Konferenz. Hindenburg schloß seine Ausführungen mit einem niederdrückenden Überblick über die Schwierigkeiten, denen die Armee gegenüberstand[16].

Becks erster Gedanke war – wie er sich später erinnerte –, daß man von niemandem eine positive Reaktion erwarten konnte, nachdem Hindenburg selbst die Lage so negativ dargestellt hatte. Er hatte recht. Der Adjutant Hindenburgs, Oberst Heye, befragte die Generale. Fast alle antworteten, ihre Truppen seien dieser Aufgabe nicht mehr gewachsen. Das Ergebnis der Befragung wurde dem Kaiser mitgeteilt. Schulenburg war bei der Beratung anwesend. Einige Stunden später, als er Beck wiedersah, erklärte er: »Wir haben keinen Kaiser mehr. Eben ist darüber beraten worden, Seine Majestät heute nacht nach Holland abzuschieben. Groener hat gesagt, er könne nicht mehr eine Nacht für seine Sicherheit garantieren ... Meine Einwendungen, die Armee sei noch königstreu und halte fest zu ihrem Fahneneid ... sind von Groener abgetan worden ...[17]«
Beck teilte Schulenburgs Ansicht. Seine Kritik am Verhalten des Oberkommandos am 9. November war äußerst bitter. Er meinte, man hätte

die Konferenz nicht so schnell nach dem Eintreffen der Kommandeure von der Front abhalten dürfen. Sie seien sehr erschöpft gewesen und darum schon allzu geneigt, nur die negativen Aspekte der Lage zu sehen, insbesondere nach Hindenburgs deprimierendem Auftritt. Heye stimmte mit Beck darin überein, daß die Art der Befragung die Antworten vorweggenommen habe, daß die Armee bis zum letzten Mann hätte kämpfen sollen, statt den Kaiser im Stich zu lassen. »Wir hätten alle an die Front gehen müssen, mit dem Kaiser an der Spitze«, schrieb Heye später, »im Geiste Friedrichs des Großen: Entweder wir siegen, oder wir sehen uns nicht wieder[18].«

Diese Mentalität im Stab der Heeresgruppe Deutscher Kronprinz stieß auf die scharfe Kritik Groeners. Im Hauptquartier des Kronprinzen, so glaubte er, »lebte (man) einfach im Kriege, alle anderen Erwägungen spielten keine Rolle, und Berlin war (für sie) nur das schreckliche Nest, in dem die Politiker nutzlose Dinge schwatzten und taten ...« Schulenburg unterschätzte die Gefahren, die der Monarchie drohten, und lebte in einer »politischen Traumwelt«. Sogar der Kronprinz schien ihm davon angesteckt. Groener hörte ihn seine Verwunderung darüber äußern, daß man der »paar meuternden Matrosen« noch nicht Herr geworden sei. Er wollte wissen, warum niemand daran gedacht habe, sie einfach festzusetzen[19]. Groeners Kritik erscheint vielleicht zu scharf, wenn man an den Widerstand denkt, den der Kronprinz und Schulenburg Ludendorff entgegengesetzt hatten. Aber ihre Haltung in Spa und Becks Einverständnis mit ihr ist gerade in Anbetracht ihrer früher gezeigten Einsicht und Vernunft schwer zu verstehen. Zwei Wochen später hielt Beck in einem aufschlußreichen Brief an seine Schwägerin Rückblick auf die Ereignisse in Spa: » ... Ich bin in meinem Leben noch nicht so erschüttert gewesen wie über das, was ich am 9. und 10. 11. ... persönlich miterlebt habe. Ein solcher Abgrund von Gemeinheit, Feigheit und Charakterlosigkeit, den hätte ich bis dahin für unmöglich gehalten. In wenigen Stunden ist eine 500jährige Geschichte zerschlagen worden, wie einen Dieb hat man den Kaiser nachts ... abgeschoben, es konnte gar nicht schnell genug geschehen, dieser durch und durch edle, vornehme und sittlich hochstehende Mann ... [20]«

Ebenso heftig wie die Generale, die »den Kaiser nach Holland abschoben«, kritisierte Beck Ludendorff, weil er die Katastrophe nicht verhindert hatte. Schulenburg und der Kronprinz hatten ihm über die Gefahren der Haltung Ludendorffs die Augen geöffnet. Wie sie war er zu der Überzeugung gelangt, daß man eine konstitutionelle Monarchie hätte errichten müssen. Dies hätte, so schrieb er, »im eigensten Interesse des Kaisers« gelegen. Ebenso hielt er die Beschränkung auf rein militärische Maßnahmen für absolut falsch. Er war davon überzeugt, daß man »auf eine Verständigung (hätte) hinaus« müssen. » ... Aber gegen den ›Diktator‹ Ludendorff, und das war der eminent tüchtige, kluge und energische Mann, gab es kein Aufkommen. Er konnte nur über sich selbst stürzen. Wer ihn vorzeitig zu stürzen gewagt hätte, und wenn es der Kaiser gewesen wäre, der wäre dann vom Volk als Urheber der Niederlage, die kaum mehr aufzuhalten war, bezeichnet und gesteinigt worden. Zu tief saß gerade das Vertrauen zu Ludendorff im Volk und in der Truppe ...«

Obwohl er also zugeben mußte, die Niederlage sei praktisch unabwendbar gewesen, hielt Beck weniger die Generalität oder die Monarchie für sie verantwortlich als die Revolutionäre.

»... eines hätten wir noch gekonnt bei voller Mitarbeit der Heimat, uns auf einer kürzeren Linie ... erneut zum entscheidenden Widerstand stellen und erneut unseren Gegner vor die Wahl stellen, ob er gleich Frieden machen wollte oder den Krieg noch bis 1919 verlängern ... «, behauptete er.

Aber schon seit Monaten sei das »Heer in der Heimat systematisch revolutionär bearbeitet worden«, und der Ersatz habe den Bazillus der Revolution mit an die Front gebracht.

»... Im schwersten Augenblick des Krieges ist uns die – wie ich jetzt auch keinen Moment mehr zweifle – von langer Hand her vorbereitete Revolution in den Rücken gefallen. Es geschah in einem Augenblick, wo das Heer, die Führung alles auf das Äußerste anspannen mußte, um den Durchbruch zu verhindern und damit die Gefahr einer Lage zu beschwören, die zu einer unerhörten militärischen Katastrophe geführt hätte. Wir waren also völlig wehrlos nach hinten, völlig! Damit ist das Vorgehen der Revolutionäre zunächst gekennzeichnet. Ich kenne keine Revolution in der Geschichte, die so feige unternommen wurde ...«

Hier enthüllt Beck einen starken Widerspruch (der seine politische Naivität zeigt) zwischen seinem Gefühl und seiner Vernunft. Er konnte sich nicht dazu durchringen, die zwingenden Schlußfolgerungen aus der beharrlichen Weigerung des Kaisers, freiwillig auf seine Macht zu verzichten, und aus der blinden Entschlossenheit Ludendorffs, den Krieg fortzusetzen, zu ziehen. Er gelangte nicht zu der Einsicht, daß die militärischen Rückschläge – und die politische Reaktion darauf – Niederlage und Revolution unabwendbar gemacht hatten. Statt dessen beherrschte die Vorstellung von Betrug und Verrat wie ein Leitmotiv sein Denken, womit er die Dolchstoßlegende Hindenburgs und Ludendorffs antizipierte. Sie behaupteten in den zwanziger Jahren, daß nicht die Armee, also sie selbst, für die Niederlage Deutschlands verantwortlich waren, sondern die Demoralisierung und Anarchie in der Heimat, daß die »im Felde unbesiegte Armee« von der Revolution einen Dolchstoß in den Rücken erhalten habe[21].

Beck sah nach diesem »Dolchstoß« ohne Hoffnung in die Zukunft. Durch die Untergrabung der Autorität der Offiziere hatten die Revolutionäre die Aufrechterhaltung der Ordnung unmöglich gemacht. Das »ist das Schlimmste, was sie tun können, es führt absolut zur Anarchie ... Sie haben Millionen und Abermillionen für ihre Zwecke (geopfert) und ungezählte Werte des Frontheeres und der Heimat verloren gegeben.« Und dann die Franzosen: Sie kennen »nichts als Rache, Rache und abermals Rache«. Sie würden wahrscheinlich in Deutschland einmarschieren und seine Städte besetzen. »Ein furchtbarer Gedanke«, aber vielleicht noch »annehmbarer als die Spartakuslösung«. Für den Berufsoffizier war die Niederlage schon schmerzlich genug, aber Revolution war für den konservativen Deutschen noch viel furchtbarer. Die Welt, in der Becks Persönlichkeit sich geformt hatte, war für immer untergegangen[22].

II

Die Reichswehr

Schwarz–Weiß–Rot

Nach dem Zusammenbruch Deutschlands im November 1918 befürchtete Beck, daß seine Karriere beendet sei – ein bedrückender Gedanke für ihn, denn er war mit seinem Beruf so eng verwachsen, daß ihm die Anpassung an das Zivilleben sehr schwer oder gar unmöglich erschien. Seine Befürchtungen waren unbegründet. Nach den Bedingungen des Versailler Vertrages durfte die deutsche Armee zwar nur einhunderttausend Mann stark sein, und der Generalstab wurde formell aufgelöst, aber die Armeeführung legte größten Wert auf die Erhaltung der Kontinuität und beschloß daher, die ehemaligen Generalstabsoffiziere zum Rückgrat der Reichswehr zu machen. Beck wurde in die Reichswehr übernommen. In ihr diente er mit Auszeichnung, solange sie bestand[1].

Sein erstes Kommando nach dem Krieg war die Rückführung und Demobilisierung der zur Heeresgruppe Deutscher Kronprinz gehörenden Armeen. Diese schwierige und belastende Aufgabe führte er mit großem Geschick durch. Nicht zuletzt dank seinen Anstrengungen konnten die Truppen des ehemaligen Kronprinzen ohne Zwischenfälle nach Deutschland zurückgeführt werden[2].

Nach der Auflösung des Stabs der Heeresgruppe am 5. Januar 1919 erhielt Beck verschiedene andere Aufgaben. Eine führte ihn als Chef der politischen Abteilung im Oberkommando des schlesischen Grenzschutzdienstes nach Breslau, und zwar in einer Zeit größter Unruhe. Hier wurde er Zeuge der Gründung der verschiedenen rivalisierenden Freikorps, die Schlesien gegen die territorialen Forderungen der Polen verteidigen wollten und sich aus Nationalisten und ehemaligen Berufssoldaten zusammensetzten. Er mußte sich ihre ständigen Forderungen nach offizieller Unterstützung anhören. Einer seiner Kameraden erinnert sich, wie er mit zusammengekniffenem Mund dasaß und die Forderungen der verschiedenen Gruppierungen zur Kenntnis nahm, um dann so exakte und detaillierte Fragen zu stellen, daß seine verblüfften Besucher wortlos verschwanden[3].

1922 wurde Beck zum Abteilungskommandeur im Artillerieregiment 6 ernannt. Der Dienst in der Truppe machte ihm große Freude, und deshalb war er fast enttäuscht, als er im Oktober 1923 mit der Leitung der Führergehilfenausbildung (die der früheren Kriegsakademie entsprach) im Wehrkreis VI in Münster beauftragt wurde. Trotz den hohen Anforderungen, die er stellte, erwarb er sich durch sein pädagogisches Geschick und durch die Ausstrahlung seiner Persönlichkeit Respekt und Vertrauen.

Er war nach den Worten eines seiner Schüler »ein Vorbild für Männer, die Vorbilder nicht mögen[4]«.
Als Chef des Stabes des Wehrkreiskommandos IV in Dresden von 1925 bis 1929 und dann als Oberst und Kommandeur des Artillerieregiments 5 in Ulm bis 1931 bewies Beck seine militärische Qualifikation, seine Befähigung als Truppenführer und als Vorgesetzter, der sich auch in schwierigen Situationen für seine Offiziere rückhaltlos einsetzte. Seine Manöverkritik war klar und präzise, und er beeindruckte seine Kameraden durch sein Talent, taktisches und strategisches Können an andere weiterzugeben und bei seinen Zuhörern das Verständnis für operative Zusammenhänge zu schärfen[5].
1930 und 1931 leistete Beck einen hervorragenden Beitrag zum Aufbau der Armee durch die gemeinsam mit Karl-Heinrich von Stülpnagel verfaßte Dienstvorschrift »Truppenführung«. Diese allgemein als vorbildlich anerkannte Arbeit war bis zum Ausbruch des Zweiten Weltkrieges die Grundlage für die Ausbildung des deutschen Heeres.
Offensichtlich als Auszeichnung für diese Leistung wurde er schon nach zwei Jahren im Dezember 1932 vom Generalmajor zum Generalleutnant befördert; im Oktober 1932 war er zum Kommandeur der 1. Kavalleriedivision in Frankfurt an der Oder ernannt worden. Dort blieb er bis zu seiner Berufung nach Berlin, 1933[6].

Becks Leben war ganz auf seine Arbeit konzentriert. Er liebte guten Wein und gute Pferde, nahm sich aber wenig Zeit für gesellschaftliche Zerstreuungen. Mit Zivilisten hatte er kaum Kontakt. Die gleichen Ansprüche wie an sich selbst stellte er an seine Untergebenen. Sie genossen jede Freiheit, solange sie so hart arbeiteten wie er selbst. Wenn er den Eindruck hatte, jemand sei nicht gewissenhaft genug, konnte er sehr unangenehm werden. Seine Beziehungen zu seinen Offizierskameraden waren korrekt, aber reserviert. Dabei fehlte es ihm durchaus nicht an Herzlichkeit und Spontaneität. Als einmal während eines Manövers dichter Nebel die Durchführung der geplanten Unternehmung unmöglich machte, drehte er sich zu seinen Offizieren um und sagte lächelnd: »Wenn es schon nicht aufklaren will, dann lassen Sie uns wenigstens einen Klaren trinken[7].« Becks ausgeprägtes Pflichtgefühl verschaffte ihm merkwürdigerweise kein starkes Selbstvertrauen. Zwar hatte es ihm zu einer verhältnismäßig schnellen Beförderung zum General verholfen, aber gerade das warf die Frage auf, ob seine Karriere damit nicht schon beendet sei. (In der kleinen Reichswehr mußten Generale im allgemeinen früh in Pension gehen.) Selbstquälerische Zweifel an seiner militärischen Eignung machten ihm oft das Leben schwer. Auf einen Glückwunsch zur Ernennung zum Kommandeur der 1. Kavalleriedivision antwortete er: »Kondolieren Sie lieber der Division, die einen solchen Pulverkopf wie mich als Kommandeur bekommen hat.« Insgesamt gesehen ist Becks Karriere in der

Weimarer Republik als eine vergleichsweise ereignislose Periode harter und erfolgreicher Arbeit gekennzeichnet, in der er sich für höhere militärische Aufgaben qualifizierte. Trotz seinen Zweifeln an sich selbst hatte er einen gesunden Ehrgeiz, und er konnte mit Befriedigung und Stolz auf das bis 1933 Erreichte zurückblicken[8].

Man darf nicht übersehen, daß Becks eigentliche Karriere erst begann, als Hitler Reichskanzler geworden war. In der Zeit der Weimarer Republik hätte seine politische Einstellung einen raschen Aufstieg unmöglich gemacht; denn obwohl Beck von seinen Vorgesetzten als ausgezeichneter Generalstabsoffizier beurteilt wurde, stieß seine politische Haltung auf starkes Mißtrauen. Wie viele seiner Kameraden war er nämlich für die politische Verlockung der Ideen Hitlers nicht unempfänglich geblieben.

Diese Entwicklung hatte schon 1928 begonnen. Der Kern des Problems ist vielleicht darin zu suchen, daß die Tradition des deutschen Generalstabs mit der republikanischen Staatsform unvereinbar zu sein schien. Er war geschaffen worden, um den regierenden Monarchen militärisch zu beraten. Unbedingte Loyalität zu den Hohenzollern war Grundlage seines Selbstverständnisses. Die Flucht des Kaisers nach Holland hinterließ daher eine große Leere. Gab es überhaupt noch etwas, was der Loyalität eines Generalstabsoffiziers würdig gewesen wäre?

In den ersten Jahren der Republik war Becks Antwort auf diese Frage ausgesprochen reaktionär und weltfremd. In seinen Augen verdiente die Republik keinen Respekt, weil sie den Kaiser zur Abdankung gezwungen und der Armee »den Dolch in den Rücken gestoßen« hatte. Noch schlimmer war in seinen Augen, daß die republikanischen Politiker offenbar unfähig waren, Ordnung im Reich zu schaffen. Beck sah die chronische innere Unruhe und die äußere Schwäche Deutschlands, ohne nach ihren Ursachen zu fragen. Dies war für ihn das einzig entscheidende Kriterium: Solange Deutschland nicht wieder erstarkte, konnte es niemals hoffen, die »Fesseln von Versailles« abzuschütteln und wieder zu den Großmächten zu gehören. Im November 1923 schrieb Beck: »Die Sozialdemokratie hat abgewirtschaftet, die demokratische Beglückung ist am Ende ihres Lateins. Wir brauchen eine eiserne Führung, die sich wieder Autorität verschafft, zur Arbeit zwingt und dem Fleißigen Brot gibt. Hoffentlich findet sich in Berlin diese Persönlichkeit. Sonst haben wir in kurzem überall Hungersnot, Bürgerkrieg, und Frankreich seinen Enderfolg ... [9]«

Becks Hoffnung auf eine »eiserne Führung« konzentrierte sich auf den Kronprinzen. Er hatte ihn in Holland besucht, und als Wilhelm aus dem Exil zurückkehrte, bat er Beck, ihn an der Grenze zu erwarten. Das war am Morgen des 10. Novembers 1923. Nach dieser Begegnung schrieb Beck: »Ich halte es für richtig und für ein Glück, daß endlich der Gordische Knoten der vielen Wenn und Aber durchhauen ist und der Entschluß ... gefaßt wurde. Sicher wird es an Geschrei innerhalb und außerhalb nicht fehlen, aber hoffentlich schert man sich den Teufel drum. Ich halte den Augenblick der Rückkehr nicht für zu spät und psychologisch ... gar nicht für schlecht gewählt. Hoffentlich versteht er die Zeit zu nützen und allmählich für die vielen durcheinander und gegeneinander kämpfenden nationalen Strömungen eine Art Sammelpunkt ... zu werden. Jedenfalls erscheint es mir abgesehen von allem Persönlichen wie eine Erleichterung, daß der so lang verwaiste Platz wieder von seiner Person eingenommen wird ... Der Winter wird noch manches Schwere bringen, und man kann ihm nur mit Sorge entgegensehen ... Die Hauptsache ist, daß es gelingt, eine Zersetzung der Truppe zu verhindern. Das erscheint mir aber nur möglich auf dem oben gekennzeichneten Wege, der wiederum nur von einem Diktator beschritten werden kann[10].«

Becks Hoffnungen erfüllten sich nicht. Dem Kronprinzen waren die Hände gebunden. Die Erlaubnis zur Rückkehr nach Deutschland war an die Bedingung geknüpft, sich politisch nicht zu betätigen. Sogar Seeckt, Chef der Heeresleitung der Reichswehr, sah ein, daß die Zeit für »einen großen Umschwung« – wie Beck es später ausdrückte – noch nicht reif war. Dennoch wurden Becks Hoffnungen von vielen älteren Generalstabsoffizieren geteilt. Ihre Loyalität zu den Hohenzollern war ebenso typisch für sie wie ihr Ruf nach dem Diktator. Die Flucht in die »Autorität« ist eine sehr deutsche Reaktion auf die Verwicklungen der Politik.

Die dieser politischen Haltung zugrunde liegende soziale Einstellung war zwar nicht typisch – aber man begegnete ihr häufig bei den Offizieren der Reichswehr. Die Sorge für das Wohlergehen der unteren Klassen war Becks Definition des Begriffs »sozial«. Für ihn war Autorität gleichbedeutend mit Verantwortung, und gutes Regieren so etwas Ähnliches wie gute militärische Führung: Aufrechterhaltung der Disziplin in der Truppe und Fürsorge für die Truppe.

Es gab also keine positive Motivation für die Reichswehr – der Kaiser hatte abgedankt, die Republik war unannehmbar –, aber eine negative: die »Bolschewisten« niederzuhalten und die »Schande von Versailles« auszulöschen. Für die Reichswehr bedeutete das ein Zwischenziel: für Ruhe und Ordnung im Innern zu sorgen und dabei unauffällig die Grundlagen für eine Wiedergeburt der deutschen Armee zu legen. Das war das Programm von Seeckt, und so unbefriedigend es für Offiziere wie Beck sein mußte, sie hatten gelernt, damit zu leben. 1936 schrieb Beck, daß Seeckt gar nicht anders handeln konnte, wenn er die Einheit und Unversehrtheit des Reiches bewahren wollte. Die Reichswehr sei dadurch zur tragenden Säule des Staates in den unruhigen Jahren nach 1918 geworden. Seeckt mußte sich wenigstens formell den Bedingungen von Versailles unterwerfen, und nur dadurch sei es ihm gelungen, die Reichswehr als »ein stets verwendungsbereites, scharfes Instrument« zu erhalten, das die Erkenntnis besaß, »daß es eine Übergangserscheinung und nur eine Stufe zu höherer Vollendung war«.

Dann zitierte Beck zwei Erlasse Seeckts aus den Anfängen der Reichswehr: » ... Die Form wechselt ... (aber) der Geist bleibt der alte. Es ist der Geist schweigender, selbstloser Pflichterfüllung im Dienste der Armee. Generalstabsoffiziere haben keine Namen.« Und: »Keiner von uns zweifelt daran, daß Deutschland nur eine Zukunft haben kann, wenn es uns gelingt, in unserer neuen, wenn auch noch so kleinen Armee einen Hort der Ordnung und eine nie versiegende Quelle nationalen Denkens, nationaler Kraft zu schaffen ... [11]«

Diese Vorstellungen, zu denen sich auch Beck bekannte, stellten einen erfolgreichen Versuch dar, die Idee der Republik zu neutralisieren und die Armee zu einer Art Selbstzweck zu erheben. Die Armee sollte nach Seeckts Vorstellung das deutsche Volk mit Patriotismus erfüllen – nicht etwa umgekehrt. Seine Loyalität galt nicht der Republik, sondern einem höheren, verschwommenen Ideal: Staat und Volk. Anders ausgedrückt, Beck und seine Kameraden erhofften eine Regierungsform, die ihrer militaristischen Vorstellung vom Staat besser entsprach als die Weimarer Republik.

Gegen Ende des Jahres 1929 war Beck zu der Überzeugung gelangt, daß Deutschlands einzige Hoffnung in der Machtergreifung durch die Nationalsozialisten lag. Das Reich wurde von schweren politischen und wirtschaftlichen Krisen erschüttert. Nach einigen Jahren relativer Stabilität brachte die Weltwirtschaftskrise als Folge des Börsenkrachs in den Vereinigten Staaten die deutsche Wirtschaft an den Rand des Abgrunds. Die gemäßigten Parteien fanden kein Mittel, um damit fertig zu werden; 1930 brach ihre »Große Koalition« unter beschämendem Parteiengezänk auseinander. Die Radikalen erhielten ungeheuren Auftrieb. Unter heftigen Angriffen von Kommunisten und Nationalsozialisten geriet die Reichswehr zwischen zwei Feuer. Groener, der jetzt Reichswehrminister war, und Schleicher, seine »graue Eminenz« in politischen Fragen, versuchten beide Formen des Radikalimus zu bekämpfen und den drohenden Bürgerkrieg abzuwenden. Viele Offiziere jedoch, für die Groener einer der für die deutsche Kapitulation 1918 verantwortlichen »Novemberverbrecher« war, verurteilten sein Taktieren als pazifistisch und »links«. Eine explosive Lage entstand, als drei junge Offiziere aus Becks Regiment unter der Anklage, nationalsozialistische Zellen in der Armee organisiert zu haben. vor Gericht gestellt wurden.

Die Leutnants Ludin, Scheringer und Wendt wurden ein Opfer ihrer Langweile und Enttäuschung. Das Leben im 100 000-Mann-Heer war stumpfsinnig, der Garnisonstdienst eintönig und die Beförderungschancen gering. Die Regierung brachte wenig Interesse für die Bedürfnisse der Soldaten auf. Die Privilegien der Militärs im Kaiserreich wurden bitter vermißt. Junge und energiegeladene Soldaten, deren Tatendrang sich nicht im Krieg hatte bewähren können, erwiesen sich als besonders anfällig für dieses Gefühl der Frustration unter den Fahnen der Republik;

Scheringer und Ludin waren ständig auf der Suche nach Abenteuern. Scheringers »Heldentaten« bildeten ein besonderes Kapitel der Regimentsgeschichte. Häufig sah man ihn mit seinem Motorrad, seine alte Mutter im Beiwagen, durch die Straßen rasen, und mehr als einmal mußte er nach einem Unfall ins Krankenhaus gebracht werden. Er schoß die Lampen in seiner Unterkunft aus, weil es ihm lästig war, zum Schalter zu gehen. Bei seinen Kameraden genoß er das Ansehen eines tollen Draufgängers, und seine Vorgesetzten behandelten die Eskapaden des sonst ausgezeichneten Offiziers mit Nachsicht[12].

Das politische Abenteuer der Leutnants begann im Juli 1929. Um Zwischenfälle zu vermeiden, hatte Groener für den 1. August, den kommunistischen »Antikriegstag«, für alle Angehörigen der Reichswehr außerhalb der Kasernen ein Uniformverbot erlassen. Für Scheringer war dies ein erneuter Beweis für den »Linksdrall« des Ministers, und er beklagte sich bei Beck bitter über dieses Verbot. Beck, der selbst diesen Erlaß als einen Angriff auf die Offiziersehre empfand, gab Scheringer in der Sache recht, wies aber seinen Protest aus Gründen der Disziplin zurück. Ludin hatte sich aus dem gleichen Anlaß an Beck gewandt und um die Erlaubnis gebeten, dem Minister einen Protestbrief zu schreiben, hatte aber nach Scheringers Zurechtweisung durch Beck davon abgesehen. Statt dessen fuhren die beiden Leutnants, zusammen mit dem unglücklichen Wendt, den sie dazu überredet hatten, nach München, um mit den Führern der Nazipartei Verbindung aufzunehmen. Sie konferierten mit dem hirnlos-fanatischen SA-Führer Hauptmann Pfeffer von Salomon, und was dieser ihnen über die »nationale Wiedergeburt« erzählte, fand ihren vollen Beifall. Daraufhin beschlossen sie, ohne von ihren neuen Freunden irgendwie dazu ermuntert werden zu müssen, durch die Lande zu reisen und in verschiedenen Garnisonen im Offizierkorps für die Nazibewegung zu agitieren[13].

Da die Leutnants keinen Versuch unternahmen, Offiziere ihres eigenen Regiments zu »bekehren«, erfuhr Beck von ihrem Unternehmen erst, als er darüber unterrichtet wurde, daß beim Reichswehrministerium eine Ermittlung gegen Scheringer lief. Am 8. Januar 1930 sprach Heye, der Nachfolger Seeckts als Chef der Heeresleitung, lange mit Beck über den Fall und fragte ihn, welche Strafe für Scheringer er für angemessen halte. Als Beck antwortete, daß er zu wenig über den Fall informiert sei, erlaubte ihm Heye, Einblick in die Ermittlungsakte zu nehmen. Aus dieser Akte ergab sich aber nur ein sehr unvollständiges Bild der Vorgänge; die Ermittlungen waren nicht sehr gründlich gewesen. Zum Beispiel wurde die Beteiligung Ludins und Wendts bei der Angelegenheit nicht erwähnt, und der einzige Vorwurf, den man Scheringer nach der Aktenlage machen konnte, bestand darin, daß er über die Ermittlungen nicht geschwiegen und damit gegen einen Befehl verstoßen hatte. Von Hochverrat war zu diesem Zeitpunkt keine Rede[14].

Nachdem Beck die Akten studiert hatte, traf er sich erneut mit Heye. Sie beschlossen, die Angelegenheit Beck zur disziplinarischen Bestrafung zu übergeben: Scheringer wurde mit Stubenarrest bestraft[15].
Beck fragte Scheringer: »Kennen Sie den Hauptmann Pfeffer?« »Nicht näher, Herr Oberst«, antwortete Scheringer. »Ich warne Sie vor ihm«, sagte Beck. »Wenn Sie wieder etwas auf dem Herzen haben, laufen Sie nicht in der Weltgeschichte herum, kommen Sie zu mir. Solange ich noch bei der Reichswehr bin«, sagte er mit feinem Lächeln, »können Sie auch getrost bei der Reichswehr sein ... Ich rechne auf Ihr Vertrauen. Der Fall ist damit für mich erledigt.«
Dann reichte er ihm die Hand. »Es war«, wie Scheringer sich erinnerte, »wie eine Verpflichtung[16].«
Schon in den nächsten Wochen schien die Sache vergessen. Ludin und Scheringer brachen ihre Verbindung zu den Nationalsozialisten ab, und die Ermittlungen schliefen ein. Bis dahin entsprach auch Becks Verhalten einer zwar unpolitischen, aber korrekten Behandlung der Affäre. Offenbar maß er der Aktion Scheringers nur geringe Bedeutung bei und glaubte, ihn durch väterliches Zureden zur Vernunft bringen zu können. Wie weit seine eigene Sympathie für den Nationalsozialismus ihn dabei beeinflußt haben mag, sei dahingestellt[17].
Ungefähr zur selben Zeit, als die Armee das Interesse an der Angelegenheit verlor, wurde Eugen Ott, ein Offizier aus Schleichers engster Umgebung, zu Becks Regiment abkommandiert, um Erfahrung bei der Truppe zu sammeln. Er meldete sich sofort nach Eintreffen telefonisch bei Beck, der ihn in sein Büro bestellte, da er Schleicher etwas Wichtiges mitzuteilen habe, was Ott übermitteln solle. Im Verlauf einer sich entwickelnden hitzigen Debatte versuchte Beck Ott davon zu überzeugen, daß Hitler Deutschlands einzige Chance sei, seine militärische Macht wiederzugewinnen. Schleicher müsse daher alles daransetzen, um Hitlers Ernennung zum Reichskanzler zu erreichen. Ott antwortete, daß Schleicher Hitler wegen seines Größenwahns höchstens für einen weniger wichtigen Posten im Kabinett vorschlagen könne. Die Diskussion endete ergebnislos und wurde erst am 14. September 1930 fortgesetzt, nachdem die Nationalsozialisten ihren ersten großen Wahlsieg errungen hatten. Beck war begeistert, Ott sehr niedergeschlagen. Vergeblich versuchte er, Beck die Augen zu öffnen, aber dieser weigerte sich, auf den Jüngeren zu hören. Er schrie Ott schließlich wütend an, er könne ihm die einzige Hoffnung nicht zerstören, die er noch für Deutschlands Zukunft habe[18].
In der Zwischenzeit waren neue Tatsachen in der Affäre Scheringer/Ludin/Wendt bekanntgeworden. Da jetzt Verdacht auf Hochverrat bestand, war Groener gesetzlich verpflichtet, den Fall an das Reichsgericht abzugeben. Dessen Ermittlungen führten zur Verhaftung der drei Offiziere. Im September kam es zum Prozeß in Leipzig, der in Deutschland als der »Reichswehrprozeß« bekannt wurde.

Am 10. März 1930 erschien der Untersuchungsrichter Hugo Braune in der Kaserne, um die Angeklagten zu verhaften. Er begab sich zuerst zu Oberstleutnant Haase, zu dessen Abteilung Scheringer und Ludin gehörten. Sie besprachen die Umstände, unter denen die Verhaftung erfolgen sollte, und vereinbarten, sie auf dem Übungsplatz des Regiments vorzunehmen. Haase fuhr voraus, um Beck, der sich mit seinem Stab auf dem Übungsplatz befand, die Ankunft und die Absicht Braunes zu melden. Braune erschien ein paar Minuten später bei Beck. Es kam zu einem dramatischen Auftritt zwischen den beiden. Nach Braunes Schilderung war Becks Verhalten zumindest ungewöhnlich.

»An der bezeichneten Stelle angekommen, sah man in einer Entfernung von gut fünfhundert Metern eine Gruppe von Offizieren. Nach einer ganzen Weile lösten sich von dieser Gruppe zwei Offiziere und kamen auf uns zu ... Nach gegenseitiger Vorstellung erklärte der Verfasser ... dem Regts. Kdr., warum er gekommen sei. Oberst Beck erklärte sofort, er lasse seine Offiziere nicht verhaften, und blieb bei seiner Weigerung, obwohl der Verfasser ihm die Gründe auseinandersetzte, die das RWM veranlaßt hatten, die Sache an den Oberreichsanwalt abzugeben. Es entstand jetzt eine äußerst peinliche Situation. Als auch ein Hinweis auf die Verantwortung, die der Regts. Kdr. mit seiner Weigerung übernehme, nichts half, fiel dem Verfasser der Rat ein, den ihm der Oberreichsanwalt ... gegeben hat. Erst der Hinweis, daß dem Reichspräsidenten ... Vortrag gehalten sei, veranlaßte Oberst Beck, seinen Widerstand ... aufzugeben[19].«

Becks Darstellung differiert hier erheblich. Seine Zeugenaussage entsprach nicht dem Bericht Braunes über die Verhaftung und führte zu einer heftigen Auseinandersetzung mit dem Untersuchungsrichter.

»Bei den Vorgängen der Verhaftung kommt es nicht auf die Absicht an, sondern auf den Erfolg ... Die Sache machte auf mich natürlich einen furchtbaren Eindruck, denn ich hatte so etwas noch nicht erlebt. Bei den Offizieren meines Regiments ist dieses Vorkommnis ... Anlaß zum Entsetzen gewesen ... Als dieser [Herr Braune] zu mir kam, um meine Offiziere zu verhaften, habe ich ihn gefragt, worum es sich handele. Er erklärte mir, das könne er mir nicht sagen ... Ich äußerte mein Erstaunen, daß er mir als Kommandeur nichts sagen wolle. Später nannte er mir den Grund und erklärte dazu, vorher habe er wegen Verdunkelungsgefahr sich nicht äußern können. Herr Landesgerichtsdirektor Braune ist also offenbar der Ansicht gewesen, daß ich als Regimentskommandeur die Handlungen dreier junger Offiziere mit verdunkeln würde. Das hat mich sehr bedrückt. Erst auf mein energisches Drängen erklärte mir der Untersuchungsrichter, daß der dringende Verdacht nationalsozialistischer Zellenbildung bestehe ... Ich erwiderte sofort, daß ich das nicht glaube, und ich müßte dringend bitten, von dem Schritt der Verhaftung abzusehen, weil er von einem unheilvollen Einfluß auf mein Offizierkorps sein müsse.

Da wurde mir gesagt, der Haftbefehl sei vom Reichswehrminister, und der Reichspräsident habe schweren Herzens zugestimmt[20].«

Bei der Auseinandersetzung zwischen Beck und Braune ging es um die Details der Weigerung Becks, die Verhaftung vornehmen zu lassen. Hatte Beck, wie Braune behauptete, ihn auch dann noch daran gehindert, seine Pflicht zu tun, als er ihm die Gründe erklärt hatte, die das Reichswehrministerium veranlaßt hatten, den Fall an das Reichsgericht abzugeben? Nach Braunes Aussage hatte er Beck, nachdem er ihm vorgestellt worden war, sofort die Situation geschildert. Als Erklärung, warum Beck sich weigerte, ihn tätig werden zu lassen, und vor Gericht falsch ausgesagt habe, behauptete Braune, daß Beck »sich offensichtlich nicht von der nationalsozialistischen Propaganda frei machen konnte«.

Tatsächlich hat sich Braune hier jedoch geirrt. Weder hat Beck sich geweigert, ihn seine Pflicht tun zu lassen, noch hat er das Gericht belogen. Nach Braunes eigener Aussage vor Gericht ist es klar, daß er nach dem Grundsatz handelte: »Erst verhaften, dann Auskunft.« Beck hatte also triftige Gründe, seine Zustimmung zur Verhaftung von Ludin und Scheringer zu verweigern. Schließlich hatte er allen Grund, anzunehmen, der Fall sei längst abgeschlossen, und er konnte auch nicht ahnen, daß es sich um Hochverrat, also eine Sache für das Reichsgericht, handelte. Nachdem er über die Art der Anklage unterrichtet worden war, hatte er keinen legalen Grund mehr, Braune am Vollzug der Verhaftung zu hindern. Das scheint Beck auch durchaus verstanden zu haben, und er hat Braune lediglich dazu aufgefordert, die Verhaftung nicht zu diesem Zeitpunkt auf dem Übungsplatz vorzunehmen, aus Sorge um die Moral der Truppe. Es waren seine militärischen Überlegungen, die seine politischen beeinflußt haben – nicht umgekehrt. Er war gegen die Verhaftung, weil sie »von einem unheilvollen Einfluß auf mein Offizierkorps sein müsse[21]«.

Die Nachricht von der Verhaftung war eine Sensation, und in der Öffentlichkeit brach ein erbitterter Streit aus. Das Offizierkorps betrachtete das Verhalten der Reichswehrführung als »Verrat«: sie hatte Offizierskameraden an die Justiz der Republik ausgeliefert und das Offizierkorps vor aller Öffentlichkeit gedemütigt. Besonders scharf wurde die Form der Verhaftung kritisiert, und als im September die Verhandlung gegen die Leutnants eröffnet wurde, griffen die Rechtsparteien und die Rechtspresse Groener und Schleicher heftig an.

Beck setzte bewußt seine Karriere für Ludin und Scheringer und ihre Sache, die »mißhandelte und vernachlässigte« Reichswehr, aufs Spiel. Er stelle sich vorbehaltlos hinter seinen Sohn, schrieb Beck an Ludins Vater, weil er seine Sorgen teile. Er reichte sofort seinen Abschied ein und konnte nur durch wiederholte Vorstellungen seines Divisionskommandeurs dazu bewogen werden, sein Abschiedsgesuch zurückzuziehen. Dann wandte er sich an den Sohn des Reichspräsidenten, Oskar von Hindenburg, um sich über Braunes Verhalten auf dem Übungsplatz zu beschwe-

Beck auf der Militärakademie, 1911 (links)

Amalie und Ludwig Beck 1916

Als Leutnant mit seiner Truppe vor dem Ersten Weltkrieg

Beck mit den Offizieren der 4. Infanteriedivision im Manöver 1927
(Foto Telgmann)

ren und um ihn zu bitten, seinen Vater zu veranlassen, für die jungen Offiziere zu intervenieren. Schließlich kritisierte er sogar das Reichswehrministerium vor seinen Soldaten. Ott erinnert sich an ein Gespräch mit Beck, bei dem dieser Braune scharf angriff, die Verfehlungen von Ludin und Scheringer jedoch verharmloste[22].
Auch während des Prozesses setzte sich Beck für seine Offiziere ein. Er kommandierte seinen Adjutanten Hauptmann Meindl ab, um ihren Verteidigern zu assistieren, und seine Zeugenaussage vor Gericht war ein engagiertes Plädoyer für sie. Aus seinen Gesprächen mit Ludin und Scheringer, so sagte er aus, habe er feststellen können, daß sie »von einer besonders warmen Vaterlandsliebe und einer wahren Passion für ihren Beruf erfüllt (waren)«. Die Fragen, die sie beunruhigt hätten, beschäftigten jeden Offizier. »Das Recht des jungen Mannes auf seine eigene Idee muß anerkannt werden.« Dann wies er auf den Zwiespalt hin »zwischen unseren Idealen und dem, was in dem engen Rahmen unseres Heeres uns gestattet ist«. Für Beck stand die Reichswehr, genau wie für Ludin und Scheringer, in der Rumpelkammer der Geschichte. Sie war das Gerüst einer Führerarmee in Seecktschem Sinn: die Grundlage für eine größere und stärkere Armee, die man aufbauen wollte, wenn erst einmal die »Fesseln von Versailles« abgeschüttelt waren. Beck erklärte, die Reichswehr müsse »selbstverständlich die Kerntruppe einer neuen Armee sein«. Das Problem für die Reichswehr bestehe darin, diese Aufgabe wahrzunehmen, bis eine neue Armee aufgebaut werden könne, und genau mit diesem Problem hätten sich Ludin und Scheringer auseinandergesetzt. In diesen Erklärungen, die sich fast mit den Argumenten decken, mit denen Ludin und Scheringer ihr abfälliges Urteil über den Reichswehrminister begründeten, war natürlich eine scharfe Kritik an Groener versteckt[23].
Trotz seiner Sympathien für die Leutnants billigte oder verteidigte Beck natürlich niemals ihre illegalen Handlungen. Er betonte nachdrücklich vor Gericht, daß er ihre politischen Aktivitäten unterbunden hätte, wenn er davon gewußt hätte. Er erklärte:
»Bezüglich des Verbotes der Beschäftigung mit Politik haben diese drei Herren nicht gehorcht. Ich wünschte, daß ich früher davon Kenntnis erhalten hätte, dann hätte ich längst energisch durchgegriffen ... Ich hätte dem jungen Herrn wahrscheinlich entschieden den Kopf gewaschen und ihm gesagt, er dürfe keine Verbindung mit Parteiführern aufnehmen[24].«
Beck bekundete ferner (und dies traf für die ganze Reichswehr zu), daß die Disziplin in seinem Regiment ungebrochen sei. Es gab sehr viele unzufriedene Offiziere wie Ludin und Scheringer, aber nur sehr wenige billigten ihren Ungehorsam. Praktisch alle Offiziere teilten Becks Überzeugung, daß die Armee aus der Parteipolitik herausgehalten werden müsse, um einsatzfähig zu bleiben. Der Prozeß bewies daher, daß kaum Gefahr bestand, Befehle aus Berlin könnten mißachtet werden, und daß es Hitler nicht gelungen war, eine bisher unpolitische Armee zu politisieren.

Seit 1918 waren im Offizierkorps gewisse verschwommene politische Vorstellungen verbreitet, die aus der unklaren Stellung der Reichswehr in einem Staat resultierten, der seine Armee zu vernachlässigen schien. Der Reichswehrprozeß brachte diese Vorstellungen ans Licht. Dabei zeigte es sich, daß das Offizierkorps – unzufrieden und enttäuscht, wie es nun einmal war – für nationalsozialistische Ideen anfällig war[25].
Hitler verstand es ausgezeichnet, die Stimmung in der Reichswehr für seine Ziele einzusetzen. Als er nach Leipzig kam, um als Zeuge über seine Partei auszusagen, verband er seine Angriffe auf die Führung der Reichswehr geschickt mit der Versicherung, nur mit legalen Mitteln nach der Macht zu streben. Er konnte guten Gewissens erklären, daß die Parteiführer, die mit Ludin und Scheringer verhandelt hatten, außerhalb ihrer Kompetenzen gehandelt hätten. Die Zersetzung der Reichswehr stand nicht auf seinem Programm.
Beck war sichtlich von Hitler und seinen Ideen beeindruckt. Hitlers Aussage vor Gericht schien ihm zu bestätigen, daß der Nationalsozialismus seinen politischen Vorstellungen entsprach. Dabei sah er nur das, was er sehen wollte: die Verheißung, Deutschland wieder groß zu machen und den Glanz des kaiserlichen Deutschlands und der kaiserlichen Armee wiederzuerwecken. Noch 1943 erzählte er einem Freund, wie glücklich er gewesen sei, als er zum erstenmal auf einem Nazi-Plakat die schwarz-weiß-roten Farben sah. Für ihn war es auch ein gutes Zeichen, als einer der Kaisersöhne, Prinz August Wilhelm, in die Partei eintrat[26].
Nach dem Reichswehrprozeß galt Beck in der Öffentlichkeit als Feind der Republik. Die jungen Offiziere der Reichswehr waren von seinem Einsatz für Ludin und Scheringer begeistert, den älteren imponierte sein mutiges Eintreten für ihre Ideale. Auch Hitler war beeindruckt. Als er Becks Zeugenaussage gehört hatte, ließ er von seinem Adjutanten Otto Wagener Becks Namen notieren. Man solle ihn an diesen Offizier erinnern, wenn er erst einmal an der Macht sei[27].
Auf der anderen Seite aber waren Groener und Schleicher über Beck verärgert.
Wenige Tage nach dem Prozeß führte der Reichswehrminister in einem Erlaß an alle Offiziere einen nur flüchtig getarnten Angriff auf Beck. Dann ordnete er eine Untersuchung der Auseinandersetzung zwischen Beck und Braune an und erwog ernstlich Becks Verabschiedung. Dabei traf er aber auf den Widerstand von Becks Freunden in Berlin und ließ das Vorhaben fallen[28].
Wahrscheinlich charakterisiert Schleichers Urteil Becks Rolle in dieser Affäre am zutreffendsten. Er sagte zu einem seiner Mitarbeiter, Holtzendorff, Beck sei ein ehrenhafter Mann und guter Regimentskommandeur, politisch aber naiv. Man müsse ihn wegen seines Mutes, mit dem er sich vor seine Offiziere gestellt habe, bewundern, aber seine Unterstützung der Nationalsozialisten sei gefährlich. Er werde daher Beck niemals einen

politisch exponierten Posten anvertrauen, sonst jedoch seiner Karriere nichts in den Weg legen[29].

Beck blieb davon überzeugt, daß seine Verteidigung Ludins und Scheringers richtig und seine Einschätzung des Nationalsozialismus zutreffend sei. Er glaubte nach wie vor, die Nationalsozialisten seien Deutschlands einzige Hoffnung. 1931 diskutierte General von Falkenhausen mit ihm diese Frage. Falkenhausen schreibt, daß Beck sich in seiner Gegenwart offen zum Nationalsozialismus bekannt habe und die Berechtigung seiner wohlbegründeten Zweifel nicht anerkennen wollte[30].

1932 wurde Beck zu Manövern nach Italien eingeladen. Dort lernte er Mussolini kennen, der einen starken Eindruck auf ihn machte. (Noch Jahre später schnitt er bei Beck im Vergleich zu Hitler vorteilhaft ab. Als ob gute Manieren genauso wichtig wären wie eine vernünftige Politik, vermerkte er, daß Mussolini »gesellschaftlich erzogener und weltmännischer« gewesen sei als sein deutsches Gegenstück.) Im Anschluß an die Manöver machte Beck einen privaten Abstecher nach Rom und besichtigte die vielen Sehenswürdigkeiten der Stadt. Besonders beeindruckt zeigte er sich vom Vatikan-Museum, in dem er sich stundenlang aufhielt, ohne die große Hitze, Hunger oder Durst zu spüren[31].

Becks Reise bestärkte ihn in seinen politischen Vorurteilen. Er sah nur die positiven Seiten des Faschismus. Italien war für ihn ein Land, wo Recht und Ordnung herrschten und die Züge keine Verspätung hatten; und am wichtigsten für ihn: wo die Armee den ihr zukommenden Platz einnahm. Beck berichtete einem Freund begeistert von seinem Besuch:

»Ich habe Ende August zehn Tage den großen italienischen Manövern beigewohnt und dort sehr interessante Eindrücke empfangen. Das Land, und besonders auch die Armee, ist unter dem Einfluß des eisernen Willens Mussolinis in einem ganz außerordentlichen Aufstieg[32].«

Beck kam gerade zur rechten Zeit nach Deutschland zurück, um Zeuge der schweren politischen Krisen der letzten Monate der Weimarer Republik zu werden. Der Schatten des Bürgerkriegs lag über dem Land, wenn Nationalsozialisten und Kommunisten zusammenstießen. Weder Papen noch Schleicher konnten mit der Lage fertig werden, und Beck muß das Gefühl gehabt haben, Deutschland stehe am Vorabend einer Katastrophe, besonders in den zwei Monaten von Schleichers Kanzlerschaft. Er war nie damit einverstanden gewesen, daß sich die Armee in die Parteipolitik einmischte, vor allem, wenn sie keine Aussicht hatte, den professionellen Politikern ihren Willen aufzuzwingen. (Später äußerte er sich einmal abfällig über Schleicher, dessen byzantinische Vorliebe für die politische Intrige er verurteilte. »So etwas gehört sich nicht für einen Offizier!«)

Schließlich, im Januar 1933, wurde Hitler Reichskanzler, und Beck konnte aufatmen. »Ich habe den politischen Umschwung seit Jahren erhofft«, schrieb er, »und freue mich, daß die Hoffnung nicht getrogen hat. Es ist der erste große Lichtblick seit 1918[33].«

III

Die innere Krise des Dritten Reiches

»Adolf Hitlers starke Führung«

Schon wenige Tage nach seiner Ernennung zum Reichskanzler hielt Hitler eine Ansprache an die Befehlshaber der Reichswehr. Diese trafen sich am 3. Februar zu einem Diner bei Kurt Hammerstein. Hitler erschien dort ohne Begleitung; nur von Generalen und Admiralen umgeben, war er nun offensichtlich befangen. Hammerstein, der als Nachfolger Heyes Chef der Heeresleitung war, stellte »den Herrn Reichskanzler« formlos vor, und Hitler verbeugte sich steif nach allen Seiten. Die Offiziere erwiderten seine Begrüßung höflich, aber kühl. Während des Essens machte Hitler einen nervösen und mißtrauischen Eindruck. Um halb zehn erst stand er auf, klopfte ans Glas und hielt eine zweieinhalbstündige Rede, in der er seine Ziele darlegte und die Generäle um ihre Unterstützung bat.

Teile der unzusammenhängenden und weitschweifigen Ansprache galten der Außenpolitik, im wesentlichen aber befaßte sich Hitler mit der Innenpolitik. Er erklärte, die Demokratie sei eine Utopie. Sie führe nur zu inneren Zwistigkeiten, in denen sich die Kraft der Nation vergeude – wie die Weimarer Republik bewiesen habe. In der Überzeugung, daß »nur einer befehlen kann und darf«, kündigte er an, er werde die Parteipolitik durch eine autoritäre Führung ablösen.

Seine Regierung, so fuhr Hitler fort, werde die Nation politisch und wirtschaftlich erneuern. Der zersetzende Einfluß des Bolschewismus und des Pazifismus müsse beseitigt werden. Er werde das Volk einen und es zu patriotischem Denken bringen. Die Müßiggänger würden zur Arbeit gezwungen und Deutschlands wirtschaftliche Macht wiederhergestellt werden.

Entscheidend stehe über allem die Wehrpolitik. Er werde die Armee vom Druck der innenpolitischen Probleme befreien und ihre Führung in die Lage versetzen, an der Entfaltung der militärischen Stärke Deutschlands mitzuarbeiten. (Ausdrücklich verwarf er den Gedanken an eine faschistische Miliz nach dem Beispiel Italiens.) Mit Hilfe der Generale werde er sein Ziel erreichen: die Wiederherstellung Deutschlands als Großmacht[1].

Wie viele Militärs fand Beck die Rede nicht sehr beeindruckend, ja die unsichere, überschwengliche und demagogische Art stieß ihn ab. Im ganzen gesehen aber schien das Programm mit den Ansichten übereinzustimmen, die er selbst während der Weimarer Republik gewonnen hatte, und er war nur zu gern bereit, zu hoffen, daß Hitler seine Versprechungen

halten werde. So jedenfalls äußerte er sich bald nach der Machtergreifung zu seinem Freund General Adam. Adam schreibt:
»In diesem Sinne sagte ich ... zu meinem Freunde Beck: Sie werden sehen, wir kriegen diesen Aussatz erst nach einem verlorenen Krieg wieder los. Beck, in seiner abgeklärten und objektiven Art, der stets an das Gute im Menschen glaubte, meinte, es könne vielleicht auch anders kommen. Vielleicht würde doch aus dem Trommler, Propagandisten und Volksverführer [Hitler], der beim Aufbau seiner Macht so große Fähigkeiten bewiesen habe, ein wirklicher Volksführer ... dessen Staatsmannskunst sich weiter entwickeln würde[2].«
Für Beck als Konservativen war »ein wirklicher Volksführer« natürlich ein konservativer Nationalist. Von diesem Standpunkt aus ließ sich manches zugunsten der neuen Regierung sagen. Wenn Beck auch in Hitlers Umgebung einige »gefährliche Männer sah, wie den SA-Führer Röhm, betrachtete er doch das neue Kabinett als im Grunde gesund. Für den neuen Reichswehrminister Werner von Blomberg empfand er besonderen Respekt, ebenso für den Außenminister Konstantin Freiherrn von Neurath. Außerdem war ja der alte Preuße Hindenburg Reichspräsident. Wenn Deutschland erst einmal von den »schädlichen Auswirkungen« des Parlamentarismus befreit sein würde, dann würde es diesen Männern schon gelingen, die Radikalen in der NSDAP zu zähmen und damit sicherzustellen, daß Hitler eine vernünftige Politik trieb[3].
Diese politischen Ansichten begünstigten Becks Karriere. Nicht lange nach der Machtergreifung erinnerte Otto Wagener Hitler an Becks Rolle beim Reichswehrprozeß. Hitler, der sich damals vorgenommen hatte, wenn er selbst erst an der Macht sei, Beck mit einem höheren Posten zu betrauen, brachte ihn bei Blomberg in Vorschlag. Sowohl Blomberg als auch Hindenburg, der für die personelle Besetzung der militärischen Schlüsselpositionen letztlich verantwortlich war, reagierten positiv. Hindenburg hielt Beck für einen fähigen Soldaten, und Blomberg war nach Aussage eines seiner Adjutanten darum bemüht, die wichtigen Posten in seinem Ministerium mit Offizieren zu besetzen, die dem Nationalsozialismus mit Sympathie gegenüberstanden[4].
Am 1. Oktober 1933 wurde Beck daher im Zuge eines größeren Revirements zum Chef des Truppenamtes ernannt. Da »Truppenamt« nur eine Tarnbezeichnung für den Großen Generalstab war, wurde Beck nun der Erbe der großen Tradition dieser Institution. Die Ernennung erfüllte ihn mit Stolz. Er bekleidete nun »die ehrenvollste Stellung in Preußen-Deutschland[5]«.
Seine Ernennung änderte nichts an seiner einfachen, typisch preußischen Lebensweise. Er bezog ein bescheidenes Haus in einer unauffälligen Wohnstraße von Berlin-Lichterfelde und lehnte das Angebot ab, in einer offiziellen Residenz zu wohnen. (Später sagte er zu seiner Tochter, daß er vermeiden wollte, irgend jemandem verpflichtet zu sein.) Sein Tages-

rhythmus blieb unverändert. Er stand um 5 Uhr 30 auf und ritt von 6 bis 8 Uhr. Dabei lief er immer kurze Strecken neben seinem Pferd her. Nach einem leichten Frühstück begann er um 9 Uhr seine Arbeit. Ein großes Porträt des älteren Moltke beherrschte sein nüchtern eingerichtetes Büro am Tirpitzufer. Dort arbeitete er ohne Unterbrechung bis etwa 7 Uhr abends.

Wenn er das Tirpitzufer verließ, fuhr er zum Abendessen nach Hause und zog sich dann in sein Arbeitszimmer zurück, um weiterzuarbeiten oder zu lesen. (Seine Lektüre bestand fast ausschließlich aus Büchern über Geschichte, speziell Militärgeschichte.) Am gesellschaftlichen Leben nahm er kaum teil.

Er hatte nur für seine Familie Zeit, besonders für seine Tochter, und manchmal gab er ein kleines Essen für einen begrenzten Kreis von Leuten, mit denen er beruflich zu tun hatte. Bei diesen Gelegenheiten war er ein charmanter Gastgeber und geistreicher Gesprächspartner. Außer seinem Bruder Wilhelm scheint er aber keine vertrauten Freunde gehabt zu haben. Auch im Umgang mit seinen engsten Kameraden, wie zum Beispiel dem Freiherrn von Fritsch, blieb er stets bei dem formellen »Sie«. Urlaub nahm er höchst selten. Als ihn einmal ein Offizier, der sich um seine Gesundheit sorgte, empfahl, Ferien zu machen, ersuchte in Beck in scharfem Ton: »Ich bitte Sie, sich nicht in meine Privatangelegenheiten zu mischen.«

Sein Arbeitsstil am Tirpitzufer wurde von seinem Drang zur Perfektion (und von einer sehr geringen Neigung, Aufgaben zu delegieren) bestimmt. Adolf Heusinger erinnert sich, daß ein Memorandum manchmal erst nach elf oder zwölf Entwürfen Becks Zustimmung fand. Auch an seine Untergebenen stellte er hohe Anforderungen. So wurde beispielsweise ein Offizier, der eine Weisung nicht rechtzeitig ausgearbeitet hatte, weil er dazu auch an den Weihnachtstagen hätte arbeiten müssen, sofort zur Truppe zurückversetzt. Ein anderer, der eine Geheime Kommandosache falsch abgelegt hatte, wurde mit zweieinhalb Monaten Festungshaft unter ausdrücklicher Zustimmung Becks verurteilt. Aber die meisten Offiziere im Truppenamt arbeiteten zu Becks Zufriedenheit. Sie hatten höchsten Respekt vor seinen Fähigkeiten und seiner Selbstdisziplin. Immer wieder verglich man ihn mit dem älteren Moltke. Moltke war ein asketischer, hochgebildeter Soldat gewesen (von dem gesagt wurde, daß er nicht einmal in seinem Leben seine Selbstbeherrschung verloren habe), und Beck hörte diesen Vergleich nicht ungern. Seine Sekretärin erinnerte sich, welches Vergnügen es ihm bereitet hatte, als der polnische Militärattaché bei der ersten Begegnung mit ihm ausrief: »Aber das ist ja Moltke selbst[6]!«

Schon sehr bald nach Becks Amtsantritt wurde die SA zu einer ernsten Bedrohung für die Armee. Stabschef dieser paramilitärischen Truppe der NSDAP war Ernst Röhm. Vor der Machtergreifung hatte die Sturmabteilung Saal- und Straßenschlachten der Partei geschlagen, und nach dem 30. Januar 1933 war manche alte Rechnung beglichen worden, als die SA die Macht hatte, ihre Gegner zu verhaften und oft auch grausam zu mißhandeln. Als diese »Aufgabe« erledigt war, suchte sie nach neuen Betätigungsfeldern. Zunächst etwa 300000 Mann stark, war sie schnell zu einer riesigen Organisation von zwei Millionen Mann angewachsen, und damit war das Problem entstanden, welche Aufgabe sie übernehmen sollte. Der Gedanke lag nahe, ihr eine Rolle bei der Wiederaufrüstung Deutschlands zuzuweisen, und das war auch gerade das, was Röhm wollte.

Zunächst hoffte man auch im Reichswehrministerium auf die Möglichkeit einer Zusammenarbeit mit der SA. Nach europäischem Standard war die Reichswehr lächerlich klein, und die SA bot sich als ein willkommenes Reservoir für den Aufbau neuer Verbände an. Aus diesem Grunde organisierte die Reichswehr schon im Jahr 1933 Ausbildungsprogramme für die SA und verwendete sogar ihre Formationen als eine Art Hilfstruppe. Zu dieser Zeit schien die Zusammenarbeit auch keinerlei politische Gefahren in sich zu bergen. Gegenüber den Generalen hatte Hitler sich ausdrücklich gegen die Bildung einer Miliz ausgesprochen. Außerdem hatte er am 13. August die SA-Führer und die Generale zu einer unmittelbaren Aussprache zusammengeführt und dabei die SA in allen die Landesverteidigung betreffenden Fragen eindeutig der Kontrolle der Reichswehr unterstellt.

Zusammenarbeit mit der SA war für Blomberg allerdings nicht nur eine Frage der Zweckmäßigkeit. Seine Sympathie für den revolutionären Regierungsstil der Nationalsozialisten war unverkennbar. Ihr sozial aufgeputzter Nationalismus entsprach genau seinen eigenen politischen Vorstellungen. Das unterschied ihn deutlich von dem konservativen Beck mit seinen eher restaurativen Neigungen. Wenn Blomberg geglaubt hatte, mit Becks Berufung zum Chef des Truppenamtes einen Parteigänger der Nationalsozialisten in diese Schlüsselposition gebracht zu haben, erwies sich das als Irrtum. In den meisten anderen Fällen war es ihm jedoch geglückt, Männer zu seinen Mitarbeitern zu machen, die seine Begeisterung für das neue Regime teilten.

Walter von Reichenau, der neue Chef des Ministeramtes, war einer dieser ehrgeizigen Aufsteiger. Obzwar adlig und Generalstabsoffizier, hatte er schon früh die Vorurteile seiner Kaste abgelegt, und sein unorthodoxer Stil hatte seine Kameraden oft brüskiert. Für sie war er »ein richtiger Rabauke« mit einem fast lächerlichen Sporttick. Mit hochgezogenen Augenbrauen sahen sie zu, wenn er mit einfachen Soldaten halbnackt seinen Dauerlauf absolvierte. Aber gerade durch seine Vorurteilslosigkeit gewann er rasch entscheidenden Einfluß im Ministerium. Mit machiavellistischem Geschick ging er an die Lösung des SA-Problems heran. Er war zwar bereit, mit Röhm zusammenzuarbeiten, taktierte jedoch erheblich

vorsichtiger als Blomberg, um die Interessen der Reichswehr nicht zu schädigen.
In den ersten Monaten der Kanzlerschaft Hitlers wird Beck sich über die SA wohl nicht sehr viele Gedanken gemacht haben. Selbstverständlich mißbilligte er ihre Exzesse, aber das ging ihn ja nicht unmittelbar an. Diese Dinge konnte man zur Not als bedauerliche, sicher nur vorübergehende Begleitumstände des Regimewechsels betrachten, und die potentielle Gefahr für die Reichswehr hat er, nach der Hitlerrede am 3. Februar, sicherlich nicht sehr hoch veranschlagt. Aber nun, als Chef des Truppenamtes, kam er zu einer kritischeren Beurteilung.
Beck konnte sich für die von Blomberg und Reichenau betriebene Politik nicht erwärmen und suchte die Zusammenarbeit mit der SA zu begrenzen. Schon am 27. Oktober gab er eine Weisung heraus, nach der der Reitunterricht der Reichswehr für die SA eingeschränkt werden sollte. Auch im November und Dezember erschienen solche Weisungen unter seinem Namen: Die erste betonte, die Ausbildung der SA sei auf rein sportliche Gebiete zu beschränken, und die zweite verbot ausdrücklich die Ausbildung von SA-Männern an schwerem Gerät. Etwa zur selben Zeit schrieb Beck: »Vor allem aber sollte im neuen Reich nur das Heer als alleiniger Waffenträger und höchstes Machtmittel der Staatsgewalt bestehen.« Im Februar 1934 beklagte er sich darüber, daß die Reichswehr sich bei Grenzschutzaufgaben zu sehr auf die SA stütze[7].
Wiederholt betonte Beck in seinen Weisungen, daß der lebenswichtige Nachschub der Reichswehr auf gar keinen Fall in die Hände der SA geraten dürfe. Das war einer der heikelsten Punkte, denn die SA war mit Waffen und Gerät nur sehr unzureichend ausgerüstet. Es wäre höchst unklug gewesen, die SA hierin dem Standard der Reichswehr anzugleichen. Genau darauf schien aber die Politik von Blomberg und Reichenau hinauszulaufen, und die Weisungen Becks enthielten daher eine unausgesprochene Kritik an dieser Politik. Ihre allzu große Bereitschaft, mit der SA zusammenzuarbeiten, hatte ihn dazu herausgefordert. General von Fritsch, der Beck hierin unterstützte, formulierte den Standpunkt, den die Reichswehr einnehmen sollte, noch deutlicher:
»Belange des Heeres wurden von Reichenau leichtfertig, vielleicht im Bestreben, sich bei der Partei in ein gutes Licht zu setzen, geopfert. Blomberg stimmte zu, Hammerstein tat nichts ... Was in jahrelanger schwerster Arbeit an Grenzschutzmaßnahmen getroffen war, wurde durch die Umtriebe der SA zerstört. Was an Truppe vorhanden war, wurde weitgehend für die beschleunigte Heranbildung von SA-Leuten eingesetzt. Die Ausbildung der Truppe selbst litt ...[8]«
Becks Überlegungen fanden bei Reichenau keinen großen Widerhall. Jetzt, wo er mit der SA im Auftrage des Ministers Blomberg verhandelte, hielt er es für klüger, der Schroffheit Becks und Fritschs gelassen zu begegnen. Er versuchte, die beiden Standpunkte miteinander zu versöhnen.

Selbst als Röhms Ansprüche immer größer wurden, suchte er weiter nach einem Kompromiß. Aber im Februar 1934 war bereits erkennbar, daß er damit scheitern mußte. Denn nun forderte Röhm ganz unverhohlen die Kontrolle über die Reichswehr.
Am 28. Februar griff Hitler in die Auseinandersetzung ein und sprach erneut vor einer Versammlung der Führer der Reichswehr und der SA. In dieser Rede verwarf er Röhms Versuche, die Reichswehr durch eine SA-Miliz zu ersetzen, und bekräftigte erneut seinen Willen, ein starkes Berufsheer zu schaffen. Aber die SA-Führer beharrten auf ihren Vorstellungen. Die Spannung verschärfte sich im Frühjahr erheblich. Es kam zu zahlreichen Zusammenstößen zwischen SA-Leuten und Reichswehrsoldaten. Hitler griff abermals ein und forderte Röhm auf, sich zu mäßigen. Doch auch diese Ermahnung blieb fruchtlos.
In diesen Monaten begann auch der konservative Flügel der Regierung, der sich um den Vizekanzler Franz von Papen gruppierte, unruhig zu werden. Er wollte seinen schwindenden Einfluß wiedergewinnen. Man suchte Kontakt zum Chef der Heeresleitung Fritsch, aber diese Gespräche blieben ohne Ergebnis. Die Reichswehr wünschte nicht, mit diesen Leuten eine gemeinsame Front gegen die radikalen Kräfte der Partei zu beziehen, vor allem nachdem der Reichswehrminister eine Art Beschwichtigungspolitik in die Wege geleitet hatte.
Blomberg und Reichenau hatten beschlossen, die Reichswehr »näher an den Staat« heranzuführen, und erwarteten als Hitlers Gegenleistung die Einhaltung seiner Versprechungen. Der Reichswehrminister wurde nicht müde, den Diktator der Loyalität der Reichswehr zu versichern, und befahl, daß auf allen Dienstuniformen der Reichswehr das Hoheitsabzeichen mit dem Hakenkreuz anzubringen sei. Die anderen Generale schwenkten auf Blombergs Linie ein. Am 7. Mai erklärte Fritsch den Kommandierenden Generalen, daß man »unter allen Umständen« vermeiden müsse, sich von Beleidigungen durch die SA provozieren zu lassen. Gleichzeitig betonte er, daß eine »Staatsbejahung« der Reichswehr jetzt »nötiger als je« sei. Beck muß mit diesen Schritten Fritschs einverstanden gewesen sein, denn er schrieb zur gleichen Zeit in der gleichen Tonart wie sein Oberbefehlshaber eindringlich von dem bevorstehenden »Machtkampf« mit der SA[9].
Während die Spitzen der Reichswehr Hitler so offen hofierten, bereiteten sie sich gleichzeitig für den »Ernstfall« vor. Bereits am 8. Mai erging eine Anordnung an alle Standortkommandanturen, sich für den Fall von »inneren Unruhen« in Alarmbereitschaft zu halten. Das löste eine Kettenreaktion aus. Die SA traf Gegenvorbereitungen. Beide Seiten verdächtigten sich gegenseitig, einen Staatsstreich vorzubereiten[10].
Die Spannung erreichte in der zweiten Hälfte des Junis ihren Höhepunkt. Am 14. Juni traf Beck private Vorbereitungen für den Fall einer gewaltsamen Entladung der Krise. Er veranlaßte seinen Freund Arno Moysi-

schewitz, Schleicher den Rat zu geben, sich jeder politischen Aktivität zu enthalten, da er unter dem Verdacht stehe, mit Röhm zu konspirieren. Als Schleicher dies hörte, erklärte er indigniert, er habe sich seit Januar 1933 völlig aus der Politik zurückgezogen, und ließ damit die Sache auf sich beruhen. Während Beck sich aus Anstand und Loyalität gegenüber einem alten Kameraden zu dieser Warnung verpflichtet fühlte, nahm Blomberg die Behauptung, daß Schleicher in ein finsteres Komplott verwickelt sei, widerspruchslos hin und verlangte von Hitler nur, daß man Schleicher bei einer Verhaftung anständig behandele[11].

Knapp zwei Wochen später erschien der SS-Führer Sepp Dietrich am Tirpitzufer und wies eine Liste mit Namen höherer Offiziere der Reichswehr vor, die von der SA liquidiert werden sollten. Auch Beck und Fritsch standen auf dieser Liste. Beck befahl daraufhin allen Generalstabsoffizieren, stets eine Pistole griffbereit zu haben; gleichlautende Befehle ergingen an die anderen Abteilungen des Ministeriums. Am 26. Juni wurden alle Garnisonen in Deutschland in höchste Alarmbereitschaft versetzt. Einige dieser Befehle waren höchst ungewöhnlicher Art. Die Garnison in Dresden erhielt den Befehl, sich bereitzuhalten, um am 1. Juli die zahlreichen SA-Einheiten in diesem Gebiet zu entwaffnen. Die Münchner Garnison wurde angewiesen, sich am 30. Juni Hitler und der SS zur Verfügung zu stellen. General Adam, dem Befehlshaber in München, erschien dies so außergewöhnlich, daß er in Berlin anrief, um sich von Fritsch persönlich bestätigen zu lassen, die Reichswehr habe die Lage unter Kontrolle und Reichenaus Befehle seien zu befolgen[12].

In der Zwischenzeit hatte sich General von Kleist, der Befehlshaber in Schlesien, mit SA-Obergruppenführer Heines getroffen. Sie stellten fest, daß keiner der beiden Kontrahenten die Absicht hatte, den anderen anzugreifen, sondern sich nur auf die Verteidigung gegen einen Angriff des anderen vorbereitete. Es hatte den Anschein, als ob die Krise auf sehr einfache Weise beigelegt werden könnte, und Kleist versprach, entsprechende Schritte zu unternehmen. Er flog nach Berlin, um Beck und Fritsch vom Ergebnis seiner Erkundung zu unterrichten. Nachdem er von seinen Gesprächen mit Heines berichtet hatte, äußerte er die Vermutung, daß vielleicht Reichswehr und SA von interessierter dritter Seite gegeneinander aufgehetzt würden. (Vorgänge wie Dietrichs Erscheinen am Tirpitzufer legten diesen Gedanken nahe.) Fritschs und Becks einzige Reaktion bestand darin, Reichenau hinzuzuziehen und Kleist zu bitten, seinen Bericht vor ihm zu wiederholen. Aber das machte auf den Chef des Ministeriums keinen großen Eindruck. Er beschränkte sich auf die orakelhafte Bemerkung: »Das mag stimmen, jetzt aber ist es zu spät[13].«

Für den unglücklichen Schleicher war es in der Tat zu spät. Am 29. Juni noch hatte er Moysischewitz gebeten, Beck anzurufen. Seit ihrer letzten Begegnung hatte er verschiedene Gerüchte gehört, die Becks Warnung bestätigten, und er ließ Beck durch Moysischewitz bitten, Blomberg eine

Botschaft zu übermitteln. Der Minister sollte an sein Versprechen erinnert werden, Schleicher anzuhören, wenn ihm irgendwelche negativen Berichte über ihn zugingen. Aber Moysischewitz konnte Beck erst am 1. Juli erreichen, und da war Schleicher schon tot[14].

Hitler hatte am Morgen des 30. Junis die Initiative ergriffen. Er flog nach München, wo ihn eine von der Reichswehr bewaffnete SS-Verfügungstruppe erwartete. Dann fuhr er mit seiner Eskorte über von regulären Truppen abgesicherte Straßen nach Bad Wiessee, wo sich Röhm und eine Reihe hoher SA-Führer aufhielten. Die meisten lagen noch mit ihren homosexuellen Freunden im Bett, als Hitler sie verhaften und ins Gefängnis Stadelheim bei München bringen ließ. Am Abend wurden die ersten sechs SA-Führer erschossen. Röhm erhielt die Möglichkeit zum Selbstmord; als er ablehnte, wurde auch er erschossen.

Inzwischen hatten Reichswehr und SS begonnen, in ganz Deutschland die SA-Einheiten zu entwaffnen. Es begann eine blutige »Säuberungsaktion«. Erschießungen arteten in Massenhinrichtungen aus.

Gegen 12 Uhr 30 drangen fünf Männer in Schleichers Villa ein. Der General saß in seinem Arbeitszimmer am Schreibtisch. Als er die Frage, ob er General Kurt von Schleicher sei, bejahte und sich halb aufrichtete, zogen die Männer die Pistolen und erschossen ihn. Auch Frau von Schleicher, die sich im Zimmer befand, wurde erschossen.

Die Nachricht verbreitete sich schnell in Berlin. Freunde und Verwandte des Ehepaares warnten Generalmajor von Bredow, einen engen Freund und Mitarbeiter Schleichers, und bestürmten ihn, sich zu verbergen. Ein französischer Diplomat bot ihm Schutz an, aber Bredow lehnte ab. Am Abend läutete es an seiner Wohnungstür; als er öffnete, schoß man ihn nieder. Sein Schicksal teilten noch viele andere Konservative, unter ihnen Männer aus der engsten Umgebung Papens. Wie Schleicher und Bredow hatten sie keinerlei Verbindung zur SA. Gleichwohl sprach das offizielle Kommuniqué ausschließlich von einer Aktion gegen einen angeblich von Röhm geplanten »SA-Putsch«.

Beck war am 30. Juni für niemand zu erreichen. Fritsch verbrachte mindestens einen Teil des Tages in kompromittierender Gesellschaft. Zur Mittagszeit wurde er zusammen mit Reichenau und Himmler in Görings Palais in Berlin gesehen. Hier hatte man die Befehlsstelle eingerichtet, von der aus die gemeinsame Aktion gegen die SA geleitet wurde. Himmler befahl die politischen Morde, Reichenau die Truppenbewegungen und Göring die Polizeiaktionen. Auch politische Naivität kann Fritschs Verhalten nicht rechtfertigen. Er muß genau gewußt haben, was tatsächlich gespielt wurde. Die Meldungen über die Exekutionen, die aus allen Teilen des Reiches am Tirpitzufer eingingen, waren eindeutig genug[15].

Die Reichswehr hatte nicht tatenlos abgewartet, was geschehen würde, sondern eine höchst aktive Rolle in dieser Affäre gespielt. Daher trug sie zumindest einen Teil der Verantwortung für diese »Nacht der langen

Messer«. Mit Sicherheit hatte Röhm keinen Staatsstreich für den 30. Juni geplant, sehr wahrscheinlich aber Reichenau. Die Reichswehr hatte die Gefahr eines Staatsstreichs der SA ohne Zweifel übertrieben und durch ihre Vorbereitungen gegen den angeblich geplanten Putsch Hitler bewußt oder fahrlässig zum Handeln gezwungen. Es ist bis heute unklar geblieben, ob Blomberg und Reichenau Hitler direkt zum Handeln aufgefordert haben. Auf jeden Fall hatte die Alarmierung der Reichswehr denselben Effekt. Hitler fuhr nach Wiessee, weil er einer bewaffneten Auseinandersetzung zwischen Reichswehr und SA nicht tatenlos zusehen wollte und konnte.

Fritsch und Beck teilen Blombergs und Reichenaus Verantwortung für die Auslösung der Krise. Sie haben zwar deren Politik nicht ausdrücklich unterstützt, aber sie haben sich ihr gefügt. Wenn sie Vorbehalte hatten, so haben sie diese jedenfalls nicht geäußert. Im Gegenteil hatten sie sich in den vorausgegangenen Monaten mehrfach gegen Blomberg und Reichenau gestellt, wenn diese zu »weich« gegenüber der SA waren, und hatten ein härteres Vorgehen verlangt. Immerhin waren es Fritschs Befehle, die die Reichswehr in Alarmbereitschaft versetzt hatten. Man kann schwerlich unterstellen, daß die Bedeutung dieser Vorbereitungen den beiden Generalen nicht klar war. Becks Warnung an Schleicher und Kleists Besuch in Berlin beweisen nahezu schlüssig, daß Beck und Fritsch wußten, was für den 30. Juni geplant war. Wahrscheinlich haben sie nicht damit gerechnet, daß Hitler die Opponenten einfach liquidieren lassen würde, anstatt sie zu entwaffnen und zu verhaften; aber Beck muß es zumindest vermutet haben, warum hätte er sonst versucht, Schleicher zu warnen? Fritsch jedoch hat spätestens am 30. Juni von den Morden erfahren, und er hat nichts unternommen, um das Massaker zu beenden[16].

Die »Säuberung« brachte Beck in eine wenig angenehme Lage. Hitler hatte, das war nicht zu leugnen, die Macht der SA gebrochen, und das Offizierkorps mochte ihm dafür zu Dank verpflichtet sein. Aber das Gefühl der Dankbarkeit und Erleichterung hatte durch die politische Mordserie einen bitteren Beigeschmack erhalten. Beck war über die kriminellen Methoden des Diktators erschüttert. Sein Vertrauen und sein Optimismus schwanden. Bisher hatte er offen über die Hoffnungen gesprochen, die er in das Regime setzte; von nun an wich er politischen Diskussionen aus und verschanzte sich hinter Schweigen und Pflichterfüllung[17].

Diese neue Haltung Becks kam schon im Sommer 1934 zum Ausdruck, als er mit der »Judenfrage« konfrontiert wurde. Die Kritik an den Morden führte zur Kritik an der Rassenverfolgung. Durch die rohe und brutale Behandlung der Juden beschämt, äußerte Beck sein Bedauern, daß berühmte Künstler und Wissenschaftler zur Emigration gezwungen wurden, nur weil sie Juden waren. Hier siegte seine Menschlichkeit über seine Vorurteile. Sicher haßte Beck die Juden nicht, aber er teilte jenen latenten und in seinen Kreisen weit verbreiteten Antisemitismus, der sich in Form

eines gewissen gesellschaftlichen Vorurteils äußerte: Er hatte keine jüdischen Freunde und hätte auch keine haben wollen. Auch ging sein Mitgefühl mit den Verfolgten nicht so weit, daß er sich deswegen exponiert hätte. Die »Judenfrage« war etwas, was seiner Ansicht nach den Chef des Generalstabs nichts anging, der »über der Politik« zu stehen hatte. Als ein Freund ihn aufforderte, wegen des Ausschlusses der Juden aus den Frontkämpfer-Organisationen zu intervenieren, betonte Beck in seiner Antwort den vertraulichen und nicht-offiziellen Charakter seiner Äußerung. Er zeigte Mitgefühl wegen der »Härte« dieser Entscheidung, meinte aber, es sei doch das vernünftigste, wenn die jüdischen Frontkämpfer freiwillig aus diesen Organisationen austräten. Das erspare doch allen Beteiligten Unannehmlichkeiten[18].
Die Morde an Schleicher und Bredow verlangten ebenfalls nach einer Antwort, die vielleicht noch schwerer zu geben war. Zweifelsohne hätten die Morde eine Reaktion von seiten der Reichswehr und auch von Beck persönlich erfordert, denn sie stellten einen unglaublichen Angriff auf die Ehre des Offizierkorps insgesamt dar, und außerdem muß Beck sich bis zu einem gewissen Grade für Schleichers Sicherheit verantwortlich gefühlt haben. Doch weder Beck noch Fritsch handelten, bis Hitler in einer Reichstagsrede am 13. Juli die Ermordeten des Hoch- und Landesverrats beschuldigte. Erst jetzt gingen sie zu Blomberg und verlangten eine kriegsgerichtliche Untersuchung; die Ehre der Ermordeten müsse wiederhergestellt werden. Es kam zu einem stürmischen, aber folgenlosen Auftritt, als der Minister sich wütend weigerte, irgendwelche Schritte zu unternehmen. Bei diesem erfolglosen Protest auf dem Dienstweg ließen sie es bewenden – Schleicher und Bredow waren vergessen. Sie hätten an den Reichspräsidenten appellieren können. Sie hätten auch Mackensen und Hammerstein unterstützen können, die ritterlich und energisch eine Rehabilitierung der Ermordeten durch die Schlieffen-Vereinigung betrieben – eine Vereinigung ehemaliger und aktiver Generalstabsoffiziere, zu deren Vorstand Beck gehörte[19].
Mackensen und Hammerstein erreichten eine ehrengerichtliche Prüfung der gegen die Generale erhobenen Beschuldigungen des Landesverrats, und die Vereinigung gab eine Erklärung ab, die Schleicher und Bredow rehabilitierte, doch Blomberg verteidigte die Juni-Aktion mit einer ebenso zynischen wie verlogenen und widerspruchsvollen Erwiderung, in der es u. a. hieß:
»Was den Tod der genannten Generale betrifft, so ist festgestellt, daß bei den rein politischen Machtkämpfen die persönliche Ehre der genannten Offiziere nicht berührt worden ist, daß sie aber Wege beschritten, die als regierungsfeindlich angesehen worden sind und daher zu den verhängnisvollen Folgen führten[20].«
Damit machte der Minister jede »dienstliche Weiterverfolgung« der Angelegenheit unmöglich.

Am 25. Juli 1934 wurde der österreichische Bundeskanzler Engelbert Dollfuß von österreichischen Nationalsozialisten, die aus eigener Initiative und erfolglos versuchten, in Wien die Macht zu ergreifen, ermordet. Wenn Hitler die Ermordung auch nicht befohlen hatte, machte ihn doch die Welt dafür verantwortlich (was auch zumindest insofern zutraf, als er nichts unternommen hatte, sie zu verhindern). Beck erkannte die außenpolitischen Folgen. Er war über die »Leichtfertigkeit« des Putschversuchs und seine Auswirkungen auf die internationale Öffentlichkeit entsetzt. Nach einem Gespräch mit Staatssekretär von Bülow vom Auswärtigen Amt schrieb er, daß Hitler ein Narr sei, wenn er sich nach der so offensichtlich verbrecherischen Aktion vom 30. Juni auch noch die Niederlage vom 25. Juli eingehandelt habe. Aber die Motivation dieser Kritik lag weniger in grundsätzlichen moralischen als in opportunistischen Erwägungen. Wie bei dem Protest bei Blomberg zwei Wochen zuvor spiegeln diese Einwände die Ansichten eines vorsichtigen und umsichtigen Generalstabsoffiziers wider, keineswegs die eines zum Widerstand gegen den Nationalsozialismus entschlossenen Mannes[21].
Bald nach dem Mord an Dollfuß kam es zu einer neuen Krise. Als Hindenburg am Morgen des 2. August starb, ergriff Hitler die Chance, um mit Hilfe von Blomberg und Reichenau das Amt des Reichspräsidenten mit dem des Reichskanzlers zu vereinigen. Es wurde bekanntgegeben, daß er Staatsoberhaupt und Oberster Befehlshaber der deutschen Streitkräfte sei. Die Reichswehr mußte einen neuen Eid leisten, nicht auf Volk, Vaterland und Verfassung, sondern auf die Person Adolf Hitlers. Der neue Fahneneid lautete: »Ich schwöre bei Gott diesen heiligen Eid, daß ich dem Führer des deutschen Reiches und Volkes, Adolf Hitler, dem Oberbefehlshaber der Wehrmacht, unbedingten Gehorsam leisten und als tapferer Soldat bereit sein will, jederzeit für diesen Eid mein Leben einzusetzen.« Becks erste Reaktion bestand darin, Fritsch aufzufordern, die Weitergabe dieses Befehls zu verweigern. Fritsch lehnte das ab. Daraufhin erklärte Beck, er halte es für besser, seinen Abschied zu nehmen, als diesem Befehl Folge zu leisten. Aber es gelang Fritsch, Beck zu überreden, im Amt zu bleiben, da sein Rücktritt sinnlos sei und niemand diesen Schritt verstehen oder honorieren werde. Beck leistete den Eid[22].
Durch diese Eidesleistung fühlte sich Beck verpflichtet, Hitler loyal zu dienen. Das zeigte sich deutlich am 5. September auf einer Arbeitssitzung des Reichsverteidigungsrates, in dem Beck den Vorsitz führte. Beck eröffnete die Sitzung, bat um eine Minute stillen Gedenkens für den verstorbenen Reichspräsidenten Feldmarschall von Hindenburg. Im Sitzungsbericht heißt es weiter:
»Im Zusammenhang damit weist Chef T. A. auf die Bedeutung der Übernahme des Oberbefehls über die Wehrmacht durch den Führer und Reichskanzler am 2. 8. 1934 sowie auf dessen außerordentliche Anteilnahme an allen Wehrmachts- und Reichsverteidigungsfragen hin. Für die

Tätigkeit des Arbeitsausschusses des Reichsverteidigungsrates ... seien daher selten günstige Vorbedingungen gegeben[23].«
Becks Optimismus war verständlich. Hitler hatte immerhin die Armee von der Konkurrenz der SA befreit und sogar ausdrücklich seine Versprechungen erneuert, die Integrität der Reichswehr nicht anzutasten. Die Reichswehr würde nun endlich in der Lage sein, den Aufbau der Armee in Angriff zu nehmen, und Beck betrachtete es als seine erste Pflicht, Deutschlands Wehrkraft zu stärken. Sein Pflichtgefühl hatte über seine persönlichen Vorbehalte gesiegt, und er hatte Hitler unbedingten Gehorsam geschworen.
Die Ausschaltung der SA hatte den Weg für die Aufstellung bewaffneter SS-Einheiten freigemacht. Schon im Sommer 1933 war die SS-Leibstandarte »Adolf Hitler« als Leibwache Hitlers geschaffen worden. Sie bestand aus 120 ausgesuchten Männern, die Hitler einen besonderen Treueid geschworen und als sein persönliches Machtinstrument bei der Liquidierung der SA-Führer eine entscheidende Rolle gespielt hatten. Zum Dank für die Mörderdienste, die die Leibstandarte geleistet hatte, beschloß Hitler, sie zu verstärken. Er wollte außerdem nicht das Risiko eingehen, noch einmal in eine Situation zu kommen, in der er ohne eine eigene Truppe auf fremde Hilfe angewiesen war, und ordnete die Aufstellung der aus der SS-Leibstandarte und weiteren bewaffneten Verbänden bestehenden SS-Verfügungstruppe an. Zweifellos hatte das Bewußtsein, wehrlos zwischen zwei Mühlsteine – Reichswehr und SA – geraten zu sein, ihn am 30. Juni 1934 zur »Flucht nach vorn« getrieben[24].
Blomberg sekundierte Hitlers Plänen nach Kräften. Schon fünf Tage nach dem »Röhm-Putsch« verkündete der Minister den versammelten Generalen die Entscheidung Hitlers, Teile der SS zu bewaffnen. Sie würde genügend Waffen bekommen, um Truppen in der Stärke einer Division aufzustellen. Zwei Monate später gab Blomberg die formelle Anordnung heraus, die die Aufstellung der SS-Verfügungstruppen regelte. In ihr beschrieb er die SS als eine politische Organisation der NSDAP, die als solche unbewaffnet bleibe – mit Ausnahme der Verfügungstruppe, die dazu bestimmt sei, bei inneren Unruhen einzugreifen. In Friedenszeiten werde diese Truppe der Verfügungsgewalt des Reichsführers SS, Heinrich Himmler, unterstehen, im Kriegsfalle jedoch wahrscheinlich dem Reichswehrministerium unterstellt werden. Dies werde von den politischen Umständen zur Zeit der Mobilmachung abhängen. Die SS werde ihre eigenen Offiziere selbst ausbilden (was richtiger »ideologisch indoktrinieren« hätte heißen müsen), die militärische Ausbildung werde aber vom Chef der Heeresleitung, General von Fritsch, überwacht werden; die SS werde die Kosten dafür an die Reichswehr erstatten[25].
Der Reichswehr mißfiel diese Verfügung Blombergs. Die bisherigen Beziehungen zwischen der SS und der Reichswehr waren alles andere als harmonisch gewesen, und nach dem Machtkampf mit der SA war der

Reichswehr ein Wiederaufleben des Kampfes mit einer Partei-Armee an einer neuen Front höchst unwillkommen. Die Aufgabe der Wiederaufrüstung konnte durch die zusätzliche Belastung der Aufstellung einer SS-Verfügungstruppe nur kompliziert werden, zumal die Frage, wer die tatsächliche Kontrolle über diese Truppe ausüben werde, in Blombergs Verfügung nicht gerade klar zum Ausdruck kam. Aber Beck hatte noch nie Verantwortung gescheut. Als Chefplaner der Reichswehr konzentrierte er sich sofort auf die Ausarbeitung von klaren Richtlinien für die Zusammenarbeit mit der SS. Er hegte sogar die Hoffnung, diese Zusammenarbeit werde es möglich machen, die SS-Truppe in den Rahmen der allgemeinen Verteidigungsaufgaben, wie sie von der Reichswehr interpretiert wurden, einzuspannen und damit einer drohenden Spaltung der bewaffneten Streitkräfte vorzubeugen[26].

Zunächst versuchte Beck, herauszufinden, welche Vorstellungen die SS-Führung wirklich hatte. Er empfing Himmler am 10. Oktober am Tirpitzufer, um sich seine Pläne anzuhören. Himmler begann mit der Darlegung des »Wesens der SS«, dessen Grundlage ein strenges »Ausleseprinzip« sei. Hinter diesem Elitegedanken stehe der Wunsch, eine Art ethisch und rassisch höherstehender Ritterschaft zu bilden, die auf lange Sicht gesehen einen starken erzieherischen Einfluß auf das deutsche Volk haben werde. (Himmler sprach in diesem Zusammenhang von zweitausend Jahren.) Die SS werde sich daher hauptsächlich mit erzieherischen und rassischen Fragen beschäftigen. Um dies aber erfolgreich tun zu können, müsse er bei der SS militärische Disziplin einführen. Deshalb sei er zu Beck gekommen[27].

Himmler gab sich größte Mühe, dem Eindruck entgegenzuwirken, die SS beabsichtige, eine militärische Organisation zu schaffen, die der Reichswehr Konkurrenz machen könnte. Er leugnete formell jede Absicht, die Rolle der Reichswehr als »einziger Waffenträger der Nation« irgendwie in Frage zu stellen, weil dies sowohl den Wünschen des Führers wie seinen eigenen Ideen widerspreche. Es sei außerdem »Wahnsinn, etwas gegen das Heer unternehmen zu wollen«. Himmler betonte, daß er immer gegen Röhms Pläne gewesen sei, und erinnerte an die wichtige Rolle, die die SS bei der Ausschaltung der SA gespielt habe. Für diese Dienste habe die Reichswehr der SS nie gedankt. Im Gegenteil habe es seit dem 30. Juni nur Angriffe der Reichswehr gegen die SS gegeben. Einige Offiziere hätten sich ihm gegenüber höchst feindselig benommen. Dies finde er mehr als unfair, denn er wolle eine gute Zusammenarbeit zwischen SS und Reichswehr, um ihre gemeinsamen Ziele abzustimmen.

Himmler schloß damit, er wolle nichts anderes, als die Reichswehr bitten, die SS-Offiziere militärisch auszubilden, die SS-Einheiten im Gebrauch von Feuerwaffen zu unterrichten und bei der Aufstellung der SS-Verfügungstruppe behilflich zu sein. Außerdem schlage er vor, die Planung für eine Verdreifachung der SS-Division im Falle eines Krieges in Angriff

zu nehmen. Dieser Vorschlag erfolge mit Billigung Hitlers. (Die SS-Verfügungstruppe sollte zunächst nur aus drei Standarten – sprich Regimentern – bestehen.)
Beim Generalstab war man zunächst über Himmlers Rede zwar verblüfft – jedoch eher über ihre komischen Aspekte. Diese Reaktion ist klar aus dem Protokoll der Konferenz zu ersehen. Zum Beispiel war die Erwähnung der »zweitausend Jahre« unterstrichen und am Rande stand ein skeptisches: »Na, Na.« Die Erwähnung der militärischen Disziplin der SS war mit der Randbemerkung: »Aha!« versehen[28].
Aber die Belustigung über die Ansichten des Reichsführers SS war nur beiläufig. In seinem Memorandum vom 11. Oktober betonte Beck, daß er es ablehne, sich als Soldat mit der Weltanschauung und den politischen Zielen der SS auseinanderzusetzen, so merkwürdig sie auch erscheinen mochten. Er schrieb, die »Aufgaben der SS, die nichts mit der Verfügungstruppe zu tun haben, haben fast durchweg politischen Charakter. Sie können daher vom Truppenamt nicht ... bearbeitet werden ...« Beck ignorierte also die höchst politischen Konsequenzen, die die Aufstellung der SS-Verfügungstruppe mit sich brachte, und beschränkte sich darauf, die militärischen Probleme zu erörtern, die dabei entstanden[29].
Dennoch machte sich Beck Sorgen. Er befürchtete, die SS-Verfügungstruppe könne sich doch zu einer größeren Streitmacht entwickeln und die Position der Reichswehr in Frage stellen. Himmlers Forderung, Pläne für eine Verdreifachung der SS-Division im Kriegsfall aufzustellen, erschien Beck verdächtig. Er versuchte herauszufinden, ob Hitler tatsächlich zugesagt hatte, einer Vergrößerung der SS-Verfügungstruppe über den in der Verfügung Blombergs gespannten Rahmen hinaus zuzustimmen[30].
Einen Tag später warnte ein Offizier seines Stabes Beck, daß man nach den mit der SA gemachten Erfahrungen Himmlers Pläne mit äußerster Vorsicht betrachten müsse. Seiner Ansicht nach sei es unvermeidlich, daß die SS sich allmählich in eine zweite Armee verwandeln werde. Er schrieb: »Ihre Loyalität gegenüber dem Heere, die außer jedem Zweifel steht, ist allein keine Garantie, eine solche gefahrvolle Entwicklung zu verhindern. Das heutige Streben nach militärischer Betätigung ist zu groß, um es noch in vorgezeichneten Bahnen zu halten ...[31]«
Er kam zu der Schlußfolgerung, daß die Reichswehr darauf bestehen müsse, die Stärke der SS-Verfügungstruppe ebenso zu begrenzen wie ihre militärische Ausbildung. SS-Männer außerhalb der Verfügungstruppe dürften nur im Gebrauch von Pistolen und Gewehren ausgebildet werden. Außerdem dürfe niemals der Eindruck entstehen, als ob die SS Teil der regulären Truppen sei.
Auf lange Sicht erwiesen sich die Befürchtungen des Truppenamtes als zutreffend. Es gibt keinen Grund, an der Aufrichtigkeit von Himmlers Versicherung zu zweifeln, daß er nicht beabsichtige, eine zweite Armee aufzubauen. Die Umstände, die nach dem »Röhm-Putsch« zur Verstär-

kung der SS führten, machen es wahrscheinlich, daß Gründe der inneren Sicherheit dafür ausschlaggebend waren. (Die Reichswehr hatte sich theoretisch nur mit den äußeren Bedrohungen zu befassen.) Bis Kriegsbeginn blieb die SS-Verfügungstruppe – aus der zwischen 1939 und 1945 die Waffen-SS erwuchs – auf den engen Rahmen beschränkt, der ihr nicht zuletzt dank Becks vorsichtiger, aber energischer Vertretung der Interessen der Reichswehr gesteckt worden war[32].

Der Kampf des Generalstabs gegen die SS-Verfügungstruppe begann schon am 13. Oktober, als Himmler wiederum bei Beck erschien, um sich eine Reihe von Beschwerden anzuhören. Der Reichsführer SS fühlte sich durch das Mißtrauen des Generalstabschefs beleidigt. Er behauptete, es sei unfair, die SS mit der SA zu vergleichen, und betonte: »Die Armee kann jede militärische Bedingung stellen, ihr wird gehorcht.« Danach erörterten die beiden Männer einige rein technische Fragen, bis Himmler wieder anfing, sich über »unfreundliches und ablehnendes Verhalten (der Reichswehr) gegen die SS« zu beschweren[33].

Auch Himmlers zweiter Besuch konnte Becks Mißtrauen nicht ausräumen. In den nächsten Wochen wies er seine Untergebenen an, bei den Verhandlungen mit der SS über die Verfügungstruppe weitere Sicherungen einzubauen. Er ließ prüfen, inwieweit die SS bereits als militärische Organisation zu betrachten sei. Die Untersuchung brachte dafür keine Anhaltspunkte. Beck erhielt die Bestätigung, die SS werde nur im Falle des Krieges und innerer Unruhen mobilisiert werden und der Reichsführer SS dürfe weitere Einheiten nur mit Genehmigung des Reichswehrministers aufstellen. Eine beunruhigende Information lieferte das Allgemeine Heeresamt (AHA), das in die Verhandlungen als die für die Aufstellung und Ausrüstung von Truppeneinheiten zuständige Stelle einbezogen war. Das AHA meldete, die SS plane die Aufstellung einer regulären Infanteriedivision im Jahr 1935 und ihre spätere Verdreifachung. Becks Reaktion auf diese Pläne war unzweideutig. An den Rand des Abschnittes über die Aufstellung einer Infanteriedivision im Jahr 1935 schrieb er: »Nein … ist ausrüstungsmäßig nicht möglich.« Den Plan der Verdreifachung der Division kommentierte er mit einem schlichten »Nein«. Bald darauf erhielt er weitere beunruhigende Berichte aus den Wehrkreisen. Der Wehrkreis VI zum Beispiel meldete, die SS beabsichtige die Aufstellung von Artillerieeinheiten. Ein anderer Wehrkreis beschwerte sich, daß die SS sich weigere, sich an der Grenzüberwachung zu beteiligen. Ähnliche Meldungen erreichten Blomberg, so daß sogar er sich veranlaßt sah, schriftlich bei Himmler zu protestieren, die SS halte ihr Versprechen nicht, loyal mit der Reichswehr zusammenzuarbeiten[34].

Nach der ersten Verhandlungsrunde mit der SS hielt Beck seine positive Interpretation der Blombergschen Verfügung vom 24. September für gerechtfertigt. Am 12. Dezember unterrichtete er Himmler, daß die Vorbereitungen für die Ausbildung von SS-Offizieren im Jahr 1935 abgeschlossen seien, und bat ihn, sicherzustellen, daß alle diese Ausbildung betreffenden Anfragen an das Truppenamt gerichtet würden und nicht an die örtlichen Dienststellen des Heeres. Einige Tage später gab Beck die Richtlinien für die Zusammenarbeit mit der SS heraus. Er ordnete an, daß die Heeresleitung, und zwar speziell das Truppenamt, die Ausbildung leiten und das jährliche Ausbildungsziel für die SS-Verfügungstruppe festsetzen werde. Die Befehlshaber in den Wehrkreisen trügen die Verantwortung für die militärische Ausbildung der SS und hätten das Recht, sie zu überwachen. Die SS-Kommandeure seien gehalten, stets in engem Kontakt mit den örtlichen Reichswehrkommandeuren zu bleiben, damit sichergestellt sei, daß ihre Tätigkeit den Vorschriften der Reichswehr entspreche. Abgesehen von der Verfügungstruppe unterstünden alle SS-Einheiten im Mobilmachungsfall der Heeresleitung. Auch ihre militärische Ausbildung habe unter Kontrolle der Reichswehr zu erfolgen[35].

Aber auch jetzt blieb eine Reihe wichtiger Fragen ungelöst. Becks Richtlinien nahmen zum Beispiel nicht zu der beabsichtigten Verdreifachung der Verfügungstruppe Stellung und auch nicht zu ihrer für 1935 geplanten Umrüstung in eine reguläre Division. Beck und Fritsch waren sich aber dieser Probleme durchaus bewußt und suchten nach einer Lösung.

Es war die SS selbst, die die Reichswehr durch ziemlich rüde Praktiken zu hartnäckiger Verteidigung ihrer Positionen provozierte. Während Beck daran arbeitete, die Basis für die Zusammenarbeit mit der SS-Verfügungstruppe zu schaffen, wurde die Reichswehr in immer größerem Umfang zur Zielscheibe der Angriffe von verschiedenen Partei-Organisationen, darunter der allgemeinen SS. Eine ernsthafte Krise, die starke Parallelen zu der Auseinandersetzung mit der SA aufwies, braute sich zusammen. Zunächst handelte es sich um vage und lächerliche Angriffe auf das angeblich reaktionäre Offizierkorps. Immer häufiger kam es zu Zusammenstößen zwischen Parteigenossen und Reichswehrsoldaten. Ehemalige Offiziere wurden aufgrund zweifelhafter Anschuldigungen verhaftet, unter ihnen Becks Freund Müldner von Mülnheim, der dem Kronprinzen nahestand. Sogar Ludendorff wurde von der Gestapo belästigt. Schließlich begann die SS, das Heer auszuspionieren und Gerüchte über angebliche Putschpläne Fritschs in Umlauf zu setzen. Überzeugt davon, daß diese Angriffe der SS auf das Heer mit dessen hinhaltendem Widerstand gegen die Aufstellung der Verfügungstruppe in Verbindung standen, rechneten Fritsch und Beck mit »einem großen Schlag« der SS gegen das Offizierkorps[36].

Ende 1934 schon erhielten sie einen ersten Beweis, daß ihre Befürchtungen berechtigt waren. Der Fall betraf Kapitän zur See Konrad Patzig, den Chef der Abwehr. Patzig unterstand zwar formell Blomberg und nicht Fritsch, stand aber in den Auseinandersetzungen mit der Partei auf der Seite Becks und Fritschs. Außerdem leistete er den Bestrebungen des SS-Sicherheitsdienstes, die Abwehr in den SD einzugliedern, energischen

Widerstand. Im Herbst 1934 hatte er ohne die Genehmigung von Blomberg die Maginot-Linie filmen lassen. Als dies bekannt wurde, enthob ihn der Minister seines Postens. Der Kapitän war überzeugt, daß Blomberg diesen Vorfall nur als Vorwand benutzte und in Wirklichkeit auf Druck der SS hin handelte. Als Beck und Fritsch von seiner Entlassung erfuhren, legten sie bei Blomberg Einspruch ein. Selbst Reichenau nannte die Entscheidung seines Chefs nicht sehr weise, aber sie vermochten nicht, den Minister umzustimmen. Blomberg hörte sich ihren Protest an und erklärte dann, daß die Maginot-Affäre nur ein passender Anlaß und daß Patzig vom Standpunkt der Partei aus sowieso »unmöglich« gewesen sei. Damit waren Beck und Fritsch »entwaffnet«, wie Patzig sich ausdrückte. Denn es war natürlich allein Sache des Ministers, solche »politischen« Personalentscheidungen zu treffen[37].

Ende des Jahres 1934 hatte sich die Lage so zugespitzt, daß viele höhere Offiziere befürchteten, die legale Staatsgewalt könne ernstlich gefährdet werden. Franz Halder, damals Artillerieführer im Wehrkreis VII, sprach aus, was viele dachten. Er schrieb, daß die Grundlagen der Wehrkraft gefährdet würden, wenn die Dinge sich so weiterentwickelten, und gab zu verstehen, die Heeresleitung müsse handeln, um die Lage in den Griff zu bekommen. In Berlin traf Beck Maßnahmen zur Verteidigung Ludendorffs und verstärkte die Kontrolle über die SS-Verfügungstruppe. Fritsch dachte sogar daran, die SS-Frage zu einer Kabinettsfrage zu machen[38].

Im Januar entschloß sich Hitler, einzugreifen, nachdem er mehrere Monate den Dingen ihren Lauf gelassen hatte. Vor Reichswehrgeneralen und hohen Parteimitgliedern erklärte er am 3. Januar 1935 in der Staatsoper, er habe volles Vertrauen in die Reichswehr; offenbar wollte er klarstellen, daß er den gegenüber Fritsch erhobenen Verdächtigungen keinen Glauben schenke. Dann versuchte er abermals, das Vertrauen der Generale in das nationalsozialistische Regime zu festigen, indem er der Partei öffentlich befahl, die Reichswehr als den »einzigen Waffenträger der Nation« zu respektieren und loyal mit ihr zusammenzuarbeiten.

Die Militärs waren mit dieser Klarstellung Hitlers sehr zufrieden. Der Diktator hatte sich eindeutig von den Radikalen in der Partei distanziert, und jede der Gruppierungen im Oberkommando konnte Hitlers Rede als ihren Sieg betrachten. Fritsch und Beck konnten glauben, daß Hitler sich gegen die Partei auf die Seite der Reichswehr gestellt habe; Blomberg und Reichenau mochten hervorheben, daß er zur Zusammenarbeit zwischen der Reichswehr und der Partei aufgerufen habe. Jedenfalls war es Hitler mit dieser Rede gelungen, »die Januar-Krise« zu überwinden, und in der Folge entwickelte sich im Jahr 1935 die Basis für das, was Fritsch später »ein gutes, vielfach wohl auch vertrauensvolles Verhältnis« zur Partei nannte[39].

Nach dem 3. Januar fand Fritsch sogar die Unterstützung Blombergs, um die Verdächtigungen der SS gegen sich ad absurdum zu führen. Der

Reichswehr war bekanntgeworden, daß Himmler vorausgesagt hatte, Fritsch werde an einem bestimmten Tage Anfang Januar einen Staatsstreich unternehmen. Blomberg lud die höhere Generalität an diesem Tage zu einem Bierabend ein, in dessen Verlauf Himmler eine kurze, aber konfuse Rede hielt, in der er zu beweisen versuchte, Fritsch habe doch einen Putsch geplant. Es stellte sich heraus, daß diese Behauptung auf der Tatsache basierte, daß Fritsch den Staatsrechtler Professor Carl Schmitt aufgefordert hatte, im Ministerium Vorlesungen über Verfassungsrecht zu halten. Göring leistete Himmler Schützenhilfe, indem er behauptete, Professor Schmitt habe vorgehabt, in seinen Vorlesungen das Recht auf Sturz der Regierung zu beweisen. Diese Rechtsauffassung hätte der Rechtfertigung eines Putsches dienen sollen. Alle Beteiligten verstanden, daß diese Behauptungen völlig substanzlos waren, sogar die SS stellte nach diesem »Bierabend« für eine Weile ihre Angriffe auf das Heer ein[40].
Beck sah sich nun in die Lage versetzt, auf seinen Forderungen nach Begrenzung der SS-Verfügungstruppe zu bestehen. Er begann mit einer Beschwerde bei Blomberg, in der es hieß: »Es ist für die Armee schwer verständlich, wenn trotz der allgemein bekannten Schwierigkeiten eine neue Artillerie in der SS aufgestellt wird.« Dieser Protest bezog sich auf einen Brief Blombergs an Himmler, in dem der Minister die Ausrüstung der SS mit Artillerie zum gegebenen Zeitpunkt zugesagt hatte. Dieser Brief Becks war der Auftakt zu einer ganzen Flut von Briefen und Verfügungen des Truppenamtes, von denen einige in sehr scharfem Ton gehalten waren. Am 1. Februar antwortete Beck auf das Verlangen des Reichsführers SS, ihm vier Ausbildungsoffiziere der Reichswehr zur Verfügung zu stellen, man möge ihn in Zukunft mit solchen Forderungen verschonen. In einem zweiten Brief vom 19. Februar an den Reichsführer SS bekräftigte er noch einmal diesen Standpunkt. Beck wiederholte seine Weigerung, Ausbilder abzukommandieren, und verwies darauf, daß die militärische Ausbildung der SS auf den Exerzierdienst und die Gefechtstaktik kleinster Einheiten zu beschränken sei. Er erinnerte an die Verpflichtung der SS, die Ausbildung zu bezahlen. Schließlich, Ende April, reagierte Beck auf den Führerbefehl vom 2. Februar, mit dem Hitler die Planung für die Aufstellung von drei SS-Standarten und zwei Versorgungseinheiten genehmigte, die im Kriegsfall die SS-Division bilden sollten. Obwohl Hitler ausdrücklich festgestellt hatte, daß im Frieden keine SS-Division aufgestellt werden solle, mißfiel Beck allein die Erwähnung des Begriffs »Division« im Zusammenhang mit der SS, und er ließ von seinem Stab einen Brief entwerfen, den Fritsch an Blomberg schicken sollte und in dem Beck seine Ansichten wie folgt zusammenfaßte:
»Die ... angeordnete Ausgestaltung der SS-Verfügungstruppe stößt ... auf erhebliche Schwierigkeiten. Ich bitte daher, beim Führer und Reichskanzler die Genehmigung erwirken zu wollen, daß die Heeresleitung für die nächsten Jahre von der Verpflichtung, die SS-Verfügungstruppe im

Kriegsfall zu einer Division auszubauen, entbunden wird und dafür die Verbände der SS entsprechend den örtlichen Bedürfnissen in den Rahmen des Kriegsheeres einbauen darf[41].«

Dieser Brief wurde allerdings nie abgeschickt – vielleicht zögerte Fritsch, oder Becks Realismus siegte. Beide müssen vorausgesehen haben, wie Blomberg und Hitler reagieren würden. Der Generalstab zog es vor, seinen Papierkrieg gegen die Verfügungstruppe in der bisherigen Form weiterzuführen.

Mitte 1935 begann die SS eine neue Kampagne gegen die Reichswehr. Am 21. Mai notierte Beck, daß die Lage an der Heimatfront »nicht rosig« sei. Er erwartete zwar keine ernsthaften Zusammenstöße mit der Partei – dazu war die Reichswehr zu stark –, aber er mahnte dennoch zu Vorsicht und Wachsamkeit. Im Juni kam Beck in einem Gespräch mit seinem Freund Robert Holtzmann, einem verabschiedeten Offizier, der ihn oft am Tirpitzufer besuchte, auf dieses Thema zu sprechen. Holtzmann notierte, daß Beck hervorhob,

»... er habe mehrfach mit Hitler gesprochen und immer festgestellt, daß dieser über all den Gehässigkeiten stehe ... Er denke viel zu vornehm. Auf meine Frage, warum Hitler denn nicht einmal ein Machtwort spreche, meinte Beck, er (Hitler) könne eben doch nicht so handeln, wie er gern möchte. Auf meine Entgegnung, wo bleibt dann die Autorität? Wir leben doch in einem autoritären Staat! erfuhr ich nur ein Achselzucken[42].«

Die Uneinigkeit im Oberkommando wurde angesichts der Herausforderung durch die SS deutlicher. Das stellte Holtzmann fest, als er im Juni Admiral Wilhelm Canaris, Patzigs Nachfolger als Chef der Abwehr, besuchte. Der Admiral informierte Holtzmann, er müsse den Standpunkt (den sein Vorgänger eingenommen hatte) verwerfen, die Abwehr müsse der Gestapo mißtrauen. Er selbst arbeite mit ihr in jeder Beziehung gut zusammen. Canaris erwähnte beiläufig das Mißfallen der SS an dem »reaktionären« Fritsch, dem er Blomberg gegenüberstellte, der »ein guter Nationalsozialist« sei. Beck und Fritsch hätten seiner Ansicht nach zu empfindlich auf die Manöver der SS reagiert. Aus diesem Grunde sei es »sein Bestreben, den Generalen von Fritsch und Beck in ihren schweren Sorgen beruhigende Nachrichten geben zu können[43].«

Holtzmann, der über die anscheinend »mehr oder weniger geschlossene Front Abwehr-Geheime Staatspolizei« entsetzt war, beeilte sich, Beck von diesem Gespräch zu informieren. Der General hörte sich seinen Bericht an, meinte jedoch, Canaris' Zusammenarbeit mit der Gestapo erfolge nur aus taktischen Gründen. »Allerdings erwähnte er auch wieder, wie schwer es für sie im Ministerium sei, weil eben nicht dichtgehalten würde, sie müßten mit Spitzeln umgeben sein[44].«

Vier Monate darauf erreichte die Spannung zwischen Heer und SS einen neuen Höhepunkt. Im Oktober hatten SS-Einheiten, die auf dem Truppenübungsplatz Altengrabow ausgebildet wurden, Soldaten eines dort stationierten Infanterieregiments herausgefordert. Sie machten sich über die »Fritschknechte« und »Monokelträger« lustig. Außerdem warfen sie eine Büste Kaiser Wilhelms I. um, der immer noch ein Idol der Armee war, und zerstörten Straßenschilder mit seinem Namen. Die Soldaten zahlten die Beleidigungen in gleicher Münze heim, und beide Seiten lieferten sich eine regelrechte Straßenschlacht[45].

Fritsch war überzeugt, daß es sich hier nicht um zufällige Entgleisungen, sondern um vorbereitende Geplänkel im Rahmen eines wohlgeplanten Feldzuges gegen das Heer handelte. Holtzmann bestärkte ihn in dieser Überzeugung, indem er Fritsch und Beck von Gerüchten über einen »Coup« der SS gegen sie berichtete[46].

Durch diesen Zwischenfall wurde Fritsch veranlaßt, von Blomberg schriftlich die Auflösung der SS-Verfügungstruppe zu fordern. Vierzehn Tage später antwortete der Minister, Fritsch dürfe eine solche Forderung nie wieder stellen. Sie sei unerfüllbar, denn die SS sei »des Führers eigene Truppe«. Nun beschwerte sich Fritsch direkt bei Hitler, der mit vagen Zusicherungen reagierte, und bei Himmler, der ebenfalls ausweichend antwortete. Am 7. Dezember schließlich schrieb Beck an Himmler:

»Ich halte mich für verpflichtet, Sie ... darüber zu informieren, daß der Herr Oberbefehlshaber nach wie vor von Ihnen ein Abrücken von den bei den Altengrabower Vorgängen gegen *seine Person* gefallenen Äußerungen und ein Bedauern über diese erwartet. Andererseits mißbilligt er selbstverständlich von vornherein scharf unrichtiges Verhalten und Verfehlungen von Angehörigen des Heeres bei gleicher Gelegenheit. Bestrafung ist veranlaßt und wird ... auch weiterhin eintreten. Nach Ihrer Erklärung wird der Herr Oberbefehlshaber gern Gelegenheit nehmen, über Angehörigen des Heeres zur Last fallende Verfehlungen pp. Ihnen sein Bedauern auszusprechen ...[47]«

Himmler entsprach offensichtlich der Forderung Becks, denn noch am gleichen Tage befahl er den SS-Männern, nicht zu vergessen, daß sie auf dem Territorium des Truppenübungsplatzes nur Gäste seien:

»Das Führerkorps und die SS-Männer wollen sich darüber im klaren sein, daß sie auf dem Truppenübungsplatz zum Üben und Lernen sind und sich um nichts anderes zu kümmern haben ... Ich werde jede ... Manöverrauferei mit Ausschluß aus der SS bestrafen ... «

Im Gegenzug befahl Fritsch den Angehörigen des Heeres, allen provozierenden Mißverständnissen mit der SS auszuweichen, und gab seiner Hoffnung Ausdruck, daß sich die Beziehungen mit der SS in Zukunft bessern würden[48].

Dies geschah auch. Im März konnte Beck feststellen, » ... ein scharfer Rivalitätskampf (sei) heute endgültig zu Gunsten der Wehrmacht entschieden worden«. Dennoch behielt er die SS-Verfügungstruppe stets scharf im Auge und sorgte dafür, daß Himmlers Privatarmee nicht zu stark wurde. Ein Brief vom 21. November bezeugt seine Wachsamkeit. In ihm teilte er der SS wieder einmal mit, daß das Heer nicht beabsichtige, Ausbilder abzukommandieren oder Angehörigen der SS-Verfügungstruppe zu gestatten, an den Wehrmachtsmanövern 1937 teilzunehmen. Er erinnerte abermals an die noch ausstehende Bezahlung der SS für die vom Heer geleistete Ausbildertätigkeit. Zwei Monate später leistete Fritsch seinem Generalstabschef dadurch Hilfestellung, daß er eine letzte Initiative Himmlers zugunsten der Verfügungstruppe zu Fall brachte. Im Februar erbat Himmler Fritschs Zustimmung zu einer Verstärkung der Verfügungstruppe um 5 000 Mann, die angeblich für den Dienst an Deutschlands Grenzen benötigt würden, um die Infiltration von »Kommunisten, Saboteuren und Attentätern« zu bekämpfen. Fritsch wies dieses Ansinnen zurück; das SS-Grenzschutzkorps von 5 000 Mann wurde nie aufgestellt. Bis zum August 1938, als Beck um seinen Abschied als Chef des Generalstabs einkam, wurden keine weiteren Versuche unternommen, die SS-Verfügungstruppe zu vergrößern[49].

Himmlers Initiative vom Februar 1937 war wohl nur ein Versuchsballon. In den Jahren 1936/1937 widmete er sich weit mehr der Festigung seiner Position als Chef der Polizeikräfte des Reiches als der Vergrößerung der Verfügungstruppe. Im Juni 1936 erhielt er von Hitler die Ernennung zum »Reichsführer SS und Chef der deutschen Polizei im Reichsministerium des Innern«, die ihm Gelegenheit gab, die Tätigkeit der gesamten Polizei im Reich zu koordinieren und zu überwachen. Damit erhielt er die Machtbasis einer totalitären Polizeiorganisation, die die Bedeutung der SS-Verfügungstruppe weit übertraf.

Die Wehrmacht begünstigte diese Entwicklung, die ihr im Interesse der militärischen Stärkung zu liegen schien. Die Memoranden des Generalstabs beschäftigten sich in diesen Jahren nicht mehr mit Zwischenfällen nach Art von Altengrabow, sondern fast ausschließlich mit Fragen der Verteidigung Deutschlands gegen äußere Bedrohungen. Die ständige Ausdehnung des SS-Imperiums wurde kaum beachtet.

Schon im Sommer 1935 hatte Blomberg eine Vereinheitlichung der Polizei im Reich befürwortet. Im Mai 1937 umschrieb ein Adjutant Blombergs, Stapf, noch einmal die Position der Wehrmacht gegenüber der ständigen Ausweitung der Macht Himmlers:

»Mit der Zusammenfassung der bewaffneten SS-Gliederungen und der Polizei unter dem Reichsführer SS ist eine Grundlage geschaffen worden, um die im Polizeidienst verwendeten Kräfte in ein gesundes Verhältnis zu den Erfordernissen für die Wehrmacht zu bringen. Das Oberkommando des Heeres hat daher beantragt, die dem Reichsführer SS unterstehenden bewaffneten Kräfte festzulegen, um eine weitere Beeinträchtigung der Erfordernisse für die Wehrmacht zu verhindern ... Als vordringlich ist beabsichtigt, einen entsprechenden Führerbefehl herbeizuführen[50].«

Es ist nicht bekannt, welche Maßnahmen der Generalstab ergriff – wenn er es überhaupt tat –, um diesen Führerbefehl zu erwirken. Ein solcher Befehl wurde jedenfalls nie erlassen, und die Organisation der SS warf immer neue Probleme für die Wehrmacht auf. Im Dezember ernannte Himmler Polizeikommandeure für jeden Wehrkreis; Beck war empört; empört jedoch nicht wegen der darin verborgenen Drohung, sondern ausschließlich wegen möglicher negativer Auswirkungen auf die militärische Planung. Damit lag er ziemlich genau auf der Linie des von Stapf ausgearbeiteten Memorandums.

Am 8. Dezember hatte sich der Kommandierende General des III. Armeekorps, von Witzleben, beim Ministerium beklagt, daß Himmlers Reorganisation der SS und der Polizeiführung die Einsatzpläne für das Ersatzheer im Kriegsfall in zwei Bereichen störe: bei der Militärgerichtsbarkeit und bei der Zivilverteidigung. Beck hatte schon früher immer wieder betont, daß sämtliche zivilen Dienststellen im Mobilmachungsfall den Wehrkreiskommandeuren zu unterstellen seien. Jetzt schrieb er:

»Die Befürchtung des Kommandierenden Generals des III. A. K., daß die Entwicklung der Dinge zu einer systematischen Schwächung der Stellung der Wehrmacht führt und eine straff geleitete Vorbereitung der Kriegsführung gefährdet, erkenne ich als berechtigt an. Sie hat ihren Ursprung darin, daß die Grundlagen für die Zusammenarbeit der Wehrmacht mit der Polizei, den Zivildienststellen und der Partei hinsichtlich der Vorbereitung der Mobilmachung und der Kriegführung in der Heimat noch nicht geklärt und die ... entscheidenden Gesetze noch nicht verkündet sind ... Es ist nunmehr vordringlich, die Entscheidung hierüber ... herbeizuführen. Dabei muß gefordert werden, daß die Wehrkreisbefehlshaber im Frieden in die Mob.-Vorarbeiten der Polizei, der zivilen und Parteidienststellen eingeschaltet werden[51].« Das Schicksal dieses Memorandums ist unbekannt. Aber es muß wohl unbeachtet geblieben sein, wie die Erfahrungen Deutschlands im Kriege bewiesen.

1935 und 1936 war Beck durch die Angriffe der Partei auf Ludendorff tief beunruhigt. Respektlosigkeit gegenüber dem »Feldherrn« war für ihn gleichbedeutend mit einer Mißachtung der ruhmreichen Traditionen der kaiserlichen Armee. (Ludendorff bestand auf dem Titel »Feldherr«.) Aus diesem Grund sah er in der Verteidigung Ludendorffs einen Teil seines Kampfes zur Festigung der Stellung der Wehrmacht im Dritten Reich.

Becks erstes Ziel war, die Beziehungen zwischen Ludendorff auf der einen Seite und der Wehrmacht und Hitler auf der anderen zu verbessern. In den zwanziger Jahren war es wegen Streitereien über die Schlacht von Tannenberg zu einem Bruch zwischen Ludendorff und Hindenburg gekommen. Seither waren die Beziehungen zwischen Ludendorff und der Reichswehr gestört. Mit Hindenburgs Tod war dieses Problem aus der Welt, und es ging nur noch darum, Hitler und Ludendorff zu versöhnen. Der »Feldherr« hatte sich von Hitler nach ihrem gemeinsamen Putschversuch im Jahre 1923 getrennt, um seinen ultra-rechten Tannenbergbund zu gründen, dessen heftige Angriffe auf die Nationalsozialisten eine tiefe Kluft zwischen den beiden Putschisten aufgerissen hatten. Ludendorff war sogar so weit gegangen, Hitler als Werkzeug einer internationalen Verschwörung der römisch-katholischen Kirche hinzustellen, was Hitler ihm natürlich nicht so leicht vergaß[52].

Becks Aussöhnungsversuch begann nicht gerade verheißungsvoll. Im Dezember 1934 verboten die Minister Goebbels und Blomberg Ludendorff, weitere Schriften über die Schlacht von Tannenberg, die Kritik an Hindenburg enthielten, zu veröffentlichen. Ludendorff hatte gegen dieses Verbot bei Fritsch, Blomberg und Hitler protestiert. Blomberg bat ihn daraufhin, eine Delegation zu empfangen, die den Standpunkt der Reichswehr zu Tannenberg klären und gleichzeitig den Weg für eine Aussöhnung frei machen sollte. Mit dieser Mission beauftragte er die Generale Beck und Wetzell[53].

Als Hitler erfuhr, daß Beck Ludendorff besuchen würde, bestellte er ihn zu sich und bat ihn, dem »Feldherrn« eine versöhnliche Botschaft zu übermitteln. Der Diktator wünschte, Beck solle Ludendorff erklären, daß er, Hitler, immer noch den gleichen Respekt vor »dem größten Soldaten des Weltkriegs« habe wie früher und zur Versöhnung bereit sei[54].

Als Beck und Wetzell zu ihrem Besuch im Hause Ludendorffs in Tutzing am 6. Januar eintrafen, war das Verbot wieder aufgehoben worden, und es kam nur noch darauf an, die guten Beziehungen zu dem alten General wiederherzustellen. Wetzell eröffnete das Gespräch mit der Versicherung, daß das Offizierkorps für das, was Ludendorff für Deutschland geleistet habe, größte Hochachtung empfinde. Die Offiziere, die unter ihm gedient hätten, seien ihm immer noch eng verbunden. Ludendorff antwortete, das sei zwar alles gut und schön, er erwarte jedoch größere persönliche Unterstützung. Er kämpfe ja schließlich nicht aus persönlicher Eitelkeit um seine Ehre, sondern »im Interesse des Volkes und der Wahrheit«. Beck verlas dann eine versöhnliche Botschaft Blombergs und bat Ludendorff zu glauben, daß die Generale aufrichtig um ein gutes Verhältnis zu ihm bemüht seien. Ludendorff erklärte, wie sehr er dies anerkenne, jedoch sei das Verbot seiner Schriften »eine Ungeheuerlichkeit« gewesen. Beck versuchte die Entscheidung des Ministers zu erklären und »betonte, daß jetzt nach dem Tode des Reichspräsidenten beim Reichswehrministerium eine neue Lage seiner Person gegenüber geschaffen sei«. Das Heer beabsichtige, eine große Feier zu Ludendorffs siebzigstem Geburtstag zu veranstalten. Der »Feldherr« erwiderte mürrisch, Soldaten feierten nicht ihre Geburtsjahre, sondern ihre Dienstjubiläen; sein fünfzigstes Dienstjubiläum habe vor zwei Jahren stattgefunden, aber niemand habe davon Notiz genommen. Auf diesen Gleisen lief das Gespräch noch einige Zeit weiter, bis Ludendorff es mit der Bitte beendete, Beck und Wetzell möchten Blomberg seinen Dank für ihren Besuch übermitteln. Beck ergriff diese

Gelegenheit, um die Botschaft Hitlers zu verlesen. Aber Ludendorff wies das Versöhnungsangebot zurück. Die Erinnerung an die Verfolgung seiner Anhänger sei noch »zu frisch«, und der Führer müsse noch warten[55]. Beck bedauerte die Unversöhnlichkeit des »Feldherrn« und wandte sich an Holtzmann, der den Tannenbergbund in Berlin vertrat, mit der Bitte, bei der Überwindung von Ludendorffs Widerstand gegen eine Ehrung durch die Reichswehr behilflich zu sein. Holtzmann solle sehen, was er erreichen könne, und seine Vorschläge unterbreiten. »Wir machen alles, was Sie vorschlagen[56].«

Aber auch Holtzmanns Mission blieb erfolglos. Da entschloß sich Beck, noch einmal nach Tutzing zu fahren, diesmal mit dem Angebot Hitlers, Ludendorff den Titel »Feldmarschall« zu verleihen. Ludendorff muß aber geahnt haben, was da auf ihn zukam, denn bevor noch der Chef des Generalstabs zu seiner Reise aufgebrochen war, schrieb er ihm:

»Ich kenne den Auftrag nicht, den Sie mir auszurichten haben ... halte ich mich für verpflichtet, Nachstehendes auszuführen ... Auf meinem Lebensweg stehen als Marksteine: Ehre, Freiheit, und unantastbar wahrhaftiges und gradliniges Handeln. Willkür kann die Marksteine Ehre und Freiheit verrücken ... Wenn Ihr Auftrag an mich diese Marksteine weiter verrücken soll, so richten Sie ihn nicht aus ...[57]«

Trotz diesem kaum verhohlenen massiven Angriff auf Hitler und sein Regime gab Beck seinen Versuch nicht auf. Da Ludendorff es ablehnte, die Angelegenheit mit ihm zu erörtern, konnte er nicht nach Tutzing fahren, sondern mußte sich damit begnügen, von München aus über Holtzmann mit Ludendorff in Verbindung zu treten. Immer noch weigerte sich der alte Mann, nachzugeben, aber er sagte Holtzmann schließlich doch zu, Beck zu einem »kameradschaftlichen Besuch« zu empfangen, wenn dieser verspreche, Hitlers Angebot nicht zu erwähnen[58].

Als Beck in Tutzing eintraf, zogen sich die beiden Männer zu einem Gespräch unter vier Augen in Ludendorffs Arbeitszimmer zurück. Mathilde Ludendorff hat später berichtet, sie hätten dabei über den Sturz Hitlers gesprochen. Ludendorff soll geäußert haben, die Reichswehr habe am Vorabend des »Röhm-Putsches« die Gelegenheit verpaßt, zu revoltieren, und eine andere Gelegenheit werde sich so bald nicht wieder bieten. Beck mag dieser »Lagebeurteilung« zugestimmt haben, hat jedoch einen Putschversuch gegen Hitler sicher nicht ernsthaft erwogen[59].

In den Monaten nach seinem Besuch in Tutzing bemühte sich Beck weiter, eine Aussöhnung Ludendorffs mit dem Regime zu erreichen, um die offizielle Feier seines siebzigsten Geburtstages zu ermöglichen. Aus diesem Anlaß mußte er sich auch intensiv mit der Politik des Tannenbergbundes beschäftigen. Ludendorff war der Meinung, daß die Reichswehr ihn und seine Organisation nicht genügend unterstütze, und Beck mußte zahllose Beschwerden anhören, die Holtzmann ihm überbrachte. Er gab sich jede erdenkliche Mühe, Ludendorff zufriedenzustellen[60].

Sogar der ewig mißtrauische »Feldherr« mußte diese Bemühungen anerkennen und gab schließlich doch die Genehmigung zu einer offiziellen Feier seines Geburtstages. Sie fand in Gegenwart von Fritsch und Blomberg in Tutzing statt. (Beck nahm aus einem unbekannten Grund an der Feier nicht teil.) Ludendorff schritt die zu seinen Ehren aufgezogene Wache ab, dann zogen sich der Jubilar und seine Ehrengäste zu einem Festessen zurück. Die Atmosphäre war gezwungen; die Unterhaltung mit Ludendorff schwierig wie eh und je. Aber im ganzen schien die Geburtstagsfeier ein Erfolg zu sein[61].

Becks Beitrag zu den Feierlichkeiten bestand in einer Rundfunkrede, in der er Ludendorffs militärische Leistungen würdigte. Er begann mit einer Erwähnung »der unvergänglichen Größe des Mannes, der in den schwersten Schicksalsjahren Deutschlands die Hauptlast der Führung auf seinen Schultern trug«. Bezeichnenderweise betonte Beck, daß der Name Ludendorffs, der »stärksten Soldatengestalt des Weltkrieges ... für alle Zeiten mit der unvergleichlichen alten Armee und ihren Großtaten im Weltkriege verbunden bleiben wird[62]«.

Nach dieser etwas überschwenglichen Einleitung schilderte Beck Ludendorffs Karriere und hob besonders die Hartnäckigkeit hervor, mit der er »für seine Ziele gegen alle bürokratischen und parlamentarischen Widerstände« bei den Kriegsvorbereitungen von 1914 gekämpft hatte. Über Ludendorffs strategische Leistung im Kriege urteilte er erheblich positiver, als er es 1918 getan hatte. Seine Ernennung zum Ersten Generalquartiermeister nannte er den Beginn der »schwersten, aber auch größten« Periode in Ludendorffs Karriere. Sie habe ihm schließlich die Möglichkeit gegeben, den Verlauf des Krieges entscheidend zu beeinflussen:

»Er überblickte, daß (dieser Volks- und Wirtschaftskrieg) nur dann zu einem glücklichen Ende geführt werden könnte, wenn alle Kräfte des öffentlichen und privaten Lebens – militärische, politische, wirtschaftliche, und psychologische – restlos und rücksichtslos angespannt und in den Dienst jenes Kampfes gestellt würden ... (In seinem unbeugsamen Willen zum Sieg) ... griff Ludendorff oft über die Befugnisse des Soldaten hinaus und suchte seine Energie da einzuschalten, wo die Kraft und die Initiative der anderen versagte ... Deutschland fehlte eine starke Regierung ... der auch der größte militärische Führer auf die Dauer nicht entraten kann ... (Indem er die umstrittene Entscheidung für die Frühjahrsoffensive 1918 traf) blieb Ludendorff nur der Kompromißlosigkeit seiner Natur treu, wenn er nicht zögerte, den Weg zu gehen, den jeder große Feldherr in ähnlicher Lage ... gegangen ist ... (Aber da) begann die Heimat zu versagen ... (und) Ludendorff war entschlossen, das Volk zu einer letzten großen Kraftanstrengung emporzureißen und damit gerade der Katastrophe vorzubeugen ... (Unglücklicherweise) blieb sein heldischer Gedanke ohne Widerhall bei Regierung und Volksvertretung ... (Erst heute) unter Adolf Hitlers starker Führung hat das deutsche Volk zu dem heldischen Geist und zur Achtung vor der eigenen Geschichte zurückgefunden ...«

Becks Kameraden müssen über diese überschwengliche Verherrlichung Ludendorffs höchst überrascht gewesen sein, denn in kleinem Kreis hatte Beck den »Feldherrn« oft, und manchmal auch recht scharf, kritisiert, wie er es ja auch schon im Frühjahr und Sommer 1918 getan hatte. Und für Ludendorffs politische Ansichten hatte er schon gar nichts übrig. Es ging Beck wahrscheinlich darum, Ludendorff als Repräsentanten der militärischen Tradition der alten kaiserlichen Armee herauszustellen, um der von radikalen Kreisen der Partei offen zur Schau getragenen Respektlosigkeit gegenüber der Wehrmacht entgegenzuwirken und das Selbstbewußtsein der Soldaten zu stärken[63].

Auch hier wird wieder Becks Mißtrauen gegen die demokratischen und parlamentarischen Institutionen deutlich. Beck war nach wie vor davon überzeugt, daß der Krieg in der Heimat und nicht im Felde verloren worden war. Er konnte noch immer nicht die Berichte über den Verfall der Disziplin bei der Truppe ohne »inneren Widerspruch« lesen; es waren für ihn nicht die Generale, die 1918 versagt hatten, sondern die Zivilisten. Sie waren es, die sich Ludendorffs »heldischen Gedanken« der Fortsetzung des Kampfes widersetzt hatten. Die Schuldigen waren daher »die Regierung und die Volksvertretung«. Es ist bezeichnend, daß in Becks Augen ihr schlimmstes Verbrechen nicht in einem bestimmten politischen Akt zu sehen war, sondern im Verrat an Deutschlands militärischer Tradition, in der Schändung des »heldischen Geistes[64]«.

Aus Ludendorffs Erfahrungen leitete Beck die Notwendigkeit einer starken, von parlamentarischen Fesseln freien Regierung ab, die in der Lage war, alle Kräfte des Landes zu mobilisieren und eine Wiederholung der Novemberrevolution zu verhindern. Die verantwortungslosen Massen brauchten Führung, denn der Versuch, sie an die Macht zu bringen, hatte die Katastrophe gebracht. Die Staatsgewalt müsse von der politischen Führung ausgeübt werden. Diese Schlußfolgerung legte Beck seinen Hörern durch die Andeutung nahe, daß Ludendorff durch die doppelte Aufgabe, die Armee zu führen und gleichzeitig die Heimatfront mobilisieren zu müssen, überlastet war. Die Begründung war allerdings überzeugend, denn Ludendorffs politische und wirtschaftliche Initiativen hatten sich verheerend ausgewirkt.

Diese Gedankengänge führten zwangsläufig zu einer Würdigung des Politikers Hitler. Der Führer war der Staatsmann, der für Ordnung sorgte und damit die Voraussetzung für die Mobilisierung aller Kräfte in Kriegszeiten schuf. Nur wenige Monate zuvor hatte Hitler noch erklärt, er werde seine eigenen Anhänger disziplinieren, wenn sie das Aufbauwerk der Wehrmacht gefährdeten. Und jetzt hatte er der Aussöhnung mit Ludendorff zugestimmt. Becks Bemerkung, daß das deutsche Volk unter Adolf Hitlers starker Führung zu dem heldischen Geist und zur Achtung vor der eigenen Geschichte zurückgefunden habe, wird so zum Ausdruck einer politischen Hoffnung.

Dieses Konglomerat von Traditionalismus und Nationalsozialismus kam auch in den Lehrplänen der Kriegsakademie zum Ausdruck. Sie war 1932 wiedereröffnet worden, und wenige Monate nach Ludendorffs siebzigstem Geburtstag jährte sich der Tag ihrer Gründung zum 125. Mal. Das war ein Anlaß, zugleich Rückblick und Ausblick zu halten – Rückblick auf ihre Tradition im Dienst der Monarchie, Ausblick auf ihre Aufgabe im Dritten Reich.

Da der Chef des Generalstabs auch für die Ausbildung der Generalstabsoffiziere verantwortlich war, befaßte sich Beck intensiv mit den Ausbildungsrichtlinien der Kriegsakademie. Oberste Richtschnur war die Wahrung der Kontinuität. »Wann immer etwas Neues getan werden mußte«, erinnerte sich der Leiter der Abteilung Kriegsgeschichte im Generalstab, »fragte Beck sich, wie man es in der Vergangenheit getan hätte.« Deshalb wurden die Lehrpläne im wesentlichen nach den Ausbildungsgrundsätzen der alten preußischen Kriegsakademie gestaltet. Die Stärken wie die Schwächen des Systems blieben erhalten. Die allgemeine Bildung der Offiziere hatte hinter einem Höchstmaß an Fachausbildung zurückzustehen[65]. Beck war der Ansicht, daß Philosophen und Politiker nicht immer die besten Soldaten abgeben. Wichtiger als ein hoher Bildungsstand seien »Urteilsfähigkeit und Wille«. Diese Eigenschaften, schrieb er, seien »das Merkmal der zum Befehlen geeigneten Persönlichkeit«, und er ordnete an:

»... Die Entwicklung dieser Eigenschaften ... zu überwachen und zu pflegen ist Aufgabe aller Lehrkräfte. Der Unterricht muß sich frei von schulmäßigen Zwang halten. Er soll nicht ›Vielwisser‹, sondern auf Grund ihres Könnens selbstsichere ›Führerpersönlichkeiten‹ erziehen. Die in den militärischen Fächern zu lehrenden Grundsätze ... müssen in dem nüchternen Boden der praktischen Truppenführung und der technischen Möglichkeiten wurzeln ...«

Dann wandte sich Beck den einzelnen Lehrthemen zu. Generalstabsoffiziere müßten lernen, Befehle klar zu formulieren. Sie sollten das taktische Handwerk der Divisionsführung beherrschen. Geographie solle gelehrt werden, soweit sie für diese Aufgaben wichtig sei. Geschichte und Wirtschaft erhielten einen ähnlichen Platz zugewiesen[66].

Strategische Probleme wurden auf der Kriegsakademie nicht untersucht. Das blieb den sogenannten Stabsreisen nach Beendigung des Lehrgangs vorbehalten. Viele von ihnen leitete der Chef des Generalstabs selbst. Auch diese Schulung war ganz auf die Praxis ausgerichtet. Philosophie des Krieges oder die Praxis der Diplomatie waren nicht gefragt. Sogar Clausewitz wurde ignoriert. Militärtheoretische Grundlagenforschung hatte für Generalstabsoffiziere keine unmittelbare praktische Bedeutung. Beck war sich natürlich ihrer Wichtigkeit bewußt. Er selbst kannte die gesamte Literatur, und unter anderen Voraussetzungen hätte er seine Offiziere auch auf diesen Gebieten schulen lassen. Aber im Augenblick war die Aufgabe der Wiederaufrüstung vordringlich. Sie zwang dazu, sich auf die Vermittlung der unbedingt notwendigen theoretischen Grundlagen zu beschränken. Die Lehrgänge der Kriegsakademie wurden auf zwei Jahre verkürzt. Auch die Zusammenarbeit mit dem »Institut für strategische Studien«, das Blomberg im Jahre 1935 ins Leben gerufen hatte, lehnte Beck ab. Diese »Wehrmachtsakademie« war für Beck ein Luxus, auf den man verzichten konnte[67].

Politische Themen wurden nichtsdestoweniger auch in diesen verkürzten Lehrgängen behandelt. Es gab Vorlesungen über den Nationalsozialismus und Seminare über Geschichte und Politik der Vorkriegszeit. Im August 1934 befahl Beck die Einführung von Vorlesungen über »Rassenhygiene« und »Erblehre«. 1935 schlug Fritsch vor, Vorträge »führender Persönlichkeiten des öffentlichen Lebens« über »nationalpolitische« Themen an der Kriegsakademie einzuführen, wobei an Männer wie Goebbels, Göring und Ley gedacht war. Da es viele Spielarten von Nationalsozialismus gab, ordnete Fritsch an, die Themen sorgfältig auszuwählen, um die jungen Offiziere nicht zu verwirren. Er schlug auch eine Reihe von Themen vor, die er für geeignet hielt (geeignet, weil man bei ihnen damit rechnen konnte, daß alle Nationalsozialisten über sie die gleichen Ansichten hatten). Dazu gehörte die »Geschichte des Nationalsozialismus«, der »Kampf um die deutsche Rasse« (die Judenfrage), »Liberalismus und Marxismus« und »Die gegenwärtige Organisation des nationalsozialistischen Staates«. Beck unterstützte Fritschs Vorschlag. Er schrieb, »der Generalstab des Heeres steht der Anregung, politische Wissenschaften vortragen zu lassen, durchaus bejahend gegenüber. Auch vor dem Krieg wurde ... über allgemeine Wissenschaften vorgetragen[68].«

Es war typisch für Beck, daß er diese nationalpolitischen Vorträge guthieß. Sie interessierten ihn thematisch mehr als inhaltlich. Er begrüßte es, daß der Nationalsozialismus die Tradition respektierte. Das war auch der Tenor seiner Rede am 15. Oktober 1935 zum 125. Jahrestag der Gründung der Kriegsakademie. Hitler kam zu dieser Feier. Beck sprach, nachdem der Kommandeur der Akademie Liebmann die Gäste begrüßt und Blomberg den Führer als »Revolutionär« gefeiert hatte.

Die Rede des Generalstabschefs stand unter dem Motto eines Ausspruchs des älteren Moltke: »Genie ist Arbeit!« In ihr gab Beck seiner Überzeugung Ausdruck, daß Deutschlands militärische Erfolge im wesentlichen der Befolgung der Ideale Moltkes zu verdanken seien. Diese Ideale müßten die Grundlage der Ausbildung an der Kriegsakademie sein[69]:

»Solches systematisches Denken will sorgsam gelernt und geübt sein. Dazu gerade sollen die Jahre auf der Kriegsakademie beitragen. Nichts wäre gefährlicher, als sprunghaften, nicht zu Ende gedachten Eingebungen ... nachzugeben ... Wir brauchen Offiziere, die den Weg logischer

Schlußfolgerungen in geistiger Selbstzucht systematisch bis zu Ende gehen, deren Charakter und Nerven stark genug sind, das zu tun, was der Verstand diktiert ... Der ... ›coup d'oeil‹. das sogenannte blitzartige Erfassen des Augenblicks, kann sicher ... von hoher Bedeutung sein ... es ist aber ... von geringerem Wert als die aus klarer, scharfsinniger ... Gedankenarbeit gereifte Erkenntnis der Erfordernisse der Lage ... Auch heute sieht das wehrbewußte Volk, sehen der Führer und sehen die sonstigen Vorgesetzten ... mit Zuversicht auf die wiedererstandene Kriegsakademie ... (Ich) schließe mit dem Wunsche für ihre weitere Entwicklung: Möchten die Offiziere, die durch die Kriegsakademie gehen, sich immer der stolzen Tradition dieser Anstalt, aber auch der Verpflichtung bewußt sein, die sie dem Erneuerer und Mehrer der deutschen Wehrmacht, der die Fesseln von Versailles endgültig von ihr genommen hat, und dem neuen Staat schuldig sind, der uns in einem in sich geschlossenen Volk festere Grundlagen verbürgt als früher, wenn wieder einmal nur der Appell an die Waffen übrig bleiben sollte.«

Hitler war von dieser Rede so sehr beeindruckt, daß er Beck aufforderte, beim Festessen neben ihm zu sitzen. Die Unterhaltung war jedoch mühsam. Später sagte Beck einmal, bei dieser Gelegenheit sei ihm klargeworden, daß zwischen ihm und Hitler »eine innere Begegnung ausgeschlossen sei«. Aber dieses persönliche Gefühl blieb irrelevant. Die wirkliche Bedeutung des Ereignisses lag in Becks Rede und Hitlers Reaktion auf sie. Ebenso wie bei seiner Rede zu Ludendorffs Geburtstag hat Beck auch vor der Kriegsakademie seine Anerkennung für Hitler in einen traditionellen Rahmen gestellt: auf der einen Seite die Würdigung der großen Tradition des Generalstabs und den Appell, diese Tradition mit neuem Leben zu erfüllen, auf der anderen Seite das Bekenntnis zu dem politischen Führer, der diese Tradition weiterzuführen gewillt schien, in den vergangenen Monaten diese Absicht wiederholt betont und sie durch sein Erscheinen in der Kriegsakademie abermals bekräftigt hatte. Auch wenn Becks persönliches Verhältnis zu Hitler reserviert blieb, sah er doch keinen Grund zu ernsthaften politischen oder beruflichen Vorbehalten ihm gegenüber. Er war überzeugt, wie er es 1937 einmal formulierte, »daß das Verständnis für die Wehrmacht und für die Arbeit des Soldaten im Reiche Adolf Hitlers in einem Maße vorhanden ist, daß uns kein anderes Volk in dieser Hinsicht übertrifft[70]«.

Der »Führer« schien also Becks Arbeit anzuerkennen; der »Feldherr« jedoch tat es nicht. Die so sorgfältig inszenierte Geburtstagsfeier hatte kaum geholfen, die Beziehungen zwischen Ludendorff und der Wehrmacht zu verbessern, und Beck fand es schwierig, mit ihm überhaupt im Gespräch zu bleiben. Die Verhandlungen mit Holtzmann und Ludendorff wurden immer mühsamer und unproduktiver. Aber im Interesse des Ansehens der Armee bemühte er sich auch weiterhin um eine Vermittlung.

Die Schwierigkeiten bestanden darin, daß Ludendorff sich weigerte, mit

Ausritt
im Grunewald

Fritsch und Beck im Manöver, 1937

der Wehrmacht zusammenzuarbeiten, solange seine ausgefallenen Bedingungen nicht erfüllt waren. Ludendorff sah Deutschland von einer Fülle von »blutsaugerischen« internationalen Verschwörungen – der Juden, der Protestanten, der Katholiken und der Freimaurer – bedroht.

Das Gerangel um die »Verschwörung der Freimaurer« war symptomatisch dafür. Im April 1935 überbrachte Holtzmann eine Nachricht von Ludendorff, daß eine internationale Verschwörung der Freimaurer die Wehrmacht bedrohe. Wenn die Generale nicht sofort handelten, werde das tragische Konsequenzen haben. Beck konnte nur den Kopf schütteln. Er erklärte Holtzmann, daß er sich nicht vorstellen könne, daß die Freimaurer eine solche Gefahr für Deutschland darstellten. Dann versuchte er die Unterhaltung auf ein anderes Thema zu bringen. Er äußerte, er habe den Eindruck, daß »es wie ein tiefes Aufatmen durch das Volk (gehe), seitdem der Name Ludendorff wieder in den Vordergrund gerückt« sei. Schulenburg habe sogar gesagt, der »Feldherr« sei der einzige, der die Lage retten könne[71].

Aber die Schmeichelei blieb wirkungslos. Wenige Tage danach kam ein Brief von Holtzmann an Beck, in dem es hieß:

»... ein Befehl dahingehend, es darf kein Angehöriger der Wehrmacht der Freimaurerei angehören, bei weitem nicht ausreicht. Aufklärung über das Wesen, den Aufbau, das politische Wirken und die internationalen Zusammenhänge dieser internationalen Geheimmacht ist ein dringendes Gebot der Stunde ... Die Wehrmacht hat am 9. 4. den Soldaten und Feldherrn Ludendorff geehrt. Dabei ist aber zu betonen, daß der Feldherr des Weltkrieges nicht von dem Menschen und Feldherrn der Nachkriegszeit zu trennen ist; Ludendorff ist total und nur in seiner Totalität zu nehmen[72].«

Als Beck darauf nicht reagierte, begann Ludendorff ihn selbst als Freimaurer zu verdächtigen. Holtzmann mußte ihm das erst ausreden, bevor die Gespräche fortgesetzt werden konnten. Bei einer anderen Gelegenheit äußerte sich Ludendorff abfällig über das Christentum und empfahl Holtzmann Vorsicht bei seinen Gesprächen mit Beck, weil dieser Christ sei. Er schrieb sogar, daß die Haltung der Wehrmacht gegenüber der Religion »zum Kotzen« sei. Beck gab Holtzmann den beruhigenden Hinweis, er gehe nur einmal im Jahr in die Kirche, hauptsächlich »wegen der Musik[73]«.

Vergebens forderte der Chef des Generalstabs Holtzmann und Ludendorff zur Mäßigung auf. Er bat sie für den offiziellen Standpunkt um Verständnis und versuchte zu erklären, daß Probleme der Innenpolitik es Hitler unmöglich machten, Ludendorffs Politik öffentlich zu unterstützen, obgleich er »volles Vertrauen« zum Feldherrn und seinen Anhängern habe. Schließlich sei der Führer nicht »allmächtig«. Die Wehrmacht könne sich auch nicht in alle Staatsangelegenheiten einmischen. Als Soldat dürfe er sich nicht zu den philosophischen, politischen und religiösen Fragen äußern, die der Feldherr aufwerfe, und daher bringe Holtzmann, wenn er sich an ihn wende, diese Fragen an die falsche Adresse[74].

Blomberg setzte schließlich diesen unfruchtbaren Verhandlungen ein Ende. Er bestellte Holtzmann im September zu sich, um zunächst einmal seinem Ärger darüber Luft zu machen, daß Ludendorff ihn (und Beck) fortgesetzt mit lächerlichen Forderungen nach der Aufstellung einer Büste des »Feldherrn« im Ministerium belästige. Blomberg erklärte Holtzmann in sehr bestimmter Form, daß er genug von Ludendorffs beleidigenden Briefen habe. Es gehe ihn nichts an, welche Büsten das Ministerium aufstelle. Außerdem verbot er Holtzmann, Beck weiterhin zu besuchen, der »anderweitig in Anspruch genommen« sei. Später muß Blomberg dann Beck von seinem Vorgehen unterrichtet haben, denn dieser beklagte sich im Januar 1936, daß er wegen seines Eintretens für Ludendorff im Ministerium erhebliche Schwierigkeiten habe[75].

Aus dem gleichen Grund kam es erneut zu einer Verschlechterung der Beziehungen zwischen dem Chef des Generalstabs und der SS. Bei einem Empfang trat Heydrich an Beck heran, der sich mit anderen Generalen unterhielt, zupfte ihn am Ärmel und unterbrach ihn mit der unverschämten Bemerkung, wie sehr er »den Bruch« mit Ludendorff bedaure, denn schließlich stimme man doch »zu fünfundneunzig Prozent mit ihm überein«. »Dann«, gab Beck trocken zurück, »sind aber Ihre Worte nicht mit Ihren Taten in Einklang zu bringen«, und wandte Heydrich den Rücken. Ein solches Verhalten war natürlich nicht dazu angetan, das Mißtrauen der Gestapo gegenüber den Generalen abzubauen. Himmler bat Blomberg sogar um Informationen über Becks »Geheimgespräche« mit Ludendorff, die ihm schon allein darum verdächtig sein mußten, weil Beck, über die Gestapoüberwachung verärgert, Holtzmann verschiedentlich gedrängt hatte, bei ihren Begegnungen gewisse Vorsicht walten zu lassen[76].

Trotzdem trafen sich Beck und Holtzmann weiter. Nach einem erneuten Gespräch mit Beck schrieb Holtzmann im Dezember 1935 an Ludendorff, daß Beck einen Bruch unter allen Umständen vermeiden wolle. Ludendorff dürfe nicht die Schwierigkeiten unterschätzen, denen Beck gegenüberstehe, und müsse sich davor hüten, in ihm einen Gegner zu sehen[77].

Ludendorffs Antwort auf diese Bitte war vorauszusehen. In seiner paranoischen Besessenheit fuhr er fort, sich über ungezählte »Angriffe« gegen ihn zu beschweren, und als er keine befriedigende Antwort erhielt, untersagte er Holtzmann seine Besuche am Tirpitzufer. Im Juni 1936 brach er schließlich alle Beziehungen zur Wehrmacht ab und entließ Holtzmann, der zu sehr von Beck beeinflußt sei, von einem Mann, der den »Feldherrn« nicht in seiner »Totalität« zu würdigen wisse. So endete Becks verfehlter Versuch, das Traditionsbewußtsein der Wehrmacht durch das Aushängeschild Ludendorff zu stärken[78].

Im Jahre 1938 äußerte sich Beck in einem Gespräch mit dem Schriftsteller August Winnig über seine politischen Vorstellungen während der ersten

Jahre des Dritten Reiches. Bei einer Abendgesellschaft hatten die beiden sich zwanglos unterhalten, dabei aber auch heikle politische Themen gestreift. Nach dem Essen zogen sie sich in den Wintergarten zurück und sprachen sehr offen und freimütig miteinander. Beck zeigte sich sehr interessiert an den sozialen Ideen, die Winnig in seinen Büchern über die Weimarer Republik und die Arbeiterbewegung dargelegt hatte. Die beiden Männer diskutierten dann über die Geschichte Deutschlands und Europas nach der Jahrhundertwende, über verpaßte Chancen, entscheidende Wendepunkte und tragische Ereignisse. Für Beck war die größte Katastrophe dieser Epoche der Zusammenbruch der drei großen Kaiserreiche. Er räumte ein, daß die Zeit der Monarchien unwiderruflich vorbei sei, sprach aber mit Wärme von dem im Exil lebenden Kaiser und betonte die unersetzbaren Funktionen der Dynastien. Dann kam Beck auf die Gegenwart zu sprechen und äußerte seine Sorge über die allmähliche Zersetzung des deutschen Staatswesens. Das Land habe seiner Überzeugung nach die ersten Schritte auf dem Wege in den Bolschewismus bereits getan.

Während des Gesprächs achtete Beck sorgfältig auf die anderen Gäste, und jedesmal, wenn sich jemand näherte, wechselte er sofort das Thema und sprach von Pferdezucht und Elchjagd in Ostpreußen.

Winnig war von Becks Persönlichkeit beeindruckt. Er empfand die tröstende Gewißheit, daß »ein Mann mit Geist und Willen an einem der wichtigsten Posten stand, wachsam und bereit[79]«.

Winnigs optimistisches Vertrauen in Beck war nicht gerechtfertigt. Der General hatte sich unbestreitbar als ein vielbelesener und politisch versierter Mann gezeigt. Winnig hatte recht, wenn er in ihm einen der so seltenen intellektuellen Soldaten sah. Im Grunde genommen hatte Beck dem Schriftsteller aber nur den Bankrott seiner eigenen politischen Ideen offenbart. Denn sein Bedauern über den Untergang der Kaiserreiche war ja letztlich nichts anderes als Ausdruck seines Unvermögens, eine Antwort auf die Probleme zu finden, die der Zusammenbruch der Monarchie aufgeworfen hatte.

Es war typisch für Beck, den »sozialen« General, daß ihm ausgerechnet Winnigs soziale Ideen zusagten. Diese waren »national« und »sozial« in einem sehr deutschen Sinn. Auch Winnig war Anhänger des autoritären Staates. Er glaubte, daß die Macht des Reiches auf der Basis sozialer Harmonie und nationaler Einheit wiederhergestellt werden könne. Wieder und wieder betonte er die Notwendigkeit, die Bedürfnisse der Arbeiter zu befriedigen, um sie für den Staat zu gewinnen. Die Arbeiter müßten überzeugt werden, daß »Volksgemeinschaft«, Gemeinwohl und Nation keine Lügen seien, bestimmt, sie zu betrügen, sondern eine lebendige Realität, der sich alle Bürger durch »Liebe und Schicksal« verbunden fühlen müßten. Allerdings blieb Winnig die Erklärung schuldig, wie dies »Gelobte Land« je zu erreichen sein würde. Weder er noch jemand an-

deres war in der Lage, einen realistischen, gangbaren politischen Weg zu dieser »Volksgemeinschaft« aufzuzeigen.
Winnigs Ideen waren nichts als eine Wiederbelebung der unpolitischen konservativen Grundhaltung, die Männer wie Becks Vater vertreten hatten, jener Volksgemeinschaft des »Burgfriedens«, als die Nation einig und mächtig in den Krieg zog und jedermann glücklich zu sein schien. Aber dann kam 1918, und das einende Band von »Liebe und Schicksal« riß unter dem Druck der Niederlage. Die Konservativen flüchteten sich in die Utopie. Spenglers »Preußischer Sozialismus« wurde ihr Glaubensbekenntnis.
Der »Preußische Sozialismus« verfehlte auch auf Beck seine Anziehungskraft nicht. Hitler und der Nationalsozialismus schienen seine Ideen zu verwirklichen. Hitler hatte am 3. Februar 1933 seine Ziele überzeugend dargelegt: Errichtung eines autoritären Regimes, Beseitigung der Arbeitslosigkeit, Überwindung des Klassenkampfes. Ja, er hatte sogar noch die für Beck wichtigste Vorbedingung hinzugefügt: Achtung vor der Armee und ihrer über politischen Streitigkeiten stehenden Autorität.
Aber in den folgenden Jahren wurde das Auseinanderklaffen von Hoffnung und Realität ständig fühlbarer. Statt eines preußischen Sozialismus gab es, wie 1918, Merkmale des Bolschewismus – den Abbau aller traditionellen Autorität, die nun Ziel der Angriffe von SA, SS und Partei war. Die nationalsozialistische Bewegung unterminierte alles, was den Konservativen heilig war: die Armee, die Verwaltung und sogar die Kirche. (Wenn Beck auch kein regelmäßiger Kirchgänger war, so respektierte er doch die Kirche und war über das Auftreten des Reichsbischofs Müller empört.) Die Nazis besudelten den guten Namen Deutschlands und bereicherten sich schamlos. Sie verachteten die preußische Tugend der uneigennützigen Pflichterfüllung, die für Becks Lebensauffassung bestimmend war[80].
Aber sosehr Beck auch die Nationalsozialisten wegen dieser Erscheinungen verurteilte, er konnte sich noch nicht dazu durchringen, den unpolitischen Standpunkt des Berufsoffiziers aufzugeben. Seine Opposition gegenüber der SS und der Partei betrachtete er nicht als politischen Kampf. In den Auseinandersetzungen um die Verstärkung der SS-Verfügungstruppe weigerte er sich beharrlich, die politischen Konsequenzen zu sehen. Auch als die SS die Stellung der Wehrmacht 1935 direkt in Frage stellte, blieb er mit Fritsch der Überzeugung, daß Fragen der Innenpolitik sie nichts angingen. Sein Eintreten für Ludendorff verwickelte ihn in hochpolitische Auseinandersetzungen, und dennoch erklärte er, mit politischen Fragen habe er sich nicht zu befassen, er müsse sich auf seine militärischen Aufgaben beschränken. 1937 schließlich schien er sogar die Konsolidierung der Macht Himmlers zu begrüßen, solange er sie mit seinem Ziel, Deutschlands militärische Macht zu stärken, in Übereinstimmung glaubte.

Diese extrem enge Auslegung des Begriffs Pflichtgefühl durch den unpolitischen Berufsoffizier sollte schwerwiegende Konsequenzen haben, die mit der Demütigung und Schwächung der Wehrmacht in der SA-Krise begannen. Die potentielle Bedrohung durch die SA wurde zwar beseitigt, aber um den Preis einer schweren Beeinträchtigung des Korpsgeistes der Generale und Offiziere und einer Stärkung der Position Himmlers, der seinen unberechenbaren Rivalen Röhm loswurde, seine konservativen Gegner ausschaltete und endlich mit dem formellen Konsens der Reichswehr seine eigenen Truppen aufstellen und seinen Machtbereich ausdehnen konnte.

Die wachsende Uneinigkeit in der Führung der Wehrmacht war eine weitere Folge der Auseinandersetzungen mit der SA und der SS. Ende 1937 war das Verhältnis zwischen Fritsch und Beck einerseits und Blomberg und seinem Stab andererseits von tiefem gegenseitigem Mißtrauen bestimmt. Zwar war auch der Minister bereit, massive, offene Angriffe wie den der SA abzuwehren; aber im allgemeinen suchte er den Kompromiß mit der Partei. Durch flexibles Taktieren glaubte er die Interessen der Wehrmacht am besten wahren zu können. Fritsch und Beck waren härter und kompromißloser. Sie standen dem nationalsozialistischen Staat ebenso loyal gegenüber wie vor 1918 der Monarchie. Keiner von beiden hatte grundsätzliche ideologische Bedenken gegenüber der Partei. Aber sie waren mißtrauisch gegen ihre Versuche, in der Wehrmacht Fuß zu fassen und ihren eigenen Einflußbereich zu unterwandern.

Ironischerweise war es gerade das Verhalten der Partei, das den Generalstabschef dazu bewog, Hitler auch weiterhin zu unterstützen. Becks Loyalität galt dem Reichskanzler und vor allem dem Staatsoberhaupt. Nach Hindenburgs Tod war es dazu berufen, sich für die Belange der Wehrmacht einzusetzen. Hitler war geschickt genug, den Generalen den Eindruck zu vermitteln, er stehe uneingeschränkt auf ihrer Seite und verurteile all diese Streitereien und Intrigen, die sie beunruhigten. In Wirklichkeit bestand seine Politik darin, das Gleichgewicht zwischen den verschiedenen Gruppierungen zu wahren und keine zu verärgern. Das Resultat waren höchst unklare Machtverhältnisse und Kompetenzabgrenzungen, die den disziplinierten und planvollen Aufbau einer starken Wehrmacht behinderten, den sich Beck von »der starken Führung Adolf Hitlers« versprochen hatte. Aber diese Situation ist Beck wohl nie deutlich bewußt geworden. Er sah nur, daß »die Heimatfront« manches zu wünschen übrig ließ, der Führer letzten Endes aber doch zur Wehrmacht hielt.

Für eine kleine Minderheit unter den Offizieren war Becks Einstellung zu Hitler enttäuschend. Hammerstein, der sich keine Illusionen über den Diktator und seine Partei machte, mußte feststellen, daß »der einzige General, vor dem er Achtung hatte«, immer noch in Hitlers Bann stand. Auch andere Offiziere, die Beck über Hitlers wirkliche Ziele aufzuklären versuchten, kamen zu keinem anderen Ergebnis. Zu ihnen gehörten Hans Oster und Franz Halder. Oster, der Beck von seiner Dienstzeit bei der Artillerie her kannte, gehörte jetzt zur Abwehr, die er allmählich in ein Widerstandszentrum gegen Hitler umwandelte. Er wollte Beck über den ihm gleichgesinnten Halder beeinflussen, der im Oktober 1936 Oberquartiermeister II im Generalstab geworden war. Halder versuchte, Beck zur Opposition gegen Hitler und sein Regime zu bewegen und ihn zu überzeugen, daß orthodoxe Ansichten und Methoden nichts mehr zu bewirken vermochten. Aber Beck war nicht bereit, Halders Gedankengängen zu folgen. Er äußerte nur die vage Hoffnung, das nationalsozialistische Regime werde sich schon irgendwie von seinen politischen Überspanntheiten befreien. Zu diesem Zeitpunkt konnten innenpolitische Besorgnisse Becks Haltung nicht verändern. Ernsthafte Zweifel an der Führungsqualität Hitlers kamen ihm erst durch die Entwicklung der außenpolitischen Lage[81].

IV

Außenpolitik

»Auch mir ist bange zu Mute«

1930 hatte Beck Hitler zum erstenmal über seine außenpolitischen Vorstellungen sprechen hören. Im Reichswehrprozeß hatte der zukünftige Reichskanzler seine Entschlossenheit verkündet, Deutschland von den Fesseln des Versailler Vertrages zu befreien. Wenige Tage nach der Machtübernahme, am 3. Februar 1933, hatte Hitler bei jenem denkwürdigen Abendessen den Befehlshabern der Reichswehr sein Programm detailliert dargelegt.

Er hatte sich dabei im wesentlichen auf die innenpolitischen Probleme konzentriert und die Außenpolitik nur kurz gestreift. Unter erneuten Angriffen auf den Vertrag hatte er betont, daß er danach streben werde, Deutschland seinen Platz unter den Großmächten wiederzugeben. Die Frage, für welche Ziele Deutschland seine wiedergewonnene Machtstellung einsetzen werde, wurde dabei nur rhetorisch gestellt, da es nach Hitlers Ansicht noch zu früh war, darüber zu entscheiden. Er stellte zwei Möglichkeiten zur Diskussion: »Vielleicht Erkämpfung neuer Exportmöglichkeiten, vielleicht – wohl besser – Eroberung neuen Lebensraumes im Osten und dessen rücksichtslose Germanisierung[1].«

Auch damals schon ließ Hitler deutlich erkennen, daß er die zweite Möglichkeit bevorzugte. Allerdings widersprach er sich schon nach wenigen Minuten und erklärte, er würde es begrüßen, wenn Deutschland neue überseeische Kolonien erhalte. Auf jeden Fall machten die Übervölkerung Deutschlands und sein Sicherheitsbedürfnis eine entschlossene Expansionspolitik notwendig, und diese berge ein Kriegsrisiko in sich, »da sicher ist, daß die letzten Konflikte durch Gewalt ausgetragen werden müssen«.

Für Beck war diese Rede nicht mehr gewesen als eine Wiederholung von abgedroschenen Allgemeinplätzen. 1943 erklärte er, daß unmittelbar nach der Rede niemand mehr genau gewußt habe, worüber Hitler eigentlich gesprochen hatte. Daß ein gewisses Maß von Autarkie für Deutschlands Zukunft lebensnotwendig war und daß Autarkie eine gewisse Expansion zur Voraussetzung hatte, verstand sich für Beck von selbst. Die Ablehnung des Versailler Vertrages war für alle nationalbewußten Deutschen eine Selbstverständlichkeit. Und daß »die letzten Konflikte durch Gewalt ausgetragen werden müssen«, stand für den Berufssoldaten außer Frage. Krieg war immer die ultima ratio gewesen. Hitlers Ideen über den Lebensraum konnte man zwar nicht als politischen Allgemeinplatz abtun, aber in Anbetracht der aktuellen Probleme des Jahres 1933 erschien sie so irrelevant und unrealistisch, daß es sich nicht lohnte, darüber zu diskutieren[2].

Deshalb ist es durchaus glaubhaft, wenn Beck später erklärte, ihm sei – solange er im Amt war – nie bewußt geworden, daß Hitlers Endziel von vornherein die imperialistische Expansion nach Osten gewesen sei. Beck hat auch zu keiner Zeit seine Planungen auf dieses strategische Ziel ausgerichtet. Die Eroberung weiter Teile Rußlands und der Ukraine mag von Anbeginn Hitlers Absicht gewesen sein; Beck hat solche Vorstellungen nie gehegt[3].

Beck war durch und durch preußisch konservativ, und seine Vorstellungen bewegten sich in dem Rahmen, den Männer wie Seeckt vorgegeben hatten. Seeckt war von dem Streben nach Sicherheit besessen, das auch für die deutsche Strategie vor 1914 charakteristisch war. Sogar die weitreichenden Expansionspläne, die im Kriege entwickelt wurden, hatten vor allem das Ziel, der Gefahr einer erneuten Einkreisung zu begegnen. Außerdem hielt Seeckt diese Pläne für unrealistisch; denn ihm war klar, daß sich Deutschland nicht »halb Frankreich und halb Rußland« einverleiben könne. Seeckts Strategie nach 1918 verfolgte das weit bescheidenere Ziel, Deutschland wieder den Rang einer Großmacht zu verschaffen. »Wir müssen unsere Macht wiedergewinnen«, erklärte Seeckt. »Und sobald dies geschehen ist, werden wir uns natürlich alles zurückholen, was wir verloren haben.« Dazu müsse Deutschland erst einmal wieder bündnisfähig werden, Verträge schließen und auch garantieren können. Daher die Ablehnung des Versailler Vertrages, der Deutschland große Gebiete genommen und es seinen Gegnern wehrlos ausgeliefert hatte[4].

Hauptgegner war Frankreich, das am härtesten auf der Erfüllung des Vertrages bestand. Seeckt war der Auffassung, daß Frankreich seine Politik nie ändern werde und ein »rapprochement« deshalb unmöglich sei. Das gleiche galt für die Tschechoslowakei und Polen, die Deutschland im Osten bedrohten: in Versailles geschaffen bzw. wiederhergestellt, waren sie die natürlichen Verbündeten Frankreichs.

Aufgrund dieser Konstellation war Deutschland nach Seeckts Vorstellungen gezwungen, Freundschaft mit Rußland zu suchen. Rußland war von den Diplomaten in Versailles übergangen worden und hatte nicht das geringste Interesse, die dort geschaffenen Machtverhältnisse aufrechtzuerhalten, besonders da es Deutschlands Antipathie gegen Polen teilte. Aus ähnlichen Gründen riet Seeckt den deutschen Politikern, sich um Großbritannien zu bemühen, das kein so starkes Interesse zu haben schien, Deutschland auf die Dauer politisch auszuschalten. Da Großbritannien jedoch höchst eigensüchtige Ziele verfolge, dürfe sich Deutschland niemals allein auf seine Unterstützung verlassen. Im Grunde handelte es sich um ein sehr einfaches Konzept: Deutschland mußte zwischen Ost und West balancieren und Unterstützung gegen die Garantiemächte von Versailles suchen. Schließlich mußte dieser Vertrag selbst revidiert werden.

Seeckts Lagebeurteilung machte die Notwendigkeit eines Gleichgewichts der Rüstung deutlich. Um bündnisfähig zu sein, brauchte Deutschland eine starke Armee. Seeckt war überzeugt, daß Deutschland so lange von keiner Seite wirklich respektiert werden würde, als es seinen Gegnern militärisch unterlegen war. Außerdem war er der Meinung, daß Schwäche Aggression provoziere und daß das Gleichgewicht der Kräfte das beste Mittel gegen den Krieg sei. Die Wiederaufrüstung war dabei das erste Ziel der Revisionisten[5].

Wiederaufrüstung war dabei für Seeckt keineswegs nur eine Frage der Zahl. Im Gegenteil hielt er die Massenarmeen von 1914 für überholt. Er verwarf sie als unbeweglich, schlecht ausgebildet und unverhältnismäßig kostspielig. Er sagte voraus, daß in einem zukünftigen Krieg der Sieg kleineren und manövrierfähigeren Armeen zufallen werde, die den anderen durch bessere Ausrüstung und Ausbildung überlegen seien. Nur solche Armeen könnten jene komplizierten Operationen durchführen, die notwendig seien, um stärkere Streitkräfte zu schlagen.

Besondere Bedeutung maß Seeckt dabei der Motorisierung und der Luftwaffe bei, die seiner Ansicht nach die entscheidende Rolle in der Zukunft spielen würden. Dementsprechend plante er eine Armee aus langdienenden Berufssoldaten von ungefähr zweihunderttausend Mann und als Ergänzung dazu eine Reserveorganisation, in der alle wehrfähigen jungen Männer des Landes ausgebildet werden sollten. Diese Organisation sollte den Ersatz für die reguläre Armee stellen und außerdem weniger wichtige Aufgaben, wie die der Heimatverteidigung, übernehmen[6].

Diese Vorstellungen Seeckts wurden von vielen prominenten Politikern der Weimarer Republik geteilt. Stresemanns und Brünings Außenpolitik trug deutlich revisionistische Züge. Stresemann war vielleicht etwas maßvoller und realistischer als Seeckt, aber im Prinzip waren seine Ziele die gleichen. Er hoffte nicht nur, Danzig, den Polnischen Korridor und Oberschlesien wiederzugewinnen, sondern plante auch den Anschluß Österreichs und, wie es scheint, die Rückgewinnung Elsaß-Lothringens. Allerdings hatten seine Bemühungen, die demütigenden Bedingungen von Versailles zu mildern, nur geringen Erfolg[7].

Nach Stresemanns Tod setzte Reichskanzler Brüning seine Bemühungen fort, eine Revision des Vertrags zu erreichen. Dabei konzentrierte er sich vor allem auf die Frage des Gleichgewichts der Rüstung und lancierte eine vielversprechende diplomatische Offensive, um die Großmächte zu einem Zugeständnis in der Aufrüstungsfrage zu bewegen. Wie Seeckt argumentierte Brüning, daß ein Gleichgewicht der Rüstung die beste Garantie für den Frieden sei. Sein Ziel war die Aufstellung einer Berufsarmee von 700000 Mann schlagkräftiger Infanterie und 300000 allen anderen Armeen überlegenen Spezialisten für die technischen Waffen. Brüning hatte insofern Erfolg, als es ihm gelang, die britischen und amerikanischen Delegierten auf der Abrüstungskonferenz in Genf zu einigen

Konzessionen zu bewegen. Auch er scheiterte am Einspruch Frankreichs. Seine Nachfolger, Papen und Schleicher, führten diese Politik weiter und erzielten in Genf ebenfalls geringfügige Erfolge. Aber schließlich blieb es den Nationalsozialisten überlassen, die Wiederaufrüstung Deutschlands zu verwirklichen[8].

Als Beck am 1. Oktober 1933 das Truppenamt übernahm, war die außenpolitische Lage sehr prekär. Hitlers Entschluß, sich aus der Abrüstungskonferenz zurückzuziehen und aus dem Völkerbund auszutreten, hatte Deutschland völlig isoliert. Beck erkannte Hitlers Motive für diesen Schritt zwar an, dennoch hielt er ihn für äußerst gefahrvoll und befürchtete, er werde feindselige Reaktionen provozieren. Deutschland aber hatte sich nun selbst der Möglichkeit beraubt, im Falle eines Angriffs an den Völkerbund zu appellieren: eine durchaus realistische Vorstellung, da Polen 1933 eine sehr drohende Haltung einnahm, die für die kleine Reichswehr alarmierend war. »Von allen Seiten von feindlichen Staaten umfaßt, empfanden wir Soldaten uns auf das schwerste bedroht«, erklärte Blomberg nach dem Krieg. Das Gefühl der Wehrlosigkeit war für die deutschen militärischen Planer ein Albtraum geworden[9].

Verteidigungsüberlegungen mußten daher unbedingten Vorrang haben, Beck schrieb am 14. Dezember 1933:

»Unsere militärpolitische Lage verlangt rasche Beseitigung des Zustandes völliger Wehrlosigkeit. Der Angriff muß für unsere Nachbarn zum Risiko werden. Es kommt daher darauf an, das neue Friedensheer möglichst rasch, aber doch auf gesunder Grundlage aufzubauen und dabei jede Möglichkeit zur Bildung personeller Reserven zu nützen ... Bei der Ermittlung der Kopfstärke des ... Friedensheeres ist davon auszugehen, daß das aus ihm zu entwickelnde Kriegsheer einen Verteidigungskrieg nach mehreren Fronten mit einiger Aussicht auf Erfolg aufnehmen kann. Weiterzielende Forderungen lassen sich zunächst weder organisatorisch noch rüstungsmäßig verwirklichen[10].«

Mit Hitlers Zustimmung planten Blomberg und Beck, die Armee auf der in der Weimarer Zeit geschaffenen Grundlage zur dreifachen Stärke auszubauen. Sie arbeiteten einen Vierjahresplan aus, um ein Friedensheer von 21 Divisionen aufzubauen, das die Grundlage für eine Armee von 63 Divisionen im Mobilmachungsfall abgeben sollte. 100 000 längerdienende Soldaten sollten das Rückgrat der Armee bilden, und die notwendigen Reserven sollten durch die Einberufung der entsprechenden Zahl von Männern zu einer einjährigen Dienstzeit geschaffen werden. Beck rechnete damit, daß die allgemeine Wehrpflicht am 1. Oktober 1934 eingeführt werden könne. Bis dahin sollten die SA und die Polizei als zusätzliches Mannschaftsreservoir dienen. Die Armee sollte mit diesen Organisationen in gewissem Umfang zusammenarbeiten, aber keinesfalls erhebliche Mittel dafür aufwenden, da sie als ungeeignet für echte militärische Aufgaben angesehen werden mußten. Beck war entschlossen, die neue deutsche Armee zu einer Streitmacht auszubauen, die allen Gegnern deutlich überlegen war, und er bestand darum auf einem äußerst sorgfältigen und methodischen Vorgehen[11].

Diese Betonung der Qualität war durchaus im Sinne Seeckts; in ihren strategischen Vorstellungen dagegen stimmten Beck und Seeckt nicht immer überein. Auch Beck war sich der Bedeutung der Motorisierung bewußt – er ließ seine Offiziere die Taktiken des Bewegungskrieges genau studieren –, aber er hatte nur begrenztes Vertrauen zu Panzern und Flugzeugen. Aus diesem Grunde glaubte er auch nicht wie Seeckt, daß der nächste Krieg kurz sein werde. Das brachte er im Reichsverteidigungsrat häufig zum Ausdruck[12].

Ende der zwanziger Jahre waren Pläne entworfen worden, um die militärischen und zivilen Verteidigungsmaßnahmen Deutschlands in einem Verteidigungsrat zu koordinieren. Sie wurden 1933 verwirklicht, als Hitler im April offiziell die Bildung des Reichsverteidigungsrats als eine Art von Kriegskabinett in Friedenszeiten anordnete. Er selbst war der Vorsitzende, seine Minister Mitglieder des Rates, der jedoch bis 1938 nur einmal zu einer Vollsitzung zusammentrat. Die eigentliche Arbeit des Rates wurde von einem Arbeitsausschuß geleistet, der auf Drängen von Becks Vorgänger als Chef des Truppenamtes, General Adam, gebildet worden war. Dieser Ausschuß setzte sich aus Vertretern der verschiedenen Ministerien zusammen, Adam war Vorsitzender, das Truppenamt hatte die administrative Leitung.

Am 15. November stellte sich Beck dem Ausschuß als neuer Vorsitzender vor und ging sofort an die Arbeit, entschlossen, wie er erklärte, dafür zu sorgen, daß Deutschland in den nächsten Krieg besser vorbereitet gehe als 1914. Daher waren alle Maßnahmen von dem dringenden Verteidigungsbedürfnis diktiert. Beck verbrachte die ersten Monate als Vorsitzender des Arbeitsausschusses damit, eine Art Bestandsaufnahme der Verteidigungsbereitschaft durchzuführen[13].

Beck drängte auf eine Erhöhung der Verteidigungsanstrengungen unter Hinweis auf die äußere Bedrohung der Sicherheit Deutschlands und den mangelhaften Stand der Rüstung. Er war überzeugt, daß Deutschland nicht über genügend Reserven verfüge, um einen Verteidigungskrieg zu führen, und mit dem Argument, es gebe »kaum eine praktische Unternehmung im öffentlichen Leben, die nicht für die Reichsverteidigung von Bedeutung« sei, forderte er große Opfer und einschneidende Maßnahmen. Dabei ging es ihm besonders um die für die Aufrüstung unbedingt notwendigen Einfuhren. Er verlangte die Ausnutzung aller Handelsmöglichkeiten in Friedenszeiten bis zum Äußersten und befürwortete eine strenge Devisenbewirtschaftung[14].

Becks wichtigstes Ziel war, Deutschland in die Lage zu versetzen, einen Krieg aus eigener Kraft durchzustehen. Er betonte die Notwendigkeit einer Autarkie, zumindest auf dem Ernährungssektor, um von ausländischen Märkten unabhängig zu werden. Dies sei notwendig, weil »der heutige Krieg ein Kampf um die Ernährungs- und Rohstoffbasis eines Volkes« sei. Es müsse noch viel mehr geleistet werden, als das Sofortprogramm von 1933 vorsah. Die Reichswehr müsse daher die Mobilisierung aller Kräfte der Nation verlangen[15].

Die Pläne für die Wiederaufrüstung zogen Diskussionen über die Organisation des Oberkommandos nach sich. Wenn Deutschland für den nächsten Krieg besser vorbereitet sein wollte als für den letzten, mußte das militärische Oberkommando reorganisiert werden. 1914 war dessen Struktur chaotisch gewesen, da sie ganz auf die Führungsqualität des »Obersten Kriegsherrn« abgestellt war. Der Kriegsminister, der Chef des Generalstabs, das Militärkabinett, jede Institution unabhängig von den anderen, unterstanden direkt dem Kaiser. Und da der Kaiser alles andere als ein starker Monarch war, hatten alle diese Stellen im Kriege neben- und gegeneinander gearbeitet – mit katastrophalem Ergebnis.

Schließlich hatte der Generalstab die Oberhand behalten. Sein Chef war praktisch Deutschlands Oberbefehlshaber geworden, und sein Erster Generalquartiermeister hatte die Aufgaben des Chefs des Stabes übernommen.

Als Seeckt 1920 Chef des Truppenamtes geworden war, hatte er versucht, die Vorrangstellung des Großen Generalstabs beizuhalten. Aber durch die Weimarer Verfassung war der Präsident der Republik Oberster Befehlshaber aller bewaffneten Streitkräfte geworden, der seine Befehlsgewalt durch den Reichswehrminister ausübte. Oberbefehlshaber der Streitkräfte wurde der Chef der Heeresleitung, dem auch das Truppenamt unterstellt war. Aber über die Organisation des Reichswehrministeriums selbst waren praktisch keine Bestimmungen erlassen worden. Die Befugnisse des Chefs der Heeresleitung waren nie formell festgelegt worden, und das Truppenamt war de facto der Generalstab für die gesamten bewaffneten Streitkräfte geblieben.

Im Februar 1926 hatte der Reichswehrminister Geßler die Bildung der Wehrmachtabteilung befohlen, die bestimmte politische Aufgaben übernehmen sollte, die bisher vom Truppenamt wahrgenommen worden waren. Die Wehrmachtabteilung war nur dem Minister verantwortlich. Auf eine Schwächung des Truppenamtes zielte auch eine Maßnahme Groeners – Geßlers Nachfolger – ab, der 1928 einen unabhängigen Nachrichtendienst, die Abwehr, innerhalb des Ministeriums einrichtete. Schließlich vereinigte Groener im Februar 1929 diese beiden Ämter mit dem persönlichen Stab des Ministers im neugeschaffenen »Ministeramt«, dessen Chef Schleicher wurde. Als Chef des Ministeramts hatte er den Minister in allen Fragen zu vertreten, die nicht in den Kompetenzbereich der Oberbefehlshaber fielen. Vor allem hatte er sich mit politischen Fragen zu befassen. Geßler und Groener stärkten damit die Stellung des Ministers gegenüber den Streitkräften, aber sie konnten sich nicht zur

Schaffung eines gemeinsamen Generalstabs entschließen. Dafür gab es zwei Gründe: Erstens konnten sich die beiden Waffengattungen nicht über die Kompetenzen eines solchen übergeordneten Generalstabs einigen – ja nicht einmal über die Notwendigkeit dieser Einrichtung –, und zweitens erschien das Problem nicht besonders vordringlich, solange die Reichswehr so klein und schwach war[16].

Blomberg hatte als Chef des Truppenamtes von 1926 bis 1929 an den endlosen Diskussionen über die Organisation des Oberkommandos teilgenommen, der Mangel an Einigkeit in dieser Frage hatte ihn enttäuscht. Er hatte sehr konkrete Vorstellungen, die er mit Entschiedenheit verfocht. Er wünschte eine größere Konzentration der Befehlsgewalt auf den Oberbefehlshaber der Reichswehr und hatte deshalb vorgeschlagen, die Kommandogewalt des Präsidenten der Republik über ein Kriegskabinett und den Kriegsminister auf einen Befehlshaber der Reichswehr zu übertragen, der die Rüstungsindustrie und die Operationen der Streitkräfte koordinieren und leiten sollte. Ihm sollte ein starker und unabhängiger Stab zur Verfügung stehen. Von ihm sollten die allgemeinen Direktiven an die Befehlshaber der Streitkräfte gehen, die wiederum ihre eigenen Stäbe haben sollten. Dem Chef der Heeresleitung sollte auch weiterhin das Truppenamt unterstehen, das sich aber auf die Ausführung der Direktiven des übergeordneten Generalstabs zu beschränken und nicht mehr mit wichtigen strategischen Fragen zu befassen hatte[17].

Blombergs Vorstoß blieb erfolglos, solange er Chef des Truppenamtes war. Als er 1933 Reichswehrminister geworden war, hatte sich die Lage geändert. Aber die Frage der Reorganisation des Oberkommandos war dringender als je zuvor. Doch mit der neuen Stellung hatten sich verständlicherweise auch seine Ansichten geändert. Nun plädierte er für eine Personalunion von Oberbefehlshaber der Streitkräfte und Reichswehrminister. Dieser müsse im Kriegsfall auch die Leitung der Gesamtoperation ausüben. So äußerte er sich jedenfalls im März 1933 gegenüber Hammerstein und Adam, als diese forderten, das Heer müsse in der neuen militärischen Hierarchie die führende Rolle spielen. Sie begründeten diese Forderung mit dem Hinweis, Deutschland sei eine Kontinentalmacht und das Heer habe die Hauptlast des Krieges zu tragen. Deshalb müsse auch der Oberbefehlshaber des Heeres das Kommando über alle Streitkräfte ausüben und gegenüber den »Unterstützungswaffen« Marine und Luftwaffe Weisungsbefugnis haben. Blombergs Antwort auf diese Vorschläge ließ an Deutlichkeit nichts zu wünschen übrig:

»Was glauben Sie denn? Wenn ich Ihre Vorschläge annehmen würde, was soll ich dann selbst in einem Kriege anfangen? Da bliebe mir ja gar nichts anderes übrig, als mich selbst totzuschießen. Den Oberbefehl in einem Kriege übernehme ich natürlich selbst[18].«

Diese indignierte Zurückweisung des Angriffs des Heeres auf seine Prärogativen stand in Zusammenhang mit Blombergs Bemühungen, seine

Position als Oberbefehlshaber der Wehrmacht zu stärken. Im Februar 1933 schon stellte er Reichenau an die Spitze des Wehrmachtamtes. Reichenau ging mit großer Energie daran, die Voraussetzungen dafür zu schaffen, daß sein Amt die Funktionen eines Wehrmachtgeneralstabs übernehmen konnte. Im August 1933 erhielt Blomberg die Beförderung zum Generaloberst und gleichzeitig den Titel eines Oberbefehlshabers der Reichswehr. Sofort begann er, sich mehr und mehr in die Angelegenheiten des Heeres einzumischen, was zu einer ernsten Verschlechterung seiner Beziehungen zu Hammerstein führte. Bequem und fatalistisch, wie Hammerstein war, tat er aber wenig, um diese Situation zu ändern[19].

Als Beck Adam als Chef des Truppenamtes abgelöst hatte, zeigte er bald sehr deutlich, daß er mit dieser Entwicklung durchaus nicht einverstanden war. Der Heeresgeneralstab war immer die beherrschende Institution in der deutschen militärischen Hierarchie gewesen, und Beck war entschlossen, diesen Anspruch aufrechtzuerhalten. Hammersteins Lethargie gab Beck größere direkte Einwirkungsmöglichkeiten. Er vertrat das Heer auf wichtigen Konferenzen im Dezember 1933. Gleichzeitig aktivierte er den Arbeitsausschuß des Verteidigungsrates und band diesen eng an das Truppenamt, dessen Führungsanspruch er zäh und geschickt verteidigte. Ebenso entschlossen widersetzte er sich allen Versuchen des Ministers, die Position des Heeres und des Truppenamtes zu schwächen.

Als Blomberg für den 17. Oktober ein Kriegsspiel ansetzte, bei dem die Organisation des Oberkommandos erprobt werden sollte, ließ der Chef des Truppenamtes ein Memorandum ausarbeiten, das die Notwendigkeit eines starken Generalstabs des Heeres hervorhob. Im Januar 1934 schrieb er dann ein eigenes Memorandum, in dem es hieß: »Die Zusammenfassung der drei Wehrmachtsteile unter einem Chef der Wehrmacht ist eine Notwendigkeit, nicht nur hervorgerufen durch die Person des augenblicklichen Reichswehrministers.« Auf diese Weise kam er Blomberg, wenn auch in einer sehr zweideutigen Weise, entgegen. Im Gegensatz zu den schwachen Ministern der Weimarer Republik war Blomberg durchaus in der Lage, den Oberbefehl über die Streitkräfte auch im Kriegsfall auszuüben. Nach Becks Memorandum sollte er für die allgemeine Leitung der Streitkräfte und ihre Koordinierung verantwortlich sein und als Oberbefehlshaber der Reichswehr auch über einen eigenen Generalstab verfügen. Da aber nach Becks Vorschlag die Oberbefehlshaber des Heeres, der Marine und der Luftwaffe weiterhin die operative Führung der Streitkräfte wahrnehmen sollten, würde der Chef des Wehrmachtgeneralstabs nicht mehr als eine übergeordnete Verwaltungsdienststelle sein. Beck forderte, daß der Oberbefehlshaber des Heeres und nicht der Chef des Wehrmachtgeneralstabs der Stellvertreter des Ministers sein müsse, obwohl diese Funktion bisher immer dem Chef des Generalstabs zugestanden hatte. Beck begründete diesen Vorschlag ebenso wie Hammerstein und Adam mit dem Argument, daß Deutschland eine Kontinentalmacht sei und das Heer die Entscheidung im Krieg herbeiführe. Daher werde das Heer »der bei weitem größte und ausschlaggebende Teil der Wehrmacht bleiben«. Beck regte ferner an, daß der Oberbefehlshaber des Heeres im Kriegsfall den Titel »Chef des Generalstabs des Feldheeres« und sein erster Gehilfe den eines »Ersten Generalquartiermeisters« tragen solle[20].

Becks Vorschlag zielte auf die Rückkehr zur Praxis des (Ersten) Weltkriegs hin. Wenn er auch die Notwendigkeit einer größeren Vereinheitlichung der Kommandostruktur anerkannte, um den Zwiespalt zwischen Kriegsminister und Generalstab, wie er 1914 existierte, zu vermeiden, so war doch die Wiederbelebung der Titel Hindenburgs und Ludendorffs keineswegs zufällig. Wie Hindenburg sollte der Oberbefehlshaber des Heeres auch der Oberbefehlshaber der Gesamtstreitkräfte sein, und sein Chef des Stabes, wie Ludendorff, der oberste strategische Planer. Blomberg und sein Stab würden auf diese Weise darauf beschränkt bleiben, rein ministerielle Aufgaben zu erfüllen, während dem Oberbefehlshaber des Heeres die operative Führung der Streitkräfte obliegen würde. Alle strategischen Entscheidungen würden durch den Generalstab des Heeres geplant werden, und dieser würde damit die Gesamtstrategie der deutschen Streitkräfte bestimmen[21].

Weder Fritsch noch Blomberg konnten diesen Vorschlägen Becks zustimmen. Fritsch, der sich im Ministerium auf die Übernahme des Oberbefehls über das Heer am 1. Februar vorbereitete, sah in Becks Vorschlägen einen Machtverlust für sich als Oberbefehlshaber des Heeres, und im Gegensatz zu Hammerstein war er fest entschlossen, seine Position zu verteidigen. Verärgert darüber, daß Beck seine Rolle auf »Reden halten und Kränze niederlegen« beschränken wollte, machte er dem Chef des Stabes klar, daß er keine Galionsfigur sein werde. Im April 1934 konnte Fritsch Beck überreden, einer Beschreibung seiner (Becks) Funktion als »erster Berater« und Stellvertreter des Oberbefehlshabers des Heeres zuzustimmen. Beck nahm diese »Abfuhr« gelassen hin, seine Zusammenarbeit mit Fritsch war in den nächsten Jahren sehr eng. Gemeinsam konnten sie vielleicht das Heer gegen Blomberg verteidigen[22].

Auch der Reichswehrminister selbst war natürlich keineswegs von Becks Argumenten angetan. Er verwarf die Vorstellung Becks von der Marine und der Luftwaffe als Hilfstruppen des Heeres. Da er überzeugt war, daß sie in einem zukünftigen Krieg eine unabhängige Rolle zu spielen hätten, hielt er eine einheitliche Führung der gesamten Wehrmacht für unerläßlich.

Abgesehen davon wollten er und Reichenau selbst die operative Führung im Kriegsfall übernehmen. Konsequenterweise antworteten sie auf Becks Vorstoß mit einer Vergrößerung des Ministeramts, dem sie einen operativen Stab angliederten – die Abteilung »Landesverteidigung«. Das Ministeramt wurde in Wehrmachtamt umbenannt. Im Februar 1934 verkündete Blomberg, dieses Amt werde als Dachorganisation für die Oberkommandos von Heer, Marine und Luftwaffe dienen und sich schließlich zu einem Wehrmachtgeneralstab entwickeln[23].

Die Auseinandersetzung über die Organisation des Oberkommandos führte zur ersten ernsthaften Verstimmung zwischen Beck und Blomberg. Bis dahin scheinen sie sich gegenseitig respektiert und gut zusammengearbeitet zu haben. Zunächst jedenfalls lagen ihre politischen Ansichten nicht sehr weit auseinander. Blomberg brachte dem Nationalsozialismus allerdings mehr Enthusiasmus entgegen als Beck. Aber auch der Chef des Generalstabs war 1933 keineswegs als ein Regimegegner anzusehen. Es gab zwischen ihnen bis 1934 keine Uneinigkeit über wichtige politische Entscheidungen. Es war allein der Streit über die Organisation des Oberkommandos, der den ersten Keil zwischen die beiden Männer und ihre Organisationen trieb.

Hinter den ehrgeizigen Bestrebungen Becks in den ersten Monaten seiner Amtsführung verbargen sich keine politischen Nebenabsichten. Becks Vorstoß war weder von persönlicher Animosität gegen die Person Blombergs noch von politischer Opposition gegen den Nationalsozialismus diktiert. Er wollte, daß der Generalstab des Heeres seine frühere beherrschende Stellung wiedererhielt, weil er überzeugt war, dieser sei für die strategische Gesamtplanung am besten geeignet.

Becks Reaktion auf die Ablehnung seiner Vorschläge und die daran anknüpfende Schaffung des Wehrmachtamtes war typisch. Statt sich geschlagen zu geben, bereitete er neue Memoranden vor und versuchte, die Position des Heeres zu verteidigen, so gut er es vermochte.

Fritsch unterstützte ihn dabei nach Kräften; er verbot allen ihm unterstehenden Abteilungsleitern, direkt bei Blomberg Vortrag zu halten. Außerdem setzte er durch, daß die Militärattachés dem Generalstabschef unterstellt wurden. Am 27. April 1934 richtete Beck ein Memorandum an das Wehrmachtamt, in dem er die Situation erörterte, die mit der Bildung dieses Amtes entstanden war. Dadurch seien neue Probleme geschaffen worden, die sorgfältig geprüft werden müßten; er meldete sein Veto gegen jede weitere organisatorische Veränderung der Kommandostruktur an, ehe diese Probleme nicht zufriedenstellend gelöst seien[24].

Das Memorandum vom 27. April ist ein Musterbeispiel für Becks Vorliebe für methodisches Vorgehen: Nur keine überstürzten Aktionen! – das war sein Grundprinzip. Hier wurde es angewandt, um Zeit zu gewinnen, jedoch erfolglos, denn Reichenau ließ sich nicht bremsen. Bereits am 9. Mai setzte er ein Memorandum in Umlauf, in dem er eine neue Spitzengliederung der Reichswehr vorschlug. Dabei verwies er mit Nachdruck darauf, daß Blomberg mit den meisten seiner Vorschläge einverstanden sei, was nicht gerade dazu angetan war, Beck zu beruhigen. Reichenaus Entwurf sah eine Kompetenzerweiterung des Wehrmachtamtes vor, das eine Schlüsselstellung erhalten sollte. Der Minister sollte

Das Kriegsministerium am Tirpitzufer. Im angrenzenden Gebäude der Bendlerstraße starb Beck 1944

Beck zwischen Goebbels und Göring in der Kriegsakademie, Oktober 1935. Links von Göring: Hitler, Liebmann, Mackensen, Fritsch, Seeckt

den Oberbefehl über die Wehrmacht führen, und die Oberbefehlshaber der drei Wehrmachtteile sollten – einander gleichberechtigt – ihm direkt unterstellt sein. Einzelheiten zu erörtern hatte sich Reichenau erspart[25].
Zunächst ruhte aber die Diskussion um die Spitzengliederung für ein Jahr; sie wurde erst 1935 wiederaufgenommen und mit unterschiedlicher Intensität bis 1938 fortgesetzt. Die Bildung eines übergeordneten Wehrmachtgeneralstabs konnte auch Blomberg nicht durchsetzen, aber immerhin stärkte er seine Stellung auf Kosten des Heeres. Im Januar 1935 übernahm Reichenau an Stelle Becks den Vorsitz im Arbeitsausschuß des Verteidigungsrates. Dann verbot Blomberg Becks Beratungen mit Staatssekretär von Bülow vom Auswärtigen Amt, um den Chef des Generalstabs auf rein militärische Angelegenheiten zu beschränken. (Inoffiziell kümmerte sich Beck nicht um dieses Verbot.) Wenige Monate später verließ Reichenau das Wehrmachtamt; sein Nachfolger wurde Wilhelm Keitel. Dieser war ein fanatischer Verfechter des Führerprinzips, das er auch rücksichtslos anwandte, um das Wehrmachtamt weiter auszubauen. Unter seiner Führung gewann es erheblich an Bedeutung[26].
Das Heer widersetzte sich diesem Trend mit allen Kräften. Beck taktierte dabei vorsichtig und konzentrierte seine Argumentation auf die Unabhängigkeit des Heeres. Immer wieder forderte er, das Heer müsse in der Lage sein, Operationen ohne Intervention von seiten des Ministeriums durchzuführen. Als ihn Blombergs Einmischung in außenpolitische Angelegenheiten zu beunruhigen begann, sorgte er dafür, daß einer seiner fähigsten Offiziere, Alfred Jodl, ins Wehrmachtamt versetzt wurde. Gleichzeitig versuchte er durchzusetzen, daß Fritsch zu den Diskussionen mit Hitler über strategische Probleme hinzugezogen wurde, und schließlich schlug er sogar die Wiedererweckung der alten preußischen Landesverteidigungskommission vor. (Der 1868 geschaffenen Kommission gehörten einige der dienstältesten Generale an, die über strategische Probleme gehört werden sollten.) Aber auch diese Initiativen blieben erfolglos. Jodl sympathisierte mit Keitel, Hitler beriet sich mit seinen eigenen Leuten, und niemand nahm den Vorschlag zur Neubildung der Landesverteidigungskommission ernst[27].
Auch Fritsch versuchte alles, um die Lage zu retten. Im Januar 1937 drohte er mit Rücktritt, weil Blomberg es versäumt hatte, ihn in einer wichtigen Angelegenheit zu konsultieren. Und sechs Monate später richtete auch er ein Memorandum an den Minister, mit den bekannten Vorschlägen zur Spitzengliederung. Blomberg verwarf sie auch diesmal, und damit setzte eine erbitterte Debatte über die Wehrmacht-Manöver des Jahres 1937 ein. Sowohl der Generalstab des Heeres wie das Wehrmachtamt erhoben Anspruch auf die Leitung dieser Manöver. Schließlich wurde entschieden, daß Jodl sie vorbereiten solle, und Keitel notierte, daß »mein bis dahin ganz freundschaftliches Verhältnis (zu Beck) total verschüttet war[28]«.

Im Frühjahr 1934 hatte das Heer dringendere Probleme zu lösen. Die SA-Krise näherte sich ihrem Höhepunkt. Außerdem ging es um wichtige Entscheidungen für die Aufrüstung. Besonders das Allgemeine Heeresamt gab Beck Anlaß zur Sorge. (Das AHA war für die Ausrüstung des Heeres zuständig. Unter Friedrich Fromm versuchte es, seine Befugnisse auszudehnen und begann dem Truppenamt Konkurrenz zu machen.) Als Fromm im Mai vorschlug, am 1. Oktober 1934 ein 300 000-Mann-Heer aufzustellen, reagierte Beck mit äußerster Heftigkeit. Die vorgeschlagene Maßnahme bedeute eine Mobilmachung.

»Als solche kann (sie) ... tatsächlich der Tropfen sein, der das Faß zum Überlaufen bringt ... Denn sie gibt vielleicht Frankreich ... das ... nur auf ein Stichwort wartet, die ersehnte Möglichkeit, aus seiner Isolierung herauszukommen. Bisher war die Parole, daß wir in den nächsten zehn Jahren keinen Krieg haben dürfen. Argument, daß wenn wir erst das 300 000-Mann-Heer haben, es uns nicht genommen werden kann, ist nicht überzeugend. Mit Gewalt kann uns der Franzose sowohl das 300 000-Mann-Heer nehmen wie seinen Aufbau verhindern ...

Maßnahme fördert Kriegsgefahr ...

Das schnell aufgestellte 300 000-Mann-Heer ist eine Frühgeburt mit allen Schwächen und Mängeln einer solchen. Soweit diese überhaupt behoben werden können, wird es vieler Jahre bedürfen, bis sie beseitigt sind. Wir werden also in vielem nochmals wieder zu den Verhältnissen kommen wie 1920 bis 1923. Der bisherige Grundsatz, daß die Geschlossenheit des Offizierkorps und der Truppe der wichtigste Leitgedanke sei, wird durchbrochen ...[29]«

Nach Becks Auffassung widersprach der Vorschlag des AHA den Seecktschen Prinzipien. Für ihn repräsentierten das Heer und seine Offiziere die Macht des Deutschen Reichs. Dieses Machtinstrument sah er bedroht, unmittelbar durch die SA und mittelbar durch Fromms Vorschlag. Solange es nicht völlig wiederhergestellt war, durfte Deutschland keine außenpolitischen Risiken eingehen. Beck war sich der paradoxen Situation bewußt: Die Wiederaufrüstung mußte zeitweilig die Gefahr heraufbeschwören, die sie eigentlich bannen sollte – die Gefahr einer bewaffneten Intervention. Eine übereilte Aufrüstung mußte eine solche Intervention geradezu provozieren. Denn eine Armee ist immer dann am schwächsten, wenn sie sich im Aufbau befindet; und die Schwäche mußte im gleichen Maß zunehmen, in dem das Tempo der Aufrüstung forciert wurde.

In dieser Auseinandersetzung konnte sich Beck nicht durchsetzen: 1934 wurde beschlossen, das Tempo der Aufrüstung zu beschleunigen[30].

Becks Befürchtungen wurden durch den Röhm-Putsch und die Ermordung des österreichischen Bundeskanzlers Dollfuß noch verstärkt. Nach seiner Meinung hatte dieser Mord die außenpolitische Situation verschlechtert. Erst im Juni hatte Hitler bei einem Treffen mit Mussolini ver-

sichert, daß der »Anschluß« Österreichs nicht geplant sei. Dann aber war es zu dem Putsch der Nationalsozialisten in Wien gekommen. Nach einem Gespräch mit Staatssekretär von Bülow notierte Beck: »Die Ereignisse vom 30. Juni haben Abscheu und Entsetzen hervorgerufen. Einem Führer bzw. einer Regierung, die sich so über alle Rechtsbegriffe hinwegsetzt, traut man auch außenpolitisch alles zu.
... Während die Welt sich noch nicht von den schlimmen Eindrücken des 30. Juni erholt hat, platzt das Wiener Ereignis ... dazwischen. Was auch unsere Zeitungen erklären oder auch von Regierungsstelle aus erklärt ist oder werden wird, kein Mensch glaubt, daß Hitler unbeteiligt ist ...
Unsere außenpolitische Situation ist trostlos ... Alle Mächte ... sind gegen uns. Frankreich, das nach wie vor drohend im Hintergrund steht, braucht keinen Finger zu rühren, um eine ihm günstige Situation zu schaffen ... Es ist notwendig, daß dieser ganze Ernst der Lage ... der maßgebenden Stelle klargemacht wird. So, wie die Dinge heute liegen, gibt es für uns zwei Möglichkeiten. Entweder man kümmert sich um nichts, dann rücken Gewaltmaßnahmen in den Vordergrund, für welche heute alle Mächte ... zu haben sind. Dann gibt es einen hoffnungslosen Endkampf. Oder man gibt klein bei. In beiden Fällen ist das Dritte Reich gefährdet. Armee ist daran, das Ansehen, das sie durch die Ereignisse des 30. Juni im Ausland gewonnen, wieder zu verlieren ... Österreich Ausgangspunkt allen Übels. Hier muß Schluß gemacht werden mit Politik doppelten Bodens. Das geht nur in langsamer mühevoller Enthitzung ...[31]«
Beck und Bülow diskutierten die Möglichkeiten, wie man Hitler, Blomberg und Göring »den Ernst der Lage« klarmachen könne. Sie erwogen, gemeinsam bei ihnen vorstellig zu werden. Aber dazu kam es nicht.
Was Beck zu der Annahme veranlaßte, die Armee, die die Ermordung zweier Generale widerspruchslos hingenommen hatte, habe im Ausland durch die Ereignisse des 30. Junis an Ansehen gewonnen, ist unerfindlich. Doch zeigt seine Kritik, daß er zwar mit den Nahzielen Hitlers übereinstimmte, aber die Mittel verwarf, mit denen sie angestrebt wurden.
Der Chef des Truppenamtes war ein umsichtiger Mann. Er hatte keine Einwände dagegen, daß Machtpolitik betrieben wurde, aber er war kein Freund des Vabanquespiels und verabscheute unredliche Methoden. Trotzdem hielt sich seine Kritik an Hitler in Grenzen und blieb grundsätzlich loyal. Der Führer war in seinen Augen einfach schlecht beraten; er sah nicht »den Ernst der Lage«. Truppenamt und Auswärtiges Amt mußten ihm die Situation deutlich vor Augen führen.
Beck beurteilte die Lage zu pessimistisch. Kein Mensch regte sich im Ausland über die Säuberungsaktionen in der SA auf. Der Mord an Dollfuß empörte zwar Mussolini, aber niemand dachte daran, gegen Deutschland zu mobilisieren. Außerdem schlug Hitler gegenüber Österreich einen gemäßigteren Kurs ein. Das große Werk der Wiederaufrüstung konnte ge-

lingen, wenn man in Zukunft seine Entwicklung sorgfältig mit den Notwendigkeiten der Diplomatie in Einklang brachte.
Trotzdem blieb die Wehrlosigkeit Deutschlands auch weiterhin Becks größte Sorge. Sein Mitarbeiter Sodenstern wies am 23. August darauf hin, daß es lange Zeit dauern werde, bis die 21 Divisionen des Heeres so weit wären, selbst einen reinen Verteidigungskrieg führen zu können, und am 5. September wies Beck die Mitglieder des Arbeitsausschusses erneut darauf hin, daß Deutschlands Armee immer noch eine der kleinsten in Europa sei. Es bedürfe noch einer großen Anstrengung, Deutschlands Verteidigungsfähigkeit wiederherzustellen. Drei Monate später warnte Bülow, die Aufrüstung dürfe nicht die wirtschaftliche Erholung gefährden. Andernfalls sei Deutschland vielleicht gut bewaffnet, stände aber im Kriegsfall ohne Reserven da. Beck stimmte ihm zu. Die Erfahrungen von 1914 dürften nicht vergessen werden[32].
Auf der anderen Seite mußte Deutschland ständig bemüht bleiben, das Mißtrauen seiner Nachbarn zu beschwichtigen. Bülow wies Beck immer wieder darauf hin, daß eine schnelle Aufrüstung die Gefahr einer Einkreisung Deutschlands unter der Führung des übermächtigen Frankreich vergrößern müsse. Am 23. August erhielt Beck einen Bericht der Abwehr, daß die Franzosen über die Fortschritte der deutschen Wiederaufrüstung (die von ihren Beobachtern weit überschätzt wurden) höchst beunruhigt seien. Gleichzeitig meldete der Militärattaché in Paris, General Kühlenthal, daß die französische Armee auf jeden Eventualfall bestens vorbereitet sei. Sie sei völlig modernisiert worden und in den Angriffstaktiken des Bewegungskrieges vorzüglich ausgebildet. Zwar wiesen sowohl Kühlenthal wie auch die Abwehr darauf hin, daß die Franzosen keinesfalls einen Präventivschlag gegen Deutschland planten, aber dennoch hielt der vorsichtige Beck es für angebracht, auch weiterhin möglichst leise aufzutreten. Im Frühjahr und Sommer hatte Frankreich sich gegenüber Deutschland etwas konzilianter gegeben, und es kam darauf an, in dieser delikaten Situation keine Mißklänge aufkommen zu lassen[33].
Es stand in diesem Herbst 1934 viel auf dem Spiel. Beck hoffte, daß das strategisch wichtige Saarland mit seinem großen industriellen Potential bald wieder ins Reich zurückkehren könne.
Frankreich hatte zugestimmt, unter der Aufsicht des Völkerbundes im Januar 1935 eine Volksabstimmung durchführen zu lassen, bei der die Bevölkerung selbst über ihre Zugehörigkeit zu Frankreich oder zu Deutschland entscheiden sollte.
Beck fürchtete offensichtlich, daß die Franzosen das Saargebiet als Vergeltung für deutsche Vertragsverletzungen besetzen könnten. Am 13. Oktober hatte er einen Bericht von Professor Hermann Stegemann erhalten, der bei einem Besuch in Paris mit wichtigen Persönlichkeiten gesprochen hatte. Nach Stegemanns Ansicht war der französische Außenminister Barthou einer Aussöhnung mit Deutschland nicht abgeneigt. Aber der

französische Generalstab erwog Pläne, eventuelle Unruhen im Zusammenhang mit der Abstimmung als Vorwand für eine Besetzung des Saargebietes zu benutzen. Nach Stegemanns Überzeugung konnte das Krieg bedeuten, wenn Berlin nicht äußerst vorsichtig taktierte. Stülpnagel, der im Truppenamt die Abteilung »Fremde Heere« führte, bestätigte Stegemanns Ansichten und meldete am 15. November bedrohliche französische Truppenbewegungen an der Grenze des Saarlandes. Noch am gleichen Tag sprach Beck mit Bülow, der ihn beruhigen konnte: die französischen Truppenbewegungen hätten nur das Ziel, gewisse politische Kreise in Paris zu beschwichtigen, und eine Besetzung des Saarlandes sei nicht zu befürchten. Wenn es vielleicht auch ein paar kritische Tage nach der Abstimmung geben sollte, so sehe er doch keine ernsthafte Gefahr, solange die Reichsregierung nur vorsichtig genug operiere. Selbst wenn im schlimmsten Falle die Franzosen das Saargebiet und vielleicht auch das Ruhrgebiet besetzten, müsse das für Berlin noch nicht den casus belli bedeuten[34].

Schon zwei Monate später hatten sich Becks Befürchtungen abermals als grundlos erwiesen. Die Bevölkerung an der Saar stimmte mit überwältigender Mehrheit für Deutschland, und die Franzosen dachten nicht daran, zu marschieren.

Nach der Rückkehr der Saar fühlte sich Hitler stark genug, um der Welt die Aufstellung der Luftwaffe zu verkünden. (Bis dahin hatte die Luftwaffe ein getarntes Dasein geführt.) Großbritannien und Frankreich ignorierten diese Herausforderung der Signatarmächte von Versailles und ermutigten Hitler dadurch, die allmähliche Aushöhlung des Vertrages fortzusetzen. Am 14. März unterrichtete Hitler Hoßbach, der gleichzeitig Wehrmachtadjutant des Führers und Abteilungsleiter im Generalstab war, daß er beabsichtigte, den Vertrag ein für allemal aufzukündigen und ein neues Wehrgesetz zu erlassen. Die Heeresleitung hieß die Verkündung der allgemeinen Wehrpflicht gut und forderte Hitler auf, auch die Aufstellung von 36 Friedensdivisionen in das Gesetz einzubeziehen. Hitler war damit einverstanden, und das Wehrgesetz wurde am 16. März verkündet. Diesmal reagierten die Briten und Franzosen durch Protestnoten. Gemeinsam mit den Italienern betonten sie auf einer Konferenz in Stresa ihre Entschlossenheit, jedem Versuch Widerstand entgegenzusetzen, den status quo in Europa mit Gewalt zu verändern. Doch effektive Maßnahmen gegen Deutschland wurden nicht einmal in Erwägung gezogen[35].

Beck war glücklich, daß Hitler Deutschland endgültig von den »Fesseln des Versailler Vertrages« befreit hatte. Seit 1933 hatte er für die Einführung der allgemeinen Wehrpflicht plädiert.

Die Aufstellung von 36 Divisionen entsprach seiner Aufrüstungsplanung. Nun konnten diese Pläne endlich ausgeführt werden. Das Truppenamt durfte wieder seine richtige Bezeichnung »Generalstab« führen, aus der Reichswehr wurde die Wehrmacht und aus der Heeresleitung das Oberkommando des Heeres. Dennoch beunruhigten ihn die Plötzlichkeit und die Eigenmächtigkeit der Aktionen Hitlers. Wie auch Blomberg machte er sich Sorgen über die Reaktion der Westmächte auf das neue Gesetz. Die Schaffung vollendeter Tatsachen mußte die Bereitschaft der britischen Regierung, den Deutschen entgegenzukommen, zerstören, und erst recht mußte der Widerstand der französischen Regierung gegen die deutsche Wiederaufrüstung wachsen. Auch die von der Heeresleitung geforderte Ankündigung der Aufstellung von 36 Divisionen sollte Beck bald bedauern; denn Hitler benutzte diesen Anlaß, um die Generale zur Beschleunigung der Aufrüstung anzutreiben. Zu Hitlers Überraschung und Enttäuschung protestierten die Generale zunächst, fügten sich dann aber der Anordnung[36].

Nach dem 16. März 1935 sah Beck die Entwicklung als immer bedrohlicher an. Am 11. April traf er sich mit Stülpnagel, der erneut die Auffassung vertrat, daß Deutschland nicht in der Lage sei, einen Krieg zu führen. Die Situation sei bedeutend schlechter als 1914. Frankreich scheine jederzeit auf dem Sprung zu sein, in Deutschland einzufallen, wobei es mit Italien und der Tschechoslowakei als Verbündeten rechnen könne. Es würde Jahre dauern, bis Deutschland mit der überlegenen modernen Rüstung dieser Länder gleichziehen könne. Stülpnagels Schlußfolgerung war, daß Deutschland im gegenwärtigen Zeitpunkt jede Krise, vor allem in bezug auf Österreich und das Rheinland, vermeiden müsse. Beck stimmte mit ihm überein, daß sich Deutschland auf keine neuen Abenteuer einlassen dürfe, solange der Austritt aus dem Völkerbund, die Ermordung von Dollfuß, das Wehrgesetz und die Stresa-Konferenz noch nachwirkten. Das könne zwei bis drei Jahre dauern. Im Rückblick auf diese Ereignisse schrieb Beck: »Nicht was wir tun, sondern wie wir es tun, ist so schlimm: Politik der Gewalt und des Treuebruchs.« Erstaunlicherweise kritisierte er bei dieser Gelegenheit nicht Hitler – er beklagte sich, daß die Innenpolitik über die Außenpolitik dominiere. Seiner Meinung nach verwendete die Regierung zu viel Kraft und Ideen auf die inneren Angelegenheiten[37].

Zwei Wochen später verlangte Blomberg von Fritsch eine Stellungnahme zu Plänen, die unter dem Decknamen »Schulung« ausgearbeitet wurden. »Schulung« beschäftigte sich mit einem Überraschungsangriff auf einen südöstlichen Nachbarstaat, der natürlich nur die Tschechoslowakei sein konnte. Fritsch solle »sich über Vorbereitungen aussprechen ... ›ohne Rücksicht auf den zur Zeit unzureichenden Stand unserer Rüstung‹, sowie unter der Annahme, daß ›jede Besserung der Rüstungslage eine Erweiterung der (Kriegs)Vorbereitungen ermöglichen und damit günstigere Erfolgsaussichten schaffen‹ werde[38]«.

Fritsch reichte die Weisung an Beck weiter, der aufs höchste alarmiert war. Sofort erläuterte er Fritsch seine Ansichten zum Plan »Schulung«: »Nach reiflicher Überlegung halte ich es für meine Pflicht, heute schon

zu melden, daß, wenn ... der Eintritt in praktische Kriegsvorbereitungen beabsichtigt ist, ich dann die gehorsamste Bitte aussprechen muß, mich von der Stelle des Chefs des Truppenamtes zu entheben, da ich mich letzterer Aufgabe nicht gewachsen fühle ...
Die Verfügung des Herrn Ministers enthält nichts über das militärische Ziel, welches auf Grund des vom Staatsmann dem Chef der Wehrmacht bezeichneten Kriegszieles von letzterem dem Oberbefehlshaber des Feldheeres gestellt wird. Nur wenn das Kriegsziel für das Landheer nach Art und Umfang klar gegeben wird, kann in zweckmäßige und zutreffende strategisch-taktische Überlegungen eingetreten werden ... Das Unternehmen ›Schulung‹ wird ... sofort weitere Mächte als Gegner auf den Plan rufen. Nur nebenbei sei erwähnt, daß Frankreich ... (13 Divisionen) zum ›schlagartigen, überfallartigen Vorgehen‹ auf deutsches Gebiet bereitgestellt hat, und es voraussichtlich diesen Zustand beibehalten wird ... bei dem Unternehmen ›Schulung‹ (kann) nicht einen Tag damit gerechnet werden, daß es jemals ein isoliertes Unternehmen zwischen zwei Gegnern bleibt. Anzunehmen ist vielmehr, daß ... mindestens die Gegner im Westen und Süden ro rasch wie möglich ihre weit überlegene Kriegsmaschinerie gegen den Angreifer in Gang setzen werden. Somit kann das Unternehmen ›Schulung‹ immer nur im Rahmen einer sehr viel weitergehenden Kriegslage betrachtet werden ...
Für das ›schlagartig als Überfall‹ durchzuführende Unternehmen ›Schulung‹ sind schnelle und bewegliche Kräfte eine geradezu ausschlaggebende Voraussetzung. Auf erstere – 3 Panzerdivisionen – kann kaum vor dem 1. 4. 1937 gerechnet werden. Auch diese Panzerdivisionen werden zu dem genannten Termin voraussichtlich nur einen eingeschränkten Kampfwert haben ...
Bei im wesentlichen unveränderter militärpolitischer Lage kann m.E. nicht vor dem Mobilmachungsjahr 39/40 an ein solches Unternehmen gedacht werden, wenn die Führung einen militärischen Erfolg gewährleisten soll, möglicherweise aber auch dann noch nicht ... Soll trotzdem die Vorbereitung des Unternehmens ›Schulung‹ ... betrieben werden ... so kann ich ein solches Unternehmen höchstens als eine Verzweiflungshandlung ansehen, eine Verzweiflungshandlung, bei welcher ... das deutsche Heer voraussichtlich in außerdeutschem Lande ein unrühmliches Ende findet, während daheim die Gegner die ihnen genehmen Bedingungen diktieren ...
Der Gedanke eines Unternehmens wie ›Schulung‹ kommt als Aushilfe der Kriegführung erst für eine spätere Zeit in Frage, wenn abgesehen von den erforderlichen militärischen Grundlagen eine Besserung der militärpolitischen Lage hoffentlich erreicht sein wird ...[39]«
Beck hatte wieder einmal überreagiert. Niemand in Deutschland plante 1935 ernsthaft einen Krieg gegen die Tschechoslowakei. »Schulung« war tatsächlich nichts als eine rein theoretische Studie. Dennoch ist Becks

Reaktion interessant. Seine Unterstellung, daß Deutschlands Feinde zum Schutz der Tschechoslowakei in den Krieg ziehen würden, ist fragwürdig. Aber das Memorandum spiegelt in erster Linie seine ständig wachsende Enttäuschung über Blomberg wider. Das erklärt die Schärfe seines Angriffs auf den Minister, der eine unverantwortliche Weisung erlassen hatte. (Tatsächlich veranlaßte »Schulung« Beck, sofort ein neues Memorandum über die Spitzengliederung des Oberkommandos vorzubereiten, durch das dem Heer die alleinige Verantwortung im Falle eines Krieges mit Frankreich und der Tschechoslowakei übertragen werden sollte.) Das Memorandum beweist ferner, daß Beck die Idee eines Überraschungsangriffs auf die Tschechoslowakei nicht grundsätzlich ablehnte. Er verwies nur darauf, daß Deutschland keinesfalls die Initiative ergreifen dürfe, solange es diplomatisch isoliert und militärisch schwach sei.

Becks Befürchtungen wegen einer politischen Isolierung Deutschlands führten zu einer stärkeren außenpolitischen Aktivität des Heeres. Im November kam Stülpnagel in einer Untersuchung über die stark revanchistische Politik Ungarns zu dem Schluß, man müsse Ungarn dazu bewegen, seine Ansprüche auf rumänisches und jugoslawisches Gebiet aufzugeben, denn diese Staaten unterhielten zu Deutschland freundschaftliche Beziehungen, und Deutschland brauche ihre Unterstützung. Wenn ihre Beziehungen zu Ungarn verbessert werden könnten, ließe sich wohl auch die Grundlage für eine gemeinsame Front gegen die Tschechoslowakei schaffen. Gleichzeitig müsse Deutschland versuchen, Italien auf seine Seite zu ziehen[40].

Im Mai wurde der Vertrag zwischen Frankreich und der Sowjetunion unterschrieben, und Göring reiste nach Budapest, um eine Verständigung mit Ungarn herbeizuführen. Nach seiner Rückkehr unterhielt sich Beck mit Bülow über diese Reise.

Während seiner Gespräche mit dem Reichsverweser Admiral Horthy und dem Ministerpräsidenten Gömbös hatte Göring auch die Möglichkeit eines deutsch-ungarischen Zusammengehens gegen die Tschechoslowakei erwähnt, eine Idee, die den Beifall Becks fand. Dennoch kamen er und Bülow wieder zu dem Ergebnis, daß es ohne vorangehende sehr geschickte diplomatische Manöver unmöglich wäre, andere Mächte von einem Eingreifen in einen Krieg mit der Tschechoslowakei abzuhalten. Sowohl Polen wie Ungarn hatten territoriale Forderungen gegen die Tschechoslowakei, die ihrerseits mit Frankreich verbündet war, das wiederum mit Rußland einen Bündnisvertrag geschlossen hatte. Daher zogen Beck und Bülow die Schlußfolgerung:

»Eine einigermaßen erträgliche Lösung des schwierigen tschechischen Problems ist nur bei vorheriger Übereinstimmung der beteiligten Angreifer und bei vorherigem Desinteressement Dritter bzw. ihrer Fesselung zu erreichen[41].«

Blomberg nahm in Gesprächen mit dem ungarischen Generalstabschef

fast genau die gleiche Position ein. Der Minister riet den Ungarn zur Mäßigung:
»Deutschland hat auf Elsaß-Lothringen verzichtet, ist Polen gegenüber noch weiter gegangen. Ungarns Lage ... kann doch damit verglichen werden. Solange Ungarn ... seine Revisionsansprüche beibehält, wird es immer in Flanke und Rücken Feinde haben. Nur bei Verzicht ist eine aussichtsreiche gemeinsame Basis gegen die Tschechei gegeben[42].«
Seit Februar 1935 suchte Beck die Verständigung mit Ungarn durch die Verbesserung der Beziehungen zum ungarischen Generalstab zu fördern[43].
Im September 1935 reiste er nach Budapest[44].
Er fand die Stadt bezaubernd und seine Gastgeber charmant – und, was für ihn höchst ungewöhnlich war, er saß mit ihnen bis in die frühen Morgenstunden bei Zigeunermusik zusammen. Seine Reise schuf durch die Herstellung enger Beziehungen zur ungarischen Armee die Voraussetzung für ein gemeinsames Vorgehen gegen die Tschechoslowakei[45].
Im September 1937 verhandelte er mit dem ungarischen Kriegsminister Rácz, ohne Blomberg vorher zu konsultieren[46].
Im August 1938 stellte Rácz dazu fest:
»Wir haben uns nach unseren Gesprächen mit General Beck im vergangenen Jahr für ein militärisches Vorgehen gegen die Tschechoslowakei im Jahre 1940 vorbereitet und entsprechende Pläne ausgearbeitet[47].
Beck war also durchaus bereit, die Tschechoslowakei zu einem günstigen Zeitpunkt und unter günstigen Voraussetzungen anzugreifen.
Im Sommer 1935 opponierte er jedoch noch gegen solche Angriffspläne. Zu diesem Zeitpunkt war die Haltung Becks und Bülows noch von einem starken Pessimismus gekennzeichnet. Sie waren sich zwar darüber im klaren, daß die Befürchtungen, die Stülpnagel im November 1934 ausgesprochen hatte, jetzt nicht mehr berechtigt waren – die Stresa-Front löste sich langsam auf; Großbritannien und Deutschland hatten gerade ein Flottenabkommen unterzeichnet; Lavals schwache Regierung konnte keine Risiken eingehen; die Beziehungen zu Italien verbesserten sich stetig, die Aufrüstung hatte Deutschland neuen Respekt verschafft, und der ungarische Generalstabschef erklärte: »... andererseits ist sich Ungarn klar, daß es wie früher so jetzt und in Zukunft mit Deutschland schicksalhaft verbunden ist« –, dennoch zweifelten Beck und Bülow daran, daß dieser Trend sich fortsetzen werde. Was Mussolini anbetraf, waren sie skeptisch, da sie ihn für höchst unzuverlässig hielten. Das Flottenabkommen sahen sie als einen einmaligen Sieg der britischen Admiralität über das Foreign Office an, der sich nicht wiederholen werde. (Ja, sie schlossen sich sogar dem in Deutschland weit verbreiteten Vorurteil an, daß man sich auf die Briten nie verlassen könne.) Statt auf die Möglichkeit zu setzen, aus der Schwäche der Regierung Laval Vorteile zu ziehen, sahen sie die Gefahr eines Sturzes dieser Regierung durch das Militär und einer daraus resultierenden Politik der Stärke gegenüber

Deutschland. Und schließlich war da noch der unausgesprochene Gedanke an die einzige ernsthafte Bedrohung – den französisch-sowjetischen Pakt, der die tschechische Frage komplizierte[48].

Beck war von dem Gefühl der Unsicherheit geradezu bessen. Deutschlands Streitkräfte würden noch eine längere Zeit schwach sein, gleichgültig, welche diplomatischen Erfolge Hitler immer erzielen mochte. Im Juni, als er sich wieder offiziell Chef des Generalstabs nennen durfte, schrieb Beck an einen Freund, der ihn beglückwünscht hatte:

»›Mir ist bange zu Mute‹ – so schrieb Schlieffen ... im Gefühl der hohen Verantwortung, die ihm durch die Aufgabe zugefallen war, das Erbe des großen Moltke zu verwalten und zu erhalten ... Auch mir ist bange zu Mute ... Mir bangt davor, daß wir in einen Krieg verwickelt werden könnten, bevor wir in der Lage sind, uns mit Aussicht auf Erfolg zu wehren ...[49]«

Auch im Juli und August manifestierte Beck seinen Pessimismus. Am 9. Juli mußte er sich – wenn auch widerstrebend – dafür aussprechen, die Qualität der Quantität zu opfern. Unter Berücksichtigung der internationalen Entwicklung bestand er darauf, daß nichts die Aufstellung eines Heeres von 36 Divisionen bis Herbst 1939 hindern dürfe.

»Verschiedene bekannte Gründe, insbesondere die außerordentlich ernste Lage, führten ... vor etwa einem Jahr zu dem Entschluß, unter bewußter Zurückstellung ausschlaggebender Grundlagen für einen qualitativ möglichst hochwertigen, allmählichen Aufbau des neuen Friedensheeres zu einem mobilmachungsmäßigen Aufbau ... überzugehen. An dieser Lage hat sich nichts geändert. Im Gegenteil, die militärpolitische Lage Deutschlands ist seitdem immer ernster geworden. Daran kann m.E. auch die seit kurzem eingetretene Entspannung angesichts der bisher immer wieder offenbar gewordenen Labilität der politischen Verhältnisse in Europa nichts ändern. Im Zusammenhang mit der eben angeführten Labilität hat ferner die Erfahrung der beiden letzten Jahre bewiesen, daß Zurückhaltung hinsichtlich des Tempos und des Umfangs unseres Heeresaufbaus keine Gewähr bietet, daß ... schließlich doch Forderungen gestellt wurden und erfüllt werden mußten – und zwar in einer vom Standpunkt des Generalstabs nicht immer voll befriedigenden Richtung[50].«

Becks Zukunftsprognose wurde noch düsterer, als er seine Aufmerksamkeit der wirtschaftlichen und politischen Entwicklung in Deutschland zuwandte. Im August wurde er über die Knappheit an Rohstoffen und Lebensmitteln und über den Devisenmangel unterrichtet, der eine Überwindung dieser Engpässe verhinderte. Es gab weder genug Fett noch genug Fleisch für die Bevölkerung, deren Moral bedenklich gesunken war und die Beck mit der von 1918 verglich. Um die »Heimatfront« zu festigen, mußte Deutschland mit anderen Ländern Handel treiben. Wenn es das wollte, mußte es sich verträglicher zeigen. Solange es sich so aggressiv gebärdete, würde seine politische und wirtschaftliche Isolation anhalten. Beck schrieb: »Entweder Deutschland lebt mit der Welt: rechtliche und moralische Haltung ... oder Opfer wird nicht gebracht, dann wird die Welt um uns ohne uns aufgebaut[51].«

1935 zeigte Beck erstmals auch Interesse für die Panzerwaffe: Er begann die Möglichkeiten dieser Waffe zu begreifen. Um seine Aufgaben zu erfüllen, brauchte das Heer ein Angriffspotential genauso wie ein Verteidigungspotential. Beck wußte, daß Deutschland keinen Krieg wie den Ersten Weltkrieg mehr führen durfte, der die Seite begünstigte, die an Menschen und Material überlegen war. Endlose Abnutzungsschlachten in festen Stellungen würde Deutschland verlieren; es mußte »aus den Schützengräben ausbrechen«. Daher ging Beck daran, eine »Erhöhung der Angriffskraft« zu planen[52].

Beck hatte seine strategischen Vorstellungen in dem Handbuch »Truppenführung« niedergelegt, das zu Beginn der dreißiger Jahre unter seiner Leitung erarbeitet worden war. Es baute auf den Lehren von Clausewitz auf, ohne jedoch dogmatisch zu sein. Beck schrieb: »Die Kriegführung ist eine Kunst, eine auf wissenschaftlicher Grundlage beruhende freie schöpferische Tätigkeit.« Das Handbuch war überraschend modern. Es betonte den Angriff und die Beweglichkeit, zwei Kampfmethoden, die 1914 vom Stellungskrieg verdrängt worden waren. Die Panzer wurden zwar noch als eine Hilfswaffe der Infanterie angesehen, aber die Kommandeure wurden angewiesen, ihre Panzer nicht zu stark an die Infanterie zu binden, um den Vorteil ihrer Geschwindigkeit zu nutzen. Außerdem sollten laut »Truppenführung« motorisierte Einheiten zusammen mit den Panzern erzielte Siege schnell und entscheidend ausnützen[53].

In den späten zwanziger und frühen dreißiger Jahren machte sich der deutsche Offizier Heinz Guderian daran, die Werke von J. F. C. Fuller und B. H. Liddell Hart zu studieren, zweier britische Offiziere, die höchst ungewöhnliche Ideen vertraten. Sie sahen große Panzerarmeen über den Kontinent stürmen wie Flotten über den Ozean. Vor allem Liddell Harts Vorstellungen beschäftigten Guderians Phantasie. Er befreite die Panzer nicht nur von der Infanterie, er unterstellte die Infanterie sogar den Panzern. Er wollte Infanterie und Artillerie motorisieren und sie mit den Panzern in eigenen Panzerkorps vereinigen. Der Krieg würde so nicht mehr in festen Stellungen geführt werden; Liddell Harts Panzerkorps sollten den Feind in der Flanke fassen, ihn einkreisen und tief in sein Hinterland vorstoßen.

Guderian begann wie ein Besessener für seine neuen Ideen zu kämpfen, zunächst mit gewissem Erfolg. Dann wurde Beck Chef des Generalstabs, und Guderians Tempo wurde gebremst. Beck dachte sicher nicht altmodisch, aber er hatte Zweifel: Wie konnte man die Panzer versorgen, wenn sie auf eigene Faust operierten? Wie stand es um ihre Verwundbarkeit aus der Luft? Konnten sie die Artillerie überwinden? Waren sie beweglich genug? Konnte die Industrie genug Panzer herstellen? Wie waren die Bedürfnisse der Panzertruppen mit denen der anderen Waffengattungen auszubalancieren? Um Antwort auf diese Fragen zu erhalten, beschloß Beck zu experimentieren[54].

Im Sommer 1934 studierte Beck die britischen Manöver in der Salisbury-Ebene. Bei ihnen blieben die Leistungen von selbständig operierenden Panzerkräften enttäuschend. Ein Beobachter meldete, »daß den Verbänden eine ziemliche Schwerfälligkeit anhaftete und der Erfolg ihres Einsatzes an Voraussetzungen gebunden ist, die nur schwer geschaffen werden können«. Nach Lektüre dieses Berichts hielt Beck sich die Entscheidung offen:

»Das Ergebnis zeigte erneut, daß die Führung großer gemischter Panzerverbände selbst bei einer so weit motorisierten Armee wie der englischen ... doch noch erhebliche Schwierigkeiten macht ... Es wird daher besonders lehrreich sein, die Richtung zu beobachten, die die nächste Entwicklung des englischen Heeres ... nehmen wird[55].«

Wenige Monate später, im Oktober, befahl Beck eine theoretische Studie über den Einsatz einer Panzerdivision, der ein entsprechendes Erprobungsmanöver im Sommer 1935 folgte.

Beck und Guderian interpretierten seine Ergebnisse unterschiedlich. Das Hauptquartier der Panzertruppen kam zu dem Schluß, daß nur tiefe Einbrüche großer Panzermassen den Erfolg garantierten. Beck dagegen glaubte, die Ergebnisse hätten bewiesen, daß die Panzer eine »Waffe der guten Gelegenheit« seien. Aus diesem Grunde wünschte er ihre Unterstellung unter die Infanterie. Die Zusammenarbeit zwischen Panzer und Infanterie sollte nach seinen Vorstellungen neu geregelt werden. Panzer sollten nur unabhängig operieren dürfen, nachdem die Infanterie durchgebrochen war und einen Erfolg erzielt hatte, den die Panzer ausnutzen konnten[56].

Da ihm diese Vorstellungen, gemessen an Liddell Harts Ideen, zu konservativ waren, kämpfte Guderian erbittert gegen Beck. Die Heftigkeit dieses Streites wurde durch persönliche Aversion noch verschärft. Guderian war nach den Worten eines Generalstabsoffiziers »ein echter Prolet«, dessen robustes Auftreten dem eleganten und sensiblen Beck wenig zusagte. Außerdem hielt Beck seine Ideen nicht für ausgereift. Immerhin erklärte er sich schließlich doch mit der Bildung von zwei Panzerdivisionen einverstanden, während Guderian drei verlangt hatte[57].

Da Beck ein Empiriker war, hätte er sich wahrscheinlich auch ohne den Druck Guderians dazu entschlossen, Panzerdivisionen aufzustellen, nur hätte es dann noch länger gedauert. Im Dezember 1935 legte Beck drei Möglichkeiten für den Einsatz von Panzern fest: Unterstützung der Infanterie, Angriff auf feindliche Panzer und unabhängige Operationen im Zusammenwirken mit motorisierten Truppen. Er betonte die letzte Möglichkeit, die auch Guderian befürwortete, besonders und ließ sie genau untersuchen. Dabei wog er den Aufbau von Panzerdivisionen sorgfältig gegen die Notwendigkeit einer Verstärkung der Infanterie- und Artillerieeinheiten ab. Zwei Wochen später schrieb er, daß er sich über die Struktur der Panzerdivisionen nicht im klaren sei, da das Heer nicht genug praktische Erfahrungen in ihrer Verwendung habe. Gleichzeitig beklagte er sich, daß die Industrie nicht genug Panzer herstellen könne: »Es muß die dringende Forderung erhoben werden, daß die Industrie sich mehr als bisher auf die Konstruktion und Lieferung von schweren Panzerkampfwagen einstellt.«

Schließlich wiederholte Beck am 30. Januar 1936 viele seiner bisherigen Argumente, verwarf aber jetzt die Unterstellung der Panzer unter die Infanterie und bekannte sich vorsichtig zu Guderians Ideen über den operativen Einsatz von Panzerdivisionen. (Wenigstens sah er sie nicht mehr als »falsch« an.) Dann bestand er darauf, daß die Zahl der geplanten Panzereinheiten »in Anbetracht der immer mehr sich durchsetzenden Erkenntnis der Bedeutung der Kampfwagenwaffe für die Angriffskraft neuzeitlicher Heere und damit für den schnellen Schlachterfolg« auf keinen Fall wieder verringert werden dürfe[58].

Nach dem Krieg wiesen Halder und Guderian betont auf Becks Widerstand gegen ihre Vorstellungen über die Panzerwaffe hin. Sie untermalten dies mit spitzen Anekdoten. Als Guderian versucht hatte, Beck für den Einsatz selbständiger Panzerdivisionen zu gewinnen, soll dieser ihn mit der erstaunten Frage abgewiesen haben: »Warum sollen wir denn die ersten sein, die sie einführen?« Später soll er dann auf die Vorstellung Guderians, Panzertruppen per Funk von einem Befehlswagen in vorgeschobener Stellung zu leiten, angeblich explodiert sein: »Wie wollen Sie denn ohne Karten und Telefon führen? Haben Sie nie Schlieffen gelesen?« Auch bei Halder schneidet der Chef des Generalstabs nicht viel besser ab: »Was wollen Sie nur mit diesen Emporkömmlingen?« soll er böse gefragt haben, als Halder sich bei ihm für Guderian einsetzte. Beide behaupteten, daß Beck engstirnig und dogmatisch darauf bestanden habe, Panzer seien nicht mehr als eine Hilfswaffe der Infanterie, ehe sie ihn schließlich eines Besseren belehren konnten[59].

Vielleicht hat Beck tatsächlich gesagt, was Guderian und Halder ihm zuschreiben. Aber ihre Schlußfolgerung ist zumindest irreführend. Beck hat ihnen nie ohne Grund Hindernisse in den Weg gelegt, und er hat sehr wohl zur Entwicklung der Panzerwaffe beigetragen. Halders und Guderians Anekdoten drücken nichts weiter aus als seine persönliche Abneigung gegen beide und sein Bemühen um sorgfältige und gut abgewogene Entscheidungen. Becks Verantwortung war größer; seine beiden Kritiker traten nur für einen Teil des Heeres ein, während Beck sich um die Erfordernisse des Ganzen zu kümmern hatte und an seine Aufgaben mit der Sorgfalt eines skeptischen, konservativen Perfektionisten heranging. Nur aus diesem Grunde ging er langsamer als Guderian vor und weigerte sich, die neue Doktrin enthusiastisch anzunehmen.

Während Beck sich mit Guderian stritt und sich über die Innen- und Außenpolitik der Reichsregierung erregte, ergriff Hitler die Initiative. Offenbar meinte er, er brauche wieder einmal einen außenpolitischen Erfolg, um seine Position im Innern zu festigen. Er ging deshalb daran, die Vorbereitungen für die Remilitarisierung des Rheinlandes zu treffen. Im Dezember 1935 sprach er zum erstenmal von dieser Möglichkeit. Am 12. Februar 1936 weihte er Fritsch in einer kurzen Konferenz in seine Pläne ein, in naher Zukunft Truppen in das Rheinland zu schicken, und befahl ihm, alles Nötige dazu vorzubereiten.

Unmittelbar danach reiste Hitler zur Eröffnung der Olympischen Winterspiele nach Garmisch-Partenkirchen, wo er Blomberg in der Führerloge traf und ihm die Neuigkeit in der für ihn typischen Art ganz nebenbei mitteilte[60].

Wieder einmal waren die Generale über Hitlers Vorgehen empört. Da blieb keine Zeit für sorgfältige Stabsstudien, die in Anbetracht des großen Risikos doch nötig schienen. Schließlich war die Entmilitarisierung des Rheinlandes ein wichtiger Bestandteil sowohl des Vertrages von Versailles wie der Abmachungen von Locarno und gleichzeitig eine starke Garantie für den Frieden in Europa. Ein fünfzig Kilometer breiter entmilitarisierter Streifen machte eine deutsche Aggression nach Westen schwierig, wenn nicht unmöglich. Wenn Deutschland aber die Tschechoslowakei oder Polen angriff, konnten die Franzosen das Rheinland leicht besetzen und weiter nach Deutschland vordringen. Deutschland konnte an der Westgrenze keine Truppen für einen Überraschungsangriff auf Frankreich zusammenziehen, und ein Angriff Frankreichs war durch die britischen und französischen Garantien von Locarno unmöglich geworden. Frankreich mußte also größtes Interesse daran haben, diesen Zustand aufrechtzuerhalten[61].

Beck war im Prinzip nicht gegen den Einmarsch. Seine strategische Bedeutung lag auf der Hand. Außerdem hatte er Fritsch schon 1935 darauf hingewiesen, daß es militärisch notwendig sei, auf die Menschenreserven dieses Gebietes für Verteidigungszwecke zurückzugreifen, und der Generalstab hatte nie daran gezweifelt, daß das Rheinland eines Tages wieder besetzt werden würde. Er kontrollierte ohnehin schon die paramilitärischen Polizeikräfte, die dort stationiert waren. Darüber hinaus war Beck in dieser Frage emotionell engagiert; er hatte immer unter der Demütigung gelitten, daß ihm nicht erlaubt war, in seiner Heimat in Uniform aufzutreten[62].

Dennoch zweifelte der Generalstabschef an der Klugheit von Hitlers Vorgehen. Bülow hatte ihm eingeschärft, wie wichtig es sei, Deutschland den Schutz des Locarno-Abkommens zu erhalten, solange es seine Stärke noch nicht wiedergewonnen habe. Erst dann dürfe man seine Bestimmungen durch Einmarsch in das Rheinland verletzen. Beck war überzeugt, daß Deutschland jetzt noch unfähig sei, sich gegen einen Angriff der

Franzosen zur Wehr zu setzen, wenn diese die Provokation nicht hinnehmen würden. Die Franzosen mußten diesmal mit aller Härte reagieren. Beck wird wohl auch die Warnung seines Militärattachés in London, Geyr von Schweppenburgs, beachtet haben, der glaubte, die Deutschen könnten durch ein Zusammengehen mit den Briten mehr erreichen. Nach Geyrs Ansicht waren gute Beziehungen zu den Briten vordringlich, die bereit waren, vielen deutschen Forderungen entgegenzukommen, und die weit mehr für die Haltung der Westalliierten gegenüber Deutschland bestimmend waren als die Franzosen[63].

Blomberg und Fritsch teilten Becks Standpunkt, und gemeinsam erreichten die Generale bei Hitler, daß nur kleine Einheiten in das Rheinland entsandt wurden, um die Franzosen nicht unnötig zu reizen. Außerdem erzielten sie seine Zustimmung, diese Einheiten sofort zurückzuziehen, falls die Franzosen Gegenmaßnahmen ergriffen. Darüber hinaus regte Beck an, Hitler solle der Welt öffentlich versichern, daß keine Befestigung des linken Rheinufers geplant sei, was der Führer, wie vorauszusehen war, ablehnte[64].

In der Zwischenzeit hatte Hitler erfolgreich bei Mussolini vorgefühlt und dabei die Überzeugung gewonnen, daß weder Großbritannien noch Frankreich handeln würden. Er setzte auf die Schwäche der französischen Regierung und glaubte überdies, daß die im französischen Senat anstehende Ratifizierung des Vertrages mit der Sowjetunion einen guten Vorwand für sein Vorgehen liefere. Man konnte schließlich behaupten, daß dieser Vertrag ebenfalls eine Verletzung der Vereinbarungen von Locarno darstelle. Die militärischen Anweisungen wurden am 2. und 3. März gegeben, und am 5. März erhielten die Einheiten den Marschbefehl für den 7. März.

Hitler konnte einen riesigen Erfolg feiern. Die Franzosen reagierten hilflos. In einer lächerlichen Überschätzung der deutschen Stärke weigerte sich der französische Generalstabschef, zu marschieren, ohne daß die Regierung die allgemeine Mobilmachung befahl, was diese verweigerte. Also beschränkte man sich auf scharfe Proteste.

Auch die Briten reagierten kaum. Offenbar verkannten sie vollkommen die schwerwiegenden Konsequenzen der deutschen Aktion und schienen es eigentlich für normal zu halten, daß die Deutschen »in ihren eigenen Vorgarten einmarschierten«.

Dennoch meldete Geyr am 9. März aus London, er betrachte die Stimmung im Kriegsministerium als »beunruhigend«: »Die Engländer, in erbitterter Stimmung, werfen Deutschland die Form seines Vorgehens als Paktbruch vor.« Der diensthabende Offizier im Hauptquartier des Generalstabs interpretierte das Fernschreiben richtig. Geyr hatte, wie sein Bericht festhielt, die unmittelbare Reaktion im Kriegsministerium nach Hitlers Rechtfertigungsrede gemeldet. Der britische Militärattaché in Berlin jedoch, Colonel Hotblack, ein Mann »voller Verständnis für die

deutsche Haltung«, machte einen sehr viel friedlicheren Eindruck. Jedenfalls kam der diensthabende Offizier zu der Erkenntnis, daß Großbritannien nicht beabsichtige, Deutschland den Krieg zu erklären[65].
Als er die wütenden Reden der Opposition im Unterhaus hörte, wurde Geyr in seiner Fehlinterpretation der englischen Haltung noch bestärkt. Am 12. März meldete er, die Regierung Seiner Majestät werde entweder ultimativ den Rückzug der Truppen aus dem Rheinland verlangen oder Sanktionen gegen Deutschland verhängen. Am gleichen Tage bestätigte der deutsche Militärattaché in Paris Geyrs Meldungen. In Kühlenthals Augen war Deutschland in viel größerer Gefahr als ein Jahr zuvor bei der Einführung der allgemeinen Wehrpflicht. Wenn die Franzosen auch nicht mobilgemacht hätten, so seien doch die allerschwersten Konsequenzen zu befürchten, wenn Deutschland nicht irgendwie einlenke[66].
Am nächsten Tag schickte Geyr sein berühmtes Fernschreiben ab, das vor sofortigem britischem Vorgehen warnte. Da er das Fernschreiben direkt an Blomberg und nicht wie üblich an Beck sandte, sorgte er für größtes Aufsehen. Er schrieb:
»Nach gemeinsamer und eingehender Prüfung der politischen Entwicklung sehen der Militär-, der Marine- und der Luftwaffenattaché es als ihre Pflicht an, zu melden, daß die Lage als außerordentlich ernst anzusehen ist. Äußerst ungünstige Entwicklungen können in den nächsten Tagen eintreten[67].«
Damit rief Geyr große Aufregung hervor. Blomberg fiel in Panik und empfahl den Rückzug. Aber Hitler blieb nach kurzem Zögern fest. Wütend über seine eigene Reaktion auf Geyrs Fernschreiben, beschloß Blomberg, ihn abzuberufen[68].
Beck behielt die Nerven. Er ließ sich die eingegangenen Fernschreiben vorlegen, studierte sie sogfältig und weigerte sich, die Abberufung Geyrs durchzuführen. Eine Notiz Stülpnagels bezeichnet genau die Atmosphäre: »Hier war natürlich viel Unerfreuliches zu spüren. Alles scheiterte an Blomberg, der hilflos treibt.« Am 14. März meldete François-Poncet, der französische Botschafter in Berlin, daß einer seiner Kollegen am Tage zuvor bei Beck sondiert habe und zu dem Schluß gekommen sei, »daß Beck nicht an eine Verschärfung der Spannung glaube, sondern im Gegenteil daran, daß die Franzosen sich nach einigen Tagen von selbst beruhigen würden«. Genau das geschah, und die deutschen Truppen blieben im Rheinland[69].
Nachdem die Krise abgeflaut war, verzichtete Blomberg auf die Abberufung Geyrs und schrieb statt dessen nach London, der Militärattaché solle nicht gleich die Nerven verlieren, wenn es mal ein bißchen stürmischer zugehe. Am gleichen Tag erhielt Geyr einen Brief von Beck, in dem dieser ihm sein Vertrauen aussprach und gleichzeitig Blomberg einen Hieb versetzte:
»Lieber Geyr! Den Brief des Herrn Reichskriegsministers konnte ich nicht

verhindern. Meine persönliche Ansicht ist die, daß nicht Sie ihre Nerven verloren haben, sondern ganz andere Leute.
Ihr treuergebener Beck[70].«

Rückblickend erkannte Beck später die Berechtigung der Bedenken Geyr von Schweppenburgs an. Die Besetzung mochte aus Gründen der nationalen Sicherheit erwünscht gewesen sein, aber es war ein Fehler gewesen, sie ohne vorherige Verhandlungen durchzuführen. Das Rheinland-Problem, fuhr Beck fort, hätte sich früher oder später ebenso wie der Anschluß Österreichs und des Sudetenlandes ohne jenen Verlust an politischer Glaubwürdigkeit, der mit Hitlers Vorgehen verbunden war, zugunsten Deutschlands regeln lassen. Die Vorgänge nach der Rheinlandbesetzung verstärkten Becks Zweifel an Blombergs Führungsqualitäten. Darin stimmte er mit Hitler überein, der höchst überrascht entdeckte, was für schlechte Nerven sein Kriegsminister hatte[71].

Das Jahr 1936 brachte noch eine andere Krise, die durch den Ausbruch des spanischen Bürgerkriegs verursacht wurde. In der Hoffnung, einen schnellen Sieg der Rebellen zu ermöglichen, hatte Hitler auf Bitten Francos eine Staffel von Lufthansa-Transportern zur Verfügung gestellt, um Truppen von Marokko nach Spanien zu schaffen. Was ihn dazu veranlaßte, ist nicht ganz klar. Offenbar hoffte er, bei kleinem Einsatz einen großen Erfolg einzuheimsen. Franco zu helfen, konnte die Errichtung einer autoritären, Deutschland zu Dank verpflichteten Regierung in Spanien zur Folge haben und der Sache des Antibolschewismus dienen. Jedenfalls bestand keine Gefahr, daß eine Regierung Franco mit der neuen linken Volksfrontregierung in Frankreich zusammengehen würde[72].

Hitlers Hoffnungen auf einen schnellen Sieg Francos erfüllten sich nicht, und Deutschland mußte weitere militärische Hilfe senden. Wenn diese auch nicht sehr umfangreich war, so mußten die Luftwaffe und die Panzerdivisionen doch einige ihrer modernsten und besten Einheiten abstellen, um den Rebellen entscheidend helfen zu können. Das Eingreifen deutscher und später auch italienischer Truppen in Spanien rief in London und Paris erhebliche Unruhe hervor.

Im Dezember 1936, als in der deutschen Regierung über Spanien diskutiert wurde, hatte Beck eine Konferenz mit Oberstleutnant Warlimont, der gerade aus Spanien zurückgekehrt war, um Hitler Bericht zu erstatten. Warlimont informierte Beck, daß Faupel, der deutsche Geschäftsträger in Madrid, vorgeschlagen habe, drei deutsche Divisionen nach Spanien zu schicken. Beck war entsetzt über dieses Ansinnen. Er sympathisierte mit Franco und hätte einen Sieg der Republikaner bedauert, der für ihn gleichbedeutend mit einer kommunistischen Machtergreifung war; aber Truppen und Material brauchte man dringend zu Hause. Außerdem wies er darauf hin, daß es Wahnsinn sei, die Briten und Franzosen durch eine Intervention großen Stils zu provozieren. Jeder Konflikt mit diesen Mächten wegen Spanien »würde für Deutschland äußerst unvorteilhaft« sein, und er fragte indigniert, wie überhaupt jemand auf die Idee kommen könne, »deutsche Truppen an Englands Fenstern und der offenen französischen Tür« vorbei zu senden. Das Äußerste, was Deutschland für Franco tun könne, sei die Ausbildung seiner Truppen und die Entsendung des Kriegsmaterials, das man selbst entbehren könne[73].

Dies waren auch im wesentlichen die Gedanken, die Warlimont Hitler vortrug, der, wie auch Blomberg, ihre Berechtigung anerkannte. Dennoch bot Hitler Franco mehr Hilfe an, als der Generalstab zugestehen wollte, und trotz fortgesetzten Protesten des Generalstabs stimmte Blomberg zu und vergaß seine ursprünglichen Bedenken[74].

Die Auseinandersetzung über die deutsche Politik in Spanien ist in vieler Beziehung aufschlußreich. Erstens hatte sie zur Folge, daß sich die Kluft zwischen dem Generalstab und dem Minister erweiterte; zweitens beweist Becks Gleichsetzung eines Sieges der Republikaner mit einer kommunistischen Machtübernahme, wie sehr er von Furcht vor dem Bolschewismus beherrscht wurde; drittens erkennt man in seinem Widerstreben, deutsche Truppen nach Spanien zu senden, seine grundsätzliche Ablehnung jeder Maßnahme, die die Engländer und Franzosen reizen mußte. Er fürchtete den Krieg mit ihnen, und deshalb war er gegen das leichtfertige Abenteuer in Spanien. Es paßte nicht zu seinem Bemühen um einen fairen Ausgleich mit den beiden Großmächten.

Die gleichen Themen tauchten wieder auf, als Beck im Juni 1937 nach Paris reiste, um sich mit Maurice Gamelin, dem Chef des französischen Generalstabs, zu treffen, der ein Mann nach seinem Herzen war: ruhig, vorsichtig und gelehrt und mit den vollendeten Manieren eines vergangenen Zeitalters. Auch Gamelin war bestrebt, einen Krieg mit Deutschland zu vermeiden, und befürwortete daher ein »rapprochement« zwischen den beiden Staaten und ihren Armeen.

Bei einem Gespräch anläßlich des Begräbnisses von König Georg V. hatte Gamelin Blomberg nach Paris eingeladen. Blomberg bedauerte, daß er der Einladung nicht folgen könne, und sagte, er werde Beck bitten, an seiner Stelle zu fahren. Schließlich schrieb Kühlenthal im März 1937 an Beck und regte an, einen Besuch der Weltausstellung in Paris zu benutzen, um die Beziehungen zwischen der französischen und der deutschen Armee zu verbessern. Er hatte diesen Vorschlag mit Gamelin abgesprochen, der ihn begrüßte. Kühlenthal schrieb:

»Ich halte einen solchen Besuch für nützlich und wichtig. Ganz unabhängig davon, wie die deutsche Politik später einmal laufen soll, sind meiner Ansicht nach wir Soldaten doch besonders daran interessiert, daß wir für einige Jahre Ruhe haben[75].«

Beck reagierte begeistert. Vor dem Ersten Weltkrieg hatte er in Elsaß-Lothringen gedient. Er sprach gut Französisch und hatte größte Achtung vor dem französischen Volk. Vor allem aber gefiel ihm die militärpoliti-

sche Bedeutung eines solchen Kontaktes. Er trug Kühlenthals Anregung Fritsch und Blomberg vor und konnte daraufhin seinem Militärattaché mitteilen: »Man hat sich mit meinem privaten Besuch der Ausstellung, der dann auch zu dem von Ihnen angeregten Zusammentreffen (mit General Gamelin) führen könnte, einverstanden erklärt[76].«
Vor seiner Abreise wurde Beck im Außenministerium über den gegenwärtigen Stand der deutsch-französischen Beziehungen ins Bild gesetzt. In Übereinstimmung mit dem inoffiziellen Charakter seines Besuches hielt das Außenministerium ausdrücklich fest, »daß General Beck selbstverständlich keine politischen Gespräche in Paris führen wird«. Das französische Außenministerium sandte ähnlichlautende Erklärungen an seine Botschafter. Man kann daher nicht daran zweifeln, daß beide Seiten dem Besuch lediglich den Charakter einer »Manifestation des gegenseitigen guten Willens« zumaßen – trotz den erheblichen gegenteiligen Spekulationen in der Presse[77].
Beck kam am 16. Juni in Paris an. Schon am nächsten Tag sah er Gamelin, der ihn stark beeindruckte. In dem offiziellen Bericht, den Beck nach seiner Rückkehr in Berlin vorlegte, schrieb er:
»Nach meinen wiederholten Begegnungen mit General Gamelin muß ich feststellen, daß General Gamelin einen ungewöhnlich frischen, jugendlichen Eindruck macht. Er ist klar, bestimmt, militärisch und allgemein hoch gebildet. Er spricht wenig und steht zu seinem Wort ... General Gamelin suchte die Gelegenheit, um seinen Standpunkt darzulegen, daß angesichts der ungeheuren Leiden und Nöte, die ein Krieg mit sich brächte – wie wir alle aus eigener, bitterer Erfahrung wüßten –, jeder an verantwortlicher Stelle stehende Soldat es als seine vornehmste Aufgabe betrachten müsse, Kriege zu vermeiden und keinerlei Auseinandersetzung leichtfertig zu beginnen ...[78]«
Nach Aussage von Major Hans Speidel, der bei den Begegnungen mit Gamelin zugegen war, antwortete Beck, daß der Frieden in Europa gesichert sei, wenn Frankreich und Deutschland ihre Differenzen beilegen könnten; dann würden ihre beiden Armeen zu einem »rocher de bronze« des Friedens werden. Nach dem Kriege erinnerte sich Gamelin an Becks Worte, daß
»... wir keinen Krieg gegen Sie wünschen. Sie sind davon überzeugt, daß Sie der Sieger sein werden. Wir glauben, daß wir es sein werden ... Aber die Entscheidung würde auf alle Fälle die Zerstörung Europas und unserer gemeinsamen Zivilisation bringen. Der Bolschewismus allein würde profitieren[79].«
Gamelin fügte hinzu, Beck habe geäußert, wenn sich die Armeen Frankreichs und Deutschlands verbündeten, könnten sie »die Herren der Welt« sein. Dann habe er die Notwendigkeit der Existenz Belgiens in Frage gestellt und erklärt, so kleine Länder hätten kein Recht auf eigene Kolonien[80].

Wahrscheinlich hat Beck diese Bemerkungen nie gemacht. Speidel sagt, er könne sich an nichts Derartiges erinnern, und sie passen auch nicht zu den Instruktionen, die Beck vom Auswärtigen Amt erhalten hatte, bevor er nach Paris reiste. Außerdem widersprechen sie seinen eigenen Berichten über den Besuch. Bei einer privaten Unterhaltung mit Freunden betonte Beck:

»Mein Besuch hatte keinerlei politische Bedeutung. Ich kam als ein Mann, der bestrebt war, die Atmosphäre der gegenseitigen Beziehungen zu verbessern. Die Presse hat berichtet, ich hätte bestimmte politische Vorschläge unterbreitet; das ist absolut nicht wahr. Ich habe keine gemacht und hatte auch kein Mandat dazu[81].«

Gamelin und seine Mitarbeiter haben übrigens seinerzeit Becks Besuch ähnlich interpretiert. Sie erklärten Speidel, daß sie in Beck nicht »einen Vertreter militärischer oder revanchistischer Ideen«[82] sähen.

Es hat den Anschein, als habe Gamelin nicht die Wahrheit gesagt. Warum hätte Beck diese sinnlosen Taktlosigkeiten begehen sollen? Er reiste nach Paris, um den Frieden wenigstens noch für ein paar Jahre zu erhalten, und vielleicht hoffte er, man könne den Krieg überhaupt vermeiden. Es wäre doch selbstmörderisch gewesen, solche unsinnigen imperialistischen Gedanken zu äußern oder Frankreich wegen Belgien zu alarmieren.

Am 18. und 19. Juni traf Beck den damaligen Kriegsminister Daladier und Marschall Pétain. Man begnügte sich auch hier, Erklärungen des guten Willens auszutauschen. In Becks offiziellem Bericht heißt es:

»Daladier macht einen klaren und bestimmten Eindruck. Er scheint seiner Armee sicher zu sein ... Die Verwirklichung eines guten Verhältnisses beider Armeen scheint ihm besonders wünschenswert.«

Dann gibt Beck seinen Eindruck von Pétain wieder:

»Der Marschall war trotz seiner einundachtzig Jahre geistig und körperlich völlig frisch und von einer besonderen Kameradschaftlichkeit. Er begann seine Begrüßung mit dem Ausdruck des Bedauerns, daß ich bei meinem Besuch ein Frankreich anträfe, das nicht seinen Auffassungen entspräche. Er hoffe nur, daß sich die innerpolitischen Schwierigkeiten bald beheben und Ruhe und Ordnung in Paris einkehren würden. Er könne mir aber versichern, daß das Heer völlig unberührt von allen innerpolitischen Schwierigkeiten sei ... Zwei Kriegsminister hätten von ihm die Einführung des Wahlrechts in der Armee verlangt. Er habe beide Male ... über die Minister gesiegt, und er freue sich, feststellen zu können, daß auch seine Amtsnachfolger fest geblieben seien, insbesondere General Gamelin in letzter Zeit. Nur ein unpolitisches Heer könne seine Aufgaben erfüllen[83].«

Auf seinem Rückweg nach Deutschland machte Beck einen kurzen sentimentalen Abstecher zu den Schlachtfeldern, auf denen die Soldaten des Kronprinzen während des Weltkriegs gefochten hatten.

In den folgenden Jahren erklärte Beck wiederholt, daß er die französischen Generale für sehr gute Soldaten halte, die eine mächtige Armee kommandierten, und seinem Bruder gegenüber erwähnte er, daß er außerordentlich froh über »die ritterliche Geste« sei, die sein Besuch dargestellt habe[84].

Der offizielle Bericht Becks stellt einen Versuch dar, seine Vorgesetzten davon zu überzeugen, daß Frankreich ein starker und gefährlicher Gegner sei. Er sollte dem Schlagwort von Frankreichs Schwäche entgegenwirken und verhindern, daß Deutschland sich auf das Abenteuer eines Krieges mit seinem Nachbarn einließe. Im Freundeskreis erklärte er:

»Die wirtschaftlichen und finanziellen Aussichten in Deutschland sind deprimierend. Das Volk ist unzufrieden und durch den Kirchenkampf beunruhigt ... Die Radikalen in der Nazipartei – Goebbels, Himmler, Heydrich, Ley, Rosenberg und manchmal auch Göring – fahren fort, Hitler einzureden, daß man äußere Erfolge erringen müsse, um dem Druck im Inneren zu begegnen ... Wir Soldaten, mit der einen wichtigen Ausnahme von Blomberg, sind gegen solche Abenteuer, aber wir können für nichts mehr länger garantieren [sic] ...[85]«

In anderen Worten: die deutsche Armee sollte sich, genau wie die französische, dem politischen Druck unverantwortlicher Elemente widersetzen.

Ob Beck Hitler unmittelbar von seinem Besuch in Frankreich berichtete, ist nicht bekannt. Hitler wußte jedoch von seiner Reise und von seinem Urteil über die französische Armee. Beides trug dazu bei, sein Vertrauen in die Generale weiter zu schwächen, das schon durch ihre Reaktion auf das Wehrgesetz und auf die Wiederbesetzung des Rheinlandes angeschlagen war. In einem Gespräch mit Jodl im Jahr 1944 erklärte er verbittert:

»... Dieser Mann (Beck) hat in seinem Leben nichts anderes getan, als sich mit lächerlichen Kinkerlitzchen zu beschäftigen ... Der Mann fuhr nicht umsonst nach Paris. Er hat Gamelin bewundert. Als er zurückkam, wackelte er förmlich mit dem Kopf. Ich habe immer gesagt: Ich halte Gamelin nicht einmal für einen Schlaukopf. Wenn er ein Genie gewesen wäre, hätte er nicht Gewehr bei Fuß zugeschaut, wie ich aufrüste. Es ist sehr interessant, die Beurteilung von Gamelin (durch Beck) zu lesen: die beiden großen Heroen der Menschheit haben sich da getroffen[86].«

Becks Besuch in Paris hatte also nicht die gewünschte Wirkung auf Hitler. Er dachte nicht daran, seine Methoden dem Ehrenkodex dieser beiden »Heroen der Menschheit« anzupassen. Er teilte nicht ihren aufrichtigen Wunsch, die beiderseitigen Differenzen beizulegen und die Verwicklung Europas in einen neuen Krieg zu vermeiden, von dem nur die Bolschewisten profitieren konnten. Auch Becks versteckte Warnung, daß Deutschland keinen Krieg mit Frankreich riskieren dürfe, weil Frankreichs Armee der deutschen überlegen sei, verfehlte seine Wirkung auf Hitler. Er glaubte einfach nicht an Frankreichs Stärke.

Am 5. November 1937 verkündete Hitler bei einer Besprechung in der Reichskanzlei, an der Reichsaußenminister Freiherr von Neurath, Reichskriegsminister von Blomberg und die Oberbefehlshaber von Fritsch, Raeder und Göring teilnahmen, seine Pläne für die Zukunft. Ursprünglich war die Konferenz einberufen worden, um die Probleme der Rüstungsindustrie zu besprechen, aber Hitler hielt, einer momentanen Eingebung folgend, einen langen Monolog. Der Wehrmachtadjutant Friedrich Hoßbach fertigte nach dem Gedächtnis eine Niederschrift an – das sogenannte »Hoßbach-Protokoll[87]«.

Zunächst legte Hitler seine Grundideen dar. Deutschlands Hauptproblem sei die Übervölkerung und infolgedessen der Mangel an Raum. Das Deutschland von 1937 sei zu klein, um genügend Nahrungsmittel und Rohstoffe für seine Millionen zu produzieren. Andere Völker könnten sich zur Befriedigung ihrer Bedürfnisse des Außenhandels bedienen. Für Deutschland sei diese Lösung nicht akzeptabel; es bedeute einen entscheidenden militärischen Nachteil, auf den Außenhandel angewiesen zu sein. Daher müsse Deutschland mehr Lebensraum gewinnen. Strategische Erwägungen machten es erforderlich, diese zusätzlichen Gebiete eher in Osteuropa als in Afrika oder Asien zu erobern. Deutschland müsse sich zunächst Österreich und die Tsechoslowakei einverleiben, um seine Flanken zu sichern. Die Annexion dieser beiden Länder würde zusätzliche Nahrungsmittel für fünf bis sechs Millionen Deutsche bedeuten.

Hitler räumte ein, daß diese Expansion die Gefahr eines Krieges mit Großbritannien und Frankreich heraufbeschwöre. Die deutsche Politik habe mit diesen beiden Hauptgegnern zu rechnen, denen ein starker deutscher Koloß inmitten Europas ein Dorn im Auge sei. Aber sei Bismarck 1866 und 1870 nicht ähnliche Risiken eingegangen? Außerdem würden Deutschlands Gegner überschätzt. Großbritanniens Kräfte seien viel zu sehr zersplittert; das Empire sei nur durch starke Verbündete zusammenzuhalten.

Frankreich, sein Hauptverbündeter und Deutschlands gefährlichster Feind, sei durch innere Unruhen geschwächt. Beide Mächte hätten wahrscheinlich die Tschechoslowakei im stillen längst abgeschrieben.

Er plane ein Vorgehen gegen die Tschechoslowakei und Österreich bereits für 1938. Insgesamt müsse die »Raumerweiterung« 1943, spätestens 1945, beendet sein, sonst werde die Rüstung wieder veralten und die Dynamik des Nationalsozialismus erlahmen. Wenn Deutschland länger warte, wäre außerdem das feindliche Lager imstande, seine Kräfte zu sammeln, und auch die Devisenlage könne dann ernste Schwierigkeiten hervorrufen.

Hitlers zweite Vorstellung war konkreter. Deutschland müsse Frankreichs innere Schwäche ausnutzen, sobald diese ein kritisches Stadium erreicht habe. Dann habe man freie Hand, die Tschechoslowakei ohne Furcht vor Vergeltung anzugreifen.

Als dritte Möglichkeit sah Hitler eine Verwicklung Frankreichs in einen Krieg mit einer dritten Macht, vielleicht mit Italien durch Interessenkonflikt wegen Spanien. Frankreich werde dann keine Kräfte mehr frei haben, um gegen Deutschland zu kämpfen.

Abgesehen von Hitlers Entschluß, den Krieg zu riskieren, lag die Bedeutung seines Programms in dem Bekenntnis zur Autarkie, das weitreichende Konsequenzen haben mußte. Es sollte ihn schließlich dazu veranlassen, den Versuch zu wagen, ein Kolonialreich im Osten zu gründen. Doch am 5. November deutete Hitler seine endgültigen Ziele nur an. Er sprach nicht von einem Eroberungskrieg gegen Rußland und konzentrierte sich statt dessen auf die Annexion Österreichs und der Tschechoslowakei. Er schien sogar diese Annexion als endgültige Lösung des Raumproblems anzusehen, wenn er von »einem starken deutschen Koloß inmitten Europas« sprach. In diesem engeren Zusammenhang spielte die Autarkie insofern eine bedeutende Rolle, als sie einen weiteren Beweggrund darstellte, gegen die beiden Länder vorzugehen. (Die revolutionären Konsequenzen dieses Bekenntnisses zur Autarkie scheinen Fritsch, Neurath und Blomberg entgangen zu sein. Sie reagierten, als habe Hitler einfach einen Wechsel von einer defensiven zu einer offensiven Strategie angekündigt. Zum erstenmal hatte Hitler an diesem 5. November die Möglichkeit eines Krieges offen vor ihnen ausgesprochen, und daher waren sie vollkommen überrascht und fassungslos. Dies zeigte sich in den aufgeregten Debatten, die Hitlers Monolog unmittelbar folgten. Im Nürnberger Prozeß sagte Neurath, er sei so schockiert gewesen, daß er in den nächsten Tagen mehrere Herzattacken erlitten habe.)

Als Hitler seine kriegerischen Pläne vorgetragen hatte, plädierten Fritsch und Blomberg für Mäßigung und Vorsicht. Nach ihrer Ansicht habe Hitler die Schwäche der Westmächte überschätzt. Sie sähen die Lage anders und sträubten sich, einen Krieg gegen Großbritannien und Frankreich zu befürworten, solange sich nichts Grundsätzliches geändert habe. Selbst in einem Krieg gegen Italien sei Frankreich noch in der Lage, überlegene Kräfte an seiner Grenze zu Deutschland einzusetzen. Blomberg fügte hinzu, die tschechischen Grenzbefestigungen seien sehr stark, da sie nach den Erfahrungen der Maginotlinie gebaut worden seien. Neurath hob hervor, es sei kaum wahrscheinlich, daß Frankreich oder England sich wegen Spanien auf einen Krieg mit Italien einlassen würden. Schließlich endete die Konferenz, ohne daß eine klare Entscheidung getroffen worden war.

Bald nach diesem 5. November trafen sich Neurath und Fritsch mit Beck. Sie berieten, wie man Hitler überreden könne, seine Pläne zu ändern. Auf den Chef des Generalstabs hatten die Berichte von der Konferenz eine niederschmetternde Wirkung. Jetzt sah er zum erstenmal einen Anlaß, Hitlers Außenpolitik im Prinzip zu mißbilligen. Bisher hatte er nur von Zeit zu Zeit die Methoden des Diktators kritisiert und sie zum großen

Teil Blomberg und dem Wehrmachtamt angelastet. Für ihn lag die Wurzel allen Übels in der Organisation der Wehrmachtführung, und selbst jetzt noch schien er zu meinen, daß Hitler ein besserer Staatsmann wäre, wenn er mehr auf den Generalstab höre[88].

Beck brachte seine Gedanken über die Konferenz sofort zu Papier. In seinen Bemerkungen vom 12. November geht er jedoch nicht auf Hitlers Endziele ein (er beklagte sich sogar, daß Rußland als Machtfaktor leider nicht näher behandelt worden sei; der Führer habe sich nur mit der Frage befaßt: Wo werden England und Frankreich im Jahr 1938 stehen usw. [sic]). Aber anders als Fritsch, Blomberg und Neurath maß Beck der Frage der Autarkie in ihrem aktuellen Bezug zur Tschechoslowakei und Österreich größte Bedeutung bei[89].

Er lehnte die Autarkiebestrebungen ab, die das Fundament der Hitlerschen Außenpolitik waren:

»... Autarkie-Absichten, wie sie zum Teil dem Vierjahresplan zugrunde liegen, waren nach unseren bisherigen Anschauungen Notlösungen für befristete Zeit, aber keine Dauerregelung. Sicher ist, daß jede Autarkiebestrebung, die in zukunftgefährdender Weise den eigenen Substanzbesitz angreift, als Dauerlösung verfehlt ist. Daß man hinsichtlich der Beteiligung an der Weltwirtschaft nicht unabhängig ist, ist nur zu wahr. Aus dieser Tatsache aber als einzige Abhilfe die Gewinnung eines größeren Lebensraumes zu folgern, erscheint mir jedoch der Schwierigkeiten wenig durchdacht Herr werden zu wollen. Soweit ich etwas von den Dingen verstehe, benötigen wir für alle Zeiten einen höchstmöglichen Anteil an der Weltwirtschaft, oder das deutsche Volk muß langsam verkümmern ... Tschechei und Österreich als Überschußländer dürften überschätzt sein ...«

Beck sah noch einen weiteren Grund, Autarkie grundsätzlich abzulehnen:

»Die Bevölkerungslage als solche (hat sich) in Europa seit 1000 Jahren und länger so stabilisiert, daß weitgehende Änderungen ohne schwerste und in ihrer Dauer nicht abzusehende Erschütterungen kaum noch erreichbar erscheinen ... Geringe Veränderungen erscheinen nach wie vor möglich. Sie dürfen aber nicht dazu führen, daß durch sie die Einheitlichkeit des deutschen Volkes, des deutschen Rassekerns (sic) erneut gefährdet wird.«

Dies war eine Gefahr, die Hitler nach Becks Ansicht nicht voll erfaßte:

»Die Größe der Gegnerschaft Frankreichs und Englands gegen einen Raum- und Machtzuwachs Deutschlands sei nicht verkannt ... Sicher ist das Empire nicht unerschütterlich. Die Wahrscheinlichkeit, daß es noch bis auf weiteres die bestimmende Weltmacht neben Amerika ist, erscheint mir jedoch bei weitem größer. Und daher wird auch England bis auf weiteres nicht allein stehen, sondern stets Bundesgenossen haben ...[90]«

Auch Frankreich sei nicht so schwach, wie Hitler sich einbilde. Die Hoffnung des Diktators auf einen inneren Zerfall des französischen Staates war für Beck ein höchst unwahrscheinlicher »Wunschtraum«. Ebenso unrealistisch sei Hitlers Annahme, daß ein Krieg mit Italien genügend französische Divisionen von der deutschen Grenze abziehen würde, denn Frankreich werde »immer genügend Kräfte gegen Deutschland zur Hand haben«.

Beck fürchtete, daß Hitlers Politik schließlich zu einem zweiten Weltkrieg mit unheilvollen Folgen für Deutschland und Europa führen könne. Er würde unermeßliche Leiden verursachen, ganz gleich, wer gewinne, und er würde dem Bolschewismus beispiellose Möglichkeiten bieten. Das war die Lehre von 1918, und sie quälte Beck. Es war eine grauenhafte Vorstellung für ihn, daß irgendeine europäische Nation dem Kommunismus erliegen könnte, wie sein Gespräch mit Gamelin und seine Einstellung zum spanischen Bürgerkrieg beweisen. Darum mußte Deutschland versuchen, seine Ziele zu erreichen, ohne Europa in einen neuen Krieg zu stürzen:

»Die (französische und britische) Gegnerschaft als unumstößlich bzw. unüberwindlich anzusehen, erscheint nach den bisher völlig unzureichenden Versuchen ihrer Beseitigung nicht am Platz. Politik ist die Kunst des Möglichen. Alle drei Völker sind zugleich auf der Welt, noch dazu in Europa. Da heißt es doch wohl zunächst, alle Möglichkeiten, sich zu arrangieren, zu erschöpfen, zumal angesichts der gegenseitigen Stärkeverhältnisse. Außerdem ist es auch für den Fall eines späteren Bruchs klüger.«

Solange Beck Chef des Generalstabs war, hat er konsequent diese Auffassung vertreten. In allen Krisen der dreißiger Jahre hätte er die Anpassung der Konfrontation vorgezogen. Die gleiche Haltung stellte er bei seinem Besuch in Paris heraus. Er wollte den Krieg mit England und Frankreich vermeiden, da der europäische Kontinent für machiavellistische Machtpolitik zu klein geworden sei. Statt dessen war er ein Verfechter des Fair play und befürwortete Verhandlungen zwischen den großen Mächten. Nur wenn alle Versuche zur Versöhnung endgültig gescheitert seien und wenn das Kräfteverhältnis günstig sei, solle sich Deutschland auf Kampf einstellen. Krieg war für Beck die ultima ratio und keine unabwendbare Begleiterscheinung des Kampfes der Nationen ums Überleben, wie Hitler behauptete. Aber wenn es darauf ankam, würde Deutschland bereit sein, und dazu konnte es kommen, wenn Großbritannien und Frankreich die gemäßigten Ansprüche Deutschlands, die Beck anstrebte, verweigerte.

Beck trat für die Rückkehr zu einer weniger ehrgeizigen Politik des Revisionismus ein, die mit Autarkie wenig zu tun hatte. Und nur insoweit stellte er eine Übereinstimmung mit Hitler am 12. November fest: Die in Versailles diktierten Gebietsveränderungen waren unerträglich; und er bestritt nicht die Zweckmäßigkeit, »den Fall Tschechei (evtl. auch Österreich) bei sich bietender Gelegenheit zu bereinigen und dafür Überlegungen anzustellen und Vorbereitungen ... zu treffen«. Die Tschechoslowakei bedeutete eine Bedrohung für Deutschlands Sicherheit, und diese Bedrohung mußte irgendwie beseitigt werden. Im September hatte er im Gespräch mit Rácz bemerkt: »Solange ein Blinddarm – die Tschechei – in Mitteleuropa existiert, kann Deutschland kaum Krieg führen.« Aus den gleichen Gründen mußte Österreich annektiert werden. Obgleich er es nicht direkt aussprach, ging Beck dabei natürlich auch von der Tatsache aus, daß Österreich eine glänzende Basis für Operationen gegen die Tschechei bot. Außerdem waren Österreich und Teile der Tschechoslowakei deutsch, und Beck glaubte an die »Einheit der deutschen Nation«.

Das war sophistisch verbrämte Machtpolitik, aber es war dennoch Machtpolitik. Sie trübte Becks Blick für die europäischen Zusammenhänge. Es war kein Zufall, daß er nur von den »drei Völkern«, die »zugleich auf der Welt« seien, schrieb. Beck war nicht bereit, die Rechte kleinerer Staaten wie Österreichs oder der Tschechoslowakei zu respektieren. Sein Ziel war weniger die europäische Zusammenarbeit als vielmehr ein Zusammenspiel der Großmächte bei der Verteilung der Beute, und seine Strategie war deutlich auf die Errichtung einer deutschen Hegemonie in Zentraleuropa ausgerichtet. Er erwartete von den Franzosen und Engländern, Deutschlands Recht auf das anzuerkennen, was ihm in Anbetracht seiner Größe zustand. Er glaubte ferner, daß Deutschland um seiner Sicherheit willen expandieren müsse, selbst wenn diese Expansion Frankreichs Sicherheit beeinträchtige. Wenn Beck vom »tschechischen Blinddarm« sprach, spürte man die alte deutsche Angst vor der Einkreisung, und in gewissem Sinn waren selbst seine aggressiven Pläne defensiven Ursprungs.

Becks europäische Ideen blieben Illusion, solange Hitler Reichskanzler war. Entspannungspolitik konnte nur von einer gemäßigten deutschen Regierung betrieben werden, die keine kriegerischen Ziele verfolgte. Beck wußte, daß Hitler bereit war, einen Krieg zu entfesseln. Aber daraus zog er noch nicht die Schlußfolgerung, daß die Diktatur beseitigt werden müsse, bevor man in Europa Friedenspolitik nach seiner Vorstellung machen konnte. Solange Beck im Amt blieb, diente er Hitlers Zielen, nicht seinen eigenen.

V

Die Fritsch-Krise

»Die Ehre ist etwas Unabdingbares«

Das Jahr 1938 hatte ruhig begonnen, aber schon in den ersten Wochen kam es zu einem Eklat. Am 12. Januar teilte Generalfeldmarschall Blomberg seine Vermählung mit der jungen und attraktiven Sekretärin Eva Gruhn mit. Nur wenige waren vorher informiert gewesen. Fritsch zum Beispiel hatte keine Ahnung, daß Blomberg sich wieder verheiraten wollte, bis er am 11. Januar eine Einladung zur Hochzeit erhielt. Hitler dagegen war seit längerer Zeit unterrichtet, denn Blomberg hatte ihn im Dezember um die Heiratserlaubnis gebeten. Hitler hatte keine Einwände gehabt, sich sogar mit Göring als Trauzeuge zur Verfügung gestellt[1].
Die Vorzeichen standen nicht gut für das jungvermählte Paar, denn sehr bald kamen Gerüchte über das Vorleben der neuen Frau v. Blomberg in Umlauf. Sie kamen auch Fritsch und Beck zu Ohren, die aber keine rechte Vorstellung hatten, was hinter diesen Gerüchten steckte. Unmittelbar nach der Hochzeit starb Blombergs Mutter. An ihrer Beerdigung in Eberswalde nahmen Beck und die führenden Generale der Wehrmacht teil. Die meisten von ihnen sahen Frau v. Blomberg bei dieser Gelegenheit zum erstenmal. Sie stand dicht verschleiert etwas abseits von der Trauergesellschaft. Bisher hatte man nur ein einziges Pressefoto des Paares gesehen: »Sie hält den Regenschirm aufgespannt, er trägt ihre Handtasche unterm Arm, und beide stehen im Leipziger Zoo vor dem Affenzwinger[2].«

Zu dieser Zeit kam es von seiten der SS und Hitlers zu neuen Angriffen auf das Heer. Am 15. Januar attackierte Hitler Fritsch heftig wegen seines Wehrmachtadjutanten Hoßbach. Der Führer wollte unbedingt den altmodischen Offizier, der energisch und unbeugsam die Interessen der Wehrmacht vertrat, loswerden und verlangte einen neuen Adjutanten. Vergeblich versuchte Fritsch, Hitler zu beruhigen, er erreichte nur, daß Hitler Hoßbach erst einmal wieder vergaß und statt dessen aufgeregt über das angebliche »Umsichgreifen der anarchistischen Propaganda in der Armee« zu faseln begann. Verdutzt über diesen Unsinn, verlangte Fritsch nach Beweisen. Hitler antwortete, er habe eine ganze Sammlung davon, könne sie aber niemand anderem als Blomberg vorlegen. Fritsch war verständlicherweise durch diese Mißtrauenserklärung verärgert; er plante, seinen Abschied einzureichen, wenn Hitler ausdrücklich erklären würde, daß er nicht mehr hinter ihm stünde[3].
Fritsch hatte, wahrscheinlich zu Recht, den Verdacht, daß die SS für

diesen Ausbruch Hitlers verantwortlich war. Er wußte, daß Heydrich und Himmler schon früher unglaubliche Anklagen gegen das Heer vorgebracht hatten, und ihm waren auch nicht die Gerüchte über eine bevorstehende Aktion der SS gegen das Heer entgangen. Er hatte von feindseligen Äußerungen aus dem Lager der SS gehört, die, wie er später schrieb, etwa lauteten: »Wartet nur, ihr Schweine, bald wird Himmler Kriegsminister, und dann kriegen wir euch auch bald klein.« Eine andere Warnung kam Anfang Januar von Maximilian Fretter-Pico, einem Generalstabsoffizier. Fretter hatte Fritsch und Beck berichtet, daß ihn sein Freund von Kessel, ein Attaché im Auswärtigen Amt, gewarnt habe, die SS plane eine Intrige gegen Fritsch. Kessel hatte gehört, Fritsch sei vom Standpunkt der Partei aus untragbar und müsse demnächst gehen. Ähnliche Gerüchte wurden in der ausländischen Presse über Beck kolportiert. Mitte Januar kam dann Fritsch das Gerücht zu Ohren, die SS plane die Verhaftung einer Reihe von Generalen. Fritsch und Beck konnten sich daher ausrechnen, daß sie als Feinde der Partei und besonders der SS-Verfügungstruppe unter Beschuß geraten waren[4].

Auch Becks Nerven waren durch die Machenschaften der SS strapaziert. Diese beunruhigten ihn vor allem im Gesamtzusammenhang der innenpolitischen Situation, die er sehr genau beobachtete, während Fritsch mehr über die unmittelbaren Angriffe der SS auf die Vorrechte des Heeres besorgt war. Am 15. Januar hatte Beck den britischen Militärattaché zu Gast. Bei dieser Gelegenheit äußerte er sich sehr kritisch über die Politik des Regimes. Mason-Macfarlane berichtet:

»Ich nahm Freitag an einem Essen in kleinem Kreis bei Beck teil.

Im Verlauf einer allgemeinen Unterhaltung vor Tisch machte General Beck einige Bemerkungen ... die wenig schmeichelhaft für die Nazipartei waren und offensichtlich die anwesenden deutschen Offiziere irritierten, obwohl ich sicher bin, daß sie Beck gegenüber absolut loyal sind und seine Bemerkungen wahrscheinlich ihren eigenen Ansichten entsprechen ...

Nach dem Essen hatte ich ein langes Gespräch mit dem General. Er äußerte sich nur sehr allgemein, machte dabei jedoch keinen Versuch, die Tatsache zu verschleiern, daß er zahlreichen Maßnahmen der Regierung mit tiefem Mißtrauen und mit Ablehnung gegenüberstehe. Besonders nachdrücklich äußerte er sich über die nachteiligen Folgen der Wirtschaftspolitik (sic) der Regierung und über ihre Behandlung religiöser Fragen ...

Wenn der General über solche Themen spricht, macht er den Eindruck eines erschöpften Menschen. Es wird oft behauptet, daß er resigniert habe. Wenn ihn jedoch ein Gespräch interessiert, bemerkt man kaum noch Zeichen von Abgespanntheit, und er wird plötzlich wieder sehr lebhaft und vital.

Gerüchte über seine bevorstehende Verabschiedung wollen nicht verstummen. Offensichtlich hat er wieder einmal das Mißfallen der Partei erregt, weil er für einen Offizier eingetreten ist, der die Partei durch freimütige Äußerungen in der Presse aufgebracht hat ...[5]«

Beck und Fritsch scheinen zwar gespürt zu haben, daß ein erneuter schwerer Zusammenstoß zwischen dem Heer und der Partei und SS bevorstand, aber da sie nicht wußten, aus welcher Richtung der Angriff kommen würde, konnten sie keine Abwehrmaßnahmen planen. Ihnen war nicht bekannt, daß Himmler immer ein offenes Ohr bei Hitler für seine Anschuldigungen gegen die Führung der Wehrmacht fand. Hitler war seit längerer Zeit über die Generale verärgert. Sie hatten ihn schon bei den außenpolitischen Krisen in der Mitte der dreißiger Jahre durch ihre »Ängstlichkeit« enttäuscht, und ihre Reaktion auf die sogenannte Hoßbach-Konferenz hatte ihm bewiesen, daß sie nicht bereit waren, seine Pläne für die Neuordnung Europas zu unterstützen. Er brauchte Generale, die ihre Vorurteile und ihr Gewissen vergessen konnten und die gehorchten, statt zu protestieren. Und dies machte er auch in seiner Rede vor den führenden Generalen des Heeres am 22. Januar deutlich.
Er begann wie üblich mit einer weitschweifigen Darlegung seiner welthistorischen Ideen. Dann erklärte er seinen Zuhörern, daß die überlieferten christlichen Grundlagen der europäischen Zivilisation tot seien und durch eine neue Weltanschauung ersetzt werden müßten:
»... Millionen von Menschen bedeuten die äußeren Formen des Christentums nichts mehr. Sie suchen nach anderer Gestaltung ... Alte liebgewordene Symbole müssen neuen weichen und neue Formen finden. Das ist für viele schmerzlich, und es ist verständlich, daß sich viele an die liebgewordenen Formen anklammern ... Dabei gibt es zwei (neue) Formen: den Bolschewismus und den Nationalsozialismus. Der Bolschewismus zerstört das Bestehende, der Nationalsozialismus beseitigt die Schäden des Bestehenden durch allmählichen Aufbau der Entwicklung ...«
Aus diesem Antagonismus zwischen Bolschewismus und Nationalsozialismus folge:
»Eine Staatsführung auf parlamentarischer Grundlage ist heute nicht mehr möglich. Es kann nur einer führen, der aber auch allein die ganze Schwere der Verantwortung trägt.«
Dann kam Hitler noch einmal auf Deutschlands Mangel an Lebensraum zu sprechen und betonte seine Überzeugung, daß Deutschland eines Tages »die Welt gehören« werde[6].
Hitler sollte bald eine einmalige Gelegenheit finden, seine Generale zur Räson zu bringen. Noch während er sprach, schufen Himmler und Göring die Voraussetzungen für eine raffinierte Verschwörung gegen Blomberg und Fritsch[7].
Im November oder Dezember 1937 hatte sich der Kriegsminister an Göring gewandt, um sich mit ihm über seine bevorstehende Wiederver-

heiratung auszusprechen. Dabei erwähnte er die bescheidene Herkunft seiner Frau, die, wie er hoffte, in der aufgeklärten und egalitären Gesellschaft des Dritten Reiches kein Hinderungsgrund sein sollte. Göring war der gleichen Ansicht. Dann aber hatte Blomberg noch einen kleinen Wunsch. Ihm gefiel es nicht, daß er es bei seinem Werben um Fräulein Gruhns Hand mit einem Rivalen zu tun hatte. Ob Göring nicht ein bißchen Druck auf den Nebenbuhler ausüben könne? Kamerad Göring war selbstverständlich gern bereit, diesem Wunsch zu entsprechen, und bald befand sich der unerwünschte Herr auf dem Weg nach Südafrika.

Man darf daran zweifeln, daß Göring aus Kameradschaft handelte. Blomberg selbst hatte ihm ein Mittel in die Hand gespielt, mit dem er den Feldmarschall jederzeit unter Druck setzen konnte. Aber die ganze Tragweite dieser Affäre wurde Göring erst bewußt, als Blombergs Nebenbuhler vor seiner Abreise aus Deutschland mit sensationellen Informationen über Eva Gruhn zu ihm kam. Ihre Vergangenheit, so hatte es den Anschein, war alles andere als unbescholten gewesen. Wenn sie auch keine ausgesprochene Prostituierte war, so hatte sie doch nicht gerade zurückgezogen gelebt und neben Blombergs noch die »Protektion« einer Reihe anderer Herren genossen.

Bis zum 23. Januar machte Göring von diesem Wissen keinen Gebrauch. Aber zwei Tage vorher geriet eine Auswahl von Fotos, die Eva Gruhn in recht delikater Situation mit einem ihrer Liebhaber zeigten, in die Hände Wolf-Heinrich Graf v. Helldorfs, des Polizeipräsidenten von Berlin. Helldorf war ein harter und bedenkenloser Abenteurer, ein verarmter Aristokrat, der ein begeisterter SA-Führer geworden war. Aus diesem Grund hatte er auch wenig Sympathie für die SS, vor allem nach den Vorgängen des 30. Junis 1934. Als die Akte Gruhn auf seinen Schreibtisch kam, war er daher entschlossen, alles zu tun, damit sie nicht Himmler in die Hände fiel. Zunächst ging er zu Keitel, von dem er annehmen durfte, daß er die Sache diskret und vorsichtig behandeln würde. Keitel stand ja dem Minister schon von Amts wegen nahe, außerdem war die Verlobung seines Sohnes mit einer Tochter Blombergs kürzlich bekanntgegeben worden.

Keitel jedoch wollte mit der Sache nichts zu tun haben. Er reagierte völlig hilflos und machte die konfusesten Vorschläge. Zunächst wollte er die Akte behalten, bis Blomberg aus Eberswalde zurück war. Das lehnte Helldorf ab – die Sache war dringend. Dann schlug er vor, sie einfach verschwinden zu lassen. Auch das mußte Helldorf ablehnen, denn es gab schon zu viele Mitwisser. Schließlich schlug er vor, damit zu Göring zu gehen. Diesen Rat befolgte Helldorf.

Für Göring war dies der Anstoß zum Handeln. Wenn er vor Helldorfs Besuch vielleicht noch gezögert hatte, seine Karten auf den Tisch zu legen, jetzt brauchte er keine Bedenken mehr zu haben. Seine Motive liegen auf der Hand: Wenn Blomberg in Ungnade fiel, hatte er gute Aussichten, sein Nachfolger zu werden.

Allerdings war da noch ein kleines Hindernis zu überwinden. Wenn Blomberg stürzte, würde zunächst Fritsch der aussichtsreichste Bewerber für seine Nachfolge sein. Deshalb nahm Göring Verbindung mit der SS-Führung auf, von der man seit langem wußte, daß sie nach Mitteln und Wegen suchte, um den »schwierigen« Oberbefehlshaber des Heeres zu Fall zu bringen.

1935 hatte Himmler versucht, Fritsch mit der albernen Affäre um die Vorlesungen von Professor Schmitt zu belasten. 1936 hatte er ein Dossier manipuliert, das Fritsch als homosexuell hinstellte und auf den Aussagen eines notorischen Diebes, Strichjungen und Erpressers namens Otto Schmidt fußte.

1935 hatte dieser Otto Schmidt in seinem »Jagdrevier« in der Nähe des Bahnhofs Wannsee, verborgen hinter einem Baugerüst, zwei Männern aufgelauert, von denen der eine sehr elegant gekleidet war, und sie bei homosexueller Betätigung beobachtet. Als die beiden sich getrennt hatten, folgte er dem eleganten Herrn und erpreßte ihn später mehrmals. Sein Opfer war ein verabschiedeter Kavallerieoffizier von Frisch. 1936 wurde Schmidt wieder einmal verhaftet. Bei einem routinemäßigen Gestapoverhör fiel der Name von Frisch. Die Gestapo wurde stutzig. Heydrich und Himmler wurden verständigt, und bald war aus dem Rittmeister von Frisch der General von Fritsch geworden.

Mit diesen »Beweisen« ging Himmler im August 1936 zu Hitler, der es jedoch unwillig ablehnte, sich mit der Angelegenheit zu befassen, und die Vernichtung der Akte befahl. Fritsch war zu diesem Zeitpunkt für die Aufrüstung noch zu wichtig. Heydrich vernichtete die Akte – und sammelte weiteres Material gegen Fritsch.

Jetzt, im Jahr 1938, wurde die Akte, nachdem Göring und Himmler sich abgesprochen hatten, durch neue Beweise untermauert, »rekonstruiert«. Die neuen Beweise betrafen aber ausschließlich den Rittmeister von Frisch, den die Gestapo am 15. Januar noch einmal vernahm, wobei unwiderleglich Fritschs Unschuld festgestellt wurde.

Am 24. Januar suchte Göring mit den beiden Akten über Blomberg und Fritsch Hitler auf. Zuerst zeigte er ihm die Bilder der Frau v. Blomberg. Hitler wollte es offenbar zunächst nicht wahrhaben. Im großen und ganzen war er mit Blomberg doch gut gefahren, und der Kriegsminister hatte viel dazu beigetragen, die Wehrmacht in nationalsozialistischem Geist zu erziehen. Dann aber wurde er plötzlich wütend. Hatte das Offizierkorps nicht immer so getan, als habe es einen besonders strengen Ehrenkodex? Und jetzt wurde ihm gemeldet, sein Kriegsminister habe eine Frau mit einer so zweifelhaften Vergangenheit geheiratet. Und hatte man ihn nicht geradezu lächerlich gemacht, indem man ihn als Trauzeugen bei dieser Mesalliance hatte mitwirken lassen? War damit nicht auch das Ansehen der Wehrmacht schwer geschädigt worden?

Blomberg mußte gehen. Und als sein Schicksal entschieden war, mußte die Frage seines Nachfolgers gelöst werden. Das naheliegendste war die Ernennung von Fritsch; aber sie war für Hitler keine sehr willkommene Lösung.

Göring war es, der ihm aus der Klemme half. Nachdem er die Akte Blomberg losgeworden war, konnte er nun die Akte Fritsch nachschieben. Ob Hitler diese von der Gestapo gefälschte Akte geprüft und unter dem Eindruck der Mesalliance Blombergs für glaubwürdig gehalten hat, ist unerheblich. Er war jedenfalls entschlossen, sich diese Gelegenheit, das Oberkommando der Wehrmacht nach seinen Wünschen neu zu organisieren, nicht entgehen zu lassen.

Beck und Fritsch erfuhren von der Krise, nachdem Hitler mit Hoßbach am Morgen des 25. Januars gesprochen hatte. Der Kanzler gab dem Adjutanten einen Überblick über die neue Situation und erklärte ihm zunächst, warum Blomberg verabschiedet werden mußte. Hoßbach war darüber weder besonders überrascht noch besonders betroffen. Auch er hatte längst von den Gerüchten über Frau v. Blomberg gehört, und wie viele seiner Kameraden im Generalstab sah er keinen Grund, Blomberg nachzutrauern. Aber dann startete Hitler eine allgemeine Attacke gegen die Generale, die Blombergs Versuche, die Wehrmacht der Partei näherzubringen, hintertrieben hätten. Dieser Ausbruch gipfelte in der wie beiläufig gemachten Bemerkung, auch Fritsch müsse gehen, da er homosexuell sei. Hoßbach wies diese Anschuldigung sofort zurück, und die beiden Männer gerieten in eine heftige Auseinandersetzung, die sich über fast zehn Stunden hinzog. Schließlich verbot Hitler Hoßbach, Fritsch über die Anschuldigungen gegen ihn zu informieren. Der Oberst jedoch gab zu erkennen, daß er diesem Befehl nicht gehorchen werde, und verließ die Reichskanzlei, um zu Fritschs Wohnung zu fahren[8].

Hoßbach fand Fritsch in sehr niedergeschlagener Stimmung vor. Er hatte schon die Nachricht von Blombergs Sturz erfahren und machte sich über die Frage seines Nachfolgers große Sorgen. Er sei mit seiner Aufgabe als Oberbefehlshaber des Heeres zufrieden, erklärte er Hoßbach, und habe nicht den Ehrgeiz, Kriegsminister werden zu wollen. Daraufhin informierte Hoßbach ihn über die gegen ihn erhobenen Anschuldigungen. Völlig außer Fassung versicherte der General, daß er unschuldig sei. Nach einer kleinen Pause des Nachdenkens fügte er hinzu, er habe den Verdacht, daß Himmler und Göring hinter der Sache steckten. Hitler müsse sofort unterrichtet werden, daß man ihn getäuscht habe. Hoßbach solle so schnell wie möglich eine Unterredung zwischen Hitler und ihm arrangieren[9].

Hitler nahm diesen Vorschlag, den ihm Hoßbach am nächsten Morgen überbrachte, nur widerwillig auf. Trotzdem machte Hoßbach einen mutigen Versuch, Hitler von der Unschuld Fritschs zu überzeugen, und einen kurzen Augenblick schien es so, als ob er Erfolg hätte. Aber dann wechselte Hitler abrupt das Thema und begann mit ihm die Organisation des

Fritsch und Beck

Fritsch, Blomberg und Ludendorff bei der Geburtstagsfeier für Ludendorff, an der Beck nicht teilnehmen konnte (Foto Bundesarchiv-Militärarchiv)

Oberkommandos zu erörtern. Hoßbach trug Hitler abermals Becks bekannte Argumente vor, daß das Heer die Führung in der Wehrmacht übernehmen müsse, was Hitler natürlich ablehnte. Dann schlug Hoßbach vor, Rundstedt, Beck oder den General a.D. Graf von der Schulenburg zum Nachfolger Blombergs zu ernennen. Wie vorauszusehen, war Hitler nur an Schulenburg interessiert, der Mitglied der SS geworden war, nachdem er 1934 aus der SA ausgeschieden war. Hoßbach sondierte telefonisch bei Schulenburg, der jedoch zu erkennen gab, daß er aus Gesundheitsgründen das Amt nicht übernehmen könne. In der Zwischenzeit hatte Hitler sich erneut eingeredet, daß Fritsch schuldig sei[10].

Kurz vor Mittag ließ sich Blomberg bei Hitler melden, und Hoßbach wurde für kurze Zeit entlassen. Tags zuvor hatte Göring, nicht ohne schlecht verhohlene Schadenfreude, Blomberg über die Vergangenheit seiner Frau und die daraus resultierenden Konsequenzen aufgeklärt. Nun gab Hitler »in seiner menschlichen Güte«, wie Jodl sich ausdrückte, dem Minister zu verstehen, daß die Belastung, die er (Blomberg) ihm mit seiner Heirat aufgebürdet habe, zu schwer sei und daß ihm keine andere Wahl bleibe, als sich von ihm zu trennen. Blomberg müsse für ein Jahr Deutschland verlassen, aber wenn Deutschlands große Stunde komme, dann werde er wieder an der Seite seines Führers stehen. Blomberg versuchte sich zu rechtfertigen, »er habe doch nur ein einfaches Mädchen aus dem Volk geheiratet«, aber Hitler winkte ungeduldig ab und wandte sich der Frage der Nachfolge zu. Fritsch, so begann er, scheide aus, weil er homosexuell sei. Obwohl Blomberg diese Anschuldigung zum erstenmal hörte, zeigte er sich weder überrascht noch sagte er irgend etwas zur Verteidigung von Fritsch. In Erinnerung an die erbitterten Auseinandersetzungen der letzten Jahre betrachtete er Fritsch und andere Generale als zumindest indirekt für seinen Sturz verantwortlich, und er ließ Hitler gegenüber erkennen, daß er die Anschuldigung durchaus für wahrscheinlich halte. Er habe Fritsch schon immer für einen »Sonderling« gehalten, der kein Interesse an Frauen habe. Und dann schlug er, ganz bewußt das Heer provozierend, Göring für seinen Posten vor. Als der im Rang nächsthöhere Offizier sei er der logische Nachfolger. Hitler jedoch erklärte, daß Göring für diesen Posten absolut ungeeignet sei und deshalb nicht in Frage komme. Schließlich regte Blomberg an, daß Hitler das Amt des Kriegsministers mit seinem Amt als Reichskanzler vereinigen solle. Hitler antwortete ausweichend: Wenn er diesen Rat annehmen solle, dann brauche er einen qualifizierten Gehilfen, der die Stabsarbeit leite. Wer diese Arbeit für Blomberg gemacht habe? »Keitel«, antwortete Blomberg. »Aber der kommt nicht in Betracht. Der ist doch nichts anderes als mein Bürochef.« »Das«, sagte Hitler, »ist genau die Art von Mann, die ich brauche[11].«

Hitler entschied, Keitel solle sofort zu einer Vorbesprechung in die Reichskanzlei beordert werden, und bat Blomberg, Keitel den Befehl zu überbringen. Bei dieser Gelegenheit kam es zu einer sentimentalen Szene zwischen dem Feldmarschall und seinem Chef des Stabes. Blomberg schilderte seine Unterredung mit Hitler und erklärte Keitel mit Rührung in der Stimme, er liebe seine Frau über alles und werde sich eher erschießen, als sich von ihr trennen. Doch komme, was kommen möge – er sei preußischer Offizier und werde immer seine Pflicht tun. Dann erinnerte er sich an Hitlers Auftrag, teilte ihn Keitel mit und fuhr nach Haus[12].

Am späten Nachmittag stellte sich Keitel bei Hitler vor. Nach einer kurzen Erörterung der vorangegangenen Ereignisse kündigte der Führer seine Absicht an, in Zukunft direkt mit dem Wehrmachtamt zu arbeiten, wenigstens für die nächste Zeit. Görings Versuch, Kriegsminister zu werden, war endgültig gescheitert[13].

Nach diesen Konferenzen mit Blomberg und Keitel erklärte sich Hitler endlich einverstanden, Fritsch zu empfangen. Hoßbach rief ihn an, und Fritsch erschien gegen 21 Uhr 30 in der Reichskanzlei. In Gegenwart Görings eröffnete Hitler die Unterredung, indem er Fritsch ein Exemplar der Aussagen Schmidts übergab. Noch während Fritsch damit beschäftigt war, dieses Machwerk zu lesen, wurde plötzlich Schmidt hereingeführt, der Fritsch ohne Zögern identifizierte. Daraufhin verlangte Hitler, Fritsch solle seine Schuld bekennen und seinen Rücktritt einreichen. Fritsch antwortete, er sei unschuldig. Aber seine Beteuerungen wurden trotz dem angebotenen Ehrenwort ignoriert. Hitler hatte einen empörten und entrüsteten Ausbruch erwartet – aber der blieb aus. Statt dessen trug Fritsch dazu bei, die Sache noch zu komplizieren, indem er – offenbar um zu erklären, wie es zu dem Mißverständnis habe kommen können – angab, er habe eine Zeitlang zwei bedürftige Hitlerjungen bei sich beköstigt. So endete diese Gegenüberstellung damit, daß Hitler Fritsch seines Amtes enthob und ihm befahl, am nächsten Morgen zu einem Verhör im Hauptquartier der Gestapo zu erscheinen[14].

Als Fritsch gegangen war, versuchte Hoßbach, Hitler umzustimmen:

»Ich verharrte bei dem Standpunkt, daß das Ehrenwort des Generalobersten mir höher stände als die Aussage dieses Zeugen. Bei meiner Überlegung, wie die Sache im Interesse Fritschs weiter behandelt werden könnte, kam ich auf den Gedanken, Beck trotz der mitternächtlichen Stunde hinzuzuziehen. Hitler genehmigte meinen entsprechenden Vorschlag. Daraufhin rief ich Beck in seiner Wohnung an und bat ihn, unverzüglich in die Reichskanzlei zu kommen ... Ich empfing Beck im Eingang der Reichskanzlei, machte ihm Andeutungen über den Verlauf des Abends und führte ihn zu Hitler[15].«

Im Beisein von Göring fragte Hitler Beck zunächst, ob er Fritsch jemals Geld geliehen habe (um den Erpresser zu bezahlen). Ohne den Sinn der Frage zu verstehen, verneinte Beck. Dann teilte Hitler ihm die gegen Fritsch erhobenen Anschuldigungen mit. Beck war entsetzt und weigerte sich, die Anschuldigungen zu glauben. Er stellte seine Position klar:

Blomberg müsse natürlich gehen. Sein Verhalten sei untragbar, und er habe sich selbst kompromittiert. In Fritschs Fall jedoch komme ein Rücktritt nicht in Frage; hier müsse er auf einer gründlichen Untersuchung bestehen. Das verlange die Ehre der Armee[16].

Weder Göring noch Hitler waren von dieser Forderung nach einer gründlichen Untersuchung angetan. Sie erwiderten lediglich, diese Frage solle »am nächsten Morgen« zwischen Fritsch und Göring besprochen werden. Dann bat Beck, die Generalstabsübung, die gerade in Ostpreußen begonnen hatte, abzubrechen und Rundstedt, den nach Fritsch ranghöchsten Offizier, nach Berlin zu beordern. Der Vorschlag wurde von Hitler abgelehnt. Daraufhin sagte Beck, er werde Fritsch aufsuchen, und verließ den Raum.

Auf dem Korridor erwartete ihn Hoßbach, mit dem er kurz sprach. Hoßbach erinnert sich:

»Beck hielt seine Notizen über das Gespräch mit Hitler in der Hand und stand zunächst noch stark unter dem Eindruck der Eröffnungen, die ihm Hitler gemacht hatte, als ich ihm nochmals meine Ansicht auseinandersetzte, daß es sich um üble Machenschaften gegen die Spitze des Heeres handle, die man nun gleichzeitig mit Blomberg beseitigen wolle. Im Augenblick durchschaute Beck das gemeine Spiel natürlich noch nicht ganz. Er fuhr anschließend zu Fritsch ...[17]«

Fritsch war in einem Zustand tiefster Depression. Er erklärte Beck, er sei selbstverständlich unschuldig. Dennoch überlege er, ob er sich nach einer solchen Behandlung durch Hitler nicht erschießen solle. Beck widersprach. Ein Selbstmord würde Hitler und seine Umgebung nur in der Überzeugung bestärken, die Anschuldigungen beruhten auf Wahrheit. Beide kamen überein, daß sofort kriegsgerichtliche Untersuchungen eingeleitet werden müßten, um Fritschs Unschuld zu beweisen[18].

Zwar sprachen Fritsch und Beck sehr wahrscheinlich auch über den Verdacht, daß Göring und Himmler hinter der Intrige steckten, aber Fritsch erwähnte nicht, daß Hitler ihm befohlen hatte, sich im Hauptquartier der Gestapo zu melden. Und als Beck sich verabschieden wollte, fragte ihn Fritsch verzweifelt, ob er auch wirklich an seine Unschuld glaube. Beck erwiderte, er glaube nicht, Anlaß zu einem Zweifel daran gegeben zu haben. Sie trennten sich mit einem langen Händedruck[19].

In seiner Überzeugung von Fritschs Unschuld gestärkt, fuhr Beck in die Reichskanzlei zurück, um noch einmal zu versuchen, auch Hitler zu überzeugen. Vielleicht hat Hitler ihm bei dieser Gelegenheit angeboten, Fritschs Nachfolge zu übernehmen, und Beck hat dieses Angebot abgelehnt[20] – sicher ist, daß er seine Forderung nach einer kriegsgerichtlichen Untersuchung wiederholte. Hitler ging nicht darauf ein, versprach aber, Beck vor weiteren Entscheidungen zu konsultieren.

Beck sprach auch erneut mit Hoßbach. Im Verlauf dieses Gesprächs wurde Hoßbach klar, daß Beck immer noch nicht begriffen hatte, was wirklich gespielt wurde. Er war einfach zu anständig, um sich vorstellen zu können, daß Männer in diesen hohen Stellungen derart niedrige Intrigen einfädeln könnten. Es gelang Hoßbach erst am nächsten Morgen, Beck wenigstens teilweise die Augen zu öffnen[21].

Aber noch immer erfaßten Fritsch und Beck nicht die volle Bedeutung des Komplotts. Zwar hegten sie den Verdacht, daß es sich um einen Anschlag der Gestapo gegen das Heer handle, glaubten aber, es komme – um der Krise Herr zu werden – nur darauf an, Fritschs Unschuld zu beweisen. Außerdem schätzten sie das Verhalten von Göring und Hitler vollkommen falsch ein. Sie waren erbittert, daß diese Fritschs Ehrenwort nicht akzeptierten, nahmen aber trotzdem an, daß die beiden in gutem Glauben handelten. Daß Hitler die Krise dazu benutzen wollte, um die beiden »schwierigen« Männer aus ihren Ämtern im Heer zu entfernen, hatten sie nicht erkannt.

Am Morgen des 27. Januar machte Fritsch den wahnwitzigen Versuch, seine Unschuld dadurch zu beweisen, daß er sich zu einem Verhör durch die Gestapo zur Verfügung stellte. Immer wieder versicherte er, die Angelegenheit sei für ihn ein »vollkommenes Rätsel«, und fragte sie, was er tun könne, um seine Unschuld zu beweisen. Als Antwort ließen sie Schmidt in Fritschs Gegenwart seine Behauptungen bis ins kleinste, widerliche Detail wiederholen. Als er damit zu Ende war, schrie Fritsch wütend und in höchster Empörung: »Und das wagt dieser Kerl mir ins Gesicht zu sagen? Das soll ich gewesen sein? Das ist unerhört!« Ohne mit der Wimper zu zucken, wiederholte Schmidt alles Wort für Wort. Fritsch fiel nichts anderes ein, als hilflos zu murmeln: »Diesen Dingen stehe ich machtlos gegenüber ... Ich kann nur sagen, unerhört, unerhört ist die ganze Sache[22]!«

Beck war beunruhigt, weil er Fritsch nicht erreichen konnte. Er glaubte immer noch, daß Fritsch sich am Morgen dieses 27. Januars mit Göring treffen sollte. Als er aber nach Karinhall fuhr, Görings prächtiger Residenz in der Schorfheide, traf er ihn dort nicht an. Göring sagte nichts weiter, als daß für ihn eine Verhandlung mit solch einem »Schwerbelasteten« nicht in Frage komme und daß er deshalb die Begegnung abgesagt habe. Dann erschien der Justizminister, und Göring zog ihn zu einem höchst »geheimen und wichtigen« Gespräch auf die Seite. Beck blieb nichts anderes übrig, als verwirrt und ratlos nach Berlin zurückzufahren[23].

Als er dann erfuhr, wo Fritsch tatsächlich gewesen war, geriet er außer sich. Er erkannte sofort, daß Fritsch einen verhängnisvollen Fehler begangen hatte. Wenn Beck auch noch nicht den Ernst der Krise voll erfaßt hatte, so bedurfte es doch keines großen politischen Scharfsinns, um zu begreifen, daß Fritsch auf keinen Fall zur Gestapo hätte gehen dürfen. Vor allem aber durfte er nicht noch einmal dorthingehen. Fritsch war aktiver Offizier. Die Untersuchung fiel somit automatisch in die Zuständigkeit der Wehrmachtsgerichtsbarkeit. Nachdrücklich versuchte Beck, Fritsch dies klarzumachen[24].

Zu dieser Zeit hatten die gegen Fritsch erhobenen Anschuldigungen längst an Bedeutung verloren. Hitler kümmerte es in Wirklichkeit überhaupt nicht mehr, ob Fritsch homosexuell war oder nicht. Wenn Fritsch seine Unschuld drei Tage früher hätte beweisen können, hätten die Ereignisse vielleicht einen anderen Verlauf genommen. Jetzt aber hatte sich Hitler nach anfänglichem Schwanken längst entschlossen, die Fritsch-Krise dazu zu benutzen, die gesamte Spitzengliederung der Wehrmacht zu reorganisieren.

Am 27. Januar gegen 13 Uhr bestellte Hitler Keitel zu sich und »schüttete ihm sein Herz aus«, wie Jodl schrieb. Nachdem er betont hatte, wie sehr ihn der Verlust Blombergs treffe, bat Hitler Keitel, ihm dabei zu helfen, die Verantwortung für die Führung der Wehrmacht zu übernehmen, und erklärte:

»Das Heer ist für Deutschland der ausschlaggebende Faktor, die anderen Wehrmachtsteile spielen nur eine helfende und ergänzende Rolle. Darum beschäftigen sich meine Gedanken mit der Besetzung der Führerstellen des Heeres ganz besonders. Ich werde wohl auch einen Wechsel in der Führung des Heeres in absehbarer Zeit vornehmen müssen.«

Hitler deutete Keitel an, daß er beabsichtige, Reichenau zum Nachfolger Fritschs zu ernennen. Das brachte sogar diesen fügsamen und servilen Bürokraten aus der Fassung. Er sagte Hitler, Reichenau sei viel zu sprunghaft, ihm fehle es an Fleiß, und seine Ernennung werde bei allen anderen Generalen auf Widerstand stoßen[25].

Am 28. Januar rief Keitel zweimal bei Beck an, einmal am Morgen und dann wieder am Nachmittag. Bei dieser Gelegenheit kam es wahrscheinlich zu einer Auseinandersetzung über die Kompetenz der Gestapo. Beck protestierte, die Untersuchung gegen Fritsch gehe die Geheimpolizei nichts an, aber Keitel wies diesen Protest zurück. Dem Heer sei es unmöglich, Himmler und Heydrich an der Fortführung der Untersuchung zu hindern[26].

Beck hielt Keitel einen Vortrag über die Notwendigkeit einer einheitlichen Führung der Wehrmacht durch das Heer. Keitels Antwort darauf ist nicht bekannt, aber leicht zu erraten. Dann kam Beck auf die Blomberg-Affäre zu sprechen, die unerträglich sei:

»... die Zustände mit der Frau des Generalfeldmarschalls pfeifen die Spatzen von den Dächern. Freundinnen von ihr sollen Generale aus Lokalen angerufen haben, in denen sie den Aufstieg ihrer ›Kollegin‹ feierten. Man kann nicht dulden, daß der höchste Soldat eine Hure heiratet, er muß gezwungen werden, sich von der Frau zu trennen, oder er muß ausgelöscht werden aus der Liste der Offiziere und als Regimentskommandeur. Die Kommandierenden Generale müssen diesen Standpunkt dem Führer übermitteln[27].«

Becks Ausbruch war sinnlos. Er zeigt nur, wie schlecht er informiert war. Blombergs Schicksal war längst besiegelt, und tatsächlich befand er sich schon auf dem Weg nach Italien, als Keitel mit Beck telefonierte. Obendrein erkannte der Chef des Generalstabs mit diesem Appell an Hitlers Beauftragten praktisch die Legitimität von Hitlers Handeln an. Es wäre für Becks weiteres Vorgehen sehr hilfreich gewesen, wenn Keitel ihn über seine eigene Position aufgeklärt hätte. Aber Keitel wußte, wo er Widerstand zu erwarten hatte, und er dachte gar nicht daran, sich in die Durchführung der Pläne Hitlers für die Reorganisation des Oberkommandos hineinreden zu lassen. Nach einer weiteren Konferenz mit Hitler am Morgen des 28. Januars über die Nachfolge Fritschs bat er Brauchitsch, nach Berlin zu kommen. Beck wurde nicht darüber informiert. Keitel erinnerte sich später, daß dieses Vorgehen zu »einem heftigen Streit mit General Beck führte, der sich (zu Recht) als den amtierenden Oberbefehlshaber des Heeres betrachtete und sich eine Wiederholung solcher Eigenmächtigkeiten energisch verbat«. Der Grund für Becks Empörung liegt auf der Hand: Die Ernennung eines neuen Oberbefehlshabers, selbst nur auf Zeit, mußte Fritschs Aussichten auf Rückkehr in seine Stellung ernsthaft beeinträchtigen[28].

Brauchitsch kam also nach Berlin, ohne daß Beck etwas davon wußte, und begann sofort mit Keitel zu verhandeln. Keitel wollte wissen, ob Brauchitsch bereit sei, die Wehrmacht näher an den Staat und die nationalsozialistische Weltanschauung heranzuführen, und ob er sich einen gleichgesinnten Chef des Stabes nehmen würde. Würde er darüber hinaus die Pläne für die Reorganisation der Spitzengliederung gutheißen? Brauchitsch beantwortete die erste Frage positiv, aber die zweite wollte er erst einmal gründlich prüfen[29].

Von Keitels Standpunkt aus mußte Brauchitsch der ideale Kandidat sein. Kein General hätte Reichenaus Ernennung zugestimmt. Brauchitsch jedoch war allgemein beliebt, obwohl man eigentlich nicht viel über ihn wußte. Außerdem war er bereit, Hitlers und Keitels Wünschen entgegenzukommen. Die einzige Schwierigkeit, die Keitel sah, war die Tatsache, daß auch er Eheprobleme hatte. Seine Ehe war gescheitert, und er hatte sich in eine Affäre mit einer Dame eingelassen, die schon zahlreiche Liebhaber, darunter mehrere Offiziere, gehabt hatte. Er wollte sich scheiden lassen und seine Geliebte heiraten, aber seine Frau verlangte eine Abfindung, die seine Mittel weit überforderte[30].

Hitler beunruhigten die Eheprobleme Brauchitschs weniger als Keitel. Am 30. Januar empfing er Brauchitsch, und dieser versicherte ihn seiner Treue zum Nationalsozialismus und erklärte sich mit der Absetzung der Offiziere, die Hitler nicht genehm waren, einverstanden. Gleichzeitig akzeptierte er auch Hitlers Vorstellungen von der neuen Organisation der Spitzengliederung, obwohl er noch am Vortag erklärt hatte, mit dieser Frage müsse er sich erst gründlich befassen, bevor er sich festlegen könne.

Jodl charakterisierte ihn so: »Dieser Mann ist zu allem bereit.« Brauchitschs Eheprobleme wurden später zu jedermanns Zufriedenheit mit offizieller Hilfe und einem Geldgeschenk von 80000 Reichsmark an Brauchitsch aus Hitlers Privatschatulle geregelt. Damit hatte sich Hitler Brauchitsch von vornherein verpflichtet, der sich nun scheiden lassen und eine »200prozentige, rabiate[31]« Nationalsozialistin heiraten konnte.
Die Gegenoffensive des Heeres kam wie üblich viel zu spät. Am 29. Januar beorderte Beck Rundstedt, der bei den Manövern in Ostpreußen war, nach Berlin. Als der rangälteste Offizier der Wehrmacht war er ipso facto als Sprecher der gesamten Generalität und des Offizierkorps qualifiziert. Da er als ein unbeugsamer und harter Konservativer galt, konnte sich Beck von ihm die Unterstützung erwarten, die er so nötig brauchte[32]. Beck bat Rundstedt, sofort nach Berlin zu fliegen. Rundstedts Antwort ist typisch für den verzögerten Reflexablauf beim Heer in dieser Krise. Er weigerte sich zu fliegen, und nahm statt dessen den Schlafwagen von Königsberg nach Berlin, wo ihn Beck ohne großes Zeremoniell am Bahnhof abholte. Die erste Frage, die er ihm stellte, war, ob er bereit sei, Fritschs Nachfolger zu werden. Rundstedt lehnte ab. Dann weihte ihn Beck kurz in die Lage ein und erklärte ihm, wie es zur Absetzung von Blomberg und Fritsch gekommen war, wobei er offenbar auch seinen Verdacht äußerte, daß die Gestapo die Krise organisiert habe, um Hauptfeind Fritsch loszuwerden. Viel mehr konnte er Rundstedt nicht erzählen. Er hatte noch keine Ahnung von Hitlers Plänen, den Einfluß des Heeres drastisch zu beschneiden. Schließlich teilte er Rundstedt mit, daß er sich um 11 Uhr bei Hitler melden solle.
Hitler war höchst gereizt, als er Rundstedt empfing. Er setzte ihm auseinander, wie Blomberg ihn »verraten« habe, und erging sich dann wieder einmal in seinen üblichen Vorwürfen an die Adresse der Generalität, die, während er gehandelt, immer nur gezögert und protestiert habe. Rundstedt erkannte nicht, daß Hitler ihm damit die tatsächlichen Hintergründe der Krise enthüllte, und brachte nur die Punkte zur Sprache, die Beck beunruhigten. Als er Hitlers Monolog endlich unterbrach, hatte er nichts Wichtigeres vorzubringen als die Forderung, daß Blomberg aus der Rangliste gestrichen werden müsse – eine Forderung, die Hitler, wie Rundstedt sich später erinnerte, gar nicht verstand, »weil er als Gefreiter eben keinen Begriff von Offiziersehre« hatte.
Dann sprach Hitler von den Anschuldigungen gegen Fritsch. Rundstedt wies diese zurück – sie seien von der Gestapo erfunden – und verlangte, wieder Becks Anweisungen folgend, daß der Fall Fritsch durch ein ordentliches Kriegsgericht geklärt und Fritsch durch einen Freispruch rehabilitiert werden müsse. Nach kurzem Zögern erklärte sich Hitler mit dieser Forderung einverstanden.
Dann teilte er Rundstedt seine Absicht mit, Blombergs Aufgabengebiet selbst zu übernehmen – mit Keitels Hilfe. Rundstedts Antwort war nicht

gerade begeistert: Keitel dürfe niemals Kommandogewalt erhalten. Um Rundstedt zu beruhigen, behauptete Hitler dann, daß er die Ernennung eines Oberbefehlshabers mit den Befugnissen etwa eines General Gamelin für einen späteren Zeitpunkt plane. Diese Vorstellung fand Rundstedts Billigung, und er schlug Fritsch dafür vor, sobald er rehabilitiert sei. Auf diese Anregung ging Hitler nicht ein. Statt dessen wandte er sich dem Problem des Nachfolgers für Fritsch zu. Rundstedt schlug Beck vor, den Hitler sofort ablehnte. Dann schlug Hitler Reichenau vor, den Rundstedt seinerseits ablehnte. Hitler fragte, ob nicht Brauchitsch in Frage komme, und Rundstedt stimmte zu.

Rundstedt unterrichtete sofort Fritsch und Beck über das Ergebnis dieser Konferenz. Mit Beck kam er überein, daß man versuchen müsse, Keitels Macht zu beschneiden und sicherzustellen, daß Fritsch ein ordentlicher Prozeß gemacht werde. Rundstedt meldete sich zu einer erneuten Unterredung mit Hitler am nächsten Tage an, um diese Punkte zu erörtern.

Bei diesem zweiten Gespräch wich Hitler allen Fragen, die Beck und Rundstedt vorbereitet hatten, aus und verlangte Rundstedts Meinung über eine Reihe von führenden Generalen zu hören[33].

Weder Rundstedt noch Beck erkannten die wahre Bedeutung dieser Fragen, und sie ahnten immer noch nichts von Hitlers wirklichen Plänen und von der Bereitschaft Brauchitschs, ihnen in den Rücken zu fallen. Wie er am Morgen des 31. Januars Manstein, seinem engsten Mitarbeiter, erklärte, glaubte Beck immer noch, es handle sich um ein verhältnismäßig einfaches Problem: »Es gehe einmal darum, daß der Reichskriegsminister zurücktrete, weil sich herausgestellt habe, daß seine Frau eine zweifelhafte Vergangenheit habe. Darüber hinaus aber handle es sich zugleich um die Person des Oberbefehlshabers des Heeres, des an sich gegebenen Nachfolgers Blombergs. Hier sei eine Intrige schlimmster Art im Gange ...[34]«

Ungefähr zur selben Zeit kam es zu einer erbitterten Auseinandersetzung zwischen Beck und Halder. Beck hatte Halder nicht unterrichtet, und dieser hatte den Chef des Generalstabs um Information gebeten. Aber Beck antwortete nur, er habe sein Wort gegeben, die Angelegenheit nicht zu erörtern, bevor sie nicht abgeschlossen sei – und dann wies er Halder an, seinen Offizieren im Generalstab klarzumachen, daß sie den Mund zu halten und Befehle auszuführen hätten. Halder erwiderte aufgebracht, immerhin sei der Oberbefehlshaber des Heeres abgesetzt worden. Jetzt sei der Zeitpunkt gekommen, das Hauptquartier der Gestapo in der Prinz-Albrecht-Straße zu besetzen, und es sei Pflicht Becks – als des De-facto-Oberbefehlshabers –, die Initiative dazu zu ergreifen. Sein Name und sein Ruf würden genügen, um die Generale zu mobilisieren. Beck warf Halder vor, er fordere zu »Revolution und Meuterei« auf. Diese Worte gehörten nicht in das Vokabular eines deutschen Offiziers. Halder erwiderte, er kenne selbst das Vokabular des deutschen Offiziers

gut genug. Seine Familie sei seit dreihundert Jahren eine Offiziersfamilie, und er brauche keine Belehrung über das, was sich für einen Offizier gehöre. Daraufhin versuchte Beck Halder zu beruhigen. »Verstehen Sie denn nicht«, fragte er, »es schwebt doch ein Verfahren. In ein schwebendes Verfahren kann kein Offizier eingreifen[35]!«
Auch Goerdeler drängte Beck, zu handeln. Der frühere Bürgermeister von Leipzig, der aus Protest gegen die Partei zurückgetreten war, hatte inzwischen begonnen, für Widerstand gegen Hitler zu agitieren. Ende Januar war er zu diesem Zweck nach Berlin gereist. Die Fritsch-Affäre stelle einen skrupellosen Anschlag Himmlers und der SS gegen die Wehrmacht dar, argumentierte er, und die Generale müßten daher gegen die Prinz-Albrecht-Straße vorgehen. Offenbar war Beck anderer Ansicht, denn Goerdeler äußerte sich verbittert gegenüber General List, Beck sei sich nicht darüber im klaren, was zu geschehen habe. Er tue in Wirklichkeit nichts[36].
Wilhelm List war der Kommandierende General im Wehrkreis IV in Leipzig. Nach den Enttäuschungen, die Goerdeler in Berlin erfahren hatte, wandte er sich mit dem phantastischen und unverantwortlichen Plan an List, seine Truppen gegen Berlin in Marsch zu setzen. List war – verständlicherweise – über diese Zumutung entsetzt, zumal er vor Goerdelers Besuch am 28. Januar noch keine Ahnung von den krisenhaften Vorgängen in Berlin hatte. Er lehnte es daher ab, seine Truppen in Marsch zu setzen, entschloß sich jedoch, selbst nach Berlin zu fahren, um sich von Beck informieren zu lassen.
Als der General und sein Adjutant am Tirpitzufer eintrafen und das Büro des Generalstabchefs betraten, hatten sie den Eindruck, in ein Trauerhaus geraten zu sein. Die Atmosphäre war deprimierend. Beck sah von seinem Tisch, auf dem Kaffee und Tabletten standen, auf und begrüßte seine Gäste mit vollendeter Höflichkeit und einem müden Lächeln. Dann gab er List einen Überblick über die Ereignisse, den List als ziemlich dürftig empfand. Für ihn schien Beck »völlig im dunkeln zu tappen«. Trotz so deutlichen Anzeichen schien er keine klaren Vorstellungen über die Intrige und ihre Urheber zu haben[37].
Es blieb Keitel vorbehalten, Beck – wenn auch unabsichtlich – über die wirkliche Gefahr, in der er sich befand, aufzuklären. Sie trafen sich am Morgen des 1. Februars zu einer zweistündigen Konferenz. Keitel hatte den Auftrag, Beck über die Personalveränderungen zu informieren, die Hitler beschlossen hatte. Es waren nicht wenige. Chef der Personalabteilung sollte Keitels jüngerer Bruder Bodwin werden, und eine Reihe von Generalen und Inspekteuren der Waffengattungen sollten versetzt oder verabschiedet werden. Manstein sollte als Stellvertreter Becks abgelöst und durch Halder ersetzt werden.
Weder Hitler noch Keitel hatten vorher mit Beck diese Maßnahmen besprochen, worauf er zweifellos Anspruch hatte. Daher war Beck äußerst

verärgert über diese Überrumpelungstaktik. Erregt beschimpfte er Keitel, und als dieser versuchte, sich zu rechtfertigen, wurde Beck noch ärgerlicher und warf ihn aus seinem Büro hinaus. Bei seinem eiligen Abzug vergaß Keitel einen Zettel mit der Liste der Namen, die zur Debatte standen. Hinter Becks eigenem Namen stand ein Fragezeichen und der Zusatz: Später Gruppenkommando, Nachfolger Halder[38].

Becks Erwachen kam zu spät. Ihm blieb allenfalls noch die Möglichkeit, die Potsdamer Garnison gegen die Reichskanzlei marschieren zu lassen. Am 3. Februar forderte Hitler Fritsch auf, seinen Abschied zu nehmen, was dieser auch sofort tat. Als Trostpflaster verlieh er ihm das Recht, die Uniform seines Regiments zu tragen, aber erst, als sich Beck und Rundstedt dafür eingesetzt hatten[39].

Am nächsten Tag ließ Hitler die Veränderungen im Oberkommando der Wehrmacht bekanntgeben. Er übernahm selbst das Kriegsministerium und berief Keitel auf den neugeschaffenen Posten des Chefs des Oberkommandos der Wehrmacht, der im Rang den Reichsministern gleichgestellt war. Brauchitsch trat an die Stelle von Fritsch. Außerdem wurden zahlreiche Versetzungen und Verabschiedungen bekanntgegeben. Beck war einer der wenigen, die ihre Stellung behielten, weil Brauchitsch Hitler gebeten hatte, ihn im Interesse der Kontinuität auf seinem Posten zu belassen. Manstein wurde versetzt, sollte aber noch einige Wochen in Berlin bleiben, um die reibungslose Übergabe seiner Befugnisse an den Nachfolger sicherzustellen[40].

Zahlreiche Personalveränderungen wurden auch im Zivilbereich vorgenommen. Hjalmar Horace Greely Schacht wurde als Reichswirtschaftsminister von Walther Funk abgelöst, einem kleinen, dicklichen, servilen Mann. Im Außenministerium folgte der Nationalsozialist Ribbentrop dem konservativen Neurath, und gleichzeitig wurden eine Reihe von Botschaftern abberufen. Diese Zivilisten verloren ihre Ämter aus den gleichen Gründen wie die Generale: Hitler brauchte Leute, die bereit waren, ihm kritiklos zu gehorchen. Gleichzeitig sollten die Umbesetzungen im zivilen Bereich das Aufsehen, das die Verabschiedung von Blomberg und Fritsch erregen mußte, verringern. Jodl notierte: »Der Führer will die Scheinwerfer von der Wehrmacht ablenken[41].«

Die konservative Führungsschicht hatte damit einen schweren Schlag erhalten; ihr mäßigender Einfluß war gebrochen. Am Tirpitzufer blieb Beck in einer schwierigen Situation zurück. Sein Hauptfeind Keitel hatte den Rang eines Ministers; seine Vertrauten waren entlassen oder versetzt, und über die beiden Männer, mit denen er nun zusammenzuarbeiten hatte, Brauchitsch und Halder, machte er sich keine Illusionen. Brauchitschs Ernennung schien ihm besonders unheilvoll. Er hatte dagegen die allergrößten Bedenken[42].«

Am 5. Februar versammelte Hitler die führenden Generale der Wehrmacht, um ihnen seine Entscheidungen zu erläutern. Blomberg habe gehen müssen, so führte er aus, weil er ihn, Hitler, und die Wehrmacht durch seine Heirat mit einer niedrigen Person brüskiert habe, und Fritsch habe zurücktreten müssen, weil er unter dem Verdacht stehe, homosexuell zu sein. Hitler gab deutlich zu verstehen, daß er von Fritschs Schuld überzeugt sei und daß er das Gefühl habe, die Wehrmacht habe sein Vertrauen mißbraucht. Sie sei, so schloß er, kaum noch seiner Bemühungen wert, ihre Schande zu bemänteln und ihre Ehre durch Reorganisation der gesamten Führung wiederherzustellen[43].

Fritsch war nicht anwesend und hörte erst später, was Hitler über ihn gesagt hatte. Er war verzweifelt. Erst hatte Hitler das Wort eines notorischen Kriminellen höher gestellt als sein Ehrenwort; und nun zog er auch noch seinen Namen in den Schmutz. Er war auf das schwerste gedemütigt worden[44].

Beck war über diese öffentliche Demütigung Fritschs empört. Aber offensichtlich beschäftigte ihn ein anderer Aspekt von Hitlers Vorgehen noch mehr. Unmittelbar vor der Konferenz beklagte er sich bitter bei Manstein, daß ihn niemand wegen dieser Umbesetzungen konsultiert habe, und unmittelbar nach der Konferenz wiederholte er seine Klagen gegenüber General Adam: »Beck erzählte mir ... Hitler habe ihm vor acht Tagen versprochen, daß er bis zur Abwicklung der Affäre und bei den sich ergebenden Veränderungen nichts tun werde, ohne ihn, Beck, um Rat zu fragen. Resigniert fügte Beck hinzu: ›Und er hat es doch kein einziges Mal getan.‹ Worauf ich erwiderte: ›Sie sind immer noch der reine Narr. Wie lange werden Sie noch auf diesen Schwindel hineinfallen[45]?«

Auf Hitlers sensationelle Erlasse folgte eine Zeit äußerlicher Ruhe. Aber in aller Stille formierte sich jetzt eine weitverzweigte Koalition von Männern, die die Empörung über die »Affäre Fritsch« zusammengeführt hatte. Ihr geistiger Mittelpunkt war Beck, ihre aktivsten Mitglieder waren die Kreise um Oster in der Abwehr. Hans Bernd Gisevius und Hans v. Dohnanyi, zwei unerschrockene Juristen, waren Osters engste Vertraute. Canaris hielt sich im Hintergrund, griff aber zu ihrem Schutz ein, wenn es notwendig wurde. Ihre Beziehungen reichten in viele Ministerien, wo sympathisierende Beamte ihnen Informationen und gelegentlich auch Hilfestellung gaben. Ihr wohl wichtigster Verbündeter war Arthur Nebe, der Chef des Reichskriminalamtes im Reichssicherheitshauptamt. Er und Gisevius waren seit Jahren befreundet; beide haßten das Regime und wurden jetzt aktiv.

Das erste Ziel dieser Koalition war, Brauchitsch zum Eingreifen zu bewegen, und Oster, Canaris und Beck übernahmen diese Aufgabe. Dem neuen Oberbefehlshaber mußte klargemacht werden, daß die Gestapo diese Krise manipuliert hatte, um das Heer zu diskreditieren, und daß man diese Intrige durch den Nachweis von Fritschs Unschuld aufdecken müsse. Dann könne man weitere Maßnahmen in Erwägung ziehen. Brauchitsch erklärte sich einverstanden[46].

Die Führung des Heeres versuchte daher, Fritschs Unschuld zweifelsfrei nachzuweisen. Beck setzte sich bis zur Erschöpfung ein. Immer wieder konferierte er mit Rüdiger v. d. Goltz, Fritschs Rechtsanwalt, und setzte seine vertrauenswürdigsten Mitarbeiter daran, Fritschs Akten zu durchforsten, in der Hoffnung, einen Beweis zu finden, daß Fritsch am fraglichen Tage nicht am Bahnhof Wannsee gewesen sein konnte. Dann drängte er Brauchitsch energisch und erfolgreich, Hitler die Idee, dem Kriegsgerichtsverfahren vorzugreifen, auszureden. Weniger Erfolg hatten die beiden Generale jedoch mit dem Versuch, weitere Untersuchungen der Gestapo in dieser Angelegenheit zu verhindern. Beck diskutierte außerdem mit Brauchitsch, der dem Kriegsgericht angehörte, detailliert das Kreuzverhör des Zeugen Schmidt[47].

Beck ging ebenso energisch wie vorsichtig vor. Er war bestrebt, den Kreis der Eingeweihten möglichst klein zu halten, und lehnte schroff jede unerbetene Hilfe ab. Lists Erfahrung ist dafür typisch. Im Februar reiste er zum zweitenmal nach Berlin, um sich zu informieren. Beck gab ihm zu verstehen, er solle sich um seine eigenen Angelegenheiten kümmern. Andere Offiziere sicherten dem Chef des Stabes ihre bedingungslose Unterstützung zu. Leutnant Achim Oster reiste im Auftrag seiner Kameraden vom Artillerieregiment 25 – Fritschs Regiment – nach Berlin. Dort meldete er sich bei seinem Vater, Hans Oster, und berichtete begeistert, daß sein Regiment bereit sei, für Fritschs Ehre zu marschieren. Aber auch ihm wurde bedeutet, er habe zu seinem Regiment zurückzukehren und die Befehle abzuwarten. Oster sagte seinem Sohn: »Revolution wird von oben befohlen[48].«

Becks Vorsicht war von dem Wunsch diktiert, nicht seine eigene Entlassung zu provozieren; er glaubte, er müsse im Amt bleiben, um seine Ideen zur Reorganisation des Oberkommandos durchzusetzen. Dies schien nach Hitlers Ankündigung vom 5. November 1937, er sei bereit, Krieg zu riskieren, besonders wichtig zu sein. Wenn Beck mit seinen Vorstellungen doch noch durchdrang, würde das Heer bei der Erörterung von Kriegsplänen gehört werden müssen. Wieder einmal veranlaßte der »Primat der Außenpolitik« – die Überzeugung, daß innenpolitische Bedenken gegenüber den Erfordernissen der Außenpolitik zurückzustehen hätten – Beck, auch weiterhin loyal für das Regime zu arbeiten. Fritsch, der jeden Gedanken an ein gewaltsames Vorgehen in seiner Angelegenheit von sich gewiesen hatte, bestärkte Beck uneingeschränkt in diesen Überlegungen[49].

Konsequenterweise versuchte Beck, Keitels wachsenden Einfluß zu beschränken. Zunächst gelang es ihm auch, Brauchitsch zu überreden, bei der von Hitler in Angriff genommenen Neuorganisation des Oberkommandos die Interessen des Heeres entschieden zu vertreten. Am 1. März brachte das Oberkommando des Heeres (OKH) ein kurzgefaßtes Memorandum heraus, das höchstwahrscheinlich unter Becks Anleitung ausgearbeitet worden war, Es war ein, zumindest formaler, Versuch, die Vorrechte des Oberbefehlshabers des Heeres sicherzustellen. Wäre man ihm gefolgt, hätte das eine radikale Beschränkung der Macht des OKW zur Folge gehabt. Hitler reagierte auf diese Denkschrift, indem er auch Brauchitsch den Rang eines Ministers verlieh, ein Kompromiß, der weder das OKH noch das OKW befriedigte, aber typisch für Hitler war, der sich immer noch nicht stark genug fühlte, um die Forderungen des OKH rundheraus abzulehnen[50].

Unmittelbar danach nahmen die Ereignisse eine höchst vorteilhafte Wendung. Am 1. oder 2. März entdeckten die die Untersuchung führenden Kriegsgerichtsräte die Existenz des Rittmeisters v. Frisch, der ohne Umschweife die homosexuellen Handlungen zugab, die Fritsch zugeschrieben worden waren, und auch bezeugte, daß die Gestapo ihn schon am 15. Januar verhört hatte. Damit war die ganze Intrige geplatzt. Diese Nachricht versetzte Beck und Fritsch in Euphorie. Nun konnte das Heer sicher sein, die Unschuld des Generals beweisen und damit die Gestapo desavouieren zu können. Endlich war ihr korrektes und methodisches Vorgehen von Erfolg gekrönt[51].

So war die Lage, als Gisevius am 3. März Beck anrief. Er plädierte für entschlossenes Vorgehen: das Heer solle die Prinz-Albrecht-Straße besetzen und die Gestapo entmachten. Aber Beck bestand darauf, an der ursprünglichen Taktik festzuhalten und auf der Durchführung eines ordentlichen Kriegsgerichtsverfahrens zu bestehen. Daraufhin wechselte Gisevius das Thema und versuchte Beck auf andere Weise zum Vorgehen gegen die SS zu bewegen. Er berichtete ihm von der Verhaftung Pastor Niemöllers, des mutigen Führers der Bekennenden Kirche, der allen Versuchen Hitlers, sich die protestantische Kirche gefügig zu machen, energischen Widerstand entgegengesetzt hatte. Beck verstand natürlich sofort, daß es sich bei dieser Verhaftung um einen primitiven Racheakt handelte, und war empört, als er hörte, daß Niemöller in ein Konzentrationslager eingeliefert worden war. Da Niemöller zudem noch im Ersten Weltkrieg ein hervorragender U-Boot-Kommandant gewesen war, stellte dies eine klare Herausforderung der Wehrmacht dar, und Beck versprach Gisevius, Brauchitsch und Raeder zu veranlassen, für Niemöller zu intervenieren[52].

Das Heer mochte jetzt den Eindruck haben, daß es von einer Position relativer Stärke aus operieren könne, und seine Führer gingen zur Gegenoffensive über. Am 4. März notierte Jodl:

»Die Dinge spitzen sich immer mehr zu. Es handelt sich um zwei Fragen: a) Fall Generaloberst v. Fritsch. War er böswillig konstruiert? Lag ein Mißverständnis vor (Personenverwechslung)? Ein Frh. v. Frisch ist ausfindig gemacht und von den Kriegsgerichtsräten des Reichskriegsgerichts vernommen worden, ohne die Geheime Staatspolizei hinzuzuziehen ... Gestapo vermutet wahrscheinlich, daß das Militärgericht den Fall ver-

tuschen will. OKH vermutet, daß Gestapo die Aufklärung der Schuldlosigkeit verhindern will.
b) Spitzengliederung. OKH beansprucht für sich die Einheit Heerführung und Führung des Waffenkrieges. Chef OKW erhält die Organisation der kämpfenden Nation[53].«

Beck und Brauchitsch hatten ihre Vorschläge vom 1. März zu einer ausführlichen Denkschrift ausgearbeitet, die am 7. März mit Brauchitschs Unterschrift in Umlauf gelangte. Ihre Argumente waren in etwa die gleichen, wie sie Beck in den Jahren 1934 und 1935 vertreten hatte: Da Deutschland eine Kontinentalmacht sei, müsse das Heer die Entscheidung im Krieg herbeiführen. Kriegsmarine und Luftwaffe hätten daher ihre Operationen mit dem Heer abzustimmen. Ihre Aufgabe bestehe im wesentlichen in der Unterstützung des Heeres, wenn sie auch gelegentlich unabhängig operieren müßten. Für die Organisation ergebe sich daraus, daß das Heer den Chef eines Reichsgeneralstabs zu stellen habe, der Hitler unterstehe. Dieser Chef des Reichsgeneralstabs, für welchen Posten offensichtlich entweder Beck oder Brauchitsch in Betracht kamen, wäre praktisch für die Planung sämtlicher militärischer Operationen verantwortlich. Ministerielle Funktionen sollten ihm jedoch nicht obliegen. Diese sollten von einem Stab wie dem OKW wahrgenommen werden. Und dies war der springende Punkt. Zum gegenwärtigen Zeitpunkt war das OKW für beide Bereiche verantwortlich. Beck und Brauchitsch dagegen forderten eine klare Trennung, da der Stab des OKW ungeeignet sei, ein so umfassendes Aufgabengebiet zu meistern. Daher habe es sich nicht in die operative Planung des Heeres einzumischen.

Die Stichhaltigkeit ihrer Argumente, so fuhren Beck und Brauchitsch fort, beweise allein schon die Tatsache, daß der Disput über den Aufbau des Oberkommandos zu keinem Ende komme. Die Auseinandersetzung habe ihren Grund nicht in persönlichen Rivalitäten, sondern in dem unklaren Nebeneinander von OKW und OKH bzw. deren Vorläufern[54].

Die Antwort des OKW, die Keitel und Jodl ausarbeiteten, ließ an Deutlichkeit nichts zu wünschen übrig. Sie räumten ein, daß das Heer der wichtigste Wehrmachtteil war, bestritten jedoch, daß sich daraus ergebe, Kriegsmarine und Luftwaffe müßten ihm unterstellt werden. Wenn Deutschland zum Beispiel in einen Krieg mit Großbritannien oder Rußland verwickelt würde, müßten diese beiden Wehrmachtteile wichtige Operationen unabhängig vom Heer durchführen, und daher müsse das OKW die Operationen der drei Wehrmachtteile koordinieren. Außerdem seien die militärischen Operationen und die Mobilisierung der Heimatfront derart miteinander verknüpft, daß es unmöglich sei, sie von zwei verschiedenen Stäben leiten zu lassen. Keitel und Jodl zogen daraus die Schlußfolgerung, daß alle Konflikte zwischen dem OKH und dem OKW von selbst verschwinden würden, wenn das Heer seine Unterstellung unter das OKW akzeptiert habe[55].

Die Auseinandersetzung über die Spitzengliederung wurde durch die Eröffnung des Kriegsgerichtsverfahrens gegen Fritsch am Morgen des 10. März unterbrochen. Aber schon wenige Stunden später wurde auch dieses wiederum unterbrochen, denn Hitler gelang es, auf spektakuläre Weise von der ganzen Aufregung über die Fritsch-Affäre abzulenken: durch den Anschluß Österreichs.

Die neue Krise kam völlig überraschend, vor allem für Hitler selbst. Am 12. Februar hatte er sich mit dem österreichischen Kanzler Schuschnigg getroffen und mit ihm ein Abkommen geschlossen, das die deutsch-österreichischen Beziehungen regeln sollte. Hitler hoffte, daß dieses Abkommen es den österreichischen Nationalsozialisten ermöglichen werde, das Land friedlich und schrittweise ohne weitere Intervention des Reiches unter ihre Kontrolle zu bringen.

Doch drei Wochen später, am 9. März, kündigte Schuschnigg für den 12. März eine Volksabstimmung an, bei der darüber entschieden werden sollte, ob die Österreicher unabhängig vom Reich bleiben wollten. Hitler tobte vor Wut. Ihm war klar, daß er sofort handeln müsse, bevor das österreichische Volk Gelegenheit hatte, sich ein für allemal gegen den Anschluß zu erklären.

Als die Kriegsgerichtsverhandlung gegen Fritsch gerade begonnen hatte, rief Keitel Beck an, und übermittelte ihm den Befehl Hitlers, sofort über die für eine militärische Operation gegen Österreich getroffenen Vorbereitungen Vortrag zu halten. Beck war verblüfft. Eiskalt erklärte er Keitel, daß es keinerlei derartige Vorbereitungen gebe. Keitel war ärgerlich, aber nicht weiter überrascht. Schon 1937 hatte er wiederholt bei Beck angefragt, ob der Generalstab – wie befohlen – derartige Pläne ausgearbeitet habe, und Beck hatte das jedesmal verneint[56].

Becks Obstruktion war natürlich nicht dadurch bedingt, daß er grundsätzlich gegen den Anschluß gewesen wäre. Im Gegenteil, er befürwortete ihn, aber er weigerte sich einfach, entsprechende Pläne auszuarbeiten, solange er es nicht für angebracht hielt, sie auszuführen.

Schon 1935 hatte der Chef des österreichischen Generalstabs, Alfred Jansa, Beck persönlich erklärt, er sei entschlossen, einem deutschen Angriff Widerstand zu leisten:

»Ich erklärte ihm«, erinnert sich Jansa, »daß ich für die Verteidigung meines Vaterlandes verantwortlich sei und Gewalt mit Gewalt beantworten würde.« Beck antwortete: »Dafür habe ich Verständnis[57].«

Zwei Jahre später hatte der deutsche Generalstab den Befehl erhalten, einen Eventualplan für die Besetzung Österreichs auszuarbeiten, und Beck hatte sich in der Überzeugung, daß das österreichische Heer Widerstand leisten werde, dagegen ausgesprochen. Seine Gründe dafür legte er am 20. Mai 1937 dar, wobei er einen geradezu extravaganten Pessimismus zeigte:

»Deutschland ist in bezug auf sein Heer nicht in der Lage, das Risiko eines

mitteleuropäischen Krieges herauszufordern. Materiell kann es zur Zeit und bis auf weiteres überhaupt keinen Krieg führen ... (Im Falle eines Krieges zwischen Deutschland und Österreich) muß gerechnet werden mit Frankreich und der Tschechei als Feind Nr. 1, mit England, Belgien und Rußland als Feind Nr. 2, mit Polen und Litauen als Feind Nr. 3[58].«
Auch 1938 hegte Beck noch die gleichen Befürchtungen. Als Keitel ihn anrief, sprach er sofort von den Gefahren einer französischen und tschechischen Intervention[59].
Keitel hatte diese Antwort Becks vorausgesehen. Er wußte, daß Hitler Beck persönlich den Befehl erteilen mußte, weil er ihn sonst einfach als völlig unmöglich abgelehnt hätte. »Ich (wußte aber), daß ich dem Führer niemals eine solche Meldung machen könnte«, und so erhielten Beck und Manstein den Befehl, sich noch vor Mittag in der Reichskanzlei einzufinden[60].
Hitler empfing die beiden in Gegenwart von Keitel und begann mit der Feststellung, daß er nicht geplant habe, zu diesem Zeitpunkt in Österreich zu intervenieren. Aber Schuschnigg habe ihn durch die Ankündigung der Volksabstimmung zum Handeln gezwungen. Der österreichische Kanzler beabsichtige nicht, so fuhr er fort, dem Volk Gelegenheit zu geben, seinen Willen frei zu äußern. Er wisse, daß das Volk für den Anschluß sei. Die österreichische Armee werde keinen Widerstand leisten. Die Franzosen und Briten würden sich auch nicht rühren, und deshalb würden auch die Tschechen nichts unternehmen. Seine einzige Sorge sei Italien. Trotz der deutsch-italienischen Verständigung über Spanien und Abessinien sei er nicht sicher, ob Mussolini den Anschluß hinnehmen werde. Dennoch sei er entschlossen, die Gelegenheit wahrzunehmen, und er wünsche daher, daß die Generale Pläne für den Einmarsch ausarbeiteten. Wenn Schuschnigg die Volksabstimmung nicht wieder absage, werde er marschieren[61].
Wie vorauszusehen, hatte Beck Einwände. Er erklärte dem Führer, daß er die Verantwortung für die Operation nicht übernehmen könne. Da nichts vorbereitet sei, könne man nur improvisieren. Hitler antwortete, daß Beck auch gar nicht die Verantwortung zu übernehmen habe, und drohte, die SA und die SS anstelle des Heeres einzusetzen, wenn es das sei, was Beck wolle[62].
Das war natürlich genau das, was Beck noch weniger wollte, und daher zog er sich kurz mit Manstein zurück, um Vorschläge zu improvisieren. Als sie zurückkamen, sagte Beck Hitler, daß er bestimmte vorbeugende Maßnahmen für nötig erachte. Selbst wenn man annehme, daß die Österreicher keinen Widerstand leisten würden, wäre es angebracht, Truppen an die italienische und tschechische Grenze zu werfen, und er trug ihm dann seine Vorschläge für den Aufmarsch der verschiedenen Divisionen vor, die Hitler genehmigte[63].
Nach der Konferenz kehrte Beck in das Ministerium zurück und machte

Beck in Budapest, 1935 (5. von links)

Beck mit dem ungarischen Reichsverweser Admiral Horthy nach dem Manöver

Beck und Speidel in Paris, Juni 1937 (Foto Keystone)

sich fieberhaft an die Ausarbeitung des improvisierten Aufmarschplanes. Er arbeitete buchstäblich fast ohne Unterbrechung, bis die Truppen am Abend des 11. März den Befehl zum Einmarsch erhielten. Gegen Mitternacht am 10. März mußte Hoßbach seine ganze Überredungskunst aufbieten, um Beck, der seit dem Frühstück nichts gegessen hatte, dazu zu bringen, ein einfaches Abendessen bei ihm zu Hause einzunehmen. Als sie danach zum Tirpitzufer zurückgingen, sprachen sie über ihre Befürchtungen, daß der Fall Fritsch in der Aufregung über den Anschluß vergessen werden könnte, und zwar für immer[64].

In Anbetracht der Umstände liefen die militärischen Operationen überaus glatt ab. Die Österreicher empfingen die deutschen Truppen mit Begeisterung. Nirgends gab es Widerstand. Erst als eine Vorausabteilung der motorisierten Truppen den Brenner erreichte, gab es einen Augenblick der Spannung. Beck hatte befürchtet, daß die Italiener sich feindselig zeigen könnten. Aber das war nicht der Fall, und die Spannung löste sich. Die Westmächte begnügten sich wieder einmal mit einem Protest[65].

Dank Becks überragendem Können erwies sich die improvisierte Stabsarbeit als höchst erfolgreich, und er durfte mit Recht mit dem Verlauf der Operationen zufrieden sein. Noch vor dem Einmarsch hatte er sich, wenn auch widerwillig, Hitlers Argumenten gebeugt. Er bemerkte zu Guderian: »Wenn man den Anschluß überhaupt vollziehen will, ist jetzt wahrscheinlich der günstigste Moment gekommen.« Auch in seiner offiziellen Begrüßung des österreichischen Generalstabs legte er sich keinerlei Zurückhaltung auf. Es waren Tage der Begeisterung für alle deutschen Nationalisten, und Beck schrieb: »Wir wollen an die Arbeit gehen, um in *einem* Geist die Aufgaben zu erfüllen, die uns der Führer und unser großdeutsches nationalsozialistisches Vaterland stellen[66].«

Becks Begeisterung sollte nicht lange vorhalten. Der Geist des Anschlusses war trügerisch, die Herstellung der deutschen Einheit von hysterischem Chauvinismus überschattet. Als General Pohl, der österreichische Militärattaché, zum Tirpitzufer kam, um sich zu verabschieden, sagte er, er habe nun seine Heimat zum zweitenmal verloren, und Beck antwortete in der ihm eigenen preußischen Ritterlichkeit: »Ich würde keinen österreichischen Offizier verstehen, der nicht ebenso dächte wie Sie, Herr General. Nur der Mob auf der Straße schreit anders[67].«

In den folgenden Wochen gab der Mob auf der Straße Beck recht. Die Partei tobte sich in Österreich aus, und Beck hatte alle Ursache, sich über »die Aasgeier der Partei« zu beklagen, die »dem blanken Schild der Wehrmacht« folgten.

Außerdem hatte der Anschluß natürlich das politische Gewicht der Fritsch-Affäre erheblich gemindert. Beck war sich dieses Dilemmas peinlich bewußt. Sosehr er Hitlers Erfolg begrüßt hatte, sah er doch auch, daß dieser seine Herrschaft über das deutsche Volk und die Wehrmacht gefestigt hatte und daß diese Tatsache es ihm erleichterte, sich den nach-

drücklichen Forderungen der Generale nach der Rehabilitierung Fritschs und ihren Angriffen gegen das OKW zu widersetzen.
Fritschs Verfahren wurde am 17. März wiederaufgenommen, und schon nach zwei Tagen war seine Unschuld zweifelsfrei erwiesen. Aber dieser Freispruch wegen erwiesener Unschuld bewirkte nichts, und die Wehrmacht war darüber mit Recht verärgert. Wenn Fritsch schon nicht auf seinen Posten am Tirpitzufer zurückkehren konnte, so hätte er doch wenigstens vor aller Öffentlichkeit rehabilitiert werden müssen. Und erst recht wäre es dringend notwendig gewesen, die Gestapo zur Verantwortung zu ziehen.
Die Generale waren wieder einmal ratlos. Am 20. März sprach Brauchitsch mit Hitler und stellte fest, daß dieser nicht abgeneigt war, Fritsch in gewisser Weise Genugtuung zu geben. Jedenfalls hinderte er Brauchitsch nicht, noch am gleichen Tage die Generalität von Fritschs Freispruch zu unterrichten. Nach weiterem Drängen von Brauchitsch (der seinerseits unter dem Druck von Beck stand) willigte Hitler schließlich ein, Fritsch zu schreiben. Sein Schreiben war freundlich, aber weder aufrichtig, noch der Sache angemessen. Er gratulierte Fritsch einfach zu seinem Freispruch und erklärte, wie sehr er darunter gelitten habe, ihn auf der Anklagebank zu sehen[68].
Beck drängte Fritsch, auf diesen Brief mit der Forderung nach Genugtuung zu antworten, was dieser auch tat: Er forderte von Hitler die öffentliche Wiederherstellung seiner Ehre und die Bestrafung der SS-Offiziere, die Hitler getäuscht hatten. Hitler hielt es jedoch nicht einmal für nötig, darauf zu antworten[69].
Fritsch kam nun auf den tragikomischen Gedanken, Himmler zum Duell zu fordern. Er entwarf einen Brief, in dem er die Beleidigungen aufzählte, die Himmler ihm angetan hatte, und der mit den Worten schloß: »Ich fordere Sie daher zum Zweikampf mit gezogenen Pistolen.« Beck sollte den Brief überbringen. Doch dieser lehnte ab, obwohl er die Idee eines Duells befürwortete. Die beiden Generale beschlossen, Rundstedt als Sekundanten zu bitten, Himmler die Forderung zu übermitteln. Rundstedt willigte ein und trug die schriftliche Forderung einige Tage mit sich herum, wandte sich dann aber wieder an Fritsch und bat ihn, von dem Duell Abstand zu nehmen. Fritsch erklärte sich bereit, zu warten, eine Entscheidung, die er mit fadenscheinigen Begründungen zu erklären suchte. Er führte an, nun sei schon viel zuviel Zeit vergangen, seit die Intrige gegen ihn begonnen habe, und daher sei es zu spät, Himmler noch zu fordern. Außerdem könne er nichts unternehmen, solange Hitler Himmler decke[70].
Canaris und Hoßbach waren nicht so passiv wie Fritsch und drängten Beck, gegen die Gestapo vorzugehen:
»Sollte der Führer als Oberster Befehlshaber der Wehrmacht nicht aus eigener Entschließung bald befriedigende Maßnahmen ergreifen, so wird

zu erwägen sein, ob nicht das Heer ... unter Führung seines Oberbefehlshabers eine besondere Demarche ... unternimmt ...
Vorschlag für Forderungen:
a) Rehabilitierung des Generalobersten Freiherrn von Fritsch in eindrucksvollster Weise in der Öffentlichkeit ... Eine der wirkungsvollsten *und auch dem Interesse des Führers am meisten dienenden* (sic) *Maßnahmen* dürfte ein baldiger persönlicher Besuch des Führers beim Generalobersten Frhr. v. Fritsch sein.
b) Wesentliche Änderungen in der Führerstellenbesetzung der Gestapo. Hierbei kommen in erster Linie in Frage: Himmler, Heydrich, Joost (SD), Best, Meisinger, Fehling und andere.«

Gekoppelt mit Canaris' und Hoßbachs Plan war der von Gisevius und Oster, das Hauptquartier der Gestapo zu besetzen, falls der Führer sich weigere, den Forderungen der Wehrmacht nachzukommen. Den Sturz Hitlers hatte dabei niemand im Sinn[71].

Beide Vorschläge waren relativ gemäßigt, was sich wahrscheinlich am ehesten durch die immer noch herrschende Illusion erklären läßt, daß der Führer selbst vom Ausmaß der Heimtücke der SS-Führung keine Ahnung hatte. Hitler selbst konnte man ja »nur« unehrenhaftes Verhalten vorwerfen und das Versäumnis einer gründlichen Untersuchung der Angelegenheit und der Bestrafung der verantwortlichen Gestapo-Leute. Es war ein ganzes Bündel von Fehleinschätzungen, die immer noch Becks Verhalten und das vieler seiner Kameraden bestimmten. Noch am 6. April sprach er nur von Himmler und Heydrich als den für die Versetzungen und Verabschiedungen verantwortlichen Männern, aber nicht von Hitler[72].

Beck hat natürlich auch Gisevius' und Osters Plan gründlich erwogen, aber es widerstrebte ihm, außergesetzliche Maßnahmen zu ergreifen. Keinesfalls wollte er diesen Plan ohne Brauchitschs ausdrückliche Zustimmung verwirklichen. Daher reichte er den Vorschlag von Canaris und Oster befürwortend an Brauchitsch weiter. Brauchitsch schenkte ihm keine Beachtung[73].

Allerdings war dies nur einer der Schritte, die Beck in seinem Kampf für Fritsch unternahm, was Keitel später mit größtem Abscheu folgendermaßen beschrieb:

» ... General Beck ... ließ ihm (Brauchitsch) keine Ruhe: Er war der Hetzer, wurde damit zum bösen Geist seines neuen Herren und fand bei der übrigen höchsten Generalität offene Ohren. Wo blieb der Ruf: ›Le roi est mort, vive le roi?‹
Brauchitsch ... wurde von Beck und den Kommandierenden Generalen Tag und Nacht bedrängt, für seinen Vorgänger, für dessen sofortige Rehabilitierung und Wiedereinsetzung einzutreten ... Es war damals so, daß man das Vertrauen zu ihm von der Durchsetzung dieser Erwartungen abhängig machte ...[74]«

Aber was Beck auch immer sagte oder tat, Brauchitsch dachte nicht daran, die Sache zu forcieren, und mit seinen schwachen und zweideutigen Vorstellungen erreichte er bei Hitler wenig. Am 13. Juni versammelte Hitler eine Anzahl Kommandierender Generale, um sein Bedauern über Fritschs Schicksal auszusprechen. Er sprach von einem »tragischen Geschehen« und versicherte seinen Zuhörern, daß er heute in ruhiger Verfassung wohl anders handeln würde, als er damals gehandelt habe. Aber er könne sich nicht vor der Nation »desavouieren«. Er habe angeordnet, daß Schmidt, der eigentlich Schuldige, zu erschießen sei. Der Armee werde bekanntgegeben werden, daß Generaloberst Frhr. v. Fritsch zum Ehrenkommandeur seines Artillerieregiments ernannt werde. Er hoffe, daß die Armee diese Ehrung richtig verstehen werde[75].
Diese verlogene und unaufrichtige Rede konnte Beck nicht befriedigen. Die Schuldigen waren nicht bestraft worden, und die Demütigung des Heeres blieb trotz diesen zu seiner Beruhigung gesprochenen Worten bestehen. Ja er empfand es als reine Anmaßung des ehemaligen Gefreiten, daß dieser glaubte, er könne, indem er Fritsch einen bedeutungslosen Titel verlieh, die Ehre des Heeres wiederherstellen. Über die Frivolität dieser Geste war er so entsetzt, daß er zu Speidel äußerte: »Die Ehre ist etwas Unabdingbares«; sie könne nicht auf das Niveau Hitlers herabgeschraubt werden[76].
Die Fritsch-Krise war für Beck vor allem eine Ehrenfrage; daher verlor er jetzt jeden Respekt, den er vielleicht einmal für Hitler gehegt hatte. Es war ein entscheidender Wendepunkt, obwohl er immer noch nicht ganz begriffen hatte, daß nicht die Radikalen in der Partei für Hitlers unehrenhaftes Verhalten verantwortlich waren. Seine Gegenmaßnahmen blieben daher schwach und unentschieden, sie trugen alle das Kennzeichen loyaler Opposition. Aus dem gleichen Grund klammerte er sich weiter an die Hoffnung, alles werde sich irgendwie noch zum Guten wenden. So schwach seine Stellung auch geworden war – er glaubte, Chef des Generalstabs bleiben zu müssen, um vielleicht doch noch Einfluß auf die Außenpolitik nehmen zu können.

VI

Die Sudetenkrise

»Denkschriften von Herrn Beck«

Noch bevor die Fritsch-Affäre abgeschlossen war, wurde Beck an einer neuen Front herausgefordert. Unmittelbar nach der Besetzung Österreichs wandte sich Hitler dem »Problem« der Tschechoslowakei zu. Bereits im März wurde Konrad Henlein, der Führer der Sudetendeutschen, nach Berlin befohlen und erhielt die Anweisung, mit der Agitation gegen die tschechoslowakische Regierung zu beginnen. Bald danach reiste Hitler nach Italien, um Deutschlands Südflanke für die kommenden Auseinandersetzungen abzusichern. Am 20. April befahl der Diktator dem OKW, geheime Vorbereitungen zum Krieg gegen die Tschechoslowakei zu treffen. In einem langen Gespräch mit Keitel umriß Hitler seine Pläne für »Fall Grün«, wie die Operationen gegen die Tschechoslowakei genannt werden sollten. Zunächst verwarf er den Gedanken an eine »Blitzaktion«, die zu einem europäischen Kriege führen konnte, und beschloß statt dessen ein Unternehmen vorzubereiten, das einer längeren Periode diplomatischer Spannungen folgen sollte. Nach einem sorgfältig inszenierten Zwischenfall, wie zum Beispiel der Ermordung des deutschen Botschafters in Prag, könne man ohne Bedenken eine Blitzaktion durchführen. Dabei müsse mit Schnelligkeit und Entschlossenheit gehandelt werden, denn die ersten vier Tage seien ausschlaggebend. Wenn ein entscheidender militärischer Erfolg ausbleibe, sei eine europäische Krise unvermeidlich. Vollendete Tatsachen müßten die europäischen Mächte überzeugen, daß eine militärische Intervention zwecklos sei[1].

Selbstverständlich wünschte Hitler zu diesem Zeitpunkt keinen Krieg mit Frankreich oder England. Er wußte ebenso wie Beck, daß Deutschland dafür noch nicht stark genug war. Aber er hoffte, daß die Franzosen und Briten nicht intervenieren würden, wenn er die Krise nur sorgfältig genug inszenierte und wenn Deutschland auf die Unterstützung Italiens zählen durfte. Er vertraute darauf, daß er die Alliierten so würde bluffen können, daß sie zur Politik der Beschwichtigung Zuflucht nähmen; denn wenn auch die deutsche Armee noch verhältnismäßig schwach war, ihre Armeen waren noch schwächer.

Keitel und Jodl beschlossen, Hitlers Pläne vor dem Generalstab geheimzuhalten, um jede »unnötige Beunruhigung« zu vermeiden; sie wollten verhindern, daß die Kassandras im Ministerium ihre Stimme erhöben, ehe Hitlers Pläne die Form einer klaren Anweisung an die Wehrmacht angenommen hätten. Doch trotz diesen Vorsichtsmaßnahmen wußte Beck doch mehr oder weniger, was bevorstand[2].

Am 5. Mai überreichte er Brauchitsch eine umfangreiche Denkschrift unter dem Titel: »Betrachtungen zur gegenwärtigen militärpolitischen Lage Deutschlands.« Diese waren eine für Beck und den Generalstab charakteristische Widerlegung der Auffassung Hitlers, daß Deutschland einen Krieg gegen die Tschechoslowakei beginnen könne, ohne dabei das Risiko einer britischen und französischen Intervention zu laufen. Und dieses Risiko sei unannehmbar, da Deutschland für einen längeren Krieg mit den Westmächten nicht genügend vorbereitet sei. Beck begründete seine Schlußfolgerung mit einem Abriß der diplomatischen Lage[3].

Eingangs argumentierte Beck, daß die Entwicklung im Fernen Osten im Verein mit dem italienisch-britischen »gentleman's agreement«, den Status quo im Mittelmeer zu respektieren, den Engländern freie Hand in Europa gegeben hätte. Sie seien infolgedessen in der Lage, ihre Beziehungen zu Frankreich zu stärken. Gleichzeitig habe die französische Regierung unter Daladier ihre Position konsolidiert. Großbritannien und Frankreich seien daher bereit, gemeinsam vorzugehen. Beck schrieb:

»England und Frankreich haben – wieder einmal – zum Zweck einer engeren politischen und militärischen Zusammenarbeit die Fühlung aufgenommen ... Es dürfte nicht zu widerlegen sein, daß die militärische Zusammenarbeit – in erster Linie gegen Deutschland gerichtet, wenn auch Italien im Augenblick in den Vordergrund getreten ist – schon heute eine ähnliche Grundlage der Cooperation darstellt als 1914 ... in ihrem Endziel einen europäischen oder auch Weltkrieg in Rechnung stellt.«

Im Kriegsfall, fuhr Beck fort, werde Amerika ihnen als Waffenarsenal dienen und »Rußland muß immer ausgesprochen als sicherer Feind Deutschlands angesehen werden«.

Beck räumte ein, daß keine dieser Nationen einen längeren Krieg mit Deutschland wünsche. Man dürfe jedoch nicht, so betonte er, ihre Geduld überstrapazieren. Sie seien über den Anschluß genauso aufgebracht wie durch die repressive Politik in Deutschland, und ein deutscher Angriff gegen die Tschechoslowakei könne sie sehr wohl zum Handeln bringen. Wenn dies geschehe, werde der daraus entstehende Krieg lang sein. Da die westlichen Alliierten nicht imstande seien, der Tschechoslowakei direkt zu Hilfe zu kommen, würden sie den Schwerpunkt vorerst auf den See- und Luftkrieg legen. Dann würden sie aber auch zu Lande angreifen und Deutschland in die Knie zwingen, um ihre Bedingungen zu diktieren, zu denen natürlich auch die Unabhängigkeit der Tschechoslowakei gehören würde.

Es wäre daher eine Torheit für Deutschland, 1938 einen Krieg zu provozieren. Dazu bestehe auch keine Veranlassung:

»Über die Tschechoslowakei ist eine Einigung möglich, denn England liegt nichts an diesem Gefahrenherd. Voraussetzung ist, daß Deutschland einer für England noch tragbaren Lösung zustimmt. Es dürfte uns aber niemals die freie Hand gegen die Tschechoslowakei zugestehen.

Verfeinden wir uns über die Tschechoslowakei mit England, so entschwinden auch andere Möglichkeiten, die wir von einem freundlich gesonnenen England ... wohl erhalten könnten.«

Mit anderen Worten, Beck wünschte die englische Freundschaft zu pflegen, um die französische Gegnerschaft auszubalancieren, und er dachte an einen ähnlichen Kompromiß, wie er wenige Monate später in München geschlossen werden sollte.

Brauchitsch stimmte anscheinend mit Becks Schlußfolgerungen überein, denn er ging mit der Denkschrift zu Keitel, und beide erörterten die Möglichkeit, sie Hitler vorzulegen. Da Keitel wußte, daß Hitler Becks Analyse der politischen Lage in Europa nicht gerade begrüßen würde, schlug er vor, Hitler nur die Abschnitte über die militärische Lage vorzulegen. Brauchitsch fand diese Anregung vernünftig und schickte Hitler nur die zweite Hälfte des Beckschen Memorandums. Dennoch mißfielen Hitler die Vorstellungen von Beck, und er fegte das Memorandum mit der Feststellung vom Tisch, daß die darin enthaltenen Daten nicht objektiv seien[4].

Becks vorsichtige Proteste konnten Hitler nicht davon abbringen, seine Pläne für die Herbeiführung einer Krise in der Tschechoslowakei in die Tat umzusetzen. Seine Agenten setzten ihre Tätigkeit fort, um die Voraussetzungen für ein solche Krise zu schaffen. Henlein verstärkte seine Wühlarbeit, während die deutsche Presse sich immer hysterischer über angebliche unmenschliche Behandlung der deutschen Minderheit in der Tschechoslowakei gebärdete. Am 20. Mai war die tschechische Regierung durch Gerüchte über eine bevorstehende deutsche Aktion schon so beunruhigt, daß sie eine Teilmobilisierung ihrer Streitkräfte anordnete. Dies versetzte wiederum Hitler in Wut und veranlaßte ihn, seine Kriegsvorbereitungen zu intensivieren. Er befahl, den Bau der Befestigungen an der französischen Grenze zu beschleunigen, und berief die führenden Generale zu einer Konferenz am 28. Mai in die Reichskanzlei, wobei er ausdrücklich das Erscheinen von Beck und Halder anordnete.

In einer Konferenz mit Engel, dem Nachfolger Hoßbachs, sprach er mit Anerkennung von Halder, den er während der Wehrmachtsmanöver 1937 wegen seiner »modernen Auffassung« schätzen gelernt habe. Vermutlich werde es für ihn leichter sein, mit Halder statt mit Beck zusammenzuarbeiten. Beck sei zwar in vieler Beziehung ein ausgezeichneter General, leider jedoch viel zu altmodisch. Außerdem wolle er keinen Chef des Generalstabs, der seine Ansichten nicht teile. Daher habe er beschlossen, daß Beck demnächst abgelöst werden müsse[5].

Da die Spannung in den Tagen vor dieser Konferenz noch zunahm, vergrößerten sich auch Becks Sorgen. Ihn beunruhigten vor allem die Folgerungen, die sich aus Hitlers Befehl, den Westwall zu bauen, ergaben. Bei einem Essen mit Stülpnagel waren sich beide einig, daß der Ausblick auf Deutschlands Zukunft im Licht dieser Vorbereitungen für einen Krieg mit Frankreich äußerst düster sei[6].

Diese tiefe Besorgnis veranlaßte Beck immer häufiger, sich in seinem Büro einzuschließen und Denkschriften für Hitler auszuarbeiten. Er war von dieser Arbeit so gefangengenommen, daß es ihm sogar widerstrebte, an der Konferenz in der Reichskanzlei teilzunehmen. Aber schließlich ging er doch[7].

Hitlers Rede vor den Generalen im Wintergarten der Reichskanzlei am 28. Mai ließ an Deutlichkeit nichts zu wünschen übrig. Vor einer großen Karte von Europa stehend, erklärte er ihnen mit weitausholenden Gesten, wie er seinen Entschluß, die Tschechoslowakei »von der Landkarte verschwinden« zu lassen, durchzuführen gedachte. Dann sprach er wieder von der Notwendigkeit, für Deutschland Lebensraum in Europa und neue Kolonien zu erkämpfen. Am Ende müsse dieser Kampf zu einem großen Krieg mit Frankreich und Großbritannien führen. Die Voraussetzung für einen solchen Krieg sei jedoch die Beseitigung der Tschechoslowakei. Jetzt sei der Augenblick gekommen, wo Deutschland handeln müsse. Wenn Deutschland jetzt, 1938, die Tschechoslowakei besetze, würden England und Frankreich nichts unternehmen. Als Beweis für diese Behauptung führte er drei Gründe an: Erstens sei keine der beiden Mächte in den nächsten drei Jahren für einen Krieg hinreichend gerüstet; zweitens seien sie durch Krisen in Asien und im Mittelmeerraum gebunden, und drittens sei Frankreich durch seine inneren Schwierigkeiten geschwächt. Im Vergleich dazu sei Deutschland stärker als jeder der beiden anderen. Es sei sogar stärker als 1914, außerdem voller Selbstvertrauen und hoch geachtet. Daher würden die Westalliierten die Niederlage hinnehmen müssen, wenn es Deutschland gelinge, die Tschechoslowakei schnell zu überrennen, und wenn der Westwall die abschreckende Wirkung habe, die man sich von ihm verspreche.

Sobald Hitler geendet hatte, trat Göring vor, ergriff seine Hand und gratulierte ihm zu seiner »großartigen Konzeption«. Dann trat Hitler zu Keitel, Brauchitsch und Beck, die ruhig in einer Ecke des Wintergartens standen, und erklärte: »Also zuerst machen wir die Sache im Osten, dann gebe ich Ihnen drei bis vier Jahre Zeit, und dann wird die große Sache im Westen in Angriff genommen[8].« Keiner der Generale erwiderte ein Wort.

Beck verfaßte eine Stellungnahme zu Hitlers Rede, die er am 30. Mai persönlich Brauchitsch überreichte. Zunächst hob er die Punkte hervor, in denen er mit Hitler übereinstimmte. Es sei richtig, daß Deutschland einen größeren Lebensraum brauche, was er jedoch in den Grenzen verstanden wissen wollte, die er in seinen Notizen vom 12. November 1937 dargelegt hatte. Die Eroberung von Lebensraum könne auch einen Krieg gegen die Tschechoslowakei notwendig machen, denn sie sei in ihrer durch das Versailler Diktat erzwungenen Gestaltung für Deutschland unerträglich. Es müsse ein Weg gefunden werden, sie als Gefahrenherd für Deutschland auszuschalten, notfalls auch durch eine kriegerische

Lösung. Aus dem gleichen Grunde müsse sich Deutschland auch mit Frankreich auseinandersetzen, denn dieses stehe jeder Machterweiterung im Wege[9].

Beck war ebenfalls der Auffassung, daß verschiedene Gründe für eine Lösung der tschechischen Frage sprachen. Dennoch könne er Hitlers Beweisführung nicht folgen. »Die Erfolge der Entscheidungen des Führers in den Jahren 1933–38 werden von niemand bestritten. Sie sind aber kein Beweis dafür, daß künftig entsprechende Entscheidungen gleich erfolgreich verlaufen. Es kann nicht übersehen werden, daß sie bei den uns nicht wohlgesinnten Mächten in steigendem Maße Gegenkräfte ausgelöst und sie sogar enger zusammengeführt haben.« Dann rekapitulierte er die am 5. Mai bereits vorgebrachten Argumente, darunter auch seine Bedenken über die Kriegsbereitschaft des deutschen Volkes, und erklärte, daß im Widerspruch zu Hitlers Auffassung Deutschland weder politisch noch militärisch ebenso stark sei wie 1914. Darüber hinaus verwarf er die Hypothese, daß ein schneller Erfolg die Franzosen und Engländer davon abhalten werde, zu marschieren, denn er glaube nicht, daß die Wehrmacht die Tschechoslowakei in vier Tagen erobern könne, und die Schnelligkeit des Feldzuges habe nicht unbedingt Einfluß auf die Entscheidungen der Westmächte. Selbst wenn Deutschland sehr viel mächtiger sei, betonte er, wäre es verhängnisvoll, das Risiko eines Kampfes mit einer großen angelsächsischen Koalition auf sich zu nehmen, den zu gewinnen es keine Hoffnung gebe.

Becks abschließende Bemerkungen waren verblüffend und geradezu bizarr. Sie schienen überhaupt keinen logischen Zusammenhang mit seiner bisherigen Argumentation zu haben:

»Die Ausführungen des Führers ergeben ... die völlige Unzulänglichkeit der bisherigen obersten militärischen Hierarchie. Ständige sachverständige Beratung des Obersten Befehlshabers der Wehrmacht in Fragen der Kriegführung und vor allem des Waffenkrieges muß ebenso gefordert werden wie eine klare Abgrenzung und Achtung der Verantwortlichkeiten. Wird hier nicht bald der Hebel angesetzt, um zu einer Änderung der unerträglich gewordenen Verhältnisse zu kommen, und bleibt die jetzige Anarchie als Dauerzustand, so kann man das weitere Schicksal der Wehrmacht im Frieden und Krieg, damit aber auch das Schicksal Deutschlands in einem knüftigen Kriege nur in den schwärzesten Farben sehen.«

Hier wird sein eigentliches Anliegen deutlich: Beck kämpfte nicht gegen Hitler, sondern um ihn; er kämpfte mit dem OKW um das Vorrecht, den Diktator zu beraten.

In der Zwischenzeit hatte das OKW bereits eine Weisung ausgearbeitet, die Hitlers »unabänderlichen Entschluß« konkretisierte, »die Tschechei in absehbarer Zukunft durch eine militärische Aktion zu zerschlagen«. Sie ging am 30. Mai an die Oberkommandos der drei Wehrmachtteile, denen befohlen wurde, entsprechende Vorbereitungen zu treffen. Becks

Reaktion darauf war eine weitere Flut von Protesten bei Brauchitsch und durch ihn beim OKW und bei Hitler, wobei er die generalstabsmäßige Vorbereitung des Krieges jedoch nicht vernachlässigte[10].
Am 3. Juni sandte Beck eine erneute Denkschrift an Brauchitsch. Darin beklagte er sich, daß die Weisung des OKW vom 30. Mai unrealistisch und zudem ohne Fühlungnahme mit ihm ausgearbeitet worden sei. Dies sei ein Fehler:
»Die militärische Notwendigkeit für jenes Vorhaben (Fall Grün) war im Generalstab des Heeres längst mindestens so klar erkannt, wie von den anderen ... Stellen. Die jahrelangen Untersuchungen und Vorarbeiten durch den Generalstab des Heeres, die wohl nirgends so gründlich betrieben worden sind und auch betrieben werden konnten ... haben zu einer Reihe bestimmter organisatorischer und strategischer Grundlagen für die Bearbeitung der Kriegsvorbereitungen gegen die Tschechei geführt.«
Dann wiederholte Beck viele seiner Argumente, die gegen einen Krieg im Jahr 1938 sprachen, und kam dann auf seinen eigenen Zeitplan für einen Angriff auf die Tschechoslowakei zurück. Deutschland müsse, so schrieb er, »mindestens bis zum Mob. Jahr 1940« warten, um gegen die Tschechoslowakei und Frankreich erfolgreich Krieg führen zu können. Er lehnte also, was sehr bemerkenswert ist, einen Angriffskrieg gegen die Tschechoslowakei keineswegs grundsätzlich ab. Die Denkschrift schloß mit einer kaum verhüllten Rücktrittsdrohung:
» ... machen es mir zur Pflicht ... meiner Auffassung dahin Ausdruck zu geben ... daß ich die auf solcher militärischen Grundlage aufgebaute militärische Aktion gegen die Tschechoslowakei für verhängnisvoll halte und daß der Generalstab des Heeres die Mitverantwortung für die einseitigen und unzureichenden militärischen Grundlagen ... der Weisung für die einheitliche Kriegführung der Wehrmacht ... ausdrücklich ablehnen muß[11].«

Es erscheint sonderbar, daß Beck auch zu diesem Zeitpunkt noch versuchte, die Lösung der Krise in der Organisation des Oberkommandos zu finden, nachdem er doch Hitlers Pläne selbst gehört und gelesen hatte. Wie sehr er auch den Diktator inzwischen verabscheute – er glaubte noch immer, ihn durch eine Reorganisation des Oberkommandos beeinflussen zu können. Durch die Wiederherstellung des Primats des Generalstabs hoffte er Hitlers Energien in Bahnen lenken zu können, die er für konstruktiv hielt. Daher flammte der Streit um die Spitzengliederung erneut auf, und der Generalstab setzte sich mit Nachdruck für seine Vorstellungen ein. Am 13. Juni jedoch entschied Hitler, daß dieser Streit schon viel zu lange gedauert habe und daß es bei der gegenwärtigen Organisation des Oberkommandos bleibe[12].
Wieder trat eine gewisse Ruhe ein. Die Vorbereitungen für den Krieg gingen weiter und nichts geschah, um die Beziehungen zwischen dem

OKW und dem OKH zu verbessern. Die Berichte, die Beck im Juni und Juli zugingen, können ihn nur in seiner Entschlossenheit, sich einer Entscheidung für den Krieg zu widersetzen, bestärkt haben. Anfang Juni lenkte Kühlenthal seine Aufmerksamkeit auf die enge militärische Kooperation Großbritanniens und Frankreichs und warnte, daß die Franzosen, auch wenn sie keinen Krieg wollten, im Falle eines Einmarsches der Deutschen in die Tschechoslowakei marschieren würden. Anton v. Bechtolsheim, Geyrs Nachfolger in London, schrieb, daß die Geduld der Engländer nicht unbegrenzt sei. Halifax und Chamberlain seien noch bereit, Kompromisse mit Deutschland zu suchen, aber wenn man zuviel fordere, würden sie kämpfen, und ihre Streitkräfte seien gut auf den Krieg vorbereitet. Zur selben Zeit mußte Beck in einem Gespräch mit Staatssekretär v. Weizsäcker feststellen, daß die nüchternen Analytiker im Auswärtigen Amt zu ähnlichen Prognosen gekommen waren[13].
Um seine Auffassung zu diesem Problem zu untermauern und seine eigene Position zu stärken, stellte Beck Ende Juni – statt die traditionelle jährliche Generalstabsreise durchzuführen – eine schriftlich zu beantwortende Generalstabsaufgabe, die insbesondere der Prüfung der Frage galt, »wie die Operationen gegen die Tschechoslowakei zu führen seien und wie lange ein solcher Feldzug bis zu seinem günstigen Abschluß dauern könne«. Dabei war von der Unterstellung auszugehen, daß Frankreich der Tschechoslowakei zu Hilfe kommen werde. Die sorgfältig erarbeiteten Ergebnisse dieser Studie ließen das Kriegsrisiko zum gegenwärtigen Zeitpunkt als zu groß erscheinen. Man kam zwar zu der allgemeinen Überzeugung, daß es Deutschland möglich sein würde, die Tschechoslowakei zu überrennen, aber es würde ein verlustreicher Feldzug sein; und selbst wenn er erfolgreich wäre, würden die Franzosen die Möglichkeit haben, tief nach Deutschland einzudringen[14].
Als der Generalstab in Berlin zur Abschlußbesprechung der Übung zusammentrat, hob Beck diese Aspekte des »Falls Grün« besonders hervor. Dann wies er auf die entscheidende Bedeutung hin, »die in Frieden und Krieg der von rückhaltlosem gegenseitigem Vertrauen getragenen Zusammenarbeit zwischen politischer und militärischer Führung« zukam, um unrealistischen politischen Abenteuern einen Riegel vorzuschieben. Er wiederholte die Forderung nach einer direkten Zusammenarbeit zwischen Generalstab und Oberstem Befehlshaber ohne Zwischenschaltung des OKW. Die Bedeutung dieser Bemerkungen wurde durch die auffallende Abwesenheit von Keitel und Jodl und überhaupt eines Vertreters des OKW unterstrichen[15].
Viele der anwesenden Offiziere hatten bis dahin keine Ahnung von den Konflikten im Oberkommando, und erst recht hatten sie nichts von den Plänen für »Fall Grün« gehört. Jetzt wurde ihnen erstmals bewußt, daß etwas Ungewöhnliches im Gange war. Beck trug seine Erklärungen mit solchem Nachdruck vor, daß jedem, der hören wollte, klar war, daß der

Chef des Generalstabs hier nicht von einer nur theoretischen Studie sprach, sondern warnend gegen Unternehmungen protestierte, wie sie tatsächlich von der politischen Führung des Reiches erwogen wurden.
Ein Offizier, Edgar Röhricht, hörte in Becks beschwörendem Ton den Schrei eines gequälten Gewissens. Und das beeindruckte ihn mehr als alle Argumente. Er fragte sich, ob es der alte Moltke wohl jemals nötig gehabt habe, an seine Untergebenen zu appellieren, weil seine Vorgesetzten nicht auf ihn hören wollten. Da Becks Ansprache nichts von einem Aufruf zum Widerstand an sich hatte, schloß Röhricht, daß sie eher völlige Hilflosigkeit signalisiere[16].
Dieser Eindruck müßte sich eigentlich noch verstärkt haben, als Brauchitsch aufstand, um zu sprechen. Während sein Generalstabschef so beredt die Gefahr eines Krieges beschworen hatte, beschränkte sich der Oberbefehlshaber auf ein paar unverbindliche Worte, die keine Zustimmung zu den Ausführungen Becks enthielten. Bei dem Essen, das Beck unmittelbar nach der Konferenz gab, sprach Röhricht mit jüngeren Generalstabsoffizieren, die sich offen gegen Beck aussprachen. Rudolf Schmundt, einst ein ergebener Bewunderer Becks, tat ihn nun als einen Mann ab, »der die Dynamik der neuen Zeit nicht versteht«. Wenn es nach Beck ginge, säßen sie immer noch als »die verlachten Bittsteller in Genf«. Ein Luftwaffenoffizier sekundierte Schmundt: »Über dreißig Tage für diese lächerlichen Hussiten! Als ob es keine Luftwaffe gäbe! Schlieffen hinkte der Technik um zwanzig Jahre nach, und an der Marne bekamen wir die Quittung. Und für Beck sind unsere Geschwader nur ein störendes Anhängsel[17].«
Selbstverständlich gab es auch Offiziere, die Beck gegen seine Kritiker verteidigten, aber der Mangel an Geschlossenheit war beunruhigend. Beck hatte sein Ziel nicht erreicht.
Es wurde Beck immer klarer, daß Brauchitsch nicht bereit war, ihn kraftvoll zu unterstützen, selbst wenn er mit seinen Ansichten übereinstimmte. Die Beziehungen zwischen den beiden waren nie sehr gut gewesen, aber jetzt, wo Beck Brauchitsch unablässig drängte, ihren Standpunkt deutlich zu vertreten, verschlechterten sie sich noch erheblich. Zugegebenermaßen war Brauchitschs Stellung schwierig. Er war in einer Zwickmühle, OKW und Hitler auf der einen Seite, Beck und Generalstab auf der anderen. Keins der beiden Lager gab sich die geringste Mühe, den Umgang miteinander zu erleichtern. Das OKW unterließ es oft, mit Beck Fühlung aufzunehmen, und Beck verbot seinen Leuten, mit ihren Kollegen im OKW zu sprechen. Hitler war natürlich nicht gewillt, nur auf das Heer zu hören. Außerdem komplizierte Brauchitschs verständlicher Wunsch, sich mit Keitel und Jodl gut zu stellen, die ganze Angelegenheit. Immerhin war er ihnen doch in gewisser Weise zu Dank verpflichtet. So versuchte er immer wieder, Zeit zu gewinnen und es mit keiner der beiden Parteien zu verderben. Dabei zahlte natürlich das Heer als der schwä-

chere Teil ständig drauf, wenn Brauchitsch spürte, daß er sich nicht bei Hitler durchsetzen konnte[18].

Der Führer seinerseits konnte die Proteste des Heeres ruhig ignorieren, da er ohnehin entschlossen war, nicht zu marschieren, solange Becks Befürchtungen begründet erschienen. Am 18. Juni legte das OKW Hitler eine neue Weisung zur Unterschrift vor, in der seine Pläne noch einmal dargelegt wurden. In dieser »Allgemeinen strategischen Weisung« hieß es:

»Ich bin entschlossen, ab 1. Oktober 1938 jede sich bietende günstige politische Gelegenheit zu ergreifen (um die tschechische Frage zu lösen) ... Ich werde mich nur dann zum Handeln entschließen, wenn ... ich fest davon überzeugt sein kann, daß Frankreich nicht marschieren wird, und daher auch England nicht eingreifen wird[19].«

Ribbentrop arbeitete hart, um Hitler diese »günstige Gelegenheit« zu verschaffen. Während Henlein die Emotionen in der Tschechoslowakei anheizte, wies Ribbentrop die deutschen Missionen bei den Großmächten an, durch entsprechendes Taktieren ihre Abneigung, der Tschechoslowakei zu Hilfe zu kommen, zu verstärken. Auch in Budapest, Warschau und Bukarest versuchte er, gegen die Tschechoslowakei Stimmung zu machen. Im Auswärtigen Amt muß große Zufriedenheit geherrscht haben, als die Anklagen des polnischen Außenministers gegen die Tschechen wegen der Unterdrückung der polnischen Minderheit bekannt wurden, und erst recht, als das OKW meldete, daß Polen die Forderung Frankreichs abgelehnt habe, der Tschechoslowakei militärische Garantien zu geben. Die Meldungen aus Budapest klangen ebenfalls vielversprechend, wenn auch nicht ganz zufriedenstellend. Die Ungarn wollten große Gebiete der Tschechoslowakei annektieren und waren über Hitlers Absicht, sie zu zerschlagen, hocherfreut. Sie lehnten aber eine offene Zusammenarbeit aus Furcht ab, damit den »Casus foederis« für die Kleine Entente zu schaffen, der die Tschechoslowakei angehörte. Rippentrop gelang es sogar, die Rumänen auf seine Seite zu ziehen. Im Juni verweigerte Bukarest Moskau die verlangten Transitrechte und entschloß sich, Deutschland bei seiner Suche nach einer Lösung der tschechischen Frage diplomatische Unterstützung zu gewähren. Die Franzosen und Briten gaben sich inzwischen fest und unbeugsam, taten in Wirklichkeit jedoch alles, um eine ernstere Krise zu vermeiden, und schufen damit die Voraussetzungen für die Beschwichtigungspolitik. Alles in allem verlief also die diplomatische Entwicklung ganz nach Hitlers Wünschen.

Beck ließ sich davon nicht beeindrucken und ergriff erneut die Initiative, um der wachsenden Kriegsgefahr zu begegnen. Ja, er arbeitete jetzt direkt gegen Hitlers Außenpolitik. Am 4. Juli traf er sich mit General Pariani, dem Chef des italienischen Generalstabs, der nach Berlin gekommen war, um Pläne für die zukünftige Zusammenarbeit der beiden Armeen auszuarbeiten. Die Haltung, die Beck gegenüber Italien einnahm, war klar und konsequent. Schon im März hatte er in einem Gespräch mit Weizsäcker festgestellt:

»... Italien Generalstabsbesprechungen mit uns sucht ... Wir haben von solchen Besprechungen nichts. Das Optimum der uns als Italiens Alliiertem zufallenden Hilfe besteht in einer auch so gegebenen Bindung von ca. einem Drittel des französischen Heeres ... Auf dem französisch-deutschen Kriegsschauplatz haben wir keine Verwendung für italienische Truppen ... Der Vorteil des Zusammengehens mit Italien ist also gering ... Es darf also von einer Blanko-Zusage an Italien ... nicht die Rede sein ...[20]

Am 16. Juli übergab Beck Brauchitsch eine weitere Denkschrift. In ihr berührte er die schon vertrauten Themen, entwickelte sie jedoch auf neue Weise. Zum erstenmal zog er konkrete Schritte in Erwägung, um eine Ausführung des »Falls Grün« zu verhindern[21].

In den ersten Absätzen der Denkschrift verwarf Beck abermals die Vorstellung des Führers, man könne das tschechische Problem gewaltsam lösen, ohne mit den Franzosen und Engländern auf dem Schlachtfeld zusammenzustoßen. Dies sei einfach unmöglich. Eine vollständige militärische Überraschung sei nicht denkbar, folglich auch kein schneller Feldzug, um die Tschechoslowakei zu überrennen. Als nächstes zweifelte Beck die Wirksamkeit der Außenpolitik Ribbentrops an. Es sei keineswegs sicher, daß Polen oder Ungarn gegen die Tschechoslowakei eingreifen würden. Die Lage im Westen sei unverändert. Italien sei nicht fähig, Frankreich von einer Offensive gegen Deutschland abzuhalten, und die deutschen Divisionen am Rhein seien nicht in der Lage, ihren französischen Gegner daran zu hindern, mit britischer Hilfe nach Deutschland vorzudringen. Ein solcher Krieg werde »nach menschlicher Voraussicht mit einer nicht nur militärischen, sondern auch allgemeinen Katastrophe endigen«.

Selbst wenn sie nicht angriffen, befänden sich die Alliierten in einer Position, um Deutschland unter Druck zu setzen. Schließlich berief sich Beck auf die Stimmung im deutschen Volk: Es wünsche keinen Krieg und erwarte von seinen militärischen Führern, daß sie ihn verhinderten.

Mit der Formulierung des letzten Absatzes der Denkschrift hatte Beck sich lange herumgequält. Zunächst hatte er erwogen, zurückzutreten, falls es Brauchitsch nicht gelänge, den Führer zur Aufgabe der Pläne für »Fall Grün« zu bewegen. Dann hatte er sich entschlossen, Brauchitsch einen radikaleren Kurs vorzuschlagen. Dieser Schritt war ihm nicht leichtgefallen. Er schrieb:

»Ich bin allmählich zu der Überzeugung gekommen, daß es nicht angeht, jene Maßnahmen, deren Wirkungen sich jetzt schon deutlich beurteilen lassen, so lange laufen zu lassen, bis eine Lage eintritt, die entweder zu einer Katastrophenpolitik führen kann oder welche die Änderung der Maßnahmen als einen von außen kommenden Druck erkennen lassen

muß. Denn auch eine nicht mehr dem freien Willen unterliegende Änderung der Absichten enthält für die Staatsführung und für die obersten Stellen des Heeres ernste Gefahrenmomente.
Aus Vorstehendem und auf Grund meiner vorausgegangenen Darlegungen halte ich mich heute für verpflichtet – im Bewußtsein der Tragweite eines derartigen Schrittes, aber auch unter Berufung auf die mir nach meiner Dienstanweisung für die Vorbereitung und Ausführung eines Krieges erwachsende Verantwortung – die dringende Bitte auszusprechen, den Obersten Befehlshaber der Wehrmacht zu veranlassen, die von ihm befohlenen Kriegsvorbereitungen einzustellen und die Absicht der gewaltsamen Lösung der tschechischen Frage so lange zurückzustellen, bis sich die militärischen Voraussetzungen dafür grundlegend geändert haben ...
Dringend erforderlich erscheint es mir ferner, in jedem Fall baldigst die Kommandierenden Generale über Geist, Stimmung und innere Festigkeit der Truppen im Hinblick auf die etwa zu erwartenden Ereignisse persönlich zu hören und mit ihnen in Fühlung zu bleiben. Der Ernst der möglicherweise zu erwartenden Entwicklung erfordert von nun ab in dieser Hinsicht eine dauernde enge Verbindung der obersten Stellen des Heeres untereinander, wenn das gegenseitige Vertrauensverhältnis erhalten bleiben soll ...
Notwendig ist eine derartige Besprechung des Herrn Oberbefehlshaber des Heeres mit allen vorgenannten Herren auch deshalb, damit alle Fragen v o r der vom Führer mit den Kommandierenden Generalen beabsichtigten Besprechung geklärt werden und diesem gegenüber eine klare einheitliche Auffassung vertreten werden kann.«
Beck erläuterte seine Vorschläge ausführlich, als er Brauchitsch diese Denkschrift vorlegte. Wenn der Oberbefehlshaber des Heeres sich gefragt haben sollte, wie man Hitler denn zwingen könne, seine Kriegsvorbereitungen einzustellen – in seinem mündlichen Vortrag gab Beck ihm eine Antwort darauf. Er schlug vor, die Generale sollten alle geschlossen von ihren Posten zurücktreten, wenn Hitler an seinen Kriegsplänen festhalte.
»Der Führer hält anscheinend eine gewaltsame Lösung der sudetendeutschen Frage durch Einmarsch in die Tschechei für unabwendbar. Er wird in dieser Auffassung bestärkt durch eine Umgebung verantwortungsloser radikaler Elemente ...
Alle aufrechten und ernsten deutschen Männer in staatsverantwortlichen Stellungen müssen sich berufen und verpflichtet fühlen, alle erdenklichen Mittel und Wege ... anzuwenden, um einen Krieg gegen die Tschechei abzuwenden, der in seinen Auswirkungen zu einem Weltkrieg führen muß, der das Finis Germaniae bedeuten würde.
Die höchsten Führer der Wehrmacht sind hierzu in erster Linie berufen und befähigt, denn die Wehrmacht ist das ausübende Machtmittel des Staates in der Durchführung eines Krieges.
Es stehen hier letzte Entscheidungen über den Bestand der Nation auf

dem Spiele. Die Geschichte wird diese Führer mit einer Blutschuld belasten, wenn sie nicht nach ihrem fachlichen und staatspolitischen Wissen und Gewissen handeln. Ihr soldatischer Gehorsam hat dort eine Grenze, wo ihr Wissen, ihr Gewissen und ihre Verantwortung die Ausführung eines Befehls verbietet. Finden ihre Ratschläge und Warnungen in solcher Lage kein Gehör, dann haben sie das Recht und die Pflicht vor dem Volk und vor der Geschichte, von ihren Ämtern abzutreten. Wenn sie alle in einem geschlossenen Willen handeln, ist die Durchführung einer kriegerischen Handlung unmöglich. Sie haben damit ihr Vaterland vor dem Schlimmsten, vor dem Untergang, bewahrt ...

Für den Fall, daß es durch den Einspruch berufener Männer noch gelingen sollte, einen Krieg zu vermeiden, ist mit erheblichen innerpolitischen Spannungen zu rechnen. Man wird von radikaler Seite erklären, daß die Durchführung der Absichten des Führers an der Unfähigkeit der Wehrmacht und ihrer Führer gescheitert ist. Erneute und verstärkte Diffamierungen werden einsetzen. Hier gilt es, ein wachsames Auge und Ohr zu behalten.

Der Führer soll in kleinem Kreise erklärt haben: Den Krieg gegen die Tschechei muß ich noch mit den alten Generalen führen, den Krieg gegen England und Frankreich führe ich mit einer neuen Führerschicht. Man wird sich daher entschließen müssen, in unmittelbarer oder nachfolgender Verbindung mit einem Einspruch nunmehr eine klärende Auseinandersetzung zwischen Wehrmacht und SS herbeizuführen ...[22]«

Dieses Manifest ist Beck in Reinkultur. Die darin enthaltene Kritik an der Spitzengliederung und sein Hinweis auf die radikalen Elemente sind typisch. Ebenso charakteristisch ist die Art, wie er beides in einen größeren Rahmen stellt. Seine Botschaft ist klar: Das nationalsozialistische Regime hatte sich zu weit vom Beispiel Preußens entfernt, und diese Abweichung mußte korrigiert werden. Hitler hatte die unverzeihliche Sünde begangen, die Ansichten des Heeres zu ignorieren, und beabsichtigte sogar, die preußische Elite zu entmachten. Als ihr bedeutendster Repräsentant mußte das Heer handeln, um das preußische Erbe zu bewahren. Es mußte seinen Einfluß wiedergewinnen, dabei einen möglicherweise verhängnisvollen Krieg verhindern und sich darauf vorbereiten, die Angriffe der Radikalen in der Partei abzuwehren, wie es in der Vergangenheit die der SA und SS abgewehrt hatte. Wenn das Heer damit Erfolg habe, werde die Gefahr, daß die Innenpolitik über die Außenpolitik dominiere, gebannt und Deutschland könne wieder Außenpolitik in traditioneller Weise betreiben.

Es ist aufschlußreich, daß Beck gezwungen war, nach Reformen auch auf dem zivilen Sektor zu rufen. Er war ein preußischer General und ein Schüler von Clausewitz, und er hatte sicherlich nicht die Absicht, einen Präzedenzfall zu schaffen, auf den sich spätere Generationen von Soldaten berufen könnten, wenn ihnen irgendwann einmal die gegenwärtige

Regierung nicht passen sollte. Er hatte nur ein Ziel an diesem 16. Juli: die politische Führung zu zwingen, auf den Generalstab zu hören, wenn militärische Probleme zur Debatte standen. »Außergewöhnliche Zeiten« rechtfertigten in seinen Augen auch »außergewöhnliche Maßnahmen«.
Es mußte Beck schwerfallen, sich für weitergehende, eindeutiger politische Ziele zu engagieren. Aber es wurde Druck auf ihn ausgeübt, weiterzugehen. Halder kritisierte ihn bitter für seinen phantasielosen Widerstand gegen Hitler und erhielt die ärgerliche und verbitterte Antwort: »Aber ich habe ihm doch eine Denkschrift geschrieben!« Oster verband sich mit Halder in dem Versuch, Beck voranzutreiben, und konferierte mit ihm wiederholt mehrere Stunden hintereinander, worüber die Arbeit des Generalstabs fast zum Stillstand kam. Wahrscheinlich hat er wieder und wieder auf die Notwendigkeit hingewiesen, wirkungsvollere Maßnahmen zu ergreifen. Beck war sich mit ihm in der Analyse des Systems einig; er hatte doch selbst oft genug in der Vergangenheit die Außen- und Innenpolitik heftig kritisiert. Aber war es an ihm, dem Chef des Generalstabs, zu handeln? Und durfte er den Eid brechen, den er 1934 Hitler geschworen hatte[23]?
Schließlich gab Beck, wenn auch zögernd, nach. Am 19. Juli sprach er mit Brauchitsch in einer ganz neuen, scharfen Sprache. Die Vorschläge, die er an diesem Tage machte, sind einzigartig. Zum ersten- und letztenmal als Generalstabschef erörterte er ganz offen die Möglichkeit, die Auseinandersetzung mit der SS dazu zu benutzen, das nationalsozialistische Regime von Grund auf zu reformieren. Seine Überlegungen waren klar: Zunächst mußte die Armee handeln, um einen katastrophalen Krieg abzuwenden, und dann den Staat dergestalt reformieren, daß innere Spannungen keinen unheilvollen Einfluß mehr auf die Außenpolitik ausüben konnten. Auf diese Weise könnte die Armee ihrer hohen Verantwortung gegenüber dem deutschen Volk gerecht werden:
»Wenn man sich zu einer Demarche in Form eines Einspruches mit allen seinen Folgen entschließt und hierdurch den Ausbruch eines Krieges noch verhüten kann, so wird zu prüfen sein, ob man diesen Schritt nicht dahin aktivieren sollte, daß man es zu einer für die Wiederherstellung geordneter Rechtszustände unausbleiblichen Auseinandersetzung mit der SS und der Bonzokratie kommen lassen muß. Wohl zum letzten Male bietet das Schicksal die Gelegenheit an, das deutsche Volk und den Führer selbst zu befreien von dem Albdruck einer Tscheka und von den Erscheinungen eines Bonzentums, die den Bestand und das Wohl des Reiches durch die Stimmung im Volke zerstören und den Kommunismus wiederaufleben lassen. Hierbei müssen u. a. nachstehende Gesichtspunkte in den Vordergrund gestellt werden:
1. Es kann und darf kein Zweifel darüber aufkommen, daß dieser Kampf für den Führer geführt wird.
2. Aufrechte und tüchtige Männer der Partei müssen durch sachliche

Darstellung über den Ernst der Lage unterrichtet, von der Notwendigkeit eines solchen Schrittes überzeugt und dafür gewonnen werden, z. B. Gauleiter Wagner in Schlesien, Reichsstatthalter Bürckel in Wien. Der Gruppenbefehlshaber Wien und der Kommandierende General des VIII. Armeekorps (gelegentlich des Turnfestes in Breslau) könnten hierzu verwendet werden. Auch nur die leiseste Vermutung etwa eines Komplottes darf nicht aufkommen, und trotzdem muß die Geschlossenheit der höchsten militärischen Führer für alle Fälle hinter diesem Schritte stehen. Auch in der Luftwaffe werden solche Generale zu finden sein. Kurze, klare Parolen: Für den Führer, gegen den Krieg, gegen die Bonzokratie, Friede mit der Kirche, freie Meinungsäußerung, Schluß mit den Tschekamethoden, wieder Recht im Reich, Senkung aller Beiträge um die Hälfte, kein Bau von Palästen, Wohnungsbau für Volksgenossen, preußische Sauberkeit und Einfachheit[24]!«

An diesem Dokument fällt in erster Linie seine innere Widersprüchlichkeit auf. Beck war ein großer Generalstabschef und ein kraftvoller und kompetenter Anwalt seiner Überzeugungen in militärischen Fragen. Aber zum Politiker fehlte ihm viel. Obwohl er die Partei und Hitler verabscheute, sah er nicht den Zusammenhang zwischen Hitler auf der einen Seite und dem »Albtraum« der Gestapo und der Bonzenwirtschaft auf der anderen. Wie hätte er sonst schreiben können, die Reformer müßten für Hitler kämpfen? Er glaubte immer noch an einen »vernünftigen« Führer, mit dem der Generalstab zusammenarbeiten könne.

Da Beck irrtümlicherweise annahm, man könne den Nationalsozialismus ohne Revolution verändern, entwarf er ein Reformprogramm in altpreußischem Stil, das in Wirklichkeit – jedenfalls vom nationalpolitischen Standpunkt aus – revolutionär war. Hätte er Erfolg gehabt, hätte es das Wesen des Nationalsozialismus zerstört. Der fatale Irrtum bestand darin, daß er seine Gedanken für reformistisch hielt, während sie in Wahrheit revolutionär waren.

Dies Urteil mag hart erscheinen, aber an Becks Vorschlägen ist nichts, was es mildern könnte. Beck beabsichtigte nicht, lebensfähige politische Institutionen zu schaffen, die die Erfüllung seines Programms hätten übernehmen können. Ihm ging es primär um das Auswechseln von Personen, und auch hierbei dachte er illusionistisch. Zweifellos gab es auch in der Partei »aufrechte und tüchtige Männer«, aber es war unrealistisch von Beck, zu hoffen, man könne eine größere Zahl von ihnen für seine Pläne gewinnen. Von seinem Standpunkt aus mochten Wagner und Bürckel ansprechbarer sein als die meisten ihrer Kollegen. Wagner war ein gläubiger Katholik, und zusammen mit Bürckel galt er als einer der Leute, die sich noch dem Volk verantwortlich fühlten. Beide galten als sozial, aber für die Rolle, die Beck ihnen zugedacht hatte, waren sie völlig ungeeignet. Für diese Männer war sein Programm doch typisch reaktionär, da es an die Werte des preußischen Rechtsstaates appellierte, die ihnen vollkommen fremd waren. Sie waren ja nicht preußische Konservative, sondern typische halbgebildete Repräsentanten des Kleinbürgertums, denen sowohl die Fähigkeit wie auch der Wille fehlte, das nationalsozialistische System zu reformieren. Dies galt vor allem für Bürckel, der sich bestimmt nie Sorgen über die Tschekamethoden gemacht hatte, sondern im Gegenteil eine gehörige Portion der Verantwortung für ihre Anwendung in Wien unmittelbar nach dem Anschluß zu tragen schien. Selbst Seyß-Inquart, den man nicht gerade als einen Vertreter der Menschlichkeit bezeichnen kann und der Bürckel in Wien lange Zeit beobachten konnte, pflegte von ihm als einem »der gefühllosesten, mißtrauischsten und brutalsten Männer zu sprechen, die er je kennengelernt habe[25]«.

Brauchitschs Reaktion auf Becks Demarche ist nicht bekannt, aber es gibt wenig Anlaß zu vermuten, daß er überhaupt jemals bereit war, Becks innenpolitische Vorstellungen zu unterstützen. Er hat Beck sicherlich nicht in seinen Plänen bestärkt, und da Beck nie vorhatte, ohne Brauchitschs Unterstützung zu handeln, war der Rest Schweigen. Beck scheint sein eigenes Programm bald nach dieser Konferenz vom 19. Juli vergessen zu haben, und vielleicht hat sich in seine Enttäuschung auch ein Gutteil Erleichterung gemischt. Seine Vorschläge sind so nicht viel mehr als interessante Fußnoten zur Geschichte seines Kampfes mit Hitler im Jahr 1938 geblieben, wertvoll nur als Dokument seiner eigenen sozialen Philosophie und als Beweis seiner persönlichen Integrität.

Brauchitsch war für die Initiativen, die den Krieg gegen die Tschechoslowakei verhindern sollten, eher zugänglich, und der Chef des Generalstabs versuchte auch noch nach dem 19. Juli, Hitlers außenpolitischen Plänen entgegenzuwirken. Nachdem er am 28. Juli von der Reaktion des Führers auf den Besuch von Hauptmann Wiedemann in London informiert worden war, bestätigte Beck noch einmal seinen Willen, zu handeln. Wiedemann, einer von Hitlers Adjutanten, war aus England mit einer Anregung von Lord Halifax zurückgekommen, Hitler möge erklären, daß er nicht beabsichtige, die tschechische Frage in nächster Zukunft mit Gewalt zu lösen. Als er dies dem Führer berichtete, bekam er nur das blindwütige Argument zu hören, der Krieg gegen die Tschechoslowakei sei notwendig. Der neuerlich unter Beweis gestellte Starrsinn Hitlers war ein weiterer Ansporn für Beck, seine Pläne, die er am 16. Juli vorgetragen hatte, zu forcieren. In einer Vortragsnotiz vom 29. Juli schrieb er:

»Es tritt daher die Prüfung der Frage immer dringlicher in den Vordergrund, ob und zu welchem Zeitpunkt der Oberbefehlshaber des Heeres mit den Generalen des Heeres ... geschlossen hinter sich vor den Führer tritt und ihm in schärfster Form erklärt, daß wir für einen Krieg gegen die Tschechei ... nicht gerüstet sind ... Der Oberbefehlshaber des Heeres mit seinen höchsten führenden Generalen bedauert, die Verantwortung für die Führung eines derartigen Krieges nicht übernehmen zu können,

ohne sich vor dem Volk und der Geschichte mitschuldig zu machen. Sie treten daher von ihren Ämtern zurück für den Fall, daß der Führer auf der Durchführung des Krieges besteht.
Die Form dieser Erklärung kann nicht eindrucksvoll, hart und brutal genug abgefaßt werden[26].«
Mit diesem Vorschlag hatte Beck endlich wenigstens einen begrenzten Erfolg. Brauchitsch erklärte sich einverstanden, die Führer des Heeres am 4. August zusammenzurufen, und Beck drängte ihn allem Anschein nach, die Grundlagen für eine geschlossene Aktion auf dieser Konferenz zu schaffen. Er entwarf eine Ansprache für Brauchitsch mit einer Lagebeurteilung und einem Appell an die Generale für eine bedingungslose Unterstützung der Opposition gegen die Pläne des Führers:
Dieser Entschluß sollte mit folgenden Worten begründet werden:
»Als Oberbefehlshaber und berufener Vertreter des Heeres sehe ich mich verpflichtet, dem Obersten Befehlshaber der Wehrmacht die hier ausgeführten Gedankengänge und Schlußfolgerungen in aller Offenheit vorzutragen. Ich muß von ihm fordern, daß die trotz äußerster Kraftanstrengung begrenzte Leistungsfähigkeit unserer militärischen Machtmittel, die Mängel unserer Versorgungslage und das Fehlen der unentbehrlichen Kraftreserven in unserem Volkskörper maßgeblich berücksichtigt werden bei der politischen Entschlußbildung. Ich bin mir des Ernstes der Forderung bewußt. Ich setze bei diesem Schritt voraus, daß ich mich in voller Übereinstimmung mit den hier versammelten obersten Führern des Heeres befinde. Sollte diese Übereinstimmung bei einem der Herren nicht gegeben sein, so bitte ich, es mir jetzt ... zu melden[27].«
Nach Anhörung der Generale sollte Brauchitsch dann fortfahren:
»Der Führer hat in Aussicht genommen, am 15. August gelegentlich von Vorführungen des Heeres in Jüterbog ... zu sprechen. Es kam mir darauf an, Ihnen meine Auffassung bekanntzugeben, bevor der Führer Ihnen entgegentritt mit Gedankengängen, die Sie andernfalls unvorbereitet treffen könnten.
... Die militärische Führung wird ihrer Stimme um so nachdrücklicher Gehör verschaffen können, je geschlossener sie Werte militärischer Erfahrung und soldatischer Entschlossenheit zur Geltung bringt.
Ich muß daher von Ihnen meine Herren verlangen, daß Sie auf Gedeih und Verderb hinter mir stehen und mir bedingungslos auf dem Weg folgen, den ich zum Besten unseres Vaterlandes gehen muß.«
Trotz all diesen Vorbereitungen ließ Brauchitsch Beck wieder im Stich. Er leitete die Konferenz sehr vorsichtig und vergaß den Vorschlag seines Stabschefs zu einer großen gemeinsamen Demarche. Zunächst beschrieb er die Vorgeschichte der Weisung des OKW vom 30. Mai und sagte, wie sehr er überrascht gewesen sei, als er eines Morgens dieses Dokument auf seinem Schreibtisch am Tirpitzufer fand. Niemand hätte zuvor mit dem OKH Fühlung aufgenommen, und er sei über diese Anmaßung

Keitels und Jodls empört gewesen. Dann verlas er Becks Denkschrift vom 16. Juli. (Bezeichnenderweise gab er nicht bekannt, daß es sich um eine Arbeit Becks handelte, und ging sogar so weit, die erste Seite sorgfältig abzudecken, damit niemand den Briefkopf des Chefs des Generalstabs erkennen konnte.)

Als er geendet hatte, fragte Brauchitsch die Kommandierenden Generale nach ihrer Meinung. Adam ergriff das Wort und schilderte die Lage im Westen, seinem Verantwortungsbereich. Dabei kam er zu Schlußfolgerungen, die ganz im Sinne Becks waren. Brauchitsch forderte darauf Adam auf, seine Auffassung dem Führer bei seinem nächsten Vortrag ebenso darzulegen. Adam erwiderte: »Ich habe den Mut dazu.« (Eine Antwort, die unausgesprochen den Vorwurf an Brauchitsch enthielt, ihm fehle dieser Mut.) Beck eilte auf ihn zu, schüttelte ihm beide Hände und gratulierte ihm zu seiner Haltung.

Die meisten Generale stimmten mit Beck und Adam überein, mit nur zwei Ausnahmen: Reichenau und Busch. Reichenau erklärte, es sei Sache des Führers, zu beurteilen, ob ein Krieg geführt werden müsse, und es sei taktisch ungeschickt, dem Führer einzeln gegenüberzutreten. Busch sprach lahm von der Notwendigkeit des Gehorsams und Vertrauens zum Führer. Das war zuviel für Beck. Er richtete sich auf und griff Busch mit ungewohnter Heftigkeit an. In scharfem Ton erinnerte er Busch an die Pflicht eines jeden Generalstabsoffiziers, jedermann, auch dem Staatsoberhaupt gegenüber, seine Ansicht rückhaltlos zu vertreten. Bald darauf schloß Brauchitsch die Konferenz mit der Feststellung, daß die höheren Führer des Heeres in ihren Ansichten über die Ablehnung eines Krieges einig seien[28].

Nach dieser Konferenz verschlechterte sich Becks Lage schnell; die Einigkeit in der Führung des Heeres währte nur wenige Stunden. Als erster wurde Reichenau abtrünnig. Er folgte seinem eigenen Rat nicht, sondern ging zu Hitler, um ihn über die Konferenz der Heeresgenerale zu informieren. Dabei vertrat er nicht etwa entschlossen die Ansichten der anderen Generale, sondern distanzierte sich von ihnen. Keitel hatte wohl recht, wenn er schrieb, daß dies »natürlich ein Schuß Reichenaus aus dem Hinterhalt gegen den Oberbefehlshaber des Heeres« war. Reichenau hatte kaum Anlaß, Brauchitsch gefällig zu sein, der ihm als Oberbefehlshaber vorgezogen worden war. Jedenfalls traf Keitel den Nagel auf den Kopf, wenn er feststellte, daß Reichenau Brauchitschs Stellung unterminierte. Als der Oberbefehlshaber Hitler Becks Denkschrift vortrug, war Hitler schon vorgewarnt, und das ganze Manöver verfehlte die beabsichtigte Wirkung[29].

Hitlers Antwort bestand in der Forderung nach Becks Entlassung. Er hatte genug von den »Denkschriften von Herrn Beck«, ein Ausdruck, den er später oft als disqualifizierenden Terminus für Stabsstudien verwenden sollte. Er erklärte Brauchitsch, die Außenpolitik sei nicht Sache des Chefs

des Generalstabs. Außerdem sei seine Analyse vollkommen falsch. Beck müsse abgelöst werden.
Dieses eine Mal stellte sich Brauchitsch vor Beck. Er erklärte, der Chef des Generalstabs sei ein Offizier von so hervorragender Qualifikation, daß man eine plötzliche Entlassung nicht in Erwägung ziehen könne. Hitler gab nach, verlangte jedoch von Brauchitsch, Beck die Verfassung weiterer Denkschriften zu verbieten. Dann erkundigte er sich, wie viele Offiziere von der Denkschrift Kenntnis hätten (ohne Zweifel um entsprechende Gegenmaßnahmen treffen zu können). Offenbar plante er, Becks Lagebeurteilung in den Augen seiner Kameraden so zu diskreditieren, daß Beck gezwungen sein würde, zurückzutreten.
Beck hatte schon aus eigenem Antrieb den Rücktritt erwogen. Am 16. Juli hatte er diese Möglichkeit zum erstenmal erwähnt, und fünf Tage darauf schrieb ihm Manstein einen Brief, in dem er ihm davon abriet. In diesem Brief ging Manstein noch einmal auf die Gründe ein, die er schon mit Beck diskutiert hatte. Sie konzentrierten sich auf die Ablehnung ihrer gemeinsamen Vorstellungen über die Reorganisation der Spitzengliederung und die tschechische Frage. Manstein erklärte, Beck habe keine Veranlassung, wegen »Fall Grün« zurückzutreten, dessen Ziele »wie ich weiß, niemand heißer erstrebt als Herr General«. Wenn Beck zurücktrete, sei keine qualifizierte Persönlichkeit mehr da, um die organisatorischen Probleme zu lösen. Am 31. Juli entwarf Beck ein Antwortschreiben an Manstein, in dem es hieß:
»Ihre Auffassungen sind an sich sicherlich in der Hauptsache zutreffend. Jedoch ist die Zeit inzwischen weiter fortgeschritten, als Sie es annehmen, und für mich liegen die Voraussetzungen ... in dem von Ihnen gedachten Sinne nicht mehr vor. Von meiner Person aus die Dinge gesehen, kann ich heute und seit längerem nur sagen: Zu spät[30].«
Die ersten Wochen des Augusts brachten die Bestätigung für Becks Überzeugung, daß es bereits »zu spät« war. Er sah nun, daß Brauchitsch wenig oder nichts tun würde, um den von ihm vorgeschlagenen Massenrücktritt der Generale herbeizuführen, von der Reorganisation der Spitzengliederung ganz zu schweigen. Es gab praktisch keine Verständigungsmöglichkeit mehr zwischen ihnen. Brauchitsch fürchtete Beck und nahm es ihm persönlich übel, daß er sein eigenes Verhältnis zu Hitler so schwierig machte. Das ging so weit, daß er buchstäblich bei dem Gedanken zitterte, mit dem Chef des Generalstabs verhandeln zu müssen. Beck wiederum verachtete Brauchitsch wegen seiner Schlappheit und fand es einfach widerwärtig, mit ihm zu reden. Seit Anfang August sprachen sie kaum noch miteinander, und es blieb praktisch Halder überlassen, den Generalstab bei Brauchitsch zu vertreten[31].
Es war dieser offensichtliche Mangel an Verbindung zu Brauchitsch – und natürlich auch zu Hitler –, der Beck dazu brachte, den Rücktritt ins Auge zu fassen. Ihm war klar, daß er kein wirkungsvoller Chef des General-

stabs mehr war – weder auf der Ebene des persönlichen, noch auf der weit wichtigeren des politischen Einflusses. Er begann sich zu fragen, ob er durch einen Rücktritt nicht mehr Wirkung erzielen könne. Es schien dies die einzige Möglichkeit zu sein, die ihm geblieben war, um Hitlers Kriegspläne zu durchkreuzen. Als Beck Anfang August die Lage mit Weizsäcker im Auswärtigen Amt besprach, beklagte er sich über seine Einflußlosigkeit und sagte dem Staatssekretär, daß er ernsthaft an seinen baldigen Rücktritt denke. Er könne nicht verantworten, damit zu warten, bis Hitler tatsächlich in die Tschechoslowakei einfalle, denn er glaube, daß sein Rücktritt dazu beitragen könne, die Staatsmänner wachzurütteln und ihnen den Ernst der Krise bewußt zu machen. Sein Rücktritt könne vielleicht sogar die Franzosen und Engländer zu deutlicheren Schritten veranlassen und Hitler damit beweisen, wie falsch seine Annahme war, sie würden nicht kämpfen. Diese Hoffnung Becks war nicht unrealistisch; Vansittart hatte schon im September 1937 verlangt, daß ihm jede Meldung über einen eventuellen Rücktritt Becks sofort zur Kenntnis gebracht werden müsse, da dieser bedeuten würde, daß ein weiterer mäßigender Einfluß auf Hitler geschwunden sei. Beck mag auch gehofft haben, daß sein Rücktritt andere zu dem gleichen Schritt veranlassen werde, und er glaubte, daß er in jedem Fall der Ehrenrettung des Generalstabs dienen werde[32].

Aber es gab auch verschiedene Gründe, die ihn mit seinem Rücktritt zögern ließen. Sein Gespräch mit Weizsäcker und sein Brief an Manstein zeigen nur, daß er sich mitten in dem quälenden Prozeß einer Klärung seines Standortes befand. Es war nicht leicht für ihn, das aufzugeben, was er »die ehrenvollste Stellung in Preußen-Deutschland« genannt hatte. Er liebte seine Arbeit und hatte immer noch die – wenn auch etwas unrealistische – Hoffnung, daß er wenigstens eine weitere Verschlechterung der Lage verhindern könne. Dies erklärte er jedenfalls etwa gleichzeitig mit dem Gespräch mit Weizsäcker seinem Freund Adam, und fügte herausfordernd hinzu: er werde warten, bis man ihn »rausschmeiße«. Seine Bereitschaft, auf seinem Posten zu bleiben, wurde auch durch das Gefühl bestärkt, daß kein qualifizierter Nachfolger in Sicht war. Halder, der als offensichtlicher Nachfolger schon bereitstand, sah er nicht als geeigneten Hüter des Erbes eines Moltke an. Halder war für ihn ein schwerfälliger, unorigineller Bayer, und er hielt ihn auch nicht für fachkundig genug. Dennoch mußte er einräumen, daß er immer noch der Beste war, der zur Verfügung stand. Wie er später zu seinem Bruder in etwas herablassendem Ton bemerkte: »Ich habe einfach keinen Besseren[33].«

Nun war es Hitler, der Becks Entschluß erleichterte. Den ersten Schritt zur Gegenoffensive gegen Beck unternahm er am 10. August, indem er die Stabschefs aller Generale, die an der Besprechung am 4. August teilgenommen hatten, auf den Berghof befahl und sie in längeren Ausführungen über die internationale Lage belehrte. Als er geendet hatte, brachten mehrere Offiziere Einwendungen gegen seine militärischen Ausführungen vor. Von Wietersheim, Adams Stabschef, verteidigte mutig den Standpunkt seines Kommandeurs und erklärte, der Westwall könne höchstens drei Wochen gehalten werden, woraufhin Hitler aufsprang, drohend die Fäuste schüttelte und schrie, er werde drei Jahre gehalten und nicht drei Wochen[34].

Hitlers nächste Gelegenheit, die, wie Keitel es formulierte, »defätistische Wirkung der Beckschen Denkschrift durch schärfste sachliche Kritik zu entkräften«, kam, als die Armeeführer sich fünf Tage später in Jüterbog bei einer Artillerieübung versammelten. Diese Vorführungen, die schon für Juni geplant gewesen waren, kamen Hitler gerade recht: Sie zielten darauf ab, die Verwundbarkeit von Bunkern zu demonstrieren, die denen an der tschechischen Grenze nachgebildet waren. Das Ganze war aber höchst unrealistisch. Der Beton in Jüterbog war nicht so fest wie der der tschechischen Befestigungen. Außerdem herrschten keine echten Gefechtsbedingungen. Die Artilleristen hatten wochenlang geübt und schossen daher mit einer sonst nicht zu erzielenden Genauigkeit, da sie die Entfernungen auf den Meter genau kannten. Als ehemaliger Artillerist durchschaute Beck die darin liegende Irreführung und war entsetzt über diesen Versuch, den Angriff auf eine Bunkerstellung als »Kinderspiel« zu bagatellisieren. Er wußte, daß »nach einem solchen Anschauungsunterricht dieser Mensch nur noch verrückter« werden mußte[35].

Becks Befürchtungen waren nur zu berechtigt. Der Vorführung folgte ein üppiges Essen, und dann hielt Hitler den Generalen eine lange Rede, die viele von ihnen faszinierte. Mit einiger Herablassung erklärte er, warum Deutschland die Tschechoslowakei in nächster Zukunft angreifen müsse. Dabei führte er im wesentlichen die gleichen Argumente an, die er schon am 28. Mai vorgebracht hatte, und ging dann, ohne seinen Namen zu nennen, zu einer Attacke auf Beck über, die sogar der willfährige Keitel als eine »schneidende Kritik dem Generalstab und seinem Chef gegenüber« charakterisierte. Selbstgefällig strich Hitler seinen Mut und sein Selbstvertrauen heraus; er habe immer entschlossen gehandelt »und (sich) nicht in schwächliche Stimmungen hineinlavieren lassen«. Als Beweis zählte er seine bisherigen Erfolge auf und folgerte daraus, daß nun der Angriff auf die Tschechoslowakei fällig sei. Damit zeigte Hitler zugleich, daß er Becks Lagebeurteilung für irrelevant oder falsch hielt. Zwar räumte er ein, daß Deutschland noch keinen langen Krieg führen könne, doch sei es der vor ihm liegenden Aufgabe gewachsen. »Entscheidend (sei) nicht die militärische Macht, sondern die politische Konstellation und das Verhältnis von militärischer Macht zu der gegenwärtigen Lage«. Deutschland sei vielleicht schwach, aber Großbritannien und Frankreich seien schwächer und würden nicht kämpfen[36].

Mit dieser Rede hatte Hitler Becks letzte Zweifel, ob er zurücktreten solle, ausgeräumt. Erst hatte er ihm das Recht bestritten, selbständig zu denken, dann hatte er ihn als Generalstabschef zweimal öffentlich (und wirkungsvoll) persönlich angegriffen. Beck war über die Konferenz vom 10. August unterrichtet, und er muß es als einen bewußten Affront angesehen haben, wie Hitler die Generale einfach überging und ihre Untergebenen demütigte. Und als Hitler jetzt, am 15. August, nochmals seine Entschlossenheit bekundet hatte, den Krieg zu riskieren, und ihn dabei persönlich beleidigt und der Feigheit bezichtigt hatte, war das Rücktrittsgesuch zu einer Ehrensache geworden. Beck erklärte später Liebmann gegenüber: »Wenn ich auch nur einen Funken von Selbstachtung bewahren wollte, konnte ich nicht anders handeln.« Zu einem anderen Kameraden sagte er:

»Schließlich saß ich auf dem Stuhl eines Moltke und Schlieffen und hatte ein Erbe zu verwalten. Ich konnte also nicht ruhig zusehen, wie diese Verbrecherbande einen Krieg vom Zaune brach ... Nachdem der Führer mir ... hatte sagen lassen, daß er mir die Berechtigung zu meiner Denkschrift ... abspräche ... mich ... scharf angegriffen und ... seinen unabänderlichen Beschluß, die Aktion zu starten, verkündet hatte, habe ich ... erklärt, daß, wenn es zum Krieg käme ... ich mich ... nicht als Chef des Generalstabs zur Verfügung stellen würde[37].«

Unmittelbar nach der Konferenz von Jüterbog sandte Beck seinen Adjutanten zu Brauchitsch mit der dringenden Bitte um eine Unterredung. Aber Brauchitsch ließ ihm ausrichten, er habe jetzt keine Zeit, und stieg ostentativ in seinen Wagen zu einer dreitägigen Besichtigungsreise. So konnte Beck erst am 18. August sein Rücktrittsgesuch dem Oberbefehlshaber des Heeres vorlegen. Drei Tage später bewilligte Hitler das Gesuch und entband ihn seiner Aufgaben als Generalstabschef. Gleichzeitig verlangte Hitler, Beck dürfe aus Gründen der nationalen Sicherheit seinen Rücktritt nicht öffentlich bekanntgeben, eine Forderung, die Brauchitsch Beck am 24., und noch einmal am 26. August, übermittelte. So unglaublich es klingt, Beck fügte sich diesem Wunsch und trat schweigend zurück, womit er selbst seinem Rücktritt die beabsichtigte Wirkung nahm. Gisevius berichtet, daß Beck auch den leisesten Anschein eines Angriffs auf den Staat vermeiden wollte. Ja, er hoffte sogar, aktiv im Heer zu bleiben; er erklärte Brauchitsch, daß er zwar nicht in seinem Amt am Tirpitzufer bleiben könne, aber gewillt sei, seine »Pflicht als Kanonier am Geschütz zu tun«. Das war eine arge Übertreibung. Beck erwartete, den Oberbefehl über eine Heeresgruppe zu erhalten, aber er war auch sehr befriedigt, als ihm der Oberbefehl über die 1. Armee im Westen angeboten wurde[38].

Im Licht dieser Tatsachen erscheint Becks eigene Darstellung seines Rücktritts etwas unaufrichtig. Bevor er aus seinem Amt schied, rief er noch einmal seine Untergebenen zusammen und hielt ihnen eine kurze Ansprache. Hoßbach berichtet darüber:

»Als wir das Zimmer betraten, stand Beck – hochaufgerichtet, unbeweglich gegenüber dem Gruß jedes einzelnen, die Hände gefaltet, das feine durchgeistigte Antlitz übernächtigt, fast überirdisch wirkend, den Blick ... in die Ferne gerichtet, neben seinem Schreibtisch[39].«

In seiner Ansprache gab er seinen Rücktritt bekannt, ohne näher auf die Umstände, die dazu geführt hatten, einzugehen. Er erklärte lediglich, die Verhältnisse seien stärker gewesen als er selbst. Er wies noch einmal auf die traditionelle Unabhängigkeit des deutschen Generalstabs hin und ermahnte die Generalstabsoffiziere, entschlossen in der Erfüllung ihrer Pflichten zu handeln. Zum Schluß, noch bevor er seinen Untergebenen für ihre Arbeit dankte, bekräftigte er zum letztenmal als Generalstabschef seine Opposition gegenüber Hitlers Kriegsplänen und befahl, daß seiner Denkschrift vom 16. Juli folgender Nachsatz angefügt werde:

»Um unsere Stellung den Historikern gegenüber in der Zukunft klarzumachen und den Ruf des Oberkommandos des Heeres sauberzuhalten, wünsche ich als Chef des Generalstabs zu Protokoll zu geben, daß ich mich geweigert habe, irgendwelche nationalsozialistischen Kriegsabenteuer zu billigen[40].«

Was in dem Nachsatz gesagt wurde, ist wahr und doch zugleich irreführend. Die Lage war komplizierter, als hier angedeutet wird. Während der Jahre seiner Amtsführung war Becks Strategie bemerkenswert konsequent geblieben. Er hatte gewünscht, Deutschland solle »die Fesseln von Versailles abschütteln«, um die Freiheit zu gewinnen, wieder eine Großmacht werden zu können. Eine der Voraussetzungen dazu war die Beseitigung der Bedrohung, die von der Tschechoslowakei, dem Vorposten der Versailler Siegermächte, ausging. Nur dann konnte Deutschland den Franzosen unter gleichen Bedingungen gegenübertreten, dann mußte es für die Franzosen schwierig werden, sich Deutschlands Hegemonieansprüchen in Mitteleuropa zu widersetzen. Beck war sich stets bewußt gewesen, daß dieses Programm eine Kriegsgefahr in sich barg, und er war bereit, wenn es darauf ankam, sowohl gegen die Tschechoslowakei als auch gegen Frankreich zu kämpfen. Aber Krieg war für ihn das letzte Mittel. Vor allem solange Deutschland nicht genügend gerüstet war, mußte es unter allen Umständen einen Krieg vermeiden. Aber auch wenn es gerüstet war, mußte es alles unternehmen, um nicht gleichzeitig gegen Frankreich und England kämpfen zu müssen. Niemals spielte Beck mit dem Gedanken an einen neuen Weltkrieg – er sah darin eine Katastrophe für Deutschland und Europa. Als er am Tirpitzufer amtierte, hatte er wiederholt erklärt, lieber zurücktreten zu wollen, als die Verantwortung für leichtfertige Abenteuer zu übernehmen. 1938 war dieser Fall gegeben: Beck war überzeugt davon, daß Deutschland zu schwach sei, um einen europäischen oder Weltkrieg riskieren zu können. Die Sudetenkrise nahm er so ernst, daß er darauf bestand, die Führer der Wehrmacht sollten es Hitler durch einen geschlossenen Rücktritt unmöglich machen, seine Pläne durchzuführen. Als es ihm nicht gelungen war,

Brauchitsch zur Führung bei dieser Demarche zu bewegen, wollte er mit seinem Rücktritt ein Signal setzen. Bis zu diesem Augenblick hat Beck, von menschlichen Unzulänglichkeiten abgesehen, vorbildlich gehandelt – ehrenhaft, mutig, gewissenhaft – und flexibler, als viele erwartet hatten (er hatte sich seit 1933 sehr verändert). Dann aber war sein Rücktritt ebenso stark durch sein Ehrgefühl motiviert wie durch den Wunsch, den Krieg zu verhüten. Als er sich der Forderung beugte, seinen Rücktritt nicht zu veröffentlichen, handelte er gegen die Stimme seines Gewissens. Es gereicht Beck zur Ehre, daß er schon bald erkannte, welchen Fehler er begangen hatte. Der Entschluß, zurückzutreten, hatte für ihn nichts leichter gemacht. Im Gegenteil. Der amerikanische Militärattaché Truman und Mason-Macfarlane berichteten, daß er einen müden und erschöpften Eindruck mache. Gisevius kannte die Gründe. Beck quälte die Verpflichtung, seinen Rücktritt geheimzuhalten. Auch kamen ihm jetzt Zweifel, ob er richtig gehandelt habe. Als er Halder von seinem Rücktritt unterrichtet hatte, war dieser taktlos genug, ihm Vorwürfe zu machen: »Nun sehen Sie selbst, wo man hinkommt mit geistreichen Denkschriften und eleganten Rücktritten. Damit kommt man Hitler nicht bei. Wir müssen zu Mitteln greifen, die in unserer früheren Einstellung unmöglich waren.« Und Beck hatte bitter und resigniert geantwortet: »Ich möchte jetzt auch glauben, daß Sie recht haben. Aber nun liegt es ja an Ihnen.«
Einige Tage später informierte Beck den Reichsbankpräsidenten Schacht. Er gab keine weiteren Erklärungen, schlug nur vor, Schacht möge sich nun an Halder halten, der »viel aktiver« sein werde als er selbst[41].
Am 2. September trat Halder praktisch Becks Nachfolge an. Da Beck aber offiziell immer noch Chef des Generalstabs war – sein Rücktritt wurde ja nicht bekanntgegeben –, trat er in der Öffentlichkeit so auf, als habe sich nichts geändert. Aus dem gleichen Grund übernahm er auch nicht offiziell den Oberbefehl über die 1. Armee im Westen. An einem Tag gab er ein Essen für die ausländischen Militärattachés in Berlin, am nächsten Tag bereitete er sich auf sein neues Kommando im Westen vor[42].
Dieses merkwürdige und unerfreuliche Dasein führte er bis Mitte Oktober, als Hitler sich entschloß, ihn in seinem neuen Kommando nicht zu bestätigen und ihm auch keine andere Verwendung anzubieten. Beck hatte auf den Oberbefehl der Heeresgruppe 3 gehofft, und Brauchitsch hatte Hitler gebeten, ihn für diesen Posten vorzusehen; doch nun ließ Hitler Beck wissen, daß er es begrüßen würde, wenn Beck in Pension gehe. Dem General wurde mitgeteilt, Hitler erwarte, daß er die entsprechenden Konsequenzen ziehen werde, zumal Hitler der Auffassung sei, daß ein Vertrauensverhältnis, wie es zwischen ihm und den Oberbefehlshabern der Heeresgruppen bestehen müsse, nicht wiederhergestellt werden könne. Am 19. Oktober kam Beck daher um seinen Abschied ein, das Gesuch wurde sofort bewilligt. Zwei Wochen später gab der Reichs-

kriegsminister bekannt, Beck sei auf eigenen Wunsch und unter gleichzeitiger Beförderung zum Generaloberst verabschiedet worden. Der Eselstritt erfolgte, obwohl Beck ausdrücklich darum gebeten hatte, von dieser Ehrung verschont zu werden. Dennoch nahm er die Beförderung an. Jetzt könne man wenigstens sagen, bemerkte er zu Hoßbach, »die Leiche liegt nun in einem schönen Sarg[43]«.

VII

Zwischenspiel

»Dumme, Mediokritäten und Verbrecher«

Mit dem Gedanken an den Ruhestand hatte Beck sich nie befassen mögen. Jetzt, da klar war, daß er nicht mehr aktiv in der Wehrmacht tätig sein würde, fühlte er sich wie ein Außenseiter. Die Desillusionierung, die ihn in den letzten Monaten seiner Amtsführung ergriffen hatte, verstärkte seine Depressionen. Er beklagte sich darüber, wie schäbig Hitler ihn behandelt habe und daß Brauchitsch und die anderen ihn im Stich gelassen hätten. Wie zäh hatte er für seine Ideen gefochten, und nun stand er plötzlich, wie er zu einem Freund sagte, allein. Was war aus der preußischen Armee geworden? Ihre »Dekomposition« war unübersehbar, und es gab nichts, was zu neuer Hoffnung berechtigt hätte[1].

Beck hatte Fritsch auf dessen Besitz in Achterberg besucht, aber dieser Besuch hatte ihn, statt zu trösten, nur noch stärker deprimiert. Fritsch fand sich in seinem neuen Leben nicht zurecht; er verbrachte seine Zeit mit langen, einsamen Ausritten durch die Wälder und grübelte über sein Schicksal. Seine Gedanken kreisten immer um denselben Punkt: Er konnte nicht darüber hinwegkommen, »daß der Mann, für den (er) auch persönlich vier Jahre gearbeitet habe ... gerade dieser Mann (ihn) verraten und im Stich gelassen hat«. Aber gleichzeitig hoffte er, daß Hitler »die Schlacht gegen die Juden gewinnen« werde, nachdem er mit der Arbeiterklasse und der katholischen Kirche fertiggeworden war. Er war überzeugt, daß Hitler schließlich doch Erfolg haben werde, und fand es »eigentlich merkwürdig, daß so viele Menschen trotz der doch unbestreitbaren gewaltigen Erfolge des Führers in diesem letzten Jahr mit wachsender Sorge in die Zukunft sehen[2]«.

In den Monaten nach seiner Verabschiedung sah Beck auch Schulenburg – wie Fritsch ein lebendiges Beispiel für den Verfall der Armee. Wenn Beck den ehemaligen Stabschef der Heeresgruppe Deutscher Kronprinz als großen Soldaten respektierte, die politischen Ansichten des jetzigen hohen Ehrenführers der SS verabscheute er. Als Schulenburg im Mai 1939 im Sterben lag, wurde Beck als einziger seiner früheren Kameraden ans Sterbelager gerufen. Aber auch diese letzte Aussprache muß wohl sehr gezwungen und traurig verlaufen sein[3].

Beck ließ sich von Bitterkeit und Trauer jedoch nicht beherrschen – er war aus anderem Holz geschnitzt als Fritsch, stärker, nüchterner. »Ich blicke, abgesehen von den letzten fünf Jahren, die immer schwerer auf mir gelastet haben, auf eine selten schöne, unverdient erfolgreiche und befriedigende Laufbahn zurück«, schrieb er an Oberst Hoßbach, als er mit der »Tatsache (seines) Verschwindenmüssens« konfrontiert war. Recht zuversichtlich klingt sein Brief an Fräulein v. Gossler: »Da ich glaube, die Eigenschaft zu besitzen, mich mit mir selbst beschäftigen zu können, bangt mir nicht vor Langeweile.« Er hatte zwar noch keine genauen Vorstellungen, was er tun und ob er überhaupt in Berlin bleiben würde, aber der Gedanke, sich seinen kriegswissenschaftlichen Neigungen und vor allem seinem Interesse für Kriegsgeschichte widmen zu können, war sehr verlockend. Auch die Probleme der militärischen Führungsstruktur, die ihm als Chef des Generalstabs so viele Sorgen gemacht hatten, wollte er intensiver untersuchen[4].

Während Beck über seine Zukunftspläne nachdachte, planten Halder und Witzleben einen Militärputsch für den Fall, daß Hitler den Befehl zum Einmarsch in die Tschechoslowakei geben sollte. Es ist ziemlich sicher, daß Beck in dieses Komplott nicht eingeweiht war. Einen Sturz des Regimes durch das Heer mochte er noch nicht akzeptieren, aber dem Gedanken an offene Rebellion stand er nicht mehr unbedingt ablehnend gegenüber. Das wurde im September auch Speidel klar, als Beck zu ihm sagte: »Wir müssen notfalls auch mit anderen Mitteln zur Änderung der Verhältnisse kommen. Sonst steuern wir einem Krieg zu, und ein Krieg würde ein Finis Germaniae sein.« Als Chamberlain nach München flog, um Hitler zu beschwichtigen, und so den Krieg vermied, atmete Beck auf, im Gegensatz zu den Verschwörern, die enttäuscht waren, daß Chamberlain Hitler vor ihnen »gerettet« hatte. Im November erklärte er Holtzmann: »Mir ist ein Stein vom Herzen, daß es nicht zum Krieg kam; seit Mai habe ich nur den einen Gedanken verfolgt: Wie vermeide ich den Krieg[5].«

Nach dem Münchener Abkommen brauchte Beck sich vorerst nicht mehr mit der Anwendung von »anderen Mitteln« zu beschäftigen. Plötzlich äußerte er sich befremdend optimistisch, ein Regime, das sich auf Betrug und Brutalität stütze, müsse über kurz oder lang von selbst zusammenbrechen. Die Frage des offenen Widerstands zur Verhinderung eines Weltkriegs war für Beck nicht mehr von unmittelbarer Bedeutung. Er fand jetzt die Zeit, sich seinen strategischen Studien zu widmen (was ihn in Berlin festhielt). In den folgenden zwölf Monaten schrieb er auf etwa 100 Seiten seine grundsätzlichen Betrachtungen zur Strategie nieder und arbeitete darüber hinaus an verschiedenen Projekten mit der Kriegsgeschichtlichen Forschungsanstalt des Heeres zusammen[6].

Die Studien, an denen Beck arbeitete, befassen sich alle mit demselben Thema: mit den Möglichkeiten zukünftiger Kriegführung in Europa und besonders mit dem Risiko des nächsten Krieges, den Hitlers Politik zu entfesseln drohte. In *Deutschland in einem kommenden Kriege* und *Betrachtungen über den Krieg* legte er seine Ansichten dar. Überzeugt von der These: »Menschheitsgeschichte ist Kriegsgeschichte«, verwarf er die pazifistischen Ideen von einer Abschaffung des Krieges als utopisch. Da er der Ansicht war, daß das Sprichwort: »Si vis pacem, para bellum« (Wenn du Frieden haben willst, sei kriegsbereit) seine Gültigkeit behalten werde, lehnte er es ab, »dem heute stark zum Ausdruck gebrachten Streben nach Erhaltung des Friedens und nach Ausschaltung des Krieges als Mittel der Politik« ausschlaggebende Bedeutung beizumessen. Denn »die letzte Probe hat eine derartige Tendenz noch nie bestanden, und sie wird sie auch in Zukunft nicht bestehen«.

Krieg war für ihn also ein normales Element der politischen Auseinandersetzung. Jeder Staat, der dies ignoriere, werde eines Tages entdekken, daß »Natur und Geschichte darin unerbittlich sind, daß sie den Mangel an Kraft am wenigsten verzeihen«. Jede Nation, die überleben wolle, müsse bereit sein, sich selbst zu verteidigen[7].

Befriedigt stellte Beck fest, daß die deutsche Wehrmacht wieder so stark geworden war, daß sie eine wirksame Abschreckung für jeden darstelle, der Deutschland durch einen Krieg seinen Willen aufzwingen wolle. Wegen der Überlegenheit der Defensive über die Offensive bestehe also kaum noch die Gefahr eines Angriffs auf Deutschland.

»Will Deutschland aber seinerseits ... durch Krieg einen Gegner zur Erfüllung des eigenen Willens zwingen, so kann er dies nur durch Zertrümmerung der Streitkräfte des Gegners tun ... Andere Mittel ... stehen ... nicht zur Verfügung.«

Aufgrund seiner zentralen Lage in Europa verfüge Deutschland über keine alternativen Mittel, wie zum Beispiel die Wirtschaftsblockade des Gegners. Noch einmal auf die Überlegenheit des Defensivkrieges hinweisend, stellte Beck fest, daß, wenn Deutschland anzugreifen beabsichtige, es bedeutend stärker sein müsse als seine Gegner, um siegen zu können, und äußerte seine Zweifel, ob die Panzerwaffe und die Luftwaffe eine solche Überlegenheit herbeiführen könnten.

Beck unterstellte, daß weitere Staaten auf den Plan gerufen würden, wenn Deutschland einen Nachbarn angreife. Ihm war klar, daß Deutschlands zentrale Lage und die historische Rivalität zu Frankreich es unmöglich machen würden, einen im Osten ausgebrochenen Konflikt zu lokalisieren. Die Erfahrungen des Weltkrieges ließen vermuten, daß ein neuer Krieg lang und erbittert sein würde:

»Durch den Weltkrieg und seine Umwälzungen hat das Nationalitätenprinzip einen Höhepunkt erreicht. Und es ist anzunehmen, daß es bis auf weiteres eine starke herrschende Tendenz bleiben wird. – Der Weltkrieg und die Nachkriegszeit haben aber auch neue herrschende Tendenzen ausgelöst ... Den ... Demokratien sind autoritäre Staaten gegenübergetreten. Der Kampf gegen den Bolschewismus und gegen mit ihm verwandt angenommene überstaatliche Kräfte ... und das Aufkommen einer besonderen Rassentheorie haben die neuen Fronten vertieft. – Man kann mit der letzteren Entwicklung ... eine Wiederannäherung an einen ur-

sprünglichen Naturzustand besorgen, ›wo Kriege benachbarter Völker bloß aus Feindschaft hervorgehen können‹.«
Diese Regression auf einen Urzustand der Menschheit könne aber auch in konkreteren Begriffen erfaßt werden:
»Seit dem Weltkrieg beherrscht der Gedanke des totalen Krieges die ... Kriegsvorbereitungen ... (Krieg) kann nicht mehr ›als nichts anderes als ein erweiterter Zweikampf‹ im Sinne der – rein militärisch gedachten – Clausewitzschen Definition angesehen werden.«
Die Probleme des totalen Krieges seien für Deutschland besonders schicksalsträchtig. Beck befürchtete, »die totale Kriegführung, die alle nur denkbaren Kräfte ... nicht zuletzt auch die gesamte nationale Leidenschaft in die Waagschale wirft und damit zu einem Kampf auf Leben und Tod führt«, werde weitere Staaten leichter in ihren Strudel ziehen, als es bei vorwiegend militärisch geführten Kriegen der Fall gewesen sei. Und schließlich konstatierte er:
»Deutschland wird bei seiner zentral-kontinentalen Lage immer mehr in einem Kriege auf das Spiel setzen müssen, als Staaten mit nur einer bedrohten Grenze und mit nicht zu blockierenden Verbindungen zur übrigen Welt.«
Dann wandte sich Beck den mit der Entwicklung der Technologie verbundenen Problemen des totalen Krieges zu. Der technische Fortschritt habe die Erde, und besonders Europa, schrumpfen lassen, gleichzeitig jedoch die Schnelligkeit und den Aktionsradius der modernen Kriegsmaschinen, die Raum brauchten, wenn ihre Leistung wirklich ausgenutzt werden solle, in umgekehrtem Verhältnis beeinflußt.
Die Raumfrage müsse daher mit großer Sorge betrachtet werden, wobei die Entstehung mächtiger Luftwaffen an erster Stelle stehe. Sie sei auch aus logistischen Gründen entscheidend.
Wenn Deutschland einen langen Krieg durchstehen wolle, müsse es seine Bevölkerung ernähren und seine Truppen versorgen können. Sonst werde es das gleiche Schicksal wie 1918 erleiden: Niederlage und Revolution. Ausreichender Raum sei die Vorbedingung der Kriegführung. Er könne nur in Friedenszeiten durch die Regelung des Verhältnisses zu den Staaten gewonnen werden, die Deutschland als Neutrale oder Verbündete nicht entbehren könne. Denn es könne nicht erwartet werden, daß es möglich sein werde, die für eine lange Kriegführung erforderliche Basis zu Kriegsanfang rechtzeitig und ausreichend zu erobern.
Gleichzeitig müsse man versuchen, die potentiellen Gegner zu spalten und die ihnen zur Verfügung stehenden Hilfsquellen zu limitieren. Dies sei ein absolutes Muß, denn in einem Krieg gegen eine Weltkoalition werde Deutschland immer unterliegen.
Eine realistische Außenpolitik sei also eine weitere Vorbedingung für eine erfolgreiche Kriegführung: »Eine solche Politik muß mit vielen Jahren rechnen und stetig sein, wenn das erwünschte Resultat ... erreicht wer-

Witzleben, Bruckner, Beck, Fromm, Fritsch und Raeder bei der Beerdigung von Blombergs Mutter im Januar 1938, unmittelbar vor der Fritsch-Krise (Foto National Archives Washington)

Beck während der Zeit des Widerstandes (National Archives Washington)

Keitel, Brauchitsch, Hitler und Halder bei der Lagebesprechung (Foto National Archives Washington)

den soll.« Und: »War sie ihrer Aufgabe nicht gewachsen, so wird die Geschichte in dem Kriege nicht mehr eine Fortsetzung der Politik mit anderen Mitteln, sondern ihren Bankrott festzustellen haben.«
Selbst wenn die Feindseligkeiten bereits begonnen hätten, müßten die Diplomaten erst recht in ihrer Arbeit fortfahren. Denn ohne Ergänzung durch eine vernünftige Diplomatie seien auch die brillantesten militärischen Siege oft wertlos:
»Der politische Zweck des Krieges muß klarliegen, und er muß auch den letzten Akt jedes Krieges, die Gewinnung des Friedens, in das Kalkül einbeziehen. Nur bei klar umrissenen Zielen ist es möglich, aus ihm und aus den vorhandenen Mitteln das kriegerische Ziel abzuleiten.«
Diese komplexe Interdependenz der politischen und militärischen Faktoren im Zeitalter des totalen Krieges bestätigte Ludendorffs Schlußfolgerung, daß die Führer der Wehrmacht sich nicht länger auf rein militärische Angelegenheiten beschränken könnten, und Beck zitierte daher den Feldherrn in diesem Zusammenhang durchaus zustimmend:
»Die Vertreter der jungen Wehrmacht müssen die Zusammenhänge zwischen Wehrkraft (die geeinte seelische, physische und wirtschaftliche Kraft des Volkes) und Wehrmacht erkennen und für jene ebenso sorgen wie für diese. Die Führer der Wehrmacht ... haben alle Kräfte des Volkes für die Wehrmacht im Kriege bereitzuhalten.«
Der nächste Abschnitt in Becks Darlegungen behandelt ein altvertrautes Problem. Da die Entscheidung zu Lande erkämpft werden würde und weder Marine noch Luftwaffe kriegsentscheidende Bedeutung hätten, müßten die Führer des Heeres auch die entscheidende Rolle im Oberkommando spielen und dabei mit der politischen Führung des Reiches auf einer mehr oder weniger gleichberechtigten Basis Hand in Hand arbeiten. Beck bezweifelte nicht, daß der Krieg ein Mittel der Politik sei und ihr folglich untergeordnet bleiben müsse, aber er hatte bewiesen, daß die politischen Entscheidungen von militärischen Faktoren beeinflußt werden und umgekehrt, und daher bestand er in Übereinstimmung mit dem preußischen Militärtheoretiker Wilhelm v. Blume darauf, daß die Generale gehört werden müßten, wenn die politischen Entscheidungen gefällt würden:
»(Es) bleibt aber immer erforderlich, daß in der politischen Leitung Verständnis für die militärischen Aufgaben der Kriegführung, in der militärischen Leitung politisches Verständnis herrscht ... und beide ... unter strenger Einhaltung der Grenzen ihrer Tätigkeitsbereiche harmonisch zusammenwirken. Frei von herrschsüchtigen wie von eifersüchtigen Regungen muß ... das Verhältnis der leitenden Männer sein.« So dürften also Staatsmann und Feldherr ihre Tätigkeitsbereiche nicht voneinander abschließen, sondern sie müßten sie sich gegenseitig öffnen. Es sei die Aufgabe und das Recht der Kriegskunst der Politik gegenüber, »zu verhüten, daß die Politik Dinge fordert, die gegen die Natur des Krieges sind, daß

sie aus Unkenntnis über die Wirkung des Instruments Fehler begeht im Gebrauch desselben.« Und weil – wie Clausewitz schreibt – »die Hauptlineamente aller großen strategischen Entwürfe größtenteils politischer Natur sind und immer um so mehr, je mehr sie das Ganze des Krieges und des Staates umfassen«, sei es »die Aufgabe und das Recht der Kriegskunst, ihre strategischen Erwägungen auf das Gebiet der Politik auszudehnen«.

Beck belegte seine Ausführungen in zwei Essays über den Weltkrieg: »Besaß Deutschland 1914 einen Kriegsplan?« und »West- oder Ost-Offensive 1914?« Beide waren Studien des Versagens. Im ersten Essay kam Beck zu dem Schluß, daß Deutschland zwar einen Operationsplan hatte, aber keinen Kriegsplan, und er machte sowohl die Politiker wie die Soldaten dafür verantwortlich. Schlieffen habe seinen berühmten Plan in völliger Isolierung von der politischen Führung entworfen. Diese wiederum habe es versäumt, die diplomatischen Voraussetzungen für den drohenden Krieg zu schaffen, da sie nicht genügend bemüht war, die Zahl der Gegner zu begrenzen und ihre Pläne mit denen der Verbündeten abzustimmen. Keine der beiden Seiten hatte die möglichen Konsequenzen des Schlieffenplans in Erwägung gezogen, und auch zu gemeinsamen Überlegungen für seinen etwaigen Erfolg oder Mißerfolg war es nicht gekommen. Als der Plan gescheitert war, machte Deutschland die schreckliche Erfahrung, daß es für einen langen Krieg, besonders mit England, absolut unvorbereitet war[8].

Der zweite Essay behandelt das gleiche Thema, geht jedoch mehr ins Detail. Beck erforscht darin die Vorgeschichte des Schlieffenplans und stellt besonders die Gefahren heraus, die er heraufbeschwor. Der weisen Voraussicht Bismarcks und des älteren Moltke stellt er die Kurzsichtigkeit ihrer Nachfolger gegenüber und beschäftigt sich speziell mit dem deutschen Vormarsch durch Belgien, der den Eintritt Großbritanniens in den Krieg zur Folge haben mußte. Zum Schluß kommt Beck zu dem Ergebnis, daß Deutschland, selbst wenn es die britischen Streitkräfte auf dem Kontinent hätte schlagen können, schließlich doch den Krieg verloren hätte, da ihm die Hilfsquellen fehlten, um die britische Blockade durchzustehen.

Beide Essays über den Weltkrieg lassen erkennen, welche Voraussetzungen nach Becks Meinung für einen zukünftigen Krieg unerläßlich waren. Er beklagt nicht den Umstand, daß Deutschland 1914 den Waffengang gewagt hatte, sondern die Tatsache, daß es sich auf ihn nicht genügend vorbereitet und es versäumt hatte, die notwendigen Voraussetzungen zu schaffen. Seiner Überzeugung nach durfte man Feindseligkeiten erst beginnen, wenn alle anderen Möglichkeiten ausgeschöpft und wenn die entsprechenden Vorbedingungen gegeben waren. Dazu gehörten umfassende Vorbereitungen für den Krieg: totale Mobilisierung der Wirtschaft; eine funktionsfähige Organisation des Oberkommandos; eine von den

Politikern und Militärs gemeinsam entworfene und durchgeführte vernünftige Außenpolitik. Diese habe für eine Erweiterung der deutschen Einflußsphäre durch Erwerb von mehr Lebensraum zu sorgen. Dazu gehörten der Anschluß Österreichs und die Rückgewinnung des Polnischen Korridors ebenso wie die Neutralisierung des bedrohlichen »tschechischen Flugzeugträgers«.

Das waren die »geringen Veränderungen«, die Beck am 12. November 1937 beschrieben hatte. Sobald diese durchgeführt waren, mußte Deutschland sich in Osteuropa nach Verbündeten umsehen, die es mit Nahrungsmitteln und Rohstoffen versorgen konnten. Vor allem aber mußte die Außenpolitik Krieg mit Großbritannien und Amerika unmöglich machen. Das war eine Conditio sine qua non, auf die Beck immer wieder hingewiesen hatte. Sie ging auch aus seinen Vorstellungen über die Organisation der Spitzengliederung hervor, die auf die Führung eines Landkrieges ausgerichtet war. Einen Seekrieg konnte Deutschland nie gewinnen. Becks Denkschriften von 1938 und seine Studien über den Weltkrieg untermauerten diese Thesen. Ihre Mißachtung mußte zur Katastrophe führen.

Alle diese Arbeiten Becks sind von einem düsteren Gefühl der Vorherbestimmung beherrscht. Er teilte sicherlich nicht Moltkes Credo, der ewige Friede sei ein Traum, und nicht einmal ein schöner, da sich im Kriege »die edelsten Eigenschaften des Mannes entwickeln, wie Mut und Selbstverleugnung, Treue und Selbstaufopferung«. Der Weltkrieg hatte ein ganz anderes Bild von den Eigenschaften des Mannes im Kriege gezeigt, und Beck fürchtete – wie sich herausstellen sollte, mit Recht – »eine Wiederannäherung an einen ursprünglichen Naturzustand«. Auch sah er Deutschlands Zukunft keineswegs so zuversichtlich, wie Moltke es noch 1870 getan hatte. In seinen Augen war Deutschland jetzt eine »belagerte Festung« und konnte sich nicht länger auf den Lorbeeren der Einigungskriege ausruhen.

Aus Becks Pessimismus erklärt sich seine, wenn auch nur schwache Hoffnung, daß die Armeen eines Tages nur noch dazu dienen würden, Kriege zu verhindern, statt sie zu führen; aus ihm erklärt sich die Hartnäckigkeit, mit der er darauf bestand, der Krieg müsse die Ultima ratio sein. Aber auch Beck war, wie Moltke nach 1870, davon überzeugt, daß ein weiterer Krieg für Deutschland fast unvermeidlich sei. Moltke war sich der geringen Wahrscheinlichkeit bewußt, daß die Franzosen sich jemals mit seinen Friedensbedingungen abfinden würden. Trotzdem glaubte er, daß eine Aussöhnung zwischen Frankreich und Deutschland möglich, weil vernünftig sei. Auch Beck hoffte auf eine Aussöhnung mit Frankreich, hielt sie jedoch für unmöglich, solange Frankreich nicht Deutschlands Ansprüche anerkannte, was zu seiner Zeit genauso aussichtslos schien wie in der Epoche Moltkes. Ebenso unwahrscheinlich war ein Ausgleich mit der Tschechoslowakei. Das Leitmotiv seiner Arbeiten war daher, wie man den nächsten Krieg am besten vorbereiten, und nicht, wie man den Frieden am besten erhalten könne[9].

Beck hielt die jüngste preußische Geschichte für eine gute Demonstration der Probleme der Verteidigung Deutschlands. Er begann seine Betrachtungen über die Natur des Krieges als ein bewundernder, wenn auch unabhängig denkender Schüler des älteren Moltke, und er stimmte Clausewitz darin zu, daß sich die militärischen Mittel nach dem politischen Endziel zu richten hätten. Aber wenn Clausewitz schrieb, es sei ein unvernünftiges Verfahren, bei den Berufssoldaten um Rat für den Kriegsplan nachzusuchen, regte sich sein Widerspruch. Immer wieder betonte er »die Aufgabe und das Recht der Kriegskunst, ihre strategischen Erwägungen auf das Gebiet der Politik auszudehnen«.

Diese Theorie basierte auf der in Preußen immer geübten Praxis und der Lehre vom totalen Krieg. Beck begründete sie mit den Erfahrungen aus den deutschen Einigungskriegen und mit der intensiven, oft allerdings auch höchst schwierigen Zusammenarbeit zwischen Bismarck und Moltke und bekannte sich zu der Maxime seines berühmten Vorgängers, daß »der Chef des Generalstabs ... und ... der Reichskanzler zwei gleichberechtigte und voneinander unabhängige Institutionen sind ... die die Pflicht haben, sich gegenseitig zu unterrichten[10]«.

Ohne Zweifel war Beck stark durch Wilhelm v. Blume beeinflußt, der seine Theorien über den Krieg wiederum aus dem Werk Moltkes ableitete und absolute Unabhängigkeit des Generalstabs forderte. Beck unterschied sich aber sowohl von Moltke wie auch von Blume durch seine Forderung, die Zusammenarbeit zwischen den militärischen und politischen Führern zu institutionalisieren und dadurch ihre Funktionsfähigkeit im Frieden wie im Krieg sicherzustellen. Den Versuch Moltkes, Bismarck von der militärischen Planung auszuschließen, sobald die Feindseligkeiten einmal begonnen hatten, hielt er für einen Fehler. Auch Ludendorffs Lehre vom totalen Krieg, in dem nicht mehr der Politik, sondern der Kriegführung der Vorrang gebühre, in dem die Clausewitzsche These, der Krieg sei eine Fortsetzung der Politik mit anderen Mitteln, in ihr Gegenteil verkehrt würde, lehnte er entschieden ab. Schon 1918 waren ihm die Folgen von Ludendorffs rein militärischer Betrachtungsweise der Politik bewußt geworden, und jetzt, zwanzig Jahre später, als er seine eigenen Gedanken über den Krieg 1914/18 zu Papier brachte, sah er die Fehler des Feldherrn noch bedeutend klarer. Für ihn lag hier der Beweis vor, wie gefährlich es war, wenn die Politiker und die Militärs sich vor und während eines Krieges gegenseitig ignorierten. Das Ergebnis war eine völlig planlose und zerfahrene Außenpolitik gewesen, die schließlich in einem bewaffneten Konflikt endete, auf dessen Ausmaß und Härte Deutschland nicht im mindesten vorbereitet war.

Alle Überlegungen Becks konzentrierten sich daher auf dieses eine Problem, wie man verhindern könne, daß das einer belagerten Festung gleichende Deutschland noch einmal den gleichen Irrweg beschritt. Beck war seiner ganzen Herkunft und Erziehung nach viel zu sehr ein Produkt des Wilhelminischen Zeitalters, um den autoritären Obrigkeitsstaat als solchen in Frage zu stellen. Jetzt, wo er im Ruhestand die Muße hatte, sein theoretisches Talent auf grundsätzliche Probleme zu konzentrieren, traten die Umrisse seines politischen Denkens klar zutage. Da er überzeugt war, daß der Krieg, der totale Krieg, letztlich unvermeidlich sei, hatten die Probleme der Außenpolitik und der militärischen Bereitschaft bei ihm absoluten Vorrang vor allen anderen politischen Erwägungen. Die einzigen politischen Institutionen, denen Beck Bedeutung zumaß, waren diejenigen, die es Deutschland ermöglichten, eine aktive Außenpolitik auf der Grundlage militärischer Stärke zu betreiben. Diese Institutionen gehörten in die Hände einer Elite von Fachleuten, und ihre Effizienz durfte durch die Innenpolitik nicht beeinträchtigt werden. Das Volk durfte keinen Einfluß auf die Politik nehmen, wenn Deutschland überleben sollte. Gehorsam sei die Freiheit des Preußen, hatte Ranke einst gesagt. Das war auch Becks politisches Glaubensbekenntnis.

Becks Studien berührten nicht die Frage der von dem nationalsozialistischen Regime begangenen Verbrechen und Untaten, die Beck sicherlich nicht guthieß. Sie befassen sich auch nicht mit der diktatorischen Führung der Innenpolitik oder der aggressiven Außenpolitik. Was ihn alarmierte und beunruhigte, waren der Irrationalismus und die Unberechenbarkeit Hitlers. Die Studien untersuchen die Voraussetzungen, unter denen Deutschland einen Krieg erfolgreich führen könne. Sie klagen Hitler an, diese Voraussetzungen zu mißachten.

Kurz nach seiner Verabschiedung besuchte Beck seinen Bruder Wilhelm in Wiesbaden. Wilhelm hatte ihn selten so erbittert und pessimistisch erlebt. Als sie vom Garten aus über die herrliche Rheinlandschaft blickten, prophezeite Beck das Unheil, das Hitler heraufbeschwor: »Der Krieg wird wieder hierherkommen.« Nicht lange mehr, und die Franzosen und Engländer würden das Rheinland nach schwerem Kampf wieder besetzen. Aber er werde dies wohl nicht mehr erleben, denn Hitler werde, wie Stalin, seine Generale liquidieren. Beck hatte die Hinrichtung Marschall Tuchatschewskijs 1937 nicht vergessen und war überzeugt, daß auch Hitler sie nicht vergessen hatte. Wenn die Gestapo zu ihm käme, würde er die Konsequenzen ziehen; lebend würden sie ihn nicht bekommen. Deshalb trage er stets eine Pistole bei sich[11].

Am 16. November 1938 erklärte Beck in einem Gespräch mit Holtzmann, Hitler sei »ein Psychopath durch und durch«. Er betreibe eine »Auslese von Minderwertigen«, sein Hauptquartier gleiche einem Soldatenrat, in dem verantwortungslose Fanatiker den Ton angäben. Hitlers Aktionen seien der Beweis dafür, daß Fanatiker und Psychopathen unfähig sind, Politik zu machen. Der Führer riskiere einen Krieg, obgleich Deutschland nicht genügend vorbereitet sei. Weder sei der Westwall fertig, noch habe die Wehrmacht genügend ausgebildete junge Männer zur Verfügung. Die Entfremdung gegenüber Großbritannien sei sehr ernst zu nehmen. Er, Beck, sei besonders durch die offensichtlich feste Bindung Englands an seinen französischen Verbündeten beunruhigt. Schon jetzt seien Einheiten der RAF in Frankreich stationiert[12].

Einen Monat später besuchte Ulrich v. Hassell Beck. Er notierte in sein Tagebuch: »... Die ganze Entwicklung ekelt ihn an, und der Kriegsleichtsinn der führenden Leute empört und entsetzt ihn. Er sprach besonders über das frevelhafte Spielen mit dem ›sicher nur ganz kurzen Kriege‹[13].«

Im Februar 1939 zeigte sich Beck noch pessimistischer. Zu Groscurth sagte er, er sehe nur noch zwei Möglichkeiten: einen langen Krieg, der zur Vernichtung Deutschlands führen müsse, oder den inneren Ruin durch die Herrschaft der »Radikalen«. Die Wehrmacht befinde sich in einem Zersetzungsprozeß, da alle Traditionen mißachtet würden; die alten preußischen Tugenden würden über Bord geworfen. Die Verantwortung für diesen Zustand der Wehrmacht trügen ihre eigenen Führer, die er als »Dumme, Mediokritäten und Verbrecher« bezeichnete. Hitlers letzte Rede sei »wahnsinnig« gewesen. Die Befestigungen im Westen seien »Kinderspielzeug«. Der blinde Glaube der Männer im OKW an den Führer mache alles noch schlimmer. Es fehle an der notwendigen »militärischen Erfahrung, die in langen Jahren erarbeitet« werden müsse. Sie könne »auch durch Herrn Jodl nicht in vier Wochen erworben werden«[14].

Helmuth Groscurth und Ulrich v. Hassell waren Männer des Widerstands. Groscurth gehörte zur Abwehr. Er war ein Mitarbeiter Osters und versorgte Beck regelmäßig mit Informationen aus dem OKW. Hassell, früher Botschafter in Italien, war schon lange in Ungnade gefallen; wie Beck war er ein unbequemer Mahner zur Mäßigung gewesen. Während der Fritsch-Krise war er aus dem diplomatischen Dienst entlassen worden. Diese beiden Männer stellten auch den Kontakt zu Goerdeler, Popitz und General Thomas her.

Auch Oster hatte Beck nach dessen Rücktritt nicht vergessen. Wieder und wieder fuhr er zu Beginn des Jahres 1939 in die Goethestraße und drängte und argumentierte, überredete. Wenn von jemand gesagt werden kann, er habe Beck für den Widerstand gewonnen, so von Oster[15].

Hitlers Einmarsch in die Tschechoslowakei brachte die entscheidende Wende. Die Hoffnungen, die Daladier und Chamberlain auf Beschwichtigung gesetzt hatten, waren zerstoben. Hitler hatte die ihnen gegebenen Zusagen gebrochen und ein Land überfallen, das auch die kühnste Phantasie nicht als deutsch bezeichnen konnte. Dies war der erste Schritt auf dem Weg der offenen Aggression, und obwohl auch jetzt die Alliierten zunächst nichts taten, außer zu protestieren, war Beck entsetzt. Bei einem langen Ausritt mit Geyr machte er seinem Herzen Luft (wobei er sich bezeichnenderweise wieder besonders mit der britischen Reaktion auf Hitlers Vorgehen befaßte). Geyr hatte Beck noch nie so erregt gesehen. Beck erklärte, die Leute müßten verrückt sein, wenn sie glaubten, die Engländer würden auch in Zukunft die Dinge weiter so laufen lassen: »Das bedeutet Krieg, und der wird furchtbar[16].«

Jetzt fand Oster bei Beck ein offenes Ohr. Solange Beck im Amt gewesen war, hatte er Pflichterfüllung und Gehorsam gepredigt; jetzt aber mußte er einsehen, daß Loyalität gegenüber Hitler und seinem System keinen Sinn mehr hatte. Er konnte sich nicht länger nur auf akademische Erwägungen beschränken, daß man »notfalls auch mit anderen Mitteln zur Änderung der Verhältnisse kommen müsse«. Diesmal konnte er auch nicht wieder aufatmen – wie nach München. Als ehrlicher und mutiger Mann durfte er sich nun nicht länger der Forderung verschließen, die er selbst 1938 gestellt hatte:

»Alle aufrechten und ernsten deutschen Männer in staatsverantwortlichen Stellungen müssen sich berufen und verpflichtet fühlen, alle erdenklichen Mittel und Wege bis zur letzten Konsequenz anzuwenden, um einen Krieg ... abzuwenden, der in seinen Auswirkungen zu einem Weltkrieg führen muß, der das Finis Germaniae bedeuten würde ... Die höchsten Führer der Wehrmacht sind hierzu in erster Linie berufen und befähigt ... Die Geschichte wird diese Führer mit einer Blutschuld belasten, wenn sie nicht nach ihrem fachlichen und staatspolitischen Wissen und Gewissen handeln!«

Der erste Punkt im Aktionsplan des Widerstands war eine Warnung an die Engländer. Beck und Oster wußten, daß Hitler nach der Besetzung der Tschechoslowakei die Zerschlagung Polens plante. Sie hofften, daß ihre Warnung die Engländer veranlassen könnte, durch energische Maßnahmen Hitler zu stoppen. Auch Generale wie Brauchitsch mußten dann einsehen, daß ihr Glaube an die Unfehlbarkeit des Führers unangebracht war. Sie beschlossen daher, dem Berliner Korrespondenten des News Chronicle, Ian Colvin, eine Botschaft anzuvertrauen. Colvin traf am 29. März mit Halifax und Chamberlain zusammen. Seine Information über die beabsichtigte Aggression kann durchaus dazu beigetragen haben, den Entschluß des britischen Kabinetts zu erleichtern, Polens Fortbestand zu garantieren – ein revolutionärer Schritt, der Großbritannien in den Krieg verwickelte, als Deutschland sechs Monate später in Polen einfiel[17].

In Berlin allerdings verfehlte die britische Garantie für Polen ihre Wirkung. Hier hatten Hitlers jüngste, ohne Blutvergießen erzielte Erfolge zu einer Euphorie geführt. Auch schien die Beseitigung des Polnischen Korridors für viele Generale eine noch selbstverständlichere Sache zu sein als die Besetzung der Tschechoslowakei. Das war auch den Führern des

Widerstands klar. Dennoch beschlossen sie, in Anlehnung an die Pläne vor München auf einen Militärputsch hinzuarbeiten, bevor Hitler den Krieg beginnen konnte. Die Voraussetzung dazu war allerdings, daß man Halder und Brauchitsch für einen solchen Putsch gewann.

Daher schrieb Beck an Brauchitsch, um seine Unterstützung zu erbitten. Er war der Ansicht, daß es, nachdem er sich so exponiert hatte, für Brauchitsch eigentlich nur zwei Möglichkeiten gab: Er konnte seine Treue zum nationalsozialistischen Regime unter Beweis stellen und Becks Brief der Gestapo übergeben, oder er beugte sich der Kraft von Becks Argumenten und stellte sich an die Spitze der Fronde. Doch Brauchitsch fand einen dritten Weg: Er ignorierte Becks Brief[18].

Daraufhin beschworen Oster, Gisevius, Popitz, Hassell, Thomas und Goerdeler Beck, sich an Halder zu wenden. Becks Stolz bäumte sich dagegen auf, mit seinem Nachfolger und einstigen Untergebenen zu sprechen, aber um der Sache willen gab er nach. Eine Zusammenkunft wurde vereinbart, die allerdings höchst unbefriedigend verlief. Halder wies das Argument Becks, es werde Polens wegen zu einem Krieg mit Frankreich und England kommen, zurück. Die Engländer dächten nicht daran, Danzigs wegen in den Krieg zu ziehen. Danzig sei eine deutsche Stadt und müsse heim ins Reich geholt werden. Man müsse Hitler Gelegenheit geben, Deutschlands außenpolitische Stellung zu festigen. Dies sei ein Ziel, dem sich niemand verweigern dürfe. Erst müsse die polnische Frage entschieden werden, dann sei immer noch Zeit, Hitler abzusetzen[19].

Beck war über die Haltung Halders empört. Am 14. August, offenbar unmittelbar nach seinem Gespräch mit dem Chef des Generalstabs, sprach er wieder von seiner »sehr geringen Meinung von den führenden Leuten der Wehrmacht«. Bei ihrer Haltung sehe er »daher keinen Punkt, an dem man ansetzen könnte«[20].

Neun Tage später verzeichnete Hitler einen sensationellen diplomatischen Erfolg. Ribbentrop unterzeichnete am 23. August 1939 in Moskau den deutsch-sowjetischen Nichtangriffspakt. Jetzt brauchte Deutschland kein sowjetisches Eingreifen mehr zu befürchten. Hitler fühlte sich stark genug, den Angriff auf Polen auf den 26. August festzusetzen. Der neue Erfolg Hitlers war für Beck ein schwerer Schlag. Wie Canaris war er der Ansicht, daß dieser Pakt ein Triumph lediglich für Stalin sei, der ihn nur unterzeichnet habe, um Deutschlands Vernichtung durch die Westalliierten zu beschleunigen[21].

Am 22. August hatte Hitler die Armee- und Flottenbefehlshaber, ihre Stabschefs und leitenden Offiziere auf den Berghof befohlen. In einer mehrstündigen Rede teilte er seinen »unabänderlichen Entschluß« mit, Polen zu vernichten. Er war überzeugt davon, daß die Westmächte nicht in den Konflikt eingreifen würden: »Unsere Gegner sind Würmchen ... ich habe sie ja in München erlebt.«

Um die Westmächte vor den Plänen Hitlers zu warnen und ihnen seine verbrecherische Natur zu beweisen, ließ Beck einen Bericht über diese Konferenz durch Hermann Maas, ein Mitglied des Widerstands, dem Korrespondenten von Associated Press Louis P. Lochner zuspielen. Lochner übergab den Text der amerikanischen und der britischen Botschaft; bereits am 25. August lag er in London vor. In diesem Bericht hieß es, daß Hitler nicht nur die Besetzung Polens plane, sondern auch die Ausrottung des polnischen Volkes. Hitler habe erklärt: SS-Einheiten hätten den Befehl, mitleids- und gnadenlos zu töten ... Männer, Frauen und Kinder ... Der Angriffstermin sei auf den 26. August festgesetzt[22].

Durch die feste Haltung, die England einnahm, und gleichzeitig durch die Schwäche Italiens verunsichert, entschloß sich Hitler zunächst, den Angriff auf Polen zu verschieben. Doch er faßte sich bald wieder und gab erneut den Angriffsbefehl. Am 1. September 1939 griffen in den frühen Morgenstunden deutsche Truppen Polen an. Großbritannien und Frankreich antworteten am 3. September mit der Kriegserklärung. Der Zweite Weltkrieg hatte begonnen.

VIII

Verschwörung 1939 und 1940

Akademische Erwägungen

»Es ist eingetreten, was ich eineinhalb Jahre besorgt habe und was mir ... niemals zweifelhaft war«, schrieb Beck am 7. September 1939 an seinen Bruder Wilhelm. Er war überzeugt, daß der Krieg in Polen zu einem Weltkrieg führen werde, und seine Verzweiflung wuchs in dem Maße, wie ihm seine Hilflosigkeit bewußt wurde. Er hatte kaum noch Hoffnung, irgend etwas tun zu können, um die Katastrophe abzuwenden: »Die Lawine rollt (und) ist nicht mehr aufzuhalten[1].«

Der Verlauf des Polenfeldzugs, der so häufig als ein brillantes Meisterstück deutscher Kriegskunst bewundert wird, war für Beck keine Überraschung. Aber so gut die Wehrmacht sich in Polen geschlagen hatte – ihr Schild war befleckt.

Generaloberst v. Fritsch hatte in Polen den Tod auf dem Schlachtfeld gefunden. Anfang September war er in die Goethestraße gekommen, um sich zu verabschieden. Er informierte Beck über seinen Entschluß, mit seinem Regiment auszurücken. Beck ahnte, daß Fritsch den Soldatentod suchte, und drang in ihn, »den Unsinn« zu vergessen. Doch Fritsch ließ sich nicht beeinflussen. Drei Wochen später war er tot. Die Garbe eines polnischen Maschinengewehrs hatte ihn im Niemandsland zwischen den Linien vor Warschau getroffen[2].

Fritschs Tod erschütterte Beck schwer. Am 22. September schrieb er seinem Bruder: »Vorhin erhielt ich die mich tief bewegende Nachricht, daß Generaloberst von Fritsch bei einem Stoßtruppunternehmen ... gefallen ist. Ich wußte, daß er die Gelegenheit suchte, anständig zu fallen. Der Wunsch ist ihm nun geworden.«

Er werde Fritsch vermissen, schrieb er weiter, als Freund, und als einen der letzten Repräsentanten des alten Preußentums:

»Schulenburgs und Fritschs Tod so bald nacheinander ist etwas viel für mich, da die Zahl der Männer, mit denen mich eine wirkliche Freundschaft verbindet, d. h. die Ebene des Denkens und der Auffassung die gleiche ist, bei mir stets nicht groß war und immer mehr zusammenschrumpft. Doch dieses Los teilt man ja wohl mit den meisten nachdenklichen Menschen[3].«

Im Oktober hörte Beck zusammen mit Goerdeler in einer Sendung der BBC den Vortrag eines englischen Generals, der vor dem Ersten Weltkrieg in einem deutschen Regiment gedient hatte. Er sprach von seiner Bewunderung für die Hochherzigkeit und Ritterlichkeit, die die alte preußische Armee geprägt hatten. Und dann fragte er, was aus diesem alten

Geist der Armee geworden sei; er gedachte Fritschs als eines der Männer, die ihn verkörpert hatten. Als am Schluß der Sendung das Lied »Ich hatt' einen Kameraden« erklang, mußte Beck mit den Tränen kämpfen[4]. Er war tief betroffen, als der englische General von dem Ehrenkodex der Armee und im Zusammenhang damit von Fritschs Tod sprach. Beck litt vor allem darunter, daß die deutsche Armee einen unehrenhaften Krieg zu führen hatte. Sie hatte vor der Geschichte versagt. Aus seinen Briefen geht hervor, wie sehr ihn das Verhalten der Deutschen in Polen bedrückte. Er war entsetzt über das, was ihm über die, hauptsächlich von SS-, aber auch von Heereseinheiten an den Polen verübten Grausamkeiten zu Ohren kam[5].

Die Umstände von Fritschs Tod rührten die Bitterkeit und den Abscheu, die Beck während der Fritsch-Krise empfunden hatte, wieder auf. Er schrieb: »Veranlassung dazu (zum Tode von Fritsch) war die Behandlung, die man ihm s. Zt. angedeihen ließ. Als Mann von hohem Ehrgefühl konnte er jene nicht überwinden.« Als Beck im November mit Holtzmann sprach, deutete er sogar die Möglichkeit an, daß Fritsch von der SS ermordet worden sei. Vielleicht hatten sie ihm auf dem Schlachtfeld eine Falle gestellt und so das Werk vollendet, das sie 1938 begonnen hatten. Es sei immerhin auffallend, daß weder Hitler noch Himmler bei Fritschs Staatsbegräbnis zugegen gewesen seien – »die beiden Hauptakteure ... die ja auch die Absägerei von Fritsch mit den widerlichsten, schmutzigsten Mitteln betrieben und durchgesetzt haben. Warum? Das an Fritsch begangene Unrecht war zugleich ein Unrecht an der gesamten Wehrmacht; die Wehrmacht mit der Generalität an der Spitze nahm dieses Unrecht hin. Sie grub damit ihr eigenes Grab[6]!«

Diese Äußerung Becks enthält fraglos eine gewisse Selbstkritik. Er empfand, daß er auf die verhältnismäßig passive Rolle, die er während der Fritsch-Affäre gespielt hatte, nicht stolz sein konnte. Immer wieder grübelte er darüber, ob er hier nicht eine Gelegenheit für eine Aktion gegen Hitler vertan hatte, und er machte sich Selbstvorwürfe, weil er nicht gehandelt hatte[7].

Fritschs Tod übte daher auf Beck eine aufrüttelnde Wirkung aus, Sie mahnte ihn an eine Ehrenschuld, die es abzutragen galt. Diese Wirkung wurde durch die Nachrichten über die in Polen verübten Grausamkeiten verstärkt. Beck war nicht nur ein nüchterner Soldat und Stratege; in seiner Persönlichkeit gab es auch eine starke emotionelle Komponente. Sein Verhalten wurde in hohem Maße von menschlichen Motiven bestimmt. Wie stark, das sollte sich jetzt zeigen, wo er begann, aktiv und entschlossen im Widerstand zu arbeiten.

In den ersten Septemberwochen hatte er – in einer für ihn typischen Gedankenfolge – geschrieben, es gelte nun, den Tatsachen ins Gesicht zu sehen. Jetzt, da der Polenfeldzug dem Ende zuging, machte er sich daran, die Lage in einer Reihe von Denkschriften zu analysieren. Diese Denkschriften enthalten praktische Schlußfolgerungen, die auf den theoretischen Grundlagen fußen, die er in seinen Studien erarbeitet hatte. Sie sind, wie seine Studien, Variationen immer des gleichen Themas, das sich in den einen Satz zusammenfassen läßt: Deutschland steht am Beginn eines neuen Weltkrieges[8].

Zunächst beschäftigte sich Beck mit dem unabänderlichen britischen Kriegsziel: der Vernichtung des Hitlerregimes. Großbritannien, so argumentierte er, werde dieses Ziel auch mit den Mitteln des totalen Krieges verfolgen. Die Franzosen seien zwar weniger entschlossen als die Briten, hätten aber das gleiche Kriegsziel. Unter diesen Aspekten sei Deutschlands Sieg über Polen nicht entscheidend. Er habe keinerlei Einfluß auf die Entschlossenheit der Alliierten, den Krieg bis zum siegreichen Ende fortzusetzen. Er habe sie eher in ihrer Entschlossenheit bestärkt. Als die Alliierten Hitlers unaufrichtiges Friedensangebot vom 6. Oktober zurückwiesen, konnte Beck sich in seiner Lagebeurteilung bestätigt fühlen.

Die Machtreserven der Alliierten und ihre Entschlossenheit machten einen Weltkrieg unvermeidlich. Zu Lande sah sich Deutschland mit den Heeren Frankreichs und Englands konfrontiert. Der vorteilhafte Eindruck, den Beck von Gamelin und der französischen Armee gewonnen hatte, ließ ihn einen deutschen Erfolg im Westen für unmöglich halten. Aus diesem Grunde interpretierte er auch die merkwürdige Passivität der Westalliierten als ein sicheres Anzeichen für die Vorbereitung einer groß-angelegten Offensive gegen Deutschland. Er zog zwar die Möglichkeit in Betracht, daß die Alliierten glaubten, Deutschland durch eine Wirtschaftsblockade in die Knie zwingen zu können, er meinte aber Gamelin gut genug zu kennen, um vorauszusagen, daß dieser systematisch den großen Schlag vorbereite, der die Wehrmacht mit enormer Wucht treffen werde. Gamelin als Oberbefehlshaber der Alliierten hatte durchaus das Zeug dazu, die Wehrmacht vernichtend zu schlagen.

Später, als deutlich wurde, daß nicht die Alliierten, sondern die Wehrmacht die Initiative ergreifen würde, war Beck geradezu entsetzt. Er konstruierte eilig ein ganzes System von Argumenten, um zu beweisen, wie unklug es für Deutschland sei, eine Offensive zu beginnen. Nach seiner Überzeugung war es absolut unrealistisch, auf einen schnellen Erfolg zu hoffen. Beck glaubte nicht an die Möglichkeit, die Panzertruppen und die Luftwaffe könnten einen entscheidenden Durchbruch durch die Verteidigungslinien der Alliierten erzwingen. Die Offensive werde sich wie 1918 festlaufen und zu einem verlustreichen und zermürbenden Stellungskrieg führen. Außerdem bringe Hitlers Entschluß, die Neutralität Belgiens und Hollands nicht zu respektieren, zwei weitere Länder in den Krieg und werde die Weltöffentlichkeit gegen Deutschland aufbringen.

In dem Abnutzungskrieg, den Beck voraussah, werde allein die Seemacht ausschlaggebend sein. Wie Richelieu vertrat er die Ansicht, daß man kei-

nen Krieg führen könne, wenn man nicht die Meere beherrsche. Solange die Alliierten die Meere beherrschten, könnten sie Deutschland blockieren, hätten aber gleichzeitig ungehinderten Zugang zu den ihnen im Commonwealth und den USA zur Verfügung stehenden Hilfsquellen. Ihr Kriegspotential werde daher weit größer sein als das deutsche. Kanada, Australien, Neuseeland, Südafrika, Indien und Ägypten standen bereits im Krieg mit Deutschland, und die Dominien und die Kolonien würden dem Mutterland ihre Hilfe nicht versagen.
Von vielleicht noch größerer Bedeutung war die Rolle Amerikas, die Beck erstaunlich genau analysierte. Er charakterisierte Roosevelt als einen »der grimmigsten Gegner des Dritten Reiches«, der alles daransetzen werde, die unerschöpflichen Hilfsquellen Amerikas auf der Seite der Alliierten zum Einsatz zu bringen. Beck sah ganz klar, daß Roosevelts Neutralitätserklärung rein taktischer Natur und daß der Präsident entschlossen war, im Kongreß die Unterstützung Großbritanniens durchzusetzen. Schon im Oktober zeigte sich, daß Becks Prophezeiung richtig gewesen war, als der Kongreß das Waffenembargo aufhob. Diese Aufhebung des Embargos war nach Becks Meinung nur der erste Schritt von vielen, die Amerika an die Seite der Alliierten führen würden. Offenbar vermutete er, daß die USA schließlich wie 1917 sogar in den Krieg gegen Deutschland eingreifen würden, um sich so die Rolle des »Arbiter mundi« zu sichern.
Die Hilfsquellen, die Deutschland zur Verfügung standen, seien vergleichsweise dürftig. Deutschland würde, so meinte Beck, in steigendem Maße von seinen potentiellen Hilfsquellen auf dem Kontinent und in Übersee abgeschnitten werden. Italien und Spanien seien klugerweise neutral geblieben, da ihnen bewußt sei, daß Deutschland den Krieg nicht gewinnen könne. Aus dem gleichen Grunde spielten Holland und Belgien mit dem Gedanken, sich den Alliierten anzuschließen; und die Beziehungen zu Japan hätten sich deutlich abgekühlt.
Der einzige Verbündete, den Deutschland hatte, war Rußland. Aber Beck hielt das Bündnis zwischen Hitler und Stalin für ebenso beängstigend wie verabscheuungswürdig. Mit der Unterzeichnung des deutsch-sowjetischen Paktes hatte Hitler Rußland wieder in das europäische Spiel gebracht. Die Sowjetunion war jetzt Deutschlands unmittelbarer Nachbar, und wenn sie auch im Augenblick mit Deutschland verbündet war, konnte sie doch eines Tages zu einer »tödlichen Gefahr« werden. Beck war überzeugt, daß Rußlands traditioneller Expansionsdrang fortbestehe. Daher müsse sich Deutschland auf eine Verteidigung gegen Rußland vorbereiten. Er bedauerte die Auslöschung des polnischen Pufferstaates, weil der deutsche Sieg über Polen dadurch praktisch wertlos geworden war. Außerdem machten es die Expansionsmöglichkeiten, die Hitler Stalin eingeräumt hatte, Deutschland unmöglich, Einfluß auf die baltischen Staaten und Finnland auszuüben, und mußten obendrein noch zwei potentielle Verbündete, Ungarn und Rumänien, beunruhigen. Der einzige

unmittelbare Vorteil für Deutschland bestand in der Lieferung von Rohstoffen und Nahrungsmitteln durch Rußland. Aber selbst in dieser Beziehung bezweifelte Beck den Wert des deutsch-sowjetischen Pakts. Die russischen Hilfsquellen konnten niemals die Lieferungen ersetzen, die Deutschland durch die Blockade der Alliierten verlor.

Aus all diesen Überlegungen zog Beck den Schluß, daß, solange Hitler Führer und Reichskanzler blieb, der Krieg nur mit der Niederlage Deutschlands enden könne. Die Alliierten waren entschlossen, Deutschland zu vernichten, um das Hitlerregime zu beseitigen, und sie hatten die Macht dazu. Unter ausdrücklicher Berufung auf die Erfahrungen des Ersten Weltkriegs sagte Beck voraus, daß der Zweite Weltkrieg in seinem Verlauf und Ausgang dem ersten ähneln werde. Der Krieg war daher für ihn ein Kampf um die Existenz Deutschlands; aber dieser Kampf war weder notwendig noch unvermeidlich:

»Wir alle wollen ein großes, starkes, geschlossenes Deutschland mit möglichst vielseitigen und unabhängigen Lebensmöglichkeiten. Vieles, was dieses Ziel umschließt, war vor Beginn dieses Krieges erreicht; das materielle Leben des deutschen Volkes im großen auskömmlich, wenn auch verbesserungsdürftig.

Die bisherige Lage des deutschen Volkes ... zwingt also nicht zum Existenzkampf.

Endlich haben die deutschen Gegner weder vor dem Kriege die deutsche Existenz bedroht, noch dürfte ihnen heute daran gelegen sein, Deutschland in einen Existenzkampf abzudrängen.«

Der einzuschlagende Weg schien vorgezeichnet. Da die Alliierten in erster Linie gegen Hitler kämpften, mußte der Diktator abgesetzt werden. Nur durch einen Staatsstreich konnte die drohende Katastrophe verhindert werden. Die preußische Elite, das Offizierkorps, dem »die Verantwortlichen und die Wissenden« angehörten, hatte die Pflicht zu handeln. Beck zitierte sich selbst, als er diese Botschaft formulierte:

»Bei der 125. Jahrfeier der Kriegsakademie habe ich in meiner damaligen Ansprache, die den besonderen Beifall des Führers gefunden hat, unter anderem für die Erziehung zum militärischen Führer als Forderung aufgestellt: ›Wir brauchen Offiziere, die den Weg logischer Schlußfolgerungen in geistiger Selbstzucht systematisch bis zu Ende gehen, deren Charakter und Nerven stark genug sind, das zu tun, was der Verstand diktiert.‹ Besteht diese Forderung zu Recht, so ist der Weg, den die verantwortlichen militärischen Führer heute zu gehen haben, vorgezeichnet.«

Dank seiner moralischen Integrität und seinem analytischen Verstand, aber auch infolge des Rufes, den er sich als Chef des Generalstabs erworben hatte, wurde Beck die herausragende Persönlichkeit der Opposition gegen Hitler. Er hat diese Rolle nicht gesucht. Es war eher so, daß eine große Zahl der Verschwörer sich ihm aus freiem Willen unterordnete. Die

meisten von ihnen kamen aus der Gruppe um Oster bei der Abwehr: Gisevius, Groscurth und Dohnanyi. Canaris wußte von ihren Beziehungen zu Beck, billigte sie und arbeitete mit ihnen zusammen. Die Generale Stülpnagel und Wagner vom OKH und Thomas vom OKW verhielten sich ähnlich wie Canaris. Auch Kurt v. Hammerstein, 1939 Chef einer Armeegruppe im Westen, unterstützte Beck vorbehaltlos[9].
Es gab auch eine Reihe von oppositionellen Zivilisten, deren Beziehungen zu Beck allerdings weniger klar definierbar waren. Zu ihnen gehörten Männer wie Goerdeler, Popitz, Schacht, Hassell und Jessen, die alle wichtige Stellungen im Regierungsapparat innegehabt hatten. Sie ergriffen, im Gegensatz zu den meist jüngeren Mitverschworenen aus der Abwehr, oft die Initiative, ohne Beck vorher zu konsultieren. Doch auch sie trafen sich häufig mit ihm, und auch sie scheinen seine führende Rolle anerkannt zu haben, da sie ihn als zukünftigen Staatschef sahen.
Beck arbeitete zusammen mit Oster und Dohnanyi die militärischen Pläne zum Sturz Hitlers aus. Die zentrale Rolle war dabei den Einheiten des Heeres zugedacht, die in der Umgebung der Hauptstadt stationiert sein würden, wenn Hitler die Offensive gegen Frankreich befahl. In diesem Augenblick sollten alle Parteiführer bis hinab zum Kreisleiter verhaftet, gleichzeitig sollte Beck zum Staatsoberhaupt ausgerufen werden. Becks erste Amtshandlung sollte die Verhängung des Belagerungszustands über das Land und die Verkündigung des Regierungsprogramms sein[10].
In einer Rundfunkansprache sollte Beck Hitlers Entschluß, gegen den Rat seiner Generale eine Offensive im Westen zu beginnen, bekanntgeben. Da diese Offensive keinerlei Aussicht auf Erfolg habe, werde sie nur unnötiges Leid über das deutsche Volk bringen. Daher habe er, Beck, sich entschlossen, in letzter Minute die Macht zu ergreifen. Er sei nun sowohl Reichsverweser wie Oberbefehlshaber der Wehrmacht und werde das Land vorübergehend als Haupt eines Triumvirats regieren (die beiden anderen Mitglieder dieses Direktoriums sollten offenbar Goerdeler und Hassell sein). Die Wehrmacht sei sofort auf die Regentschaft zu vereidigen.
Dann sollte Beck das Schicksal der Mitglieder der bisherigen Regierung bekanntgeben: Hitler sei »krank« und könne seine Aufgaben zu diesem Zeitpunkt nicht wahrnehmen. Die wichtigsten Minister – Himmler, Göring und Ribbentrop – seien verhaftet worden, nachdem sie Widerstand geleistet hätten. Sie hätten sich der verschiedensten Verbrechen und der Korruption schuldig gemacht. Göring zum Beispiel habe Millionen von Reichsmark zusammengerafft, Himmler Tausende von unschuldigen Männern und Frauen verhaften lassen. Die Beweise für ihre Vergehen würden bald veröffentlicht werden.
Die Verschwörer vertrauten darauf, daß sie mit dieser Rede Becks und durch die Veröffentlichung der Nazi-Verbrechen die breite Masse auf ihre Seite ziehen könnten. Da der Widerstand jedoch politisch im luft-

leeren Raum operierte, war diese Hoffnung unrealistisch. Es ist kaum vorstellbar, daß es möglich gewesen wäre, mit einer oder zwei Ansprachen das seit fast einem Jahrzehnt an politische Unterwerfung gewöhnte Volk aus seiner Lethargie zu reißen. Wehrmacht und SS hatten Hitler einen Treueeid geschworen, und sie waren sicher nicht bereit, diesen Eid zu brechen, nur weil ein General behauptete, der Führer sei »krank«. Beck legte großen Wert auf die äußeren Zeichen der Legalität und hoffte so, seine Regierung in den Augen des Volkes zu legitimieren. Aber diese quasi-legale Natur des Staatsstreichs hätte wohl kaum genügt, die Gefahr eines Bürgerkrieges völlig auszuschließen[11].

Die politische Planung arbeitete Beck zusammen mit den wichtigsten zivilen Verschwörern, Hassell und Goerdeler, aus. Das Regierungsprogramm der Verschwörer, das den Primat der Außenpolitik betonte, enthielt auch eine Rechtfertigung für ihre Aktion. Sie erklärten, daß sie handeln mußten, um der gefährlichen Entwicklung, die Hitler in Gang gesetzt hatte, aufzuhalten. Seine unverantwortliche und abenteuerliche Außenpolitik, die nichts mit einer gesunden »Realpolitik« zu tun habe, drohe ganz Europa in einen Krieg zu stürzen, »der die unmittelbare Gefahr heraufbeschwört, daß die höchsten europäischen Werte zum Vorteile des Bolschewismus zerstört werden«. Die verbrecherischen Abenteuer hätten ihren Höhepunkt in dem Plan gefunden, eine Offensive im Westen zu versuchen und dabei die Neutralität Belgiens und Hollands zu verletzen. Um dies zu verhindern, hätten sich die Verschwörer »dem Vorgehen der früheren deutschen Regierung widersetzt«[12].

Die neue Regierung sei entschlossen, »den Krieg, in den Europa unglücklicherweise gestürzt worden ist, mit aller Kraft weiterzuführen, bis ein Friede gesichert ist, der den Bestand, die Unabhängigkeit, die Lebensbetätigung und die Sicherheit des deutschen Reichs und Volks gewährleistet und gegenüber Polen im wesentlichen die alte Reichsgrenze wiederherstellt« (gemeint ist wohl die Grenze von 1914). Wenn diese Forderung erfüllt sei, werde ein befriedetes und daher friedliches Deutschland aus dem Krieg hervorgehen, das ein Bollwerk gegen den Bolschewismus sein und zum Wohlergehen ganz Europas beitragen werde. Die deutsche Regierung sei überzeugt, daß hinter der Forderung »die ganze wehrhafte deutsche Nation« stehe und daß auf ihrer Grundlage »ein baldiger Friede« möglich sei.

»Die deutsche Regierung gibt die Hoffnung nicht auf, daß auch die Gegner Deutschlands die Notwendigkeit erkennen, nunmehr auf den obenangeführten Grundlagen zum Frieden zu kommen und der Welt die Möglichkeit zu geben, zu einem Zustand der Gesundheit und der Befriedigung zu kommen, aufgebaut auf dem Willen aller Nationen, in Treu und Glauben bei möglichst herabgeminderter Rüstung durch den Austausch geistiger und wirtschaftlicher Güter eine Gemeinschaft der Völker zu bilden ...[13]«

Claus Graf Schenk v. Stauffenberg (Foto Keystone)

Carl Goerdeler vor dem Volksgerichtshof (Foto Bundesarchiv)

Ulrich v. Hassell vor dem Volksgerichtshof (Foto Bundesarchiv)

Das Programm der Verschwörer war keineswegs so versöhnlich, wie es auf den ersten Blick erscheinen mag, und es hätte sicherlich nicht die unmittelbare Zustimmung Frankreichs und Großbritanniens gefunden. Die Wiederherstellung der Souveränität Polens wäre mit dem Ziel, Deutschland als Bollwerk gegen den Bolschewismus stark zu erhalten, kaum in Einklang zu bringen gewesen. Um dieses Ziel zu erreichen, hätte Polen in die deutsche Einflußsphäre einbezogen werden müssen, wie Beck ausdrücklich im Frühjahr 1940 betont hat.

Die Hoffnung auf Abrüstung muß unter den gleichen Aspekten betrachtet werden. Die neue Regierung wollte einer Abrüstung erst dann zustimmen, wenn Deutschlands historische Rechte anerkannt und die Gefahr des Bolschewismus endgültig gebannt worden seien. Beck und seine Freunde hatten dabei aber vollkommen außer acht gelassen, daß England und Frankreich erklärtermaßen in den Krieg gezogen waren, um die Unverletzlichkeit Polens zu garantieren, und ebensowenig hatten sie begriffen, daß die Alliierten ebensosehr gegen den deutschen Militarismus kämpften wie gegen den »Nazismus«. Allerdings macht das Münchener Abkommen, in dem die Westmächte Deutschland so große Zugeständnisse gemacht hatten, diese Selbsttäuschung verständlich.

Das innenpolitische Konzept der neuen Regierung baute auf der Feststellung auf, daß die Politik der Nationalsozialisten »die Seele des deutschen Volkes zu töten und seinen wirtschaftlichen Wohlstand zu untergraben geeignet war. Das einst unvergleichliche deutsche Beamtentum wurde seiner wichtigsten Funktionen entkleidet und auf einen immer tieferen Stand herabgedrückt«. Die Gestapo habe die freie Meinungsäußerung auch auf unpolitischem Gebiet zum Verbrechen gestempelt, die Rechtssicherheit des Bürgers untergraben und die »elementarsten Grundsätze der Sittlichkeit« verletzt.

Es gebe keine planvolle und vernünftige Wirtschaftspolitik. Unverantwortliche Verschwendung und persönliche Bereicherung würden betrieben, »während für soziale Aufgaben, besonders den Wohnungsbau, nur unzureichende Mittel aufgewendet« würden[14].

Die neue Regierung, so hieß es weiter, wisse, daß »die Wiederherstellung geordneter Verhältnisse im Staats- und Rechtsleben ... unendlich schwer und wenig geeignet (sei), ihr schnell Volkstümlichkeit zu erwerben ... Ihr Bemühen wird sein, die Liquidation (des Systems) ohne jedes Rachegefühl durchzuführen und die Lasten ganz allmählich so abzubürden, daß die denkbar geringsten materiellen Opfer gefordert werden ... Die NSDAP wird in allen Gliederungen aufgelöst ... Vermögen und Einnahmen aller Parteigliederungen und der Arbeitsfront gehen auf das Reich über ... Der Justizminister trifft die erforderlichen vorläufigen Anordnungen, um den erschütterten Rechtsstaat wiederherzustellen ... Auf allen Gebieten der Staatsfähigkeit wird das Beamtentum dergestalt erneuert, daß der ordnungsmäßig ausgebildete Berufsbeamte grundsätzlich

an die Stelle von aus Parteigesichtspunkten ernannten Personen zu treten hat ... Die Regentschaft setzt einen Gesetzesrat ein, der die Gesetzgebung seit dem 30. Januar 1933 nachzuprüfen hat (und) ... wie das Verhältnis des Staates zu den Kirchen zu regeln ist ...
Die Presse unterliegt während des Krieges der Zensur ... Die Wissenschaft und ihre Lehre ist frei ...«
Die Regentschaft werde so lange im Amt bleiben, bis eine demokratische Regierung ihren Platz einnehmen könne.
»Um den Staatsaufbau vorzubereiten, setzt die Regentschaft einen Verfassungsrat ein ... von dem Grundsatz ausgehend, den deutschen Einheitsstaat nach politischen und wirtschaftlichen Gesichtspunkten unter besonderer Rücksicht auf die historische Überlieferung zu gliedern und für das politische Leben des Reichs eine Mitarbeit des Volks und eine Kontrolle des Staatslebens auf der Grundlage der örtlichen und körperschaftlichen Selbstverwaltung sicherzustellen[15].
Genau wie Becks Reformplan vom Juli 1938 basierte dieses Programm auf den Prinzipien des preußischen Rechtsstaates. Die Gesellschaftsordnung, die hier anvisiert wurde, war nicht demokratisch im üblichen Sinne des Wortes, und die Verschwörer dachten nicht daran, wieder ein Parlament oder auch nur die freie Ausübung der Bürgerrechte zuzulassen. Ihre Interpretation der Erfahrungen mit Weimar ging dahin, daß die parlamentarische Demokratie für den Aufstieg Hitlers mitverantwortlich war. Sie lehnten daher jeden Pluralismus ab. Sie hofften, die Parteipolitik durch eine Art nationaler Übereinstimmung überwinden zu können. Sie hielten es nicht für wünschenswert, daß die Regierung von den Stimmungen und Meinungen im Volke beeinflußt würde. Die Staatsführung sollte wieder in die Hände der bewährten preußischen Elite und des deutschen Beamtentums gelegt werden. Eine Beeinträchtigung ihrer Wirksamkeit durch Druck von unten mußte verhindert werden. Demokratie wollten sie allenfalls an der Basis der politischen Hierarchie, in den Gemeinden und regionalen Körperschaften, zugestehen.
Um ihre Pläne verwirklichen zu können, mußten die Männer des Widerstands aber einen General finden, der bereit war, zu handeln. Sehr einfallsreich gingen sie dabei zunächst nicht vor. Beck und seine Mitverschworenen brachten Denkschriften, darunter auch die, die er selbst unmittelbar nach dem Polenfeldzug geschrieben hatte, unter den Offizieren im OKH in Umlauf. Damit erzielte man aber keine Wirkung: Die Generale empfanden die dauernden Appelle an ihre Vernunft und ihr Gewisser eher als lästig und sogar verdächtig. Tippelskirch, der Chef der Abteilung Fremde Heere im Generalstab, brachte diese Meinung drastisch zum Ausdruck. In einer dieser als anonym bezeichneten Denkschriften Becks schrieb er an den Rand: »Stammt der Aufsatz von einem Engländer oder von einem Deutschen? Im letzteren Falle ist er überreif für ein Konzentrationslager[16].«

Die Generale im OKH hegten zu diesem Zeitpunkt noch Hoffnung auf irgendeinen Kompromiß mit den Alliierten und dachten nicht daran, Becks düstere Prophezeiungen ernst zu nehmen; am Vorabend ihres Siegs über Polen machten sie sich über den Krieg im Westen wenig Sorgen. Erst als Hitler am 27. September seine Pläne für eine Offensive gegen Frankreich verkündete, die etwa zwischen dem 15. und 20. November beginnen sollte (dann aber über zwanzigmal verschoben wurde), begannen Halder und eine kleine Gruppe von Offizieren die Argumente des Widerstands etwas sorgfältiger zu prüfen.

Am 14. Oktober war Halder zu der Erkenntnis gekommen, daß es drei Möglichkeiten gab: »Angriff, Abwarten, grundlegende Veränderungen«. Da es den Anschein hatte, als ob der willensschwache Brauchitsch seiner Führung folgen werde, kam es für die Verschwörer nun darauf an, Halder davon zu überzeugen, daß nur die dritte Möglichkeit in Frage komme[17].

Da Beck zu Halder keinen persönlichen Kontakt mehr hatte, mußte er sich darauf beschränken, weitere Denkschriften zu verfassen und seine Mitverschwörer zu ermutigen, die notwendigen Verbindungen herzustellen. Als Groscurth zum Beispiel Beck am 19. und 20. Oktober besuchte, konnte dieser ihn überzeugen, daß, »um das Unheil aufzuhalten, alles darauf ankomme, Brauchitsch und Halder zu sofortigem Handeln zu bewegen«. Daher begann Groscurth, Halder zu bearbeiten[18].

Das war eine wahre Sisyphusarbeit. Am 16. Oktober war Halder einem Nervenzusammenbruch nahe, während Brauchitsch »ratlos« war. Groscurth kommentierte bitter: »Welche Zustände! Das sind preußische Offiziere! Ein Chef des Generalstabs hat nicht zusammenzubrechen.« Als er Halder am 1. November wiedersah, hatte sich dessen nervlicher Zustand kaum gebessert. Der Generalstabschef sprach vage von der Möglichkeit, einen Unfall zu arrangieren, bei dem Hitler umkommen sollte. Dann redete er sich darauf hinaus, daß den Verschwörern eine starke Führerpersönlichkeit fehle[19]. Als Groscurth auf Beck und Goerdeler verwies, zeigte Halder sich skeptisch. Auch anderen Mitgliedern des Widerstands gelang es nicht, klare Zusagen von ihm zu erlangen. Ihr Mißerfolg – und Halders schlechtes Gewissen – wurde nach dem Krieg deutlich, als Halder den Widerstand heftig attackierte. Goerdeler zum Beispiel nannte er einen »Spieler und Schwätzer, der in einem Wolkenkuckucksheim lebte«. Und Stülpnagel war für ihn ein »Verrückter, der sich wie ein Elefant im Porzellanladen aufführte«. Sich selbst dagegen bezeichnete er als »ruhig und besonnen« und erklärte, er habe die anderen immer zurückhalten müssen[20].

Halder hatte sich also für »Abwarten« entschieden. Gemeinsam mit Brauchitsch versuchte er, Hitler ebenfalls zum Abwarten zu bewegen, was dieser hartnäckig ablehnte. Damit provozierte er Halder allerdings, sich aufs neue mit den beiden anderen Möglichkeiten zu beschäftigen. Um den energiegeladenen und halsstarrigen Stülpnagel eine Zeitlng loszuwerden, schickte er ihn auf eine Rundreise an die Westfront, wo er die Meinung der Kommandierenden Generale über die Aussichten für eine Offensive und einen eventuellen Staatsstreich herausfinden sollte. Stülpnagel kehrte von dieser Reise mit Informationen zurück, die weder das eine noch das andere Unternehmen aussichtsreich erscheinen ließen.

Am 2. November jedoch schien Halder plötzlich Mut gefaßt zu haben. An diesem Tag forderte Stülpnagel Groscurth auf, mit der Vorbereitung des Putsches zu beginnen. Schon am nächsten Tag gab Halder selbst Groscurth die Erlaubnis, Beck und Goerdeler zu »alarmieren«. Sie sollten sich ab 5. November für eine Aktion zur Verfügung halten. Am 4. November fragte Halder Oster, ob alles bereit sei. Voller Hoffnung gingen die Verschwörer an ihre verschiedenen Aufgaben[21].

Der nächste Tag, der 5. November, begann vielversprechend. Sogar Brauchitsch zeigte Zeichen von Aktivität. Er ließ Schacht auffordern, »sich bereitzuhalten« (für was, wurde nicht gesagt). Aber alle interpretierten die Botschaft Brauchitschs als ein gutes Zeichen, und die Vorbereitungen wurden in gespannter Erwartung weitergetrieben, während Brauchitsch mittags Vortrag bei Hitler hielt[22].

Am frühen Nachmittag sickerten im OKH die ersten Berichte über den Verlauf der Unterredung mit Hitler durch. Brauchitsch war offenbar total zusammengebrochen. Nur wenige Stunden später befahl Halder Stülpnagel, alle Vorbereitungen für den Staatsstreich abzubrechen. Dann rief er Groscurth zu sich und sagte:

»... daß alle militärischen Mittel erschöpft seien, Offensive werde gemacht, niemand sei da, die Sache zu übernehmen, Volk und Heer seien nicht geschlossen. ›Damit sind die Kräfte, die auf uns rechneten, nicht mehr gebunden. Sie verstehen, was ich meine.‹ «

Nach dieser lakonischen Mitteilung besprach sich Groscurth mit General Wagner und suchte dann noch einmal Halder auf, um ihn daran zu erinnern, daß Beck, Goerdeler und Schacht zur Verfügung stünden. Aber Halder reagierte nicht. Sein Mut hatte ihn verlassen[23].

Am 6. November erfuhren die Verschwörer, was zwischen Brauchitsch und Hitler vorgefallen war. Brauchitschs Argumente gegen die Offensive hatten bei Hitler einen Wutausbruch ausgelöst; er hatte gegen den »Geist von Zossen« getobt und dann Brauchitsch mit intuitivem Mißtrauen gefragt: »Was haben Sie vor?« Brauchitsch hatte in Wirklichkeit gar nichts vorgehabt, aber als er Halder von dieser merkwürdigen Frage erzählte, fuhr dem Chef des Generalstabs der Schrecken in die Glieder, und er befahl den Abbruch sämtlicher Vorbereitungen für den Putsch. Dieser Befehl bedeutete das Ende jeder konkreten Planung zum Sturz Hitlers vor der Offensive gegen Frankreich[24].

Natürlich war Beck von dieser Wendung der Dinge enttäuscht, aber überrascht haben konnte sie ihn eigentlich nicht. Schon am 2. November hatte er Hassell gegenüber seine Zweifel geäußert. Nachdem er ihm den Inhalt einer seiner Denkschriften erläutert hatte, war er auf »Brauchitsch und Genossen« zu sprechen gekommen, die er »in bezug auf ihre Urteilsfähigkeit über den engsten militärischen Zusammenhang hinaus als Sextaner« bezeichnete, wobei er noch hinzufügte, daß er auch von Halder nicht viel halte[25].

Dennoch setzte er seine Bemühungen fort, die Generale zu einer Aktion zu veranlassen. Am 6. November bat er Stülpnagel zu sich und übergab ihm eine Botschaft für Halder und Brauchitsch: Wenn sie selbst nicht handeln, aber gegen eine Aktion Dritter keinen Einspruch erhöben, so sei er bereit, den Oberbefehl zu übernehmen. Er glaubte, die Offiziere im OKH würden seinen Befehlen folgen, wenn er persönlich im Hauptquartier erscheine – selbst in Zivil. Die einzige Voraussetzung dafür sei das Einverständnis der drei Oberbefehlshaber der Heeresgruppen[26].

Weder Brauchitsch noch Halder reagierten auf diesen Vorschlag. Im Gegenteil, Halder begann sich einzureden, daß die Westoffensive doch notwendig sei: »Es ist wirklich nicht zu ertragen, daß Deutschland auf die Dauer ein ›Helotenvolk‹ Englands ist[27]«, meinte er.

Mitte November gab es keinen Zweifel mehr, daß es nicht zu einem Staatsstreich kommen werde. Tag für Tag besprachen die Verschwörer sorgfältig neue, manchmal sehr phantasievolle Pläne, wogen die Vorteile der in Frage kommenden Aktionen gegeneinander ab, und wußten dabei doch, daß es sich bei allem nur um fruchtlose akademische Erörterungen handeln konnte. Beck ereiferte sich besonders über das Verhalten Halders und führte mit Gisevius endlose Diskussionen über die Generale: »Werden sie sich je ändern? Werden sie nicht alle nacheinander oder miteinander ›ihren‹ Weg gehen? Welchen? Den in die persönliche oder in die militärische Katastrophe[28]!«

Beck war nicht gewillt, sich noch einmal bei den Generalen eine Abfuhr zu holen. Er versuchte daher im November und Dezember keine neue Annäherung. Im Januar jedoch überwand er seinen Stolz und unternahm noch einmal den Versuch, Halder zum Handeln zu bewegen. Anfang Januar übergab er Stülpnagel einen Brief an Halder, in dem er den Chef des Generalstabs um eine Unterredung im OKH bat. Halder lehnte es aus Sicherheitsgründen ab, Beck in seinem Hauptquartier zu empfangen, erklärte sich aber zu einem Gespräch unter freiem Himmel am 16. Januar 1940 bereit[29].

Beck hatte, gründlich wie er war, vier Seiten mit Notizen für dieses Gespräch vorbereitet. Während sie bei eisiger Kälte durch die leeren Straßen von Berlin-Dahlem spazierten, erläuterte er Halder noch einmal seine Auffassung, daß es unmöglich sei, den Krieg im Westen zu gewinnen. Eine Offensive könne nicht zum Erfolg führen und werde nur unnötiges Blutvergießen bringen. Es bestehe ferner kein Zweifel daran, daß Amerika die Westmächte zumindest wirtschaftlich unterstützen werde und daß Deutschland der Wirtschaftsmacht einer solchen angelsächsischen Koalition nichts Entsprechendes entgegenzustellen habe. Die aus diesen Gründen drohende Katastrophe müsse verhindert werden. Da die Alliierten sich niemals auf Verhandlungen mit dem »irrsinnigen« Hitler einlassen würden, müßten die Generale ihn stürzen. Dann legte Beck sein Programm für die Beendigung des Krieges dar: Waffenstillstand im Westen, gefolgt von Verhandlungen, die zu einem gerechten und ehrenhaften Frieden führen müßten.

Etwas scheinheilig betonte Halder, Beck renne bei ihm offene Türen ein. An seiner Analyse der Lage finde er nichts auszusetzen. Aber, so fragte er, welche politischen Vorbereitungen hätten die Verschwörer für die Zeit nach dem Putsch getroffen? Seien sie überzeugt, daß das deutsche Volk ihnen folgen werde? Würden sie überhaupt regierungsfähig sein?

Es mutet etwas überraschend an, daß ausgerechnet Halder diese Fragen aufwarf, die ja mutatis mutandis auch auf die Pläne zutrafen, die er selbst im Herbst 1938 verfolgt hatte. Aber Beck reagierte nicht auf die Provokation. Er erklärte lediglich, daß die politischen Vorbereitungen nicht in Halders Ressort fielen.

An diesem Punkt ging die Unterhaltung in gegenseitige Vorwürfe über. Beck warf Halder indirekt Feigheit vor. Als Reiter wisse er doch, daß man zuerst sein Herz über das Hindernis werfen müsse, bevor man springe. Halder blieb die Antwort nicht schuldig und erklärte, er habe es nicht nötig, sich solche Beleidigungen anzuhören. Er erinnerte Beck daran, daß er als einer der ersten zum Widerstand aufgerufen habe und auch jetzt noch dazu entschlossen sei. Im geeigneten Augenblick werde er mit Brauchitsch schon fertig werden und auch die nötigen Truppen mobilisieren. Die einzige Vorbedingung sei die Unterstützung des Staatsstreichs durch die breite Masse. Solange er aber daran zweifeln müsse, daß das deutsche Volk einer Regierung von Generalen folgen werde, müsse er es ablehnen, seinen Namen für eine Neuauflage des Kapp-Putsches herzugeben. Es sei eine Zumutung, anzunehmen, er werde lediglich die Rolle eines »Hausknechtes« spielen, der Befehle entgegennehme, aber keine Fragen zu stellen habe.

Beck versuchte nun, Halder davon zu überzeugen, daß die entsprechenden politischen Vorbereitungen getroffen worden seien; Halder jedoch fand sie ungenügend. So hat dieses Gespräch die Beziehungen zwischen den beiden Männern nur verschlechtert.

Nach diesem 16. Januar machte Beck persönlich keinen weiteren Versuch mehr, Halder oder Brauchitsch zum Handeln zu bewegen – mit einer Ausnahme: Als er von neuen Greueltaten in Polen hörte, appellierte er noch einmal an die beiden Generale.

Am 15. Februar trafen sich Beck und Hassell zu einer Lagebesprechung. Nach dieser Begegnung schrieb Hassell: »Der unheilvolle Charakter des Regimes, vor allem ethisch gesehen, wird ihm immer klarer. Beck er-

zählte, daß eine angesehene Persönlichkeit eine Mission im Ausland habe übernehmen sollen, aber erklärt habe, sich vorher über die Geschehnisse in Polen unterrichten zu müssen. Er sei selbst hingefahren und habe seine schlimmsten Erwartungen übertroffen gefunden, worüber er eine Art Protokoll aufgezeichnet habe, das Beck gelesen hat. Unter anderem wird darin berichtet, daß die SS 1500 Juden, darunter viele Frauen und Kinder, so lange in offenen Güterwagen herumgefahren habe, bis sie alle gestorben wären. Dann habe man durch etwa 200 Bauern riesige Massengräber auswerfen lassen und danach sämtliche Personen, die daran gearbeitet haben, erschossen[30].
Die Ungeheuerlichkeit dieser und anderer Verbrechen ließ Beck jeden Stolz vergessen und brachte ihn dazu, erneut an Halder zu schreiben und sich dann, auf Drängen Goerdelers, an Feldmarschall v. Mackensen zu wenden, der sich auf Becks Bitten hin bereit erklärte, seinerseits an Brauchitsch zu schreiben. Aber keine dieser Demarchen führte zu einem Vorgehen gegen die SS.
Noch vor den Rückschlägen im Herbst und Winter 1939 hatte Beck die Initiative zu einem höchst ungewöhnlichen Schritt ergriffen: Er wollte versuchen, mit dem britischen Gesandten beim Vatikan Verbindung aufzunehmen. Zu diesem Entschluß hatte ein komplexer Gedankengang geführt.
Nach dem Überfall auf Polen war es schwieriger geworden, einen Staatsstreich vorzubereiten. Becks Sorge konzentrierte sich vor allem auf die Haltung der Generale. Jetzt, wo Deutschland im Krieg stand, würden sie kaum bereit sein, eine Verschwörung zu unterstützen. Neben dieser Sorge um die Haltung der Generalität beunruhigte Beck aber auch der Gedanke an die Schwächeperiode, die einem Staatsstreich naturgemäß folgen würde. Er mußte vermeiden, daß Deutschlands Feinde diese Schwäche dazu ausnutzen konnten, um eine erfolgreiche Offensive zu starten; die neue Regierung durfte nicht mit dem Odium einer Niederlage belastet sein, die zu einem neuen Versailles und möglicherweise sogar zu einer Revolution führen konnte. Daher wollte er versuchen zu verhandeln. Wenn die Briten dazu veranlaßt werden konnten, während des Staatsstreiches stillzuhalten, dann wäre diese Sorge behoben. Und wenn sie sich darüber hinaus bereit erklären würden, gewisse Garantien für Deutschlands Zukunft zu geben, dann hätte er ein starkes Argument, um die Generale für die Verschwörung zu gewinnen.
Es ist bezeichnend, daß Beck sich lieber an die Engländer wandte als an die Franzosen. Instinktiv fühlte er, daß sie seinen Gedanken aufgeschlossener gegenüberstehen würden. Ja, er hoffte sogar, von ihnen Garantien gegen zu harte Friedensbedingungen der Franzosen zu erhalten. Damit hatte er sicher recht. Die Engländer dachten ohne Zweifel vorurteilsfreier als die Franzosen, die wahrscheinlich auch nach einem Sturz Hitlers so unversöhnlich geblieben wären wie in Versailles.

Mitte Oktober hatte es den Anschein, als ob Becks Spekulationen durch das Auftauchen einer »feierlichen Verpflichtung« Chamberlains bestätigt würden. Diese Verpflichtung war jedoch in Wirklichkeit nichts anderes als eine leicht redigierte Fassung der Rede des englischen Premiers vom 12. Oktober, in der dieser erklärt hatte, es sei nicht das Ziel der englischen Politik, »ein Deutschland, das bereit ist, mit den anderen Nationen in Freundschaft und gegenseitigem Vertrauen zusammenzuleben, von dem ihm in Europa zukommenden Platz zu verdrängen«. Ein britischer Diplomat, Philip Conwell Evans, hatte Auszüge aus dieser Rede in etwas abgewandelter Form einem der Verschwörer, dem deutschen Botschafter in Bern, Theo Kordt, übergeben. Als diese »Verpflichtung« schließlich nach Berlin gelangt war, hatte sie schon fast die Bedeutung eines Glaubensbekenntnisses erlangt. Beck jedenfalls war sichtlich von ihr beeindruckt[31].

Nachdem Beck sich für die Einleitung von Verhandlungen für den Weg über den Vatikan entschieden hatte, mußte man einen geeigneten Mittelsmann finden. Auf den Rat von Oster und Dohnanyi entschied er sich für Dr. Josef Müller, einen prominenten katholischen Rechtsanwalt aus Bayern, der besonders geeignet zu sein schien, da er über gute Verbindungen im Vatikan verfügte und außerdem als zuverlässiger Gegner der Nationalsozialisten galt.

Ende September wurde Müller zu einer Besprechung mit Canaris gebeten. Als er am Tirpitzufer eintraf, war er ziemlich überrascht, anstelle von Canaris Oster und Dohnanyi zu sehen. Oster erklärte ihm, warum man ihn hergebeten habe, und erläuterte die ihm zugedachte Aufgabe: »Wenn Sie mit uns arbeiten ... so brauchen sie keinerlei Befehle entgegenzunehmen von der Abwehr, von irgend jemandem. Es wird Ihnen sogar der Admiral selbst erklären, daß Sie auch von ihm keine Befehle entgegenzunehmen brauchen. Für uns alle ist aber ein Wunsch des Generalobersten Beck einem Befehl gleichzustellen. Und wenn Sie mit uns arbeiten, erkennen Sie als Ihren tatsächlichen Chef nur den Generaloberst Beck an ... Die Bitte, die ich an Sie gestellt habe und stelle, nach Rom zu gehen, ist eine Bitte, die der Generaloberst Beck an Sie stellt. Der Generaloberst Beck kennt den Papst aus der Zeit, in der der Papst Nuntius in Berlin war ... Der Wunsch, den wir haben, den der Generaloberst Beck Ihnen übermitteln läßt, ist der, daß Sie mit dem Papst Fühlung nehmen, um festzustellen, ob er seinerseits bereit ist, Fühlung zu nehmen mit der englischen Regierung, um festzustellen, ob die englische Regierung ihrerseits bereit ist, mit der deutschen Militäropposition in Vorbesprechungen für den Friedensschluß einzutreten. Wir müssen das ganz klar wissen, bevor wir gegen Hitler handeln[32].«

Müller erklärte sich bereit, die Mission zu übernehmen. Daraufhin besprachen sie die Einzelheiten. Müller solle Becks Bereitschaft betonen, die Rechte der katholischen Kirche in Deutschland zu garantieren. Wenn der Papst es wünsche, sei Beck bereit, selbst nach Rom zu kommen. Vor allem solle Müller den Papst auf den ideologischen Charakter des Hitlerschen Krieges hinweisen. Als Motiv seiner Initiative wünschte Beck die gemeinsame europäische Identität der kriegführenden Staaten herauszustellen. Beck sei sich bewußt, daß es in der Vergangenheit unvorstellbar gewesen wäre, daß sich ein deutscher General – dazu noch ein Protestant – unter vergleichbaren Umständen an den Papst gewandt hätte. Aber es bestehe ein gemeinsames Interesse, den Krieg zu beenden und den Frieden zu sichern[33].

Ende September oder Anfang Oktober 1939 reiste Müller zum erstenmal nach Rom. Es gelang ihm, die Voraussetzungen für spätere Verhandlungen zu schaffen. Er nahm Kontakt mit dem ehemaligen Vorsitzenden der Zentrumspartei, Prälat Kaas, auf, der jetzt Sekretär der Kardinalskongregation von St. Peter war. Kaas wiederum brachte ihn mit Pater Robert Leiber zusammen, einem Jesuiten und engen Mitarbeiter des Papstes. Kaas und Leiber sondierten die Lage für Müller, der schon bald mit günstigen Nachrichten nach Berlin zurückkehren konnte. Am 20. Oktober notierte Groscurth in seinem Tagebuch:

»Auch der Papst ist sehr interessiert und hält einen ehrenvollen Frieden für möglich. Verbürgt sich persönlich dafür, daß Deutschland nicht wie im Walde von Compiègne betrogen wird. Bei allen Friedensvermittlungen stößt man auf die kategorische Forderung der Beseitigung Hitlers und einer gewissen Wiederherstellung der Tschechei. Eine Abrüstung verlangt man nicht, da man in einem starken Deutschland einen Schutz gegen den Bolschewismus sieht[34].«

Es ist nicht bekannt, ob der Papst selbst diese Botschaft durch Kaas oder Leiber Müller übermitteln ließ, oder ob es sich nur um eine Interpretation seiner Meinung handelt. Aber das spielt keine große Rolle; allein die Ermutigung zählte. Müller sollte sofort wieder nach Rom reisen. Wenn seine erste Reise nur der Sondierung gedient hatte, sollte er nun versuchen, klare Zusicherungen zu erhalten, daß die Briten bereit seien, Deutschlands rechtmäßige Stellung in Europa zu garantieren. Dies war nach dem 5. November vordringlich geworden, und aufgrund der von Conwell Evans manipulierten Botschaft schienen die Aussichten dafür auch ganz gut zu sein.

Aber dann kam es zu Verzögerungen. Müller geriet in Gefahr, da die Gestapo von seinen Kontakten in Rom Wind bekommen hatte. Es kam zu einem höchst komplizierten und verwirrenden Spiel von Intrigen und Gegenintrigen, bei dem die merkwürdigsten Gestalten auftauchten – sogar der Großmufti von Jerusalem. Aber schließlich gelang es Canaris, Müller zu retten und seine Verhaftung zu verhindern. Dabei hatte er den genialen Einfall, Müller als seinen Informanten im Vatikan auszugeben, der ihm einen Bericht über einen geplanten Militärputsch gebracht habe. Gemeinsam mit Müller fabrizierte Canaris eine Geschichte um Fritsch,

Rom und Reichenau, die er dann Hitler als die Arbeit seines besten V-Mannes in Italien vorlegte. Als Hitler auf den Namen Reichenau stieß, rief er ärgerlich aus: »Schmarrn« und fegte die Unterlagen beiseite. Canaris hatte das Spiel gewonnen[35].

Wegen dieser Schwierigkeiten war das Jahr fast zu Ende gegangen, bevor Müller mit neuen Ergebnissen aufwarten konnte. Kaas hatte mit dem britischen Gesandten beim Heiligen Stuhl, Sir Francis d'Arcy Osborne, gesprochen, während Pater Leiber den Papst informierte. Am 12. Januar 1940 empfing Pius XII. dann Sir Osborne in einer privaten und geheimen Audienz[36].

Der Papst berichtete, daß ein Vertreter der deutschen Militäropposition erklärt habe, für den Februar sei eine Großoffensive der Wehrmacht geplant. Diese sei jedoch zu verhindern, wenn man den Generalen versichern könne, daß Großbritannien zu einem ehrenhaften Frieden mit Deutschland bereit sei. (Osborne fiel auf, daß Frankreich nicht erwähnt wurde.) Eine solche Zusicherung werde es den Generalen ermöglichen, die derzeitige deutsche Regierung durch eine verhandlungsfähige Regierung zu ersetzen, um dann mit der Regierung Seiner Majestät zu einer Regelung in Osteuropa zu gelangen. Sir Osborne notierte sich, daß diese Regelung die Wiederherstellung Polens und der Tschechoslowakei (keine näheren Einzelheiten) einschließen und sich außerdem mit Rußland befassen werde (was noch rätselhafter ist). Über den bestehenden Anschluß Österreichs könne es jedoch keine Konzessionen geben.

Osborne reagierte verständlicherweise mit der Bitte um Informationen über die Verschwörergruppe, die der Papst jedoch ablehnte, um niemanden zu gefährden. Auch könne er nicht für ihren guten Glauben garantieren – wohl aber für die Lauterkeit des Vermittlers. Auf die Frage Osbornes, warum die Verschwörer nicht zuerst den Regierungswechsel herbeiführten und dann um Zusicherungen bäten, konnte der Papst keine befriedigende Antwort geben. Auch über ihre außenpolitischen Vorstellungen waren ihm Einzelheiten nicht bekannt. Osborne wies darauf hin, daß die britische Regierung kein Abkommen mit der deutschen Militäropposition treffen könne, ohne sich vorher mit den Franzosen zu beraten, und fügte hinzu, daß die Botschaft überaus vage und unrealistisch sei und der Hinweis auf die geplante Offensive eher wie ein Erpressungsversuch wirke, was den Papst in nicht geringe Verlegenheit brachte. Osborne berichtet, der Papst habe nicht den geringsten Versuch gemacht, die Mitteilung der deutschen Opposition zu unterstützen oder zu rechtfertigen. Im Gegenteil, er sei äußerst besorgt gewesen, jede Verantwortung dafür, was über seine Gewissenserleichterung hinausgehe, in Abrede zu stellen.

Lord Halifax zeigte kein sonderliches Interesse; er antwortete auf die Depesche Osbornes am 22. Januar lediglich, daß er mit Osbornes Kommentar zu den Vorschlägen der Generale einverstanden sei. Danach hörte

der britische Gesandte beim Heiligen Stuhl nichts mehr in dieser Sache, bis er am 7. Februar wieder zu einem geheimen Gespräch in die Privatgemächer des Papstes gebeten wurde. Der Papst hatte vier maschinengeschriebene Seiten in deutscher Sprache in der Hand. Er unterrichtete Osborne, daß der »zuverlässige Vermittler« sich erneut an ihn gewandt habe. Als Osborne abermals seine Bitte um Namensnennung vorbrachte, antwortete der Papst nur, daß es sich um einen bekannten und wichtigen General handle. (Damit konnte nur Beck gemeint sein.) Er erklärte, der Vermittler habe ihn informiert, daß die Pläne für eine Offensive, die bei einem in Belgien notgelandeten deutschen Offizier gefunden worden waren, echt seien und daß die Offensive unmittelbar bevorstehe.
Dann legte der Papst das Programm der Generale dar. Sie beabsichtigten, nach Hitlers Sturz eine zeitweilige Militärdiktatur zu errichten, die von einer »demokratischen, konservativen und gemäßigten Regierung« mit einer föderativen Verfassung abgelöst werden solle. Österreich werde zu dieser Föderation gehören, Polen jedoch und die nichtdeutschen Teile der Tschechoslowakei würden unabhängig werden. (Osborne notierte sich hier, daß keine Rede von Reparationen für diese beiden Länder war und daß auch dem Heiligen Vater die Vorschläge ziemlich unklar zu sein schienen.) Als der Papst geendet hatte, wiederholte Osborne seine Kritik der Vorschläge, die er schon im Januar vorgetragen hatte[37].
Nach Empfang des zweiten Berichts von Osborne konferierte Halifax mit dem Premierminister. Die Alliierten hatten gehofft, ohne weiteres Blutvergießen den Krieg durch Verhandlungen beenden zu können, und es ist sehr gut möglich, daß man Becks Vorschläge aufgegriffen hätte, wenn seine Forderungen versöhnlicher und präziser gewesen wären. Aber auch so war man bereit, die Sache ernst zu nehmen. Am 17. Februar schrieb Halifax an Osborne und wies ihn an, dem Papst die Haltung der britischen Regierung zu erläutern mit dem Hinweis, daß ihm die Unterrichtung der deutschen Opposition selbstverständlich freistehe.
Da die erste Sorge Großbritanniens die Sicherheit für die Zukunft betreffe, begann der Außenminister, klinge das Vorhaben einer Dezentralisierung Deutschlands vielversprechend. Aber er und der Premierminister hätten doch eine Reihe von Vorbehalten: Erstens müßten Reparationen »für das Unrecht, das Deutschland seinen kleineren Nachbarn angetan habe«, geleistet werden. Zweitens müsse Österreich die Entscheidung überlassen werden, ob es einem deutschen Staatenbund angehören wolle. Drittens könne Großbritannien nur in Übereinstimmung mit Frankreich handeln. Viertens müsse ein klar definiertes Programm vorliegen, ehe man verhandeln könne. Dann faßte Halifax seine Gedanken in dem Satz zusammen:
»Wenn die Regierung Seiner Majestät überzeugt werden kann, daß die Mittelsmänner, die an Seine Heiligkeit herangetreten sind, Auftraggeber in Deutschland zu vertreten, die sowohl die Absicht wie die Macht haben,

das durchzuführen, was sie versprechen, wird die Regierung Seiner Majestät bereit sein, zusammen mit der Französischen Regierung die Anfragen zu erwägen, die diese Auftraggeber an sie haben[38].«

Am 16. Februar, also noch bevor Osborne den Brief von Halifax in Händen hatte, traf der Gesandte noch einmal mit dem Papst zusammen. Pius nahm ihn nach einer Audienz kurz beiseite, um ihm zu sagen, die deutsche Militäropposition habe erneut ihren Entschluß bekräftigt, Hitler zu stürzen. Osborne fragte ohne Umschweife, warum sie denn nicht endlich handelten, wenn sie einen Wechsel der Regierung wünschten, und fügte hinzu, er sehe nicht, wie Großbritannien Frieden machen könne, solange die deutsche Militärmaschinerie intakt sei[39].

Die Stellungnahme Lord Halifax' – die erste und zugleich letzte offizielle Mitteilung der britischen Regierung über den Vatikan an den deutschen Widerstand – wurde Müller und durch ihn Beck weitergegeben. Dieser erhielt sie wahrscheinlich schon Ende Februar, jedenfalls nicht später als am 16. März. Seine Reaktion war positiv. Er hatte seine Freunde stets vor zu weitreichenden Forderungen gewarnt und plädierte nun für eine kompromißbereite Haltung. Die deutsche Opposition erklärte sich bereit, in Österreich eine Volksabstimmung durchzuführen und ein Schiedsgericht zu akzeptieren, das eine Wiedergutmachung an die Geschädigten festsetzen solle. In den anderen Punkten zeigte man sich weniger entgegenkommend. Eine Räumung Polens wurde abgelehnt, solange Deutschland nicht entsprechende Vorkehrungen gegenüber der bolschewistischen Bedrohung getroffen habe. Noch weniger konnte Osbornes und Halifax' wichtigste Forderung erfüllt werden: eine Sicherheitsgarantie. Außer einem guten Willen hatte man nichts anzubieten, was die Befürchtungen gegenüber der deutschen Militärmacht hätte ausräumen können[40].

Merkwürdigerweise machte die deutsche Militäropposition bis Ende April keinen weiteren Versuch, den Papst um Vermittlung zu bitten. Es ist nicht mehr festzustellen, warum Beck den Dialog mit den Briten nicht fortsetzte. Er könnte beschlossen haben, die Ergebnisse anderer Initiativen abzuwarten; aber das ist unwahrscheinlich, da es keine Beweise für eine Beteiligung an anderen Sondierungen gibt. Im Gegenteil, er war nicht geneigt, Kontaktaufnahmen mit den Briten über andere Kanäle zu billigen, weil er fürchtete, dadurch seine Verhandlungen in Rom zu komplizieren. Eine andere Möglichkeit wäre, daß Beck die Zusagen der Briten für ausreichend hielt, denn im März bat er Hassell, ihre Antwort Halder zu übermitteln. Doch Becks Skeptizismus macht auch diese Vermutung nicht wahrscheinlich. Wenn er sich an Hassell wandte, so wohl nur deshalb, »weil er sich von anderen Mittelsleuten keinen Erfolg versprechen konnte[41]«.

Vielleicht hatte Beck aber auch einfach jede Hoffnung verloren und deshalb davon Abstand genommen, Müller noch einmal nach Rom zu

schicken. Schon im Januar hatte Hassell notiert: »Beck ... sehr ruhig, sieht aber zur Zeit auch keinen Weg ... Wir waren uns über den akademischen Charakter leider ganz klar, trotzdem ist es nötig[42].«
In den folgenden Monaten geschah nichts, was dem Widerstand neue Hoffnung geben konnte. Alle Versuche, die Generale zum Handeln zu bewegen, blieben erfolglos. Die Vorbereitungen für die Offensive gingen weiter, obwohl sie immer wieder verschoben wurde: »Wir waren nicht gerade hochgestimmt«, schrieb Hassell nach einem Beisammensein mit Beck und Goerdeler. »Man hat den Eindruck eines unrettbar rollenden Verhängnisses[43].«
Nur der abenteuerliche Feldzug Hitlers in Norwegen ließ die Hoffnung noch einmal aufflackern. Beck verfolgte ihn mit großer Skepsis und kritisierte ihn als dilettantisch. Er hoffte, daß den Generalen nun endlich die Augen aufgehen und sie sich gegen den Diktator auflehnen würden. Aber schon bald zeigte sich, daß Hitler wieder einmal Glück gehabt hatte; ihn noch vor der Großoffensive im Westen zu stürzen, schien unmöglich. Beck litt unter seiner Isolation. Als Hassell ihn Ende April anrief, beklagte er sich bitter darüber, daß er »schon seit vierzehn Tagen keine rechte Verbindung zu unseren Leuten (gehabt habe) und schloß daraus auf Verbautsein aller Möglichkeiten«. Trotzdem war er der Überzeugung, daß man keinen Augenblick aufgeben dürfe, »zu hämmern«[44].

Als kaum mehr die Chance für einen Umschwung im Innern bestand, billigte Beck Osters Warnungen (vor der Westoffensive) an den niederländischen Militärattaché Oberst Sas. Außerdem gab er Müller den Auftrag, die Gespräche in Rom wiederaufzunehmen. Diesmal waren es sowohl praktisch-politische wie auch moralische Erwägungen: Beck erinnerte sich nur zu gut, wie die Mißachtung der Neutralität Belgiens 1914 Deutschland in den Augen der Welt entehrt hatte. Eine Wiederholung dieses Neutralitätsbruchs – bei gleichzeitigem Überfall auf das benachbarte Holland – würde von der Weltöffentlichkeit mit Abscheu aufgenommen werden (zumal Holland nach dem Ersten Weltkrieg dem Kaiser Zuflucht gewährt und sich geweigert hatte, ihn als Kriegsverbrecher an die Alliierten auszuliefern). Aus diesem Gefühl moralischer Verantwortung beschloß Beck, die Briten darüber zu informieren, warum die Verhandlungen nicht fortgesetzt werden könnten. Das wichtigste Motiv für diese erneute Initiative Becks war nach den Worten Müllers, klarzustellen, »daß das deutsche Volk an den ethischen Prinzipien des Zusammenlebens der Völker festhalte und daß es nur überlagert sei von einer Gangsterschicht Hitler-Himmler-Heydrich[45]«.
Oster und Dohnanyi setzten Müller auch die praktischen Überlegungen auseinander, die Becks Entscheidung bestimmt hatten. 1914 habe die Verletzung der Neutralität Belgiens Großbritannien zum Eintritt in den Krieg veranlaßt. Diesmal werde sie die Entschlossenheit der Alliierten

stärken, Deutschland vernichtend zu schlagen. Eine Wiederaufnahme von Verhandlungen würde unmöglich werden, wenn sich die Widerstandskreise nicht eindeutig von der Offensive distanzierten. Bei diesen Überlegungen spielte auch der Zwischenfall von Venlo im November 1939 eine Rolle, bei dem im Auftrag von Himmler und Heydrich zwei angebliche Repräsentanten der deutschen Militäropposition unter falschem Namen aufgetreten und zwei britische Agenten in die Falle gelockt und gekidnappt hatten. Wenn jetzt – nachdem man in Rom versucht hatte, Friedensverhandlungen vorzubereiten – ein Großangriff im Westen erfolge, könnten die Alliierten ein neues übles Täuschungsmanöver vermuten und alle späteren Versuche, zu Verhandlungen zu kommen, ablehnen. Für Beck aber war es sehr wichtig, die Möglichkeit für Verhandlungen offenzuhalten, da er überzeugt war, daß die Offensive sich bald festlaufen werde und er dann seine Bemühungen zum Sturz Hitlers mit größerer Aussicht auf Erfolg wiederaufnehmen könne.

Auf der Grundlage dieser Gedankengänge formulierten Müller, Oster und Dohnanyi folgende Botschaft, die über den Papst an die Alliierten und auch an die Belgier und Holländer gelangen sollte:

»Zum Bedauern meiner Auftraggeber können unsere Verhandlungen nicht mit entsprechender Aussicht auf Erfolg fortgesetzt werden. Die Generale können sich leider nicht zum Handeln entschließen. Hitler wird angreifen, und der Angriff steht unmittelbar bevor. Hitler wird bei diesem Angriff – möglicherweise – die Neutralität Belgiens und Hollands verletzen. Wir distanzieren uns für das anständige Deutschland ...[46]«

Mit dieser Botschaft reiste Müller Anfang Mai 1940 nach Rom. Am 7. Mai war die Anordnung des Papstes, diese Information an Großbritannien, Frankreich, Holland und Belgien weiterzugeben, ausgeführt. Drei Tage später begann Hitlers Großoffensive in Westeuropa[47].

Beck verfolgte mit ungläubigem Staunen, wie das deutsche Heer anscheinend mühelos die britischen und französischen Armeen schlug. Zuerst hielt er an der Voraussage einer Niederlage fest. Nach seinen kriegswissenschaftlichen Erkenntnissen konnte die Operation nicht gelingen. Niemals würde die deutsche Wehrmacht in der Lage sein, die Briten »ins Meer zurückzuwerfen«. Dann begann er verblüfft zu zweifeln. Hassell schrieb: »Beck steht vor der Leichtfertigkeit und schlechten Führung der Anglo-Franzosen als vor einem Rätsel. Er hält aber ein ›Sich-wieder-Sammeln‹ für möglich.«

Auch hier irrte Beck. Auf Dünkirchen folgte bald Compiègne. In den nun folgenden Wochen verbrachte Beck den größten Teil seiner Zeit mit dem Versuch, die Ursachen der alliierten Niederlage zu ergründen, wobei er schließlich in der »moralischen Zersetzung« Frankreichs eine Erklärung zu finden glaubte. Eine neue Ära in der Geschichte der Kriegführung hatte begonnen, die sich seinem Verständnis entzog[48].

Hitlers Siege setzten der Tätigkeit Becks vorerst ein Ende. Jetzt, da Hitler

Deutschland und Westeuropa beherrschte, war Widerstand mehr denn je zum Scheitern verurteilt. Dennoch gab Beck nicht auf. Für ihn blieb der Führer die Inkarnation des Bösen. Er war überzeugt, daß Hitler den Krieg verlieren werde; er blieb bei dem, was er 1938 erklärt hatte: Ein auf Betrug und Brutalität aufgebautes System muß eines Tages zusammenbrechen.

Nach dem Frankreichfeldzug wurde Halder zum Generaloberst befördert. Brauchitsch wurde Feldmarschall, und mit ihm zusammen – Keitel. Ganz Deutschland feierte den Triumph.

Mit dem protestantischen Theologen Helmut Gollwitzer, der ihn im Sommer 1940 besuchte, diskutierte Beck engagiert seine Überzeugung. Er war schockiert, daß Gollwitzer, ein enger Freund der Familie Hammerstein, es für möglich hielt, daß Hitler den Krieg gewinne. Er widersprach heftig. Er las Gollwitzer Passagen aus Treitschkes Werk vor, die den Untergang Napoleons beschrieben: Sein Empire mußte zusammenbrechen, weil seine Ziele zu weit gesteckt waren. Sie konnten auch nicht durch Waffengewalt erreicht werden, weil Armeen niemals den Geist der Völker besiegen können, selbst wenn man ihre Länder erobert. Hitler werde Napoleons Schicksal teilen. Gollwitzer war anscheinend nicht überzeugt, und Beck zögerte, ihn gehenzulassen. Als Gollwitzer schon das Haus verlassen hatte, lief ihm Beck noch einmal nach und hielt ihn am Gartentor fest: »Ich habe ihn manchmal gesehen«, stieß er hervor, »ich kann Ihnen versichern, er ist einer der bösesten Menschen, der jemals die Erde betreten hat[49].«

Beck schwankte nicht: Er würde gegen diesen Mann bis zu seinem Tode kämpfen. Es war bisher nicht leicht gewesen, und nach 1940 würde es erst recht nicht leicht sein. Die Wandlung vom preußischen General zum Frondeur war qualvoll gewesen. Beck hatte lange mit sich gekämpft. Zunächst hatte er, mühsam und methodisch, seine Illusionen überwinden und seine politischen Vorstellungen revidieren müssen. Dann mußte er versuchen, den Generalen die Augen zu öffnen und sie für den Widerstand zu gewinnen. Auch dies war ein schwieriger Prozeß voller Enttäuschungen gewesen und letzten Endes ein Mißerfolg. Aber gerade hierbei entfalteten sich Becks beste Eigenschaften. Es zeigte sich, daß er ein Mann von beispielhaftem Mut und Charakter war.

Becks Widerstand in den Jahren 1939 und 1940 war die konsequente Fortführung seiner Bemühungen als Generalstabschef, den Krieg mit legalen Mitteln zu verhindern beziehungsweise zu beenden. Sein Widerstand gegen den Krieg bedeutete jedoch keinen grundsätzlichen Wandel seiner außenpolitischen Zielvorstellungen. Noch immer glaubte er an Deutschlands Recht zur Revision des Versailler Vertrages, und die Mittel, die er befürwortete, waren unverändert die eines Machtpolitikers. Er hatte weder auf die Anwendung von Gewalt als Mittel der Politik verzichtet, noch war er etwa ein glühender Verteidiger der Rechte der kleinen Nationen geworden. Österreich und das Sudetenland gehörten für ihn zum Reich. Folgerichtig mußte eine geschwächte Tschechoslowakei ebenso in der deutschen Einflußsphäre bleiben wie Polen, jedenfalls solange die bolschewistische Gefahr drohte. Für diese Ziele war Beck immer noch bereit, zu kämpfen – auch wenn es gelingen sollte, Hitler zu stürzen.

Der entscheidende Unterschied zu Hitlers Politik bestand nach wie vor darin, daß Beck glaubte, diese Ziele seien nur im Einklang mit den anderen Großmächten zu erreichen und nicht in einem Krieg gegen sie. Sein Entschluß, über den Vatikan Verhandlungen mit den Alliierten aufzunehmen und sie am Vorabend der deutschen Offensive zu warnen, war von dem Wunsch diktiert, gemeinsam mit den Westmächten eine gerechte und ehrenvolle Lösung der europäischen Probleme zu erreichen.

Zwischen Becks Hoffnungen auf ein Wiedererstarken Deutschlands und seiner Suche nach einer solchen europäischen Übereinkunft bestand naturgemäß ein starker Widerspruch. Guter Wille allein konnte nicht genügen, um die Verhandlungen mit den Briten erfolgreich zu gestalten. Letzten Endes lief ja das Hauptargument der Widerstandskreise, Deutschland müsse als Bollwerk gegen den Bolschewismus stark sein, auf nichts anderes hinaus, als auf Anerkennung seiner Hegemonie in Zentraleuropa. Das war auch der eigentliche Grund, warum sich Beck außerstande sah, den Briten jene substantiellen Garantien anzubieten, die geeignet gewesen wären, ihre Furcht vor der deutschen Militärmacht zu zerstreuen.

Der Widerstandstätigkeit Becks haftete so etwas Unrealistisches an, was sich auch schon während seiner Amtszeit am Tirpitzufer gezeigt hatte. Die über den Vatikan geführten Verhandlungen waren unzulänglich konzipiert; die Angebote, die Müller zu überbringen hatte, waren viel zu vage. Überdies war es einfach eine Verkennung der Tatsachen, sich lediglich an die Briten zu wenden, ohne die Franzosen einzubeziehen. Dabei war es Beck selbst gewesen, der wiederholt in seinen Denkschriften auf die enge französisch-britische Zusammenarbeit hingewiesen hatte.

Auch sonst war dieser Mangel an Realismus charakteristisch für die Tätigkeit der Verschwörer. Die wiederholten Versuche Becks, die Generale zum Handeln anzutreiben, waren bestenfalls phantasielos. Der Gedanke, Hitler zu verhaften, barg die Gefahr eines Bürgerkrieges in sich, und die politische Planung für die Zeit nach dem Staatsstreich war nicht genügend durchdacht. Man wünschte zwar die Errichtung einer »demokratischen, konservativen und gemäßigten Regierung«, aber in bezug auf die Einführung lebensfähiger politischer Institutionen hatte man keine Konzeption. Alles lief darauf hinaus, die Vorherrschaft der preußischen Elite zu sichern, und trug daher den Stempel politischer Reaktion.

Das Resümee der Aktivitäten Becks in den Jahren 1939 und 1940 sind Illusionen und Mißerfolge. Sein Einsatz für die Sache des Widerstands war auf eine moralische Kategorie reduziert. Vermutlich hat er dies selbst empfunden, denn kurz nach Kriegsausbruch schrieb er das nieder, was vielleicht die zutreffendste Charakterisierung seines Beitrages zur Sache des Widerstands ist:

»Ohne einen ernsten und wahren Idealismus, eine Gläubigkeit an die Idee ... erscheint mir das Leben arm. Die Wirklichkeit wird immer dahinter zurückbleiben. Aber steht nicht unser ganzes Leben unter dem Signum des Kampfes um das Ideal, auch wenn es nie erreicht wird[50]?«

IX

Verschwörung im totalen Krieg

»So darf es nicht weitergehen!«

Die Zeit zwischen dem Frankreichfeldzug und dem Überfall auf die Sowjetunion, also zwischen Juni 1940 und Juni 1941, war für den deutschen Widerstand eine Periode des Abwartens, voller Enttäuschungen und Ungewißheiten. Beck war sich bewußt, daß Hitler sich stärker denn je fühlte und daher noch gefährlicher geworden war. Er zweifelte keine Sekunde daran, daß Deutschland den Krieg letzten Endes doch verlieren müsse, wußte aber auch, daß es für den Widerstand lange Monate keine Gelegenheit geben würde, zu handeln.

Beck hätte den Sieg im Westen durchaus begrüßt, wenn er zu einem Verständigungsfrieden mit Frankreich und Großbritannien geführt hätte. Aber wie vorauszusehen, machte sich Hitler ein Vergnügen daraus, Frankreich zu demütigen, während die Wehrmacht sich außerstande sah, eine Invasion der britischen Inseln über den Kanal hinweg auch nur zu versuchen. Zudem hatte Canaris Beck in seiner Überzeugung bestärkt, daß die USA eine solche Invasion niemals dulden würden[1].

Hassell hielt Beck über die fortschreitende politische Degenerierung in Deutschland auf dem laufenden; Groscurth, den Halder durch Versetzung zur Truppe aus Berlin entfernt hatte, sandte deprimierende Berichte über die Zustände in Polen und beklagte die völlige Direktionslosigkeit in politischen wie militärischen Dingen: »Es fehlt ... der alte preußische Geist, der noch durch Herrn Generaloberst gehütet wurde. Anmaßung und Arroganz, Unkenntnis und Nichtverstehen für die Belange der Truppe sind vorherrschend.« Der einzige Trost, den Groscurth finden konnte, war der Stolz des Berufssoldaten über seinen aktiven Einsatz beim Frankreichfeldzug, der ihn von »der dumpfen Atmosphäre in Zossen« befreit hatte: »Ich bin sehr froh, daß ich eine Truppe vor dem Feinde führen durfte ... (und) daß mein Bataillon schöne Erfolge hatte. Das gibt soldatisch eine große Befriedigung[2].«

Aber die vorherrschende Stimmung in der Widerstandsbewegung war Verzweiflung. Im September 1940 schrieb Hassell:

»In allen Unterhaltungen mit Beck, Popitz, Goerdeler, Oster usw. fragen wir uns vergebens, ob denn nun die Generäle nicht endlich merken, was gespielt wird, und welch furchtbare Verantwortung sie sowohl für die innere Entwicklung wie für den Ausgang des Krieges tragen. Wir sind uns alle darüber klar, daß jetzt noch einmal alles getan werden muß, um sie zu überzeugen, daß sie die Dinge nicht weiterlaufen lassen dürfen, wenn wir nicht plötzlich vor oder in einer Katastrophe stehen wollen:

Katastrophe innerer Zerstörung oder äußerer Niederlage oder beides[3].« Als Beck versuchte, wieder Verbindung aufzunehmen, mußte er feststellen, daß die Generale und Marschälle ihm aus dem Wege gingen und daß er mindestens so lange persona non grata bleiben würde, bis Hitler einen empfindlichen Rückschlag erlitten hatte. Im Januar 1941 wurde es Beck klar, daß dieser Rückschlag in Rußland erfolgen mußte. Die Verschwörer hatten Informationen über das Unternehmen *Barbarossa* erhalten, den Plan zum Überfall auf die Sowjetunion. Beck und Hammerstein waren sich sofort darin einig, daß dieses Unternehmen zur Niederlage führen müsse; einmal aufgrund der Erfahrungen mit dem Zweifrontenkrieg von 1914, und zum zweiten, weil sie sahen, wie ungeheuer leichtsinnig der Diktator mit den begrenzten Kraftreserven der Wehrmacht umging. Beck sagte voraus, daß die Feldzüge in Jugoslawien und Griechenland und die Entsendung des Afrikakorps unter Rommel nach Libyen, die dem Unternehmen *Barbarossa* vorangingen, nur kurzfristige Erfolge bringen würden, da sie die Kräfte der Wehrmacht hoffnungslos verzettelten. Für Beck konnten diese Siege Hitlers nur den einen Erfolg haben: den Krieg zu verlängern und die endgültige Niederlage hinauszuschieben[4].

Als am 22. Juni 1941 der Krieg gegen die Sowjetunion begann, wiederholte Beck seine Voraussage. 1944 erinnerte sich Goerdeler daran, daß der General den Krieg als hoffnungslos verloren bezeichnet hatte, als Hitler in Rußland einfiel; und später berichtete Becks Neffe Walter, daß er diese Offensive mit dem »Todesritt von Mars-la-Tour« verglichen habe. Popitz gegenüber hatte Beck erklärt, das Unternehmen *Barbarossa* werde wie die Feldzüge Napoleons und Karls XII. von Schweden enden: Je tiefer sie nach Rußland eingedrungen waren, um so größer waren ihre Verluste geworden, und um so ungreifbarer der Sieg, dem sie nachjagten. Die gewaltigen Menschenreserven und die Weite des Raumes machten einen Sieg unmöglich. Das Fortbestehen des Kriegszustandes im Westen und die Kriegserklärung Deutschlands an die USA im Dezember 1941 bestärkten Beck noch in der Überzeugung, daß die Niederlage unvermeidlich sei[5].

Als nach den großen Anfangserfolgen im Sommer und Herbst 1941 das Vordringen der Deutschen in Rußland zum Stehen gebracht worden war, konnte Beck sich in seinen Voraussagen zum erstenmal seit Jahren bestätigt sehen. Von Groscurth erhielt er sehr anschauliche und engagierte Briefe über die Zustände bei der Truppe. Er beklagte sich über die katastrophale Nachschublage, das Versagen der Generale und Generalstabsoffiziere, die arrogant und lebensfremd waren, die Verhältnisse an der Front nicht kannten und Übermenschliches verlangten[6].

Im Juli 1942 kam Hoßbach aus Rußland und berichtete von seinen Erfahrungen. Sie diskutierten die neue Offensive, die Hitler im Dongebiet begonnen hatte und die Beck für einen schweren operativen Fehler hielt, der katastrophale Folgen haben müsse. Der Gedanke an die bevorstehende Niederlage und das unnötige Blutvergießen versetzte ihn in solche Erregung, daß er jede Selbstbeherrschung verlor und vor Wut schrie: »Was macht der Hund aus unserem schönen Deutschland[7]?«

Als im Sommer 1942 Oblt. Fabian v. Schlabrendorff im Auftrag eines Widerstandskreises bei der Heeresgruppe Mitte Beck besuchte, um ihn über die Lage zu orientieren und auf die bevorstehende Katastrophe hinzuweisen, fiel Beck ihm ins Wort: »Wem sagen Sie das? Dieser Krieg war verloren, noch ehe der erste Schuß fiel[8].«

Hitler lastete seine strategischen Fehlentscheidungen den Generalen an. Rücksichtslos wurden sie in die Wüste geschickt, wenn ein Rückschlag eintrat, um manchmal schon nach wenigen Monaten zu neuer Verwendung wiederberufen zu werden. Das wurde noch schlimmer, als Hitler im Dezember 1941 Brauchitsch entließ, sich selbst zum Oberbefehlshaber machte und sich fortgesetzt in die Truppenführung bis auf Bataillonsebene hinab einmischte. Im September 1942 ereilte Halder das gleiche Schicksal wie Brauchitsch. Er wurde durch Kurt Zeitzler ersetzt, von dem sich Hitler größere Willfährigkeit versprach. Hassell schrieb in sein Tagebuch: »Beck sagte in seiner sachlich ruhigen, überlegenen Art traurig: ›Die Dekomposition der Armee schreitet unaufhaltsam fort[9]‹.«

Die zahllosen Verbrechen gegen die Menschlichkeit, die in Rußland verübt wurden, bedrückten Beck mehr noch als der unaufhaltsame Zersetzungsprozeß der Armee. Oster, Popitz, Goerdeler, Jessen, Beck – sie alle hatten gehofft, die Führerbefehle zur Ausrottung »unerwünschter Elemente« wie Juden und Zigeuner, die hinter der Truppe zusammengetrieben und ermordet wurden, und der berüchtigte Kommissarbefehl, mit dem die Liquidierung aller gefangenen politischen Offiziere der Russen angeordnet worden war, hätten allein schon genügt, um die Generale aufzurütteln, sich gegen Hitler zu erheben. Auf Drängen von Jessen schrieb Beck noch einmal an Brauchitsch, obwohl er sich nichts davon versprach. Ob eine Antwort darauf erfolgte, ist nicht bekannt. Allerdings war Brauchitschs Tatenlosigkeit Antwort genug[10].

Zur Durchführung des Liquidierungsprogramms hatte Himmler sogenannte »Einsatzgruppen« aufgestellt. Offenbar um seine Loyalität zu testen, wurde Nebe zum Leiter der »Einsatzgruppe B« ernannt. Doch Nebe war entschlossen, dieses Kommando abzulehnen und die Konsequenzen auf sich zu nehmen. Gisevius und Oster sprachen sich gegen diese Entscheidung aus. Nebe müsse seine Stellung im Zentrum der SS-Macht halten, um der Opposition weiterhin die notwendigen Informationen zu beschaffen. Doch Nebe blieb hart und ließ sich von seinem Entschluß nicht abbringen. Da griff Beck ein. Er traf sich mit Oster und Nebe in Gisevius' Wohnung, um das Problem zu besprechen.

Am Ende dieses Gespräches erklärte Beck, daß nur Nebe allein eine Entscheidung treffen könne, aber zwei Überlegungen würden ihm diese Entscheidung vielleicht erleichtern. Erstens sei er, Beck, nach wie vor davon überzeugt, daß die Generale sich schließlich doch gegen Hitler erheben und das Regime stürzen würden. Zwar räumte er ein, daß es bisher nichts als Enttäuschungen und Fehlschläge gegeben habe, aber er glaube, daß die drohende Niederlage doch noch die gewünschte Wende bringen werde. Zum anderen müsse Nebe bedenken, daß jeder Befehlshaber einmal gezwungen sein könne, taktische Nachteile in Kauf zu nehmen, um strategisch erfolgreich zu bleiben. Er schloß seine Ausführungen mit der einfachen Bitte: »Nebe, wir brauchen Sie; wir hoffen, Sie lassen uns nicht im Stich.« Das genügte. Nebe ging als Leiter der Einsatzgruppe B nach Rußland[11].

Trotz genauer Kenntnis der Aktionen der Einsatzgruppen konnte Beck sich einfach nicht vorstellen, daß solche Massenvernichtungslager wie Auschwitz und Treblinka existierten. Es dauerte lange, bis Gisevius ihn davon überzeugen konnte. Als er zum erstenmal mit entsprechenden Berichten zu Beck kam und darauf beharrte, daß diese Berichte zutreffend seien, schüttelte Beck ungläubig den Kopf und ging an seinen Schreibtisch, um die Zahlen zu addieren, die Gisevius ihm genannt hatte[12].

Die Verbrechen der SS und die militärischen Rückschläge gaben den Verschwörern zwar neue Hoffnung, weckten aber zugleich das Gefühl besonderer Dringlichkeit des Handelns. Nach zahllosen Gesprächen über das eventuelle Widerstandspotential in der Generalität kamen Beck und Hammerstein im Dezember 1941 überein zu versuchen, neue Fäden zu ziehen und alte Verbindungen zu erneuern. Den Versuch eines Staatsstreiches hielten sie allerdings noch für verfrüht[13].

Zunächst beschlossen Beck und seine Mitverschworenen, sich an den Oberbefehlshaber West, FM v. Witzleben, zu wenden, der, wie sie optimistisch unterstellten, vielleicht bereit sein könnte, mit den ihm zur Verfügung stehenden Truppen Hitler festzusetzen. Zu diesem Zweck reiste Hassell nach Brüssel, wo er mit dem Militärbefehlshaber in Belgien, Alexander v. Falkenhausen, sprach, und dann weiter nach Paris, um mit Witzleben zu verhandeln. Beide Generale befanden jedoch die ihnen unterbreiteten Vorschläge als hoffnungslos unrealistisch, und Hassell konnte seinen Freunden in Berlin nur den Mißerfolg seiner Mission melden[14].

Die Chancen bei der Heeresgruppe Mitte, die tief in Rußland stand, schienen bedeutend besser zu sein. Im Stab der Heeresgruppe gab es eine Reihe von preußischen Traditionalisten, wie Henning v. Tresckow und Fabian v. Schlabrendorff, deren Loyalität Beck galt und nicht Hitler. Schon im Dezember 1941 kamen die beiden nach Berlin, um mit Beck die Haltung der Feldmarschälle im Osten zu erörtern, besonders die von Fedor v. Bock und Hans v. Kluge. Sie waren sich schnell einig, daß Bock, ein engstirniger Militarist, für eine Zusammenarbeit nicht in Frage kam;

für ihn existierten nur Befehle, Operationspläne und Nachschubprobleme. Kluge dagegen, ein ehrenhafter, wenn auch labiler Mann, schien für die Argumente der Verschwörer eher zugänglich zu sein, und Tresckow begann ihn zu bearbeiten. Er gewann großen Einfluß auf ihn, aber sobald Tresckow den Rücken kehrte, fiel Kluge um[15].
Goerdeler versuchte Tresckow zu unterstützen. Im Sommer 1942 fuhr er mit der Bahn an die Ostfront. Es war eine lange, unbequeme und ermüdende Fahrt. Als er in Smolensk eintraf, wo sich Kluges Hauptquartier befand, fand er den Marschall in einer aufgeschlossenen Stimmung vor. Kluge machte Goerdeler sogar eine, wenn auch vage formulierte, Zusage, und voller Optimismus fuhr Goerdeler nach Berlin zurück. Aber kaum war er außer Sicht, änderte Kluge seine Ansichten wieder, und als Goerdeler nach drei Tagen in Berlin ankam, mußte er erfahren, daß Kluge mit seiner Kuriermaschine einen Brief an Beck geschickt hatte, in dem er diese vage Zusage widerrief[16].
Beck selbst kümmerte sich um Manstein, seinen einstigen Freund und Vertrauten am Tirpitzufer und im Augenblick wohl fähigsten deutschen Armeebefehlshaber in Rußland. Als Georg Schulze-Büttger, früher Becks Adjutant, zu Manstein versetzt wurde, bat Beck ihn, zu versuchen, Manstein für die Sache des Widerstands zu gewinnen. Aber Schulze-Büttger drang bei Manstein mit seinen Argumenten nicht durch[17].
So blieb die Arbeit der Verschwörer im Frühjahr und Sommer 1942 darauf beschränkt, ihre Organisation auszubauen und schlagkräftiger zu machen. Im März wurde vereinbart, daß Beck die »Zentrale« sein solle – der Mann, bei dem alle Fäden zusammenliefen[18]. Gleichzeitig begannen sie, die Ermordung Hitlers ernsthaft in Erwägung zu ziehen.
Schon im Jahre 1939 hatte Beck sich mit dieser Frage beschäftigt und Gollwitzer über die Haltung der Kirche zum Tyrannenmord befragt. Als er eine scholastische und gewundene Antwort erhielt, bemerkte er ironisch, daß die Theologie offenbar keine Lösung des Problems anzubieten habe. Daraufhin erklärte Gollwitzer kategorisch: »Hitler muß weg«, woraufhin Beck lächelnd sagte, diese Antwort gefalle ihm schon besser. Dennoch hatte er sich damals gegen ein Attentat entschieden; er schreckte davor zurück, den Ehrenschild des Widerstands mit einem Mord zu beflecken, und außerdem fürchtete er, damit dem Nationalsozialismus einen Märtyrer zu liefern.
Im weiteren Verlauf des Krieges wandelte sich jedoch seine Haltung in dieser Frage. Hitlers Kriegsverbrechen machten die Gewissensentscheidung leichter, aber den Ausschlag gaben schließlich strategische Erwägungen. Die Chancen für eine Machtübernahme ohne die vorherige Ermordung des Diktators schienen Beck und Tresckow zu gering zu sein. Hitler mußte getötet werden, denn solange der Führer lebte, würde die Wehrmacht sich an ihren Fahneneid gebunden fühlen und sich denen entgegenstellen, die sich gegen ihn erhoben[19].

Während so die Suche nach Mitteln und Wegen zum Sturz Hitlers weiterging, betrieben die Verschwörer auch ihre eigene Außenpolitik weiter. Da die Erfüllung ihres Programms weitgehend von dem Verhalten der Alliierten abhängig war, versuchten sie nach Beginn des Rußlandfeldzugs wiederholt, mit der britischen und amerikanischen Regierung ins Gespräch zu kommen. Zwar fürchteten sie schon im August 1941, daß es kaum noch Aussichten für eine Friedensregelung auf der Basis des Status quo von 1939 gebe, sie hofften aber, daß die Westmächte zu vertretbaren Zugeständnissen bereit sein würden[20].

Im Oktober 1941 verhandelte Hassell mit dem amerikanischen Geschäftsmann Federico Stallforth und entwickelte ihm ein Programm, das von Beck und Hammerstein gutgeheißen worden war: Sturz Hitlers und seiner Regierung; Freigabe sämtlicher seit 1933 besetzten Gebiete mit Ausnahme der Saar, Danzigs und Österreichs; Austausch des Polnischen Korridors gegen Teile von Ostpreußen. Offenbar hoffte man, daß Stallforth dieses Programm via Washington nach London übermitteln würde, eine Hoffnung, die sich jedoch als illusorisch erwies und die endgültig begraben werden mußte, als Hitler im Dezember 1941 den USA den Krieg erklärte[21].

Mit jedem neuen Tag des Krieges und mit jedem neuen Gegner mußten sich die Aussichten Deutschlands auf akzeptable Friedensbedingungen verringern. Als Hammerstein, Goerdeler, Beck und Geßler sich im Februar 1942 trafen, beurteilten sie die Situation entsprechend pessimistisch. Sie alle waren überzeugt, daß es notwendiger denn je sei, bald zu Friedensregelungen zu kommen. Daher wurde Geßler, der in der Weimarer Republik Reichswehrminister gewesen war und auch jetzt noch über gute Verbindungen im Ausland verfügte, beauftragt, in die Schweiz zu fahren, um die Lage zu sondieren. Was genau er dort herausfand, ist unbekannt. Aber es gibt Berichte, nach denen er mit verhältnismäßig ermutigenden Nachrichten zurückkam: Die Briten seien entschlossen, Deutschland zu vernichten, solange es vom Nazismus infiziert sei, aber sie würden möglicherweise bereit sein, mit Hitlers Nachfolgern zu verhandeln[22].

Im Mai 1942 reisten zwei protestantische Geistliche, Dietrich Bonhoeffer und Hans Schönfeld, nach Stockholm, um sich mit George Bell, dem Bischof von Chichester, zu treffen. Bonhoeffer gehörte seit langem zum Widerstand und arbeitete eng mit Oster und Dohnanyi zusammen, die wahrscheinlich seine Mission mit vorbereitet und ihn autorisiert hatten, in Becks Namen zu sprechen. Bonhoeffer und Schönfeld informierten Bell über die Verschwörung und unterbreiteten ihm dann ihr außenpolitisches Programm: Verzicht auf Aggression; Rückzug aus den besetzten Gebieten und Zusammenarbeit mit den Alliierten beim Wiederaufbau Europas nach dem Krieg. Ferner erwähnten sie Vorschläge »zur Schaffung gegenseitiger wirtschaftlicher Abhängigkeiten zwischen den Nationen Europas«

als »wirksamste Garantie gegen Militarismus« und »die Errichtung einer repräsentativen Föderation freier Nationen oder Staaten, die eine freie polnische und eine freie tschechische Nation einschlösse«. Diese Föderation solle eine der Friedenssicherung dienende Streitmacht unterhalten, die aus Kontingenten aller europäischen Armeen gebildet werden könne[23].

Bonhoeffer und Schönfeld baten Bell, zu ermitteln, ob die britische Regierung auf der Basis dieser Vorschläge zu verhandeln bereit sei, und fügten hinzu, daß die Verschwörer jede öffentliche oder private Garantie begrüßen würden, die ihre Position in Deutschland stärke. Der Bischof wandte sich an den Außenminister Anthony Eden und legte ihm ein Memorandum über seine Gespräche mit Bonhoeffer und Schönfeld vor. Eden ließ ihn nach einer Bedenkzeit wissen, eine Antwort liege nicht im nationalen Interesse Großbritanniens. Jetzt, da die Verschwörer bereit waren, realistische Zugeständnisse zu machen, zeigten sich die Alliierten kompromißloser als je zuvor.

Als Beck über die Ergebnisse dieser Mission unterrichtet worden war, ordnete er an, daß ein Bericht darüber angefertigt und im Vatikan überreicht werden solle, um die Friedensbemühungen des Widerstands zu dokumentieren. Diese Anordnung wurde auch ausgeführt[24].

Beck hoffte die Kontakte über den Vatikan wiederaufnehmen zu können, und ließ deshalb Dr. Josef Müller ständig über die Entwicklung unterrichten. Beck besprach mit Müller auch seine Pläne für die Einigung Europas, die denen entsprachen, die Bonhoeffer in Stockholm vorgetragen hatte und die sich deutlich von den Vorstellungen unterschieden, die er vor dem Frankreichfeldzug gehegt hatte. Alle Anspielungen auf deutsche Hegemonieansprüche in Europa waren verschwunden. Müller erinnerte sich, daß Beck sogar von einer eventuellen Zusammenarbeit mit den Widerstandsbewegungen im besetzten Europa und von der Errichtung einer internationalen Zollunion sprach; Pläne, deren Erfüllung, wie er sich äußerte, dem Krieg wenigstens noch einen Sinn geben könnten. Als Tresckow Anfang 1943 einen Plan zur Ermordung Hitlers ausgearbeitet hatte, forderte Beck Müller auf, sich für die Wiederaufnahme der Verhandlungen mit den Westmächten über den Vatikan bereit zu halten[25].

Neben diesen Gesprächen mit Müller schaltete Beck bei seinen Bemühungen, eine Verbindung zu den Alliierten herzustellen, mehr und mehr Gisevius ein. Er bat ihn, nach Rom zu reisen, um dort Möglichkeiten zu erkunden, die, wie er hoffte, Müller später nutzen könnte. Auch an Gisevius' Arbeit in der Schweiz zeigte er sich sehr interessiert. Mit Hilfe der Abwehr war Gisevius zum Vizekonsul in Zürich ernannt worden, wo er im Januar, mit Billigung von Beck, Canaris und Oster, Kontakt mit Allen Welsh Dulles aufnahm, dem Chef des OSS (Office of Strategic Services) in Bern. Da Gisevius Verhandlungen für ziemlich aussichtslos hielt, beschränkte man sich auf gegenseitige Information. Gisevius erläuterte Dulles das Programm der Verschwörung, und Dulles informierte ihn über die Politik der Alliierten. Nach Verkündung der Casablanca-Formel von der bedingungslosen Kapitulation am 24. Januar 1943 stellte sich die Frage, ob diese Forderung nur für das Hitlerregime oder auch für eine nach dem Sturz Hitlers gebildete Regierung gelten solle. Gisevius erörterte die Frage mit Dulles. Obwohl Dulles mit den Verschwörern sympathisierte, mußte er ihnen eine negative Antwort geben: Die Alliierten seien nicht bereit, irgendwelche Garantien anzubieten. Ihre Politik der bedingungslosen Kapitulation sei unwiderruflich. Beck verlor, als Gisevius ihm diese Antwort übermittelte, auch die letzten Illusionen, die er noch gehegt haben mochte[26].

Die Unausweichlichkeit der Niederlage von Stalingrad hatte Beck klar erkannt. Bei einem Besuch von Gisevius holte der General eine Karte hervor, deutete auf Stalingrad, um das er einen Kreis gezeichnet hatte, und erklärte, dort sei sofortiger Rückzug geboten, wenn eine Katastrophe vermieden werden solle. Nicht lange danach war die 6. Armee bei Stalingrad eingekesselt, und nach Hitlers Durchhaltebefehl war ihr Schicksal besiegelt[27].

Groscurth gehörte zur 6. Armee. Als die Russen den Ring um die Stadt geschlossen hatten, schickte er Major Alfred Graf v. Waldersee nach Berlin, um Beck dringend zum Handeln aufzufordern. Seine Botschaft lautete, der einzige Weg, die Armee noch zu retten, sei die Absetzung Hitlers. Beck schickte Waldersee weiter zu Falkenhausen und zu Rundstedt, der Witzleben in Paris abgelöst hatte. Er solle auch ihnen diese Botschaft persönlich vortragen. In der Zwischenzeit werde er alles in seinen Kräften Stehende tun[28].

Zunächst schrieb er an Manstein, der die Heeresgruppe Don führte, und bestürmte ihn mit den schon bekannten Argumenten, daß der ganze Feldzug in Rußland Wahnsinn sei und daß man den Rückzug antreten müsse, um die Verteidigung des Reiches sicherzustellen. Das müsse geschehen, solange das Heer noch intakt sei; andernfalls werde Deutschland, wie 1918, nicht nur eine Niederlage, sondern auch eine politische Revolution erleben. Manstein wies Becks Vorstellungen zurück und antwortete kühl, der Krieg sei nur verloren, wenn man ihn verloren gebe[29].

Beck bedauerte die Haltung Mansteins, war aber keineswegs von ihr überrascht. Obwohl er Manstein früher geschätzt und geachtet hatte, war er, wie er Hammersteins Sohn Kunrat gegenüber äußerte, längst davon überzeugt, daß Manstein ein Opportunist sei, dem seine persönliche Karriere mindestens ebenso wichtig war wie die Verteidigung des Vaterlandes. Er kritisierte ihn mit besonderer Heftigkeit, weil er Befehle Hitlers befolge, von denen er genau wisse, daß sie strategisch falsch seien und Tausende von Soldaten sinnlos opferten. Als Manstein 1944 schließlich selbst von Hitler zum Rücktritt gezwungen wurde, empfand Beck für ihn keinerlei Mitgefühl[30].

Mit Waldersees Entsendung zu Rundstedt und dem Brief an Manstein nahm Beck den Witzleben-Plan vom Januar 1942 wieder auf. Beck hoffte offenbar, Rundstedt dazu bewegen zu können, seine Truppen nach Deutschland zu führen und Hitler abzusetzen. Manstein und Kluge sollten gleichzeitig ultimativ Hitler mitteilen, daß sie seine Befehle nicht weiter ausführen würden. In der daraus resultierenden Verwirrung wollte Beck die Macht übernehmen. Aber da sowohl Rundstedt wie Manstein ihre Mitarbeit verweigerten, konnten weder der ursprüngliche Plan noch eine der Varianten, die Beck später erwog, durchgeführt werden[31].

Die Schlacht um Stalingrad endete am 2. Februar 1943: Mehr als 200 000 deutsche Soldaten waren gefallen oder vermißt, fast 100 000 gerieten in russische Gefangenschaft. Die Verzweiflung über diese Katastrophe und das Entsetzen über die Proklamation der bedingungslosen Kapitulation trieben die Verschwörer zu neuem Handeln an. Sie wußten, für sie begann der Wettlauf mit der Zeit.

Im Februar kam Witzleben nach Berlin. Beck und der Generalfeldmarschall besprachen die militärische Lage – nicht ohne sich wieder einmal längere Zeit mit der unzulänglichen Organisation der Spitzengliederung aufzuhalten – und diskutierten das weitere Vorgehen[32].

Es war Tresckow, der eine Lösung anzubieten hatte. In den ersten Monaten des Jahres 1943 erwies er sich als der aktivste und ideenreichste der Verschwörer. Nach Experimenten mit verschiedenen Sprengstoffen faßte er den Plan, Hitler bei der Heeresgruppe Mitte in eine tödliche Falle zu locken. Gleichzeitig arbeiteten Oster und General Friedrich Olbricht, ein hervorragender Organisator, der das Allgemeine Heeresamt (AHA) leitete, Pläne für den Staatsstreich aus, der auf das Attentat folgen sollte. Sie glichen im wesentlichen den Plänen aus dem Jahr 1939. Am 7. März flogen Canaris, Oster und Dohnanyi mit einem kleinen Kasten mit Sprengstoff nach Smolensk, um mit Tresckow die letzten Vorbereitungen zu treffen.

Beck war über alles informiert. Tresckow und Schlabrendorff hatten ihn in der Goethestraße aufgesucht, um mit ihm technische Einzelheiten zu besprechen. Tresckow ersuchte ihn, den Befehl für das Attentat zu erteilen. (Nach Frau von Dohnanyis Erinnerung war die Einschaltung dieses Reglements geradezu eine rituelle Handlung bei den Verschwörern geworden.) Beck billigte das Attentat unter der Bedingung, daß die Ostfront dadurch nicht gefährdet werde[33].

Am 13. März ging Hitler in die Falle, die Tresckow und Schlabrendorff ihm gestellt hatten. Er flog nach Smolensk und begab sich in das Hauptquartier der Heeresgruppe zu einer Lagebesprechung mit Kluge und seinem Stab. Schlabrendorff hatte den Sprengsatz vorbereitet. In der Verpackung konnte man ihn für zwei Flaschen Cointreau halten. Ein Druck

auf eine bestimmte Stelle genügte, um den Zeitzünder einzustellen. Dabei zerbrach eine Flasche mit Säure, die einen Draht zersetzte, der den Schlagbolzen festhielt. Der Zeitzünder konnte von außen betätigt werden, ohne daß die Verpackung beschädigt wurde. Als Hitler das Flugzeug bestieg, betätigte Schlabrendorff den Zeitzünder. Dann übergab er das Päckchen Oberstleutnant Brandt, der Hitler begleitete. Tresckow hatte ihn gebeten, dieses angebliche Geschenk für Oberst Stieff im OKH zum Hauptquartier in Ostpreußen mitzunehmen.
Als Hitlers Maschine gestartet war, telefonierte Schlabrendorff mit Berlin, um das verabredete Stichwort durchzugeben. Dann wartete er auf die Absturzmeldung. Nach drei Stunden traf bei Kluge ein Fernschreiben ein, daß Hitler planmäßig gelandet sei.
Schlabrendorff meldete sofort nach Berlin, daß das Attentat mißlungen sei, und Tresckow rief Brandt an und bat ihn, das Päckchen nicht auszuhändigen, da es sich um eine Verwechslung handle. Schlabrendorff flog nach Rastenburg, um das »Geschenk« wieder abzuholen. Als er die Bombe untersuchte, stellte er fest, daß der Schlagbolzen zwar losgegangen war, das Zündhütchen sich aber nicht entzündet hatte.

Im Sommer 1942 muß Beck erkannt haben, daß er ernsthaft erkrankt war. Im Juli erwähnte er in einem Brief, daß er sich seit dem Winter gesundheitlich nicht gut fühle. Im Herbst verschlimmerte sich sein Zustand. Er führte seine Arbeit jedoch uneingeschränkt weiter. Im Winter begann er für ein Porträt zu sitzen, aber die Sitzungen mußten kurz nach Weihnachten auf unbestimmte Zeit verschoben werden[34].
Anfang 1943 mußte Beck die meisten seiner Verpflichtungen absagen. Professor Sauerbruch, der ihn untersuchte, stellte eine ernste Diagnose. Mitte März wurde Beck in die Charité eingeliefert, wo er von dem berühmten Chirurgen fünfmal an Magenkrebs operiert wurde. Es dauerte bis Mai, bis er wieder ohne besondere Anstrengungen lesen und schreiben konnte[35]. Auch in der Charité stand Beck unter Gestapoaufsicht. Im April besuchte ihn Hassell. Beck wirkte noch sehr schwach. Trotzdem strahlte er Willen und Entschlossenheit aus. Hassell schrieb in sein Tagebuch: »Sein schöner Kopf erinnert mich an Friedrich den Großen[36].«
Als Hoßbach Beck vier Wochen später besuchte, fand er ihn schon mit einer Zigarre im Sessel sitzend vor. Beck erzählte ihm, daß er Kluge eine eingehende Analyse der Lage geschickt habe. Er halte Kluge für den einzigen Befehlshaber, der eine gemeinsame Demarche der Generale bei Hitler durchsetzen könne, um diesem eine vernünftige Strategie aufzuzwingen. Hoßbach stimmte nicht zu, aber da er nicht zu den Verschwörern gehörte, verzichtete Beck darauf, seine Bemerkungen näher zu erläutern[37]. Offenbar hatte er aber den Gedanken an eine solche Demarche noch nicht aufgegeben – als Alternative für den Fall, daß die anderen Pläne scheiterten.

Sicher darf man daraus nicht den Schluß ziehen, daß sich seine Haltung gegenüber Hitler geändert hatte. Als er eines Tages einen Geschenkkorb mit Früchten vom Führer erhielt, wies er ihn ärgerlich zurück. Es stellte sich allerdings bald heraus, daß das Geschenk nicht für ihn bestimmt gewesen war, sondern für in der Charité liegende Verwundete[38].
Noch bevor Beck aus dem Krankenhaus entlassen wurde, starb Kurt v. Hammerstein nach langer, schwerer Krankheit. In seinem Kondolenzbrief an Frau v. Hammerstein schrieb Beck, wie tief ihn der Verlust des Freundes getroffen habe.
»Es drängt mich, Ihnen ... zum Ausdruck zu bringen, wie von ganzem Herzen ich mit Ihnen und Ihren Kindern mittrauere um den Verlust Ihres verehrten, unvergeßlichen Mannes. Denn ich weiß, was Sie alle unwiederbringlich verloren haben ...
Das, was stets den tiefsten und bleibendsten Eindruck auf mich an ihm gemacht hat, war seine echte, klare, einfache, unbestechliche Persönlichkeit. Unser Volk hat in schwerer Zeit in ihm einen Mann verloren, an dem es noch viel hätte haben können, an den sich große Hoffnungen knüpften. Das Schicksal hat es anders gewollt[39].«

Nach Hammersteins Tod befiel Beck große Ungeduld. Er klagte nicht über seine Krankheit und ihre oft schmerzhafte und unangenehme Behandlung, aber er ertrug es schwer, daß sie ihn ans Bett fesselte. Seinem Vetter Fritz Beck schrieb er, wie schrecklich dies Warten sei. So äußerte er sich auch gegenüber Kunrat v. Hammerstein, der den Eindruck hatte, daß ihn die Sorge um das Schicksal der Verschwörung nicht zur Ruhe kommen ließ. Zu ihm sagte Beck: »Die Not der Zeit wird einen gebären, der sein Herz über die Hürde wirft[40].«
Sauerbruch sah mit Sorge, daß Becks Ungeduld, die nach solchen Besuchen immer besonders stark wurde, seine Genesung verzögerte, und lud ihn Ende Juni nach Groß-Röhrsdorf bei Dresden auf das Gut seiner Frau ein. Er hoffte, dort werde sein Patient die Ruhe finden, die er benötigte; daher versuchte er, Becks Aufenthaltsort geheimzuhalten. Aber bald fanden die Generale, Offiziere und Politiker ihren Weg auch dorthin. Frau Sauerbruch, die mit nach Groß-Röhrsdorf gekommen war, erinnert sich, daß Becks Gedanken nur um ein Thema kreisten: daß Hitler die Personifizierung des Bösen sei, und er drängte darauf, nach Berlin zu fahren, um mit Witzleben zu sprechen. Anfang August ließ er sich nicht mehr zurückhalten und war entgegen dem Rat der Sauerbruchs bald wieder tief in die Aktivitäten der Opposition verwickelt[41].

Zwischen Januar und März 1943 war unter den Verschwörern Kritik an Beck laut geworden. Man warf ihm vor, er lasse es an einer entschlossenen und kraftvollen Führung fehlen. Wie früher Halder und Guderian klagten Hassell und Goerdeler, daß er zu generalstabsmäßig-methodisch vorgehe. Ungeduldig drängte Goerdeler Beck zu sofortigem Handeln, und schließlich erwog er sogar, Beck ein förmliches Ultimatum zu stellen. Hassell schrieb später, daß Beck »sich eben im Laufe der Zeit immer mehr als reiner ›Clausewitz‹ ohne einen Schuß ›Blücher‹ oder ›Yorck‹ erwiesen« habe[42].

Während Becks Krankheit hatte die Opposition einige ernste Rückschläge zu verzeichnen. Müller, Bonhoeffer und Dohnanyi wurden von der Gestapo verhaftet, und Oster wurde kaltgestellt. Die Anklage lautete zwar nicht auf politische Subversion, sondern auf Devisenvergehen (was auch insofern zutraf, als Devisen illegal zur Fluchthilfe für Juden verwendet worden waren). Die Abwehr war damit als Stützpunkt der Verschwörer praktisch außer Gefecht gesetzt. Gleichzeitig war es zu Meinungsverschiedenheiten über Goerdelers Versuch gekommen, die Führung zu übernehmen. Viele der Verschwörer lehnten es ab, sich seinem hektischen Führungsstil zu unterwerfen, und bevorzugten Becks unerschütterliche Ruhe. Als Beck nach Berlin zurückkehrte, wurde er von den meisten mit Aufatmen empfangen. Vielleicht leistete Becks ruhige, überzeugende und vermittelnde Führerschaft der Opposition doch bessere Dienste, als Hassell und Goerdeler wahrhaben wollten[43].

Das erste Problem, mit dem Beck konfrontiert wurde, war Popitz. Dieser hatte im Sommer einen gefährlichen Alleingang unternommen; enttäuscht von dem zögernden Vorgehen Becks und Goerdelers, hatte er über einen Mittelsmann Verbindung zur SS-Führung gesucht. Im August war er in der Prinz-Albrecht-Straße mit dem Reichsführer SS zusammengetroffen. Mit erheblichem taktischem Geschick und ohne die Verschwörer bloßzustellen, hatte er versucht, Himmler gegen Hitler umzudrehen. Himmler hatte sich seine Vorschläge aufmerksam angehört, ohne sich dazu zu äußern. Das Unternehmen blieb ohne Resultate.

Beck war in Popitz' Plan nicht eingeweiht, und als er davon erfuhr, reagierte er verärgert. Ein Zusammengehen mit dem Henker des Dritten Reichs war mit den Zielen der Opposition unvereinbar. Popitz' Vorgehen verstärkte die Abneigung Becks gegen diesen eitlen und anmaßenden, wenn auch zweifellos hochbegabten Mann[44].

Es gab andere, erfolgversprechendere und realistischere Möglichkeiten, als mit Himmler anzubändeln. Ende 1942 und Anfang 1943 hatten sich die Hoffnungen der Verschwörer auf Tresckows und Schlabrendorffs Aktionen bei der Heeresgruppe Mitte konzentriert. Jetzt verlagerte sich das Zentrum der Vorbereitungen zum Staatsstreich wieder nach Berlin, und zwar zum Stab des Befehlshabers des Ersatzheeres in der Bendlerstraße. Befehlshaber des Ersatzheeres war Generaloberst Fritz Fromm, dessen Verhältnis zu Beck schon in den dreißiger Jahren sehr kühl und reserviert gewesen war. Fromm hatte sich der Verschwörung nicht angeschlossen, sondern wartete opportunistisch ihren Ausgang ab. Allerdings behinderte er auch nicht die Tätigkeit seines Untergebenen

Olbricht, des Chefs des Allgemeinen Heeresamtes, der zusammen mit Claus Graf Schenk v. Stauffenberg die Pläne für den Staatsstreich ausarbeitete.
Stauffenberg war eine ungewöhnliche und faszinierende Persönlichkeit: ein sehr selbstbewußter Aristokrat mit ausgeprägten wissenschaftlichen Neigungen, mütterlicherseits ein Nachkomme Gneisenaus. Stefan George, der mystisch-elitäre Visionär eines »geistigen Germaniens als Wiedergeburt eines neuen Hellas«, hatte starken Einfluß auf ihn ausgeübt. George verabscheute jede Form von Vulgarität, wie sie sich in wilhelminischer Großmannssucht oder nazistischem Rassismus manifestierte, und strebte die Schaffung einer neuen Aristokratie des Geistes an. In den Brüdern Stauffenberg mochte er so etwas wie einen Ansatzpunkt zur Verwirklichung dieser Vorstellungen gesehen haben.
Stauffenberg war ein außergewöhnlich begabter Offizier, und so war es fast selbstverständlich, daß er Mitte der dreißiger Jahre an die Kriegsakademie abkommandiert wurde. Seine Haltung gegenüber Hitler und dem Nationalsozialismus war der Becks ähnlich: Nach anfänglicher Begeisterung für die vermeintliche nationale Erneuerungsbewegung entwickelte er sich allmählich zu einem entschiedenen Gegner des Diktators, dessen Politik er wegen ihrer gefährlichen Irrealität und zynischen Brutalität ablehnte. Im Kriege war er nach Einsätzen in Polen und Frankreich dem Stab des OKH zugeteilt. Im Afrikafeldzug wurde er 1943 schwer verwundet; er verlor das linke Auge, den rechten Arm und zwei Finger der linken Hand. Im Verlauf der Behandlung war er in die Charité verlegt worden, wo ihn Sauerbruch Beck vorstellte. Der Chirurg stellte ihnen seine Räume für ihre erste Besprechung zur Verfügung, und bald sagte Beck ihm, daß Stauffenberg bereit sei, »die Aufgabe zu übernehmen«[45].
»Die Aufgabe« lief von nun an unter dem Decknamen *Walküre*. Dies war ursprünglich ein von Hitler genehmigter Operationsplan des Ersatzheeres für den Fall innerer Unruhen im Reich, den Olbricht und Stauffenberg nun, unter häufiger Assistenz Tresckows, der sich im Herbst 1943 auf Urlaub in Berlin befand, für die Zwecke der Verschwörung umarbeiteten. Ende 1943 war *Walküre* zum Operationsplan des Staatsstreichs geworden, bei dem nun endgültig die Ermordung Hitlers geplant war.
Während Olbricht und Stauffenberg *Walküre* ausarbeiteten, setzten Beck und Goerdeler ihre Bemühungen fort, Kluge auf die Seite der Verschwörer zu ziehen. Ende August war er, höchst besorgt und daher beeinflußbar, nach Berlin gekommen. Durch die ständigen Mißerfolge und Rückzüge an allen Fronten aufgeschreckt, erklärte er Beck, Goerdeler, Olbricht und Tresckow, daß der Krieg verloren sei, »wenn man nicht zu großen Entschließungen komme«. Kluge drückte sich überaus vorsichtig aus. Aber es hatte jetzt den Anschein, als ob er von den Verschwörern erwartete, daß sie ihn von der Richtigkeit ihres Kurses überzeugten. Von

Goerdeler ließ er sich die Möglichkeiten für ein Abkommen mit den Alliierten darlegen, die Goerdeler in seinem maßlosen Optimismus als gut bezeichnete.
Nachdem Goerdeler auch kurz einige innenpolitische Fragen erläutert hatte, zogen sich Beck und Kluge zu einem Gespräch unter vier Augen zurück. Nach seiner Beendigung erklärte Kluge, »nun sei es höchste Zeit zu handeln«. Noch sei es möglich, mit den Engländern zu einer Abmachung zu kommen und die Front an der polnischen Grenze zum Stehen zu bringen. Wenn Hitler nicht zu den nötigen Schritten bereit sei, müsse er mit Gewalt beseitigt werden. Als Kluge abreiste, hatte er sich eindeutig auf die Unterstützung des Staatsstreichs fesgelegt[46].
Ungefähr drei Monate später hatte Beck eine Besprechung mit Oberst Stieff und General Fellgiebel, der eine Chef der Organisationsabteilung im OKH, der andere Chef der Nachrichtenabteilung im Führerhauptquartier. Beide bestätigten Kluges pessimistische Lagebeurteilung. Es gelang Beck, sich auch ihrer Unterstützung zu versichern. Becks Bemühungen richteten sich dann auf General Erich Hoepner, der an die Stelle von Fromm treten sollte, wenn dieser eine Beteiligung am Staatsstreich ablehnte, und auf General Eduard Wagner, den Generalquartiermeister des OKH. Speidel und Stülpnagel, die beide unter Beck im Generalstab gedient hatten und nun in Frankreich stationiert waren, erklärten sich ebenfalls zur Mitarbeit bereit[47].
Im November beschäftigten sich Beck und Hassell dann mit der »unerhört schwierigen Hauptfrage, ob es nämlich nicht schon zu spät sei, so daß es richtiger sein würde, die Katastrophe ablaufen zu lassen«. Aber schnell gelangten sie zu der Überzeugung: »Trotz allem ist es schon aus sittlichen Gründen für die deutsche Zukunft erforderlich ... noch vorher den Versuch zu machen.« Als Olbricht meldete, daß die Planung für *Walküre* vor ihrem Abschluß stehe, forderte Beck Goerdeler auf, auch seine politischen Vorbereitungen zum Abschluß zu bringen[48].

Die politischen Vorbereitungen für die Zeit nach dem Staatsstreich waren äußerst problematisch. Seit 1940 war der Kreis der Verschwörer immer größer geworden. Er bestand nicht nur aus preußischen Offizieren und Beamten; es gab vor allem zwei andere wichtige Gruppen: die alten Veteranen der sozialistischen Bewegung und den Kreisauer Kreis.
Die sozialistische Opposition wurde von dem Gewerkschaftler Wilhelm Leuschner und dem ehemaligen Reichstagsabgeordneten Julius Leber angeführt. Beide waren erfahrene Politiker und deutsche Patrioten, keine marxistischen Dogmatiker. Darüber hinaus hatten sie kritischen Abstand zur Sozialdemokratie der Weimarer Republik gewonnen. Ihre Kritik betraf das Versagen der Partei bei der Bildung arbeitsfähiger Regierungen wie gegenüber der Herausforderung des Nationalsozialismus. Daraus hatten sich auch bei ihnen Zweifel an der Lebensfähigkeit der »reinen«

parlamentarischen Demokratie entwickelt, und sie waren bereit, andere Regierungsformen zu erproben.

Zusammen mit Führern der nicht-sozialistischen Gewerkschaften wie Jakob Kaiser und Max Habermann hatten sie begonnen, ein illegales Verbindungsnetz aufzubauen, das den Kern einer Arbeitnehmerorganisation nach der Absetzung Hitlers bilden sollte. Ihre Kontakte zur Militäropposition waren über Dohnanyi zustande gekommen, der Beck von ihrer Tätigkeit berichtet und sie mit ihm zusammengebracht hatte. Frau v. Dohnanyi hat berichtet, daß Beck sich schon im Winter 1939 mit Leuschner getroffen, seine Pläne gutgeheißen und ihm zugesichert habe, die neue Regierung werde die Rechte der Gewerkschaften respektieren[49].

Nach dieser ersten Kontaktaufnahme trafen sich Beck und Leuschner auch während des Krieges in unregelmäßigen Abständen. 1941 arrangierte Hammerstein eine Begegnung zwischen Leuschner, Habermann und Kaiser auf der einen und Beck auf der anderen Seite. Beck hörte sich aufmerksam ihre Pläne an und sagte ihnen mit einigen unverbindlichen Floskeln seine Unterstützung zu. Die Gewerkschaftler nahmen das mit Befriedigung zur Kenntnis, obwohl sie den Eindruck hatten, daß Beck das Wesen und die Bedeutung ihrer Bewegung nicht recht erfaßt hatte. Die Kontakte wurden weiter über Mittelsmänner, hauptsächlich Hammerstein und Goerdeler, fortgesetzt. Gelegentlich traf sich Beck zur Erörterung praktischer politischer Fragen auch mit Leber, der etwas weiter links stand als Leuschner und die übrigen Gewerkschaftler[50].

Der Kreisauer Kreis hatte seinen Namen von einem schlesischen Rittergut, das Kaiser Wilhelm I. dem älteren Moltke geschenkt hatte. Dessen Urgroßneffe, Helmuth James Graf v. Moltke, war der Führer eines Kreises junger Aristokraten und Intellektueller, dem der ebenfalls aus einer alten preußischen Offiziersfamilie stammende Peter Graf Yorck v. Wartenburg, der Theologe Dr. Eugen Gerstenmaier, der protestantische Geistliche Dr. Harold Poelchau, der Jesuit Alfred Delp und der Diplomat Dr. Adam v. Trott zu Solz angehörten. Moltke und Solz hatten gute Verbindungen nach England – Moltke hatte eine englische Mutter und hatte als Rechtsanwalt in London gearbeitet, und Trott hatte als Rhodes-Stipendiat in Oxford studiert.

Der sehr heterogene Kreisauer Kreis entwickelte eine eher passive, reflektierende Form des Widerstands. Natürlich setzten auch seine Mitglieder genauso ihr Leben aufs Spiel wie Beck und Stauffenberg, aber Moltkes Konzept ging von der These aus – die Trott und Yorck später, als sie sich Beck anschlossen, verwarfen –, daß die Niederlage notwendig, ja wünschenswert sei, um dem deutschen Volk den Irrweg bewußt zu machen, den es beschritten hatte; er lehnte ein Attentat auf Hitler ab, um keine Legendenbildung aufkommen zu lassen. Moltke sah seine Aufgabe daher nicht im aktiven Widerstand, sondern in der Vorbereitung auf die Bewäl-

tigung der nach dem Zusammenbruch Deutschlands entstehenden Probleme. Fachleute entwarfen politische Konzepte und Regierungsprogramme, mit denen man sich bei den Zusammenkünften auf Kreisau auseinandersetzte. Die Konferenzen hatten etwas von einer Kombination religiöser Meditation und politischer Programmdiskussion. Ausgehend von den geistigen Problemen der industriellen Zivilisation, versuchten die Kreisauer zunächst zu erforschen, warum Deutschland den Ideen des Nationalsozialismus erlegen war, um dann ein politisches System zu entwerfen, das die Fehlentwicklungen sowohl der Weimarer Republik wie des Dritten Reiches vermeiden könnte. Die christlichen Kirchen sollten eine wichtige Rolle beim Wiederaufbau Europas spielen. Eine das Nationalitätsdenken überwindende europäische Solidarität sollte aus den verschiedenen nationalen Widerstandsbewegungen gegen den Nationalsozialismus hervorgehen. Nach den Vorstellungen des Kreisauer Kreises sollte das Reich dezentralisiert werden, und alle wesentlichen politischen Funktionen sollten den Ländern zufallen. Die Wiederentstehung politischer Parteien sollte von Anfang an entschlossen verhindert werden. Moralische innere Freiheit galt ihnen mehr als formale politische Freiheit.
Nach dem Überfall auf Rußland traf sich Beck gelegentlich mit Moltke und Yorck. Die Kreisauer Ideen haben möglicherweise seine Vorstellungen von der Neuordnung Europas mitgeprägt. Erst im Januar 1943 kam es zu einem Treffen zwischen dem Kreisauer Kreis und der Gruppe um Beck. Trott, Yorck, Moltke und Gerstenmaier vertraten Kreisau; Popitz, Goerdeler, Jessen und Hassell die aktive Widerstandsgruppe. Beck führte den Vorsitz. Aber die Gespräche waren kein Erfolg. Moltke erwartete eine ernsthafte, was für ihn bedeutete, philosophische Diskussion, während Goerdeler versuchte, eine Basis für gemeinsames Handeln zu finden. Das Ergebnis war gegenseitiges Mißtrauen. Die Jungen hatten den Eindruck, daß es den Alten an jedem Verständnis für die Notwendigkeit einer sozialen Erneuerung fehle – Goerdelers Auslassungen veranlaßten Moltke zu dem ärgerlichen Ausruf: »Kerenski« –, während Beck und seine Freunde meinten, die Kreisauer neigten zu intellektuellem philosophischen Theoretisieren. (Wahrscheinlich hatten beide Seiten recht.) Beck sagte nicht viel bei dieser Diskussion. Zum Abschluß stellte er fest, daß im wesentlichen Übereinstimmung herrsche, Hitler müsse beseitigt werden. Er müsse jetzt sehen, wie stark die tatsächlich vorhandenen Kräfte seien[51].
In Wirklichkeit gab es zwischen den Kreisauern und Goerdeler mehr Gemeinsamkeiten, als es manchmal den Anschein hatte. In der Widerstandsgruppe um Beck trug Goerdeler die Verantwortung für die politische Planung. Man muß ihm zugestehen, daß er zumindest ein sehr flexibler und toleranter Kerenski war. Er scheute keine Mühe, sich mit den Ansichten der Kreisauer und der Gewerkschaftler vertraut zu machen und sie, soweit möglich, in sein Programm einzubauen.

Das Programm, das er schließlich vorlegte, unterschied sich in einigen nicht unwesentlichen Punkten von dem der beiden anderen Gruppierungen. Von den Gewerkschaftlern setzte er sich mit seinem Bekenntnis zum freien Unternehmertum ab, vom Konzept der Kreisauer in drei wichtigen Punkten: in seinem Festhalten am Prinzip preußischen Beamtentums; in der Betonung der Notwendigkeit einer starken Zentralregierung; und in der Einsicht, daß das Wiederaufleben politischer Parteien unvermeidlich sei. Gleichzeitig aber bekannte er sich zur Idee einer europäischen Zusammenarbeit, versprach die Respektierung der Rechte der Gewerkschaften und schlug vor, Sicherungen gegen die negativen Begleiterscheinungen der »parlamentarischen Massen-Demokratie« einzubauen. Voraussetzung dazu sei die Gewährleistung sozialer Harmonie und eine Stärkung der örtlichen Selbstverwaltung. Goerdeler schlug ein kompliziertes Wahlsystem vor, mit dem sichergestellt werden sollte, daß die politische Macht wirklich von der Basis der politischen Pyramide ausging. Auch dieses Programm zeigte noch einige von den Mängeln der Pläne, die die Opposition 1939 entworfen hatte; aber wenn es auch nicht im strengen Sinne demokratisch war, so bot es doch gute Ansatzpunkte für die Entwicklung einer lebensfähigen Demokratie[52].

Beck hat sich anscheinend nie sehr intensiv an den Debatten über die innenpolitische Programmatik beteiligt. Dazu fehlten ihm Neigung und Kenntnisse. Hassell hat ihn als »im Grunde politisch ahnungslos« bezeichnet. Beck hegte keinerlei politischen Ehrgeiz. Ganz offensichtlich plante er in das Privatleben zurückzukehren, sobald seine Verantwortung an eine verfassunggebende Versammlung übergegangen wäre. Er unterstützte uneingeschränkt das politische Langzeitprogramm Goerdelers; Hassell hat sich einmal darüber beklagt, daß Beck politisch völlig unter dem Einfluß Goerdelers stehe. Becks politische Initiative beschränkte sich darauf, die Voraussetzung für eine maßvolle und verantwortungsbewußte deutsche Politik zu schaffen[53].

Der Traditionalist Beck glaubte dieses Ziel am besten durch Wiedereinführung der Monarchie erreichen zu können. Seine aus dem Ersten Weltkrieg stammende Verbundenheit mit dem Hause Hohenzollern mag ihn bei seiner Wahl beeinflußt haben, die zunächst auf den Kronprinzen Wilhelm fiel, den Chef des Hauses, nachdem Wilhelm II. 1940 gestorben war. In seiner methodischen Art diskutierte Beck diese Frage mit Hammerstein, Hassell und Goerdeler. Doch in Anbetracht der unklaren Haltung des Kronprinzen gegenüber dem Hitlerregime und seines nicht einwandfreien Lebenswandels zögerte Beck lange, sich auf eine Zusammenarbeit mit ihm einzulassen. Als er dennoch 1942/43 durch einen Mittelsmann mit Wilhelm in Verbindung trat, war er nicht überrascht, daß dessen Reaktion alles andere als begeistert war. Wilhelm lehnte jeden Gedanken an Widerstand ab. Blieb also nur Louis Ferdinand, der älteste lebende Sohn des Kronprinzen. Als dieser 1940 Beck von sich aus seine

Dienste anbot, gab Beck ihm zu verstehen, man müsse zunächst die weitere Entwicklung abwarten, und empfahl ihm, das gleiche zu tun. Schließlich vertagte Beck diese Frage auf die Zeit nach dem Staatsstreich und versprach Leuschner, in jedem Falle zunächst ein Plebiszit darüber abhalten zu lassen[54].

Einen eindeutig restaurativen Charakter sollte nach Becks Plänen die Reorganisation des Oberkommandos tragen. Hier suchte er seine altbekannten Ideen durchzusetzen. Durch einen Erlaß wollte er den »Großen Generalstab« der Wilhelminischen Ära wiedereinrichten. Der Chef des Großen Generalstabs sollte in Personalunion Oberbefehlshaber des Heeres sein. Der aus Jodls Abteilung Landesverteidigung im OKW hervorgegangene Wehrmachtführungsstab wurde ihm unterstellt. Der Chef des Großen Generalstabs bildete die Spitze der militärischen Hierarchie. Ein Oberkommando sollte ihm wegen der bedrohlichen Lage an der Ostfront direkt unterstellt werden. Der Kriegsminister blieb Chef des OKW, dessen Organisation zur Vermeidung von Doppelfunktionen vereinfacht werden sollte. Das OKW hatte vor allem die einheitliche Führung der drei Wehrmachtteile sicherzustellen[55].

Im Vergleich zu der Bildung der neuen Regierung war die Organisation des Oberkommandos eine einfache Sache. Obwohl Einmütigkeit darüber bestand, daß Beck Staatsoberhaupt werden sollte, wurden langwierige und weitschweifige Debatten über den ihm zukommenden Titel geführt. Beck lehnte den Titel Reichsverweser wegen seiner monarchistischen Färbung ab. Er zog es vor, Generalstatthalter genannt zu werden[56].

Noch schwieriger gestalteten sich die Diskussionen über die Besetzung der Ämter des Reichskanzlers und des Außenministers. Becks Vorschlag, Goerdeler als Reichskanzler vorzusehen, stieß auf Widerstand. Für Moltke war Goerdeler zu konservativ. Er hätte lieber Leuschner in diesem Amt gesehen, während Stauffenberg, der Goerdeler ebenfalls ablehnte, Leber vorzog. Beck wäre mit beidem einverstanden gewesen, aber beide Kandidaten winkten ab. Daraufhin erklärte Beck, er beharre auf Goerdelers Ernennung, und es gelang ihm, auch Stauffenberg dafür zu gewinnen[57].

Nun warf Goerdeler die Frage des zukünftigen Außenministers auf. Er trat für die Ernennung Werner v. d. Schulenburgs ein, des ehemaligen Botschafters in Moskau, der vielleicht eine Verständigung mit Stalin herbeiführen könne. Hassell, der bislang als der designierte Außenminister gegolten hatte, reagierte flexibel. Er erklärte, er und Schulenburg würden sich schon über die Verteilung der Aufgaben im Außenministerium je nach den Erfordernissen der Lage nach dem Staatsstreich einigen. Dennoch protestierte er bei Beck gegen die Art und Weise, wie Goerdeler diese Frage behandelte: Das ganze Kandidaturgerangel müsse das Vertrauensverhältnis unter den Verschwörern in Frage stellen. Beck teilte Hassells Bedenken gegenüber Goerdelers Taktieren und unterstützte auch seine Haltung hinsichtlich der Besetzung des Außenministeriums[58].

Goerdelers endgültige Kabinettsliste, die er im Dezember 1943 vorlegte, sah folgende Besetzung vor: Goerdeler selbst als Kanzler, Hassell als Außenminister, Schulenburg sollte die Stellung eines Sonderbotschafters erhalten. Die anderen wichtigen Kandidaten waren Leuschner als Vizekanzler, Leber als Innenminister und Witzleben als Oberbefehlshaber der Wehrmacht. Beck war mit dieser Auswahl sehr einverstanden, da er einer möglichst breiten Koalition ehrenhafter deutscher Hitlergegner präsidieren wollte[59].

Während diese Personaldebatte noch lief, arbeitete Beck an dem Entwurf für seine erste Rundfunkansprache. Dabei nahm er auch die Hilfe und den Rat seiner Freunde in Anspruch. Dieser Entwurf ist vielleicht die beste Zusammenfassung seines Programms und seiner Begründung für den Widerstand im fünften Kriegsjahr.

Beck begann damit, daß er den Soldaten der Wehrmacht, die nun schon vier Jahre – allen Gefahren trotzend, durchdrungen nur von eigenem Pflichtgefühl und glühender Vaterlandsliebe – kämpften, höchste Anerkennung zollte. Tragischerweise seien ihre Führer, die ihren Mut skrupellos ausgenutzt und das Leben ihrer gefallenen Kameraden sinnlos vergeudet hätten, all ihre Opfer und ihre Hingabe nicht wert. Dann kritisierte er Hitlers Regierung als »eine Staatsführung, die die Politik nicht mehr als die Kunst des Möglichen ansieht und die Erreichung ihrer Ziele nicht mit sparsamstem Kräfteeinsatz anstrebt, sondern in phantastischen Plänen grenzenloser Eroberungen schwelgt, die überhaupt keine sittlichen Bindungen weder dem eigenen noch einem anderen Volk gegenüber anerkannt ... Statt einer weisen Beschränkung auf die wahren Lebensnotwendigkeiten unseres Volkes wurde unter dem Deckmantel einer Neuordnung Europas die Unterwerfung fast des ganzen Erdteils betrieben. Die besiegten Völker wurden unterjocht und ausgebeutet, statt sie durch weise Rücksicht auf ihren nationalen Stolz, auf ihren Freiheitswillen und auf ihre Lebensinteressen zu gewinnen und Brücken zu einer dauerhaften Verständigung zu schlagen. So hat die Staatsführung die klaren Lehren der Geschichte, die solches Vorgehen zur Erfolglosigkeit verurteilen, mißachtet und überall statt Vertrauen Haß gesät.

So darf es nicht weitergehen!« hieß es dann weiter, ehe Alternativen aufgezeigt wurden: »Die Freiheit, die unsere Väter im vorigen Jahrhundert für Deutschland als köstliches Gut völkischen Lebens errungen und die wir in gleicher Begeisterung zu hüten haben, muß auch allen anderen Völkern zugestanden werden.« Beck äußerte sein Verständnis für den Wunsch der Soldaten, zu ihren Familien und zu ihren Friedensaufgaben zurückzukehren, appellierte aber an die Wehrmacht, weiterzukämpfen, bis ein ehrenvoller Ausgang des Krieges gesichert sei. Er bot vier Garantien an: Erstens würden von der Wehrmacht von nun an nur noch solche Opfer verlangt werden, die unbedingt notwendig seien; zweitens würden vertrauenswürdige, sachkundige deutsche Staatsmänner alles versuchen,

um zu einem dauerhaften Ausgleich mit allen Völkern zu kommen; drittens würden Recht und Gerechtigkeit, Anstand und Sauberkeit, Sachkunde und selbstlose Pflichterfüllung wieder zur Richtschnur der Regierung werden; und viertens werde diese neue Regierung sich nach dem Krieg vorrangig um die Herstellung sozialer Harmonie und um die Befriedigung der dringendsten Lebensbedürfnisse des ganzen Volkes kümmern:
»Wir werden alle hart arbeiten und einfach leben müssen, aber wir werden dafür wieder Kraft und Reichtum der Seele finden. Ich vertraue, daß Front und Heimat, alle vereint in gesammelter Kraft, weiter ihre Pflicht bis zum äußersten tun in Demut vor Gott, für Ehre und Freiheit, für Volk und Vaterland[60].«

Becks Entwicklung vom konservativen preußischen General zum gemäßigten europäischen Staatsmann spiegelt sich auch in seiner Aktivität in der Mittwochsgesellschaft wider. Ironischerweise war es Groeners Platz in dieser illustren Gesellschaft, auf den Beck nach dessen Tod 1939 nachrückte. Die Mittwochsgesellschaft, die »Freie Gesellschaft für wissenschaftliche Unterhaltung«, wurde 1863 gegründet »zur Förderung und Verbreitung wissenschaftlicher Gedanken, unabhängig von Tagespolitik, Weltanschauung und bestehenden Einrichtungen«. Ihr gehörten jeweils sechzehn prominente, in Berlin ansässige Persönlichkeiten an, die als Autoritäten auf ihren Fachgebieten galten. Durch die Wahl in diese Gesellschaft wurde Becks Bekanntenkreis erheblich erweitert. Er sah sich jetzt in Gesellschaft so berühmter Wissenschaftler und Akademiker wie Werner Heisenberg, Ferdinand Sauerbruch, Eduard Spranger und Paul Fechter. Jessen, Popitz und Hassell waren ebenfalls Mitglieder. Man traf sich jeden zweiten Mittwoch, meist im Hause desjenigen Mitgliedes, das einen Vortrag über sein Fachgebiet halten sollte. Den Vorträgen folgte gewöhnlich ein einfaches Essen im Hause des Gastgebers, wobei dann zwanglos über das Gehörte diskutiert wurde. Beck boten diese Abende nicht nur Gelegenheit, an interessanten Gesprächen teilzunehmen, er konnte auch unauffällig mit seinen Mitverschworenen sprechen.
Da im Kriege natürlich jedermann begierig war, die Ansichten des militärischen Fachmanns zu hören, war Beck häufig der Mittelpunkt der Aufmerksamkeit. Die Mitglieder der Gesellschaft waren tief von ihm beeindruckt.
»Es war«, schrieb Paul Fechter, »ein Genuß seltener Art, ihm zuzuhören und zu folgen. Sein Denken war wie er: klar, bestimmt, streng, unbestechlich und zugleich verbindlich, unauffällig, unbetont, wie alle seine Lebensäußerungen. Er sprach ohne jeden Prunk, als ob er voraussetzte, daß der Hörer alles selbst ebenfalls wisse: er verbarg sein Wissen mehr, als daß er es demonstrierte[61].«
Aber bezeichnenderweise gefiel es Beck nicht, Mittelpunkt der Aufmerk-

samkeit zu sein. Im Gegensatz zu seinem bestimmten und selbstbewußten Auftreten vor Offizieren und Generalen wirkte er hier eher befangen, stand leicht vornübergebeugt da und rieb sich die Hände, als ob ihm kalt wäre. (Spranger erzählte er einmal, er sei gegen Kälte ungewöhnlich empfindlich, und der Kronprinz habe ihm, als er dies bemerkte, einen Pelz geschenkt.) Es war ihm lieber, Fragen zu stellen, als sie zu beantworten. Es bereitete ihm Freude, daß er nun Gelegenheit hatte, seine Kenntnisse auf außermilitärischen Gebieten zu erweitern. Er las Werke über Philosophie, Soziologie und Theologie[62].

Die Kenntnisse, die er sich hier aneignete, suchte er auch für den Widerstand nutzbar zu machen. Er fragte zum Beispiel Spranger unter vier Augen, ob er ihm einen Historiker empfehlen könne, der ihm genaue Informationen über die verschiedenen deutschen Territorien geben könne. Solche Informationen werde man bei Friedensverhandlungen benötigen. Und als ihn Fechter mit Friedrich Meinecke bekannt gemacht hatte, traf er mehrfach mit dem bekannten Historiker zu eingehenden Gesprächen zusammen[63].

Die ersten drei Vorträge, die Beck selbst vor der Mittwochsgesellschaft hielt, knüpften an seine Vorkriegsarbeiten an. Der erste baute auf den Gedanken auf, die er in seiner Schrift *Deutschland in einem kommenden Kriege* 1938 entwickelt hatte. Er hielt ihn im April 1940. Ein halbes Jahr später folgte der zweite unter dem Titel *Besaß Deutschland 1914 einen Kriegsplan?*, den er Anfang 1939 geschrieben hatte. Im April 1941 folgte dann *West- oder Ost-Offensive 1914*, der dieses Thema weiterführte. In allen drei Vorträgen ging es um das Grundthema seiner Studien: Sie waren Lektionen über die Vorbereitung eines Krieges, und sie zeigten denselben subtil-intellektuellen Militarismus, der für Beck selbst in seiner Zeit als Generalstabschef charakteristisch war[64].

Nach Beginn des Rußlandfeldzuges hatte Beck sich mit anderen Problemen auseinanderzusetzen. Jetzt beschäftigte ihn die Frage, wie man den totalen Krieg verhindern, und vor allem, wie man den Frieden wiederherstellen könne. In der zweiten Hälfte des Jahres 1941 arbeitete er an einem Vortrag mit dem Titel *Der 29. September 1918*, also über den Tag, an dem Ludendorff plötzlich erkannte, daß der Krieg verloren war, und einen Nervenzusammenbruch erlitt[65].

Ludendorff hatte sich an diesem Tag, nachdem er sich monatelang politisch und militärisch völlig uneinsichtig gezeigt hatte, in sein Arbeitszimmer in Spa zurückgezogen, um die strategischen Probleme, denen sich Deutschland im Herbst 1918 gegenübersah, gründlich zu überdenken. Dabei wurde ihm bewußt, daß diese Probleme unlösbar geworden waren. Er steigerte sich dabei in einen hysterischen Zustand hinein, in dem er den Reichstag, den Kaiser, den Generalstab – praktisch alle außer sich selbst, dem Hauptschuldigen – heftig anklagte. Schließlich stürzte er mit Schaum vor dem Mund in einem epileptischen Anfall zu Boden. Als er sich wieder erholt hatte, ging er zu Hindenburg und verlangte, daß Deutschland sofort um Frieden nachsuchen müsse. Es war ein ebenso plötzlicher wie dramatischer Abgang des Feldherrn.

Beck war natürlich zu taktvoll, um die Einzelheiten dieses Zusammenbruchs zu erwähnen, die seinen Zuhörern ohnehin bekannt sein mochten. Er versuchte zunächst, ihnen Ludendorffs Entschluß, trotz dem drohenden Zusammenbruch im Westen keine Armeen aus dem Osten abzuziehen, begreiflich zu machen. Er gab zu verstehen, daß Ludendorff dabei von der Hoffnung geleitet wurde, die Entente würde die Gefahr erkennen, die ihr ebenso wie den Mittelmächten vom Bolschewismus drohte.

Danach wiederholte Beck seine Kritik an Ludendorff, die er schon 1918 ausgesprochen hatte. Er würdigte Schulenburgs und des Kronprinzen Kampf gegen Ludendorff, als sie erkannt hatten, daß seine Weigerung, Rückzug oder Verhandlungen in Erwägung zu ziehen, zu einer Katastrophe führen werde. Beck erläuterte dann seine eigene Auffassung. Statt unvermittelt um Frieden zu bitten, hätte das kaiserliche Heer an einer verkürzten Front zur elastischen Verteidigung übergehen müssen. Dadurch wäre es möglich geworden, den Krieg zu beenden, ohne ihn zu verlieren. Ludendorffs plötzliche Kehrtwendung und seine Forderung nach sofortigen Friedensverhandlungen seien voreilig gewesen.

In diese Ausführungen flocht Beck sein Lieblingsthema ein: die Notwendigkeit eines systematischen und zuverlässigen Zusammenwirkens zwischen politischer und militärischer Führung. Daraus zog er die entsprechenden Schlüsse für die Organisation des Oberkommandos, und er scheint dabei angedeutet zu haben, daß die Militärs handeln müßten, wenn sich die politische Führung ihrer Verantwortung nicht gewachsen zeige.

Der 29. September 1918 war eine schonungslos offene und objektive Analyse. Beck machte für das Desaster sowohl die Regierung wie die militärische Führung verantwortlich. Da war nichts mehr von der alten verlogenen »Dolchstoßlegende«, von der er sich endgültig abgewendet hatte. Im Gegensatz zu seinen früheren Äußerungen über das Jahr 1918 war *Der 29. September* keine polemische, sondern eine wissenschaftliche Darstellung der Ereignisse.

An seinem Beispiel wollte Beck zudem die Notwendigkeit für die Beendigung des Zweiten Weltkrieges beweisen und die Gefahr des Bolschewismus aufzeigen[66].

Im Juni 1942 hielt Beck einen Vortrag über das Thema *Die Lehre vom totalen Krieg*, in dem er Ludendorffs Theorie einer objektiven Prüfung unterzog und sie endgültig verwarf, und in dem er auch seine eigene Theorie modifizierte.

Zunächst stellte Beck die Lehren Ludendorffs eingehend dar. Nach 1918 war der General zu der Überzeugung gelangt, daß der begrenzte Krieg der Vergangenheit angehöre und daß alle zukünftigen Kriege totale

Kriege sein würden: »Künftige Kriege würden nicht mehr von den Wehrmächten der beteiligten Staaten, sondern von deren Völkern gegeneinander geführt, und zwar nur noch unter äußerster Gewaltanwendung und in dem Streben gegenseitiger Vernichtung[67].« Nichts weniger als die nationale Existenz werde dabei auf dem Spiel stehen, und Frieden werde immer nur eine Unterbrechung bedeuten, um neue Kräfte zu sammeln und wiederaufzurüsten. Daher sei es nach Ludendorff eine gebieterische Notwendigkeit, Politik und Gesellschaft im Frieden genauso zu militarisieren wie im Kriege: Fortan habe im Kriege nicht mehr die Politik den Vorrang, sondern die Kriegführung; ihr habe die Politik zu dienen.

Beck räumte ein, daß die Erfahrungen der beiden Weltkriege Ludendorffs Theorien zu bestätigen schienen: Sie waren länger, brutaler und umfassender als alle Kriege zuvor. Jedoch sei die Lehre vom totalen Krieg durchaus nichts Neues. Schon darin irre Ludendorff. Clausewitz zum Beispiel habe von einer dem Absoluten sich nähernden Art des Krieges gesprochen, in dem die Gewalt so stark in den Vordergrund trete, daß sie den politischen Zweck auszulöschen scheine. Auch sei es durchaus nicht unvermeidlich, daß alle kommenden Kriege einen totalen Charakter annehmen müßten. Der Erste Weltkrieg habe diesen Charakter erst bekommen, als Großbritannien Deutschland den Krieg erklärt habe.

Der totale Krieg sei gewissermaßen das Resultat einer »totalen Politik«. Hysterische Sicherheits- und Verteidigungsbestrebungen könnten bestehende Spannungen verschärfen und die Kriegsgefahr heraufbeschwören. In diesem Prozeß würden nationalistische Gefühle bis zum Siedepunkt aufgeheizt, was zu Kriegen von außergewöhnlicher Brutalität führe. Die Brutalität und die Maßlosigkeit eines solchen Krieges mache es darüber hinaus fast unmöglich, den Frieden wiederzugewinnen. Daher führe ein totaler Krieg zum nächsten. Dies seien Lehren, die man aus den Napoleonischen Kriegen und aus Versailles zu ziehen habe. 1918 habe außerdem gezeigt, daß der totale Krieg die sozialen Spannungen verschärfe und zu Revolutionen führe.

Beck verwarf Ludendorffs These vom totalen Krieg vor allem deshalb, weil sie eben nicht total sei. Sie lasse vitale Probleme außer acht: Ludendorff habe die grundlegenden Lebensbedürfnisse der Zivilbevölkerung nicht berücksichtigt.

»Schon die Vorbereitung auf einen totalen Krieg muß für das Leben eines Volkes die einschneidendsten Folgen haben. Kein Personenkreis, kein Gebiet menschlicher Betätigung, kein natürlicher Reichtum des Landes, kein vorhandener oder erarbeiteter Besitz, die nicht für den Kriegsfall erfaßt und ausgenutzt werden. Damit aber wird die Kriegsvorbereitung zu einem unersättlichen Moloch – denn wo liegt für den, der sich zur Ausschließlichkeit des totalen Krieges bekennt, die Grenze der Sättigung? So muß mit der Zeit Raubbau mit Menschen und Dingen, mit Geist und Seele zugunsten des einen Zieles getrieben werden; so werden nach und nach andere Lebensäußerungen immer mehr verkümmern oder zum Erliegen gebracht. Statt des unermeßlichen Reichtums und der Mannigfaltigkeit des Lebens, statt freier verantwortungsfreudiger Betätigung in ihm, werden zweckgebundene Einseitigkeit und eine Uniformierung des Lebens und seiner Träger zum Gesetz erhoben, werden der Freiheit und Selbständigkeit des Geistes und der Seele und der schöpferischen Unbeschränktheit Schranken errichtet, die nichts mehr zu tun haben mit dem Staat als Form des politischen Lebens, wie sie sich die großen Völker, nicht zuletzt auch das deutsche Volk, im Laufe ihrer Geschichte selbst gegeben haben ... Der totale Krieg ist das, was Kant schon vom Kriege überhaupt gesagt hat, nämlich eine Geißel des menschlichen Geschlechts.«

Man brauche nicht Pazifist im landläufigen Sinne zu sein, so fuhr Beck fort, oder an den ewigen Frieden als ein je erreichbares Ziel zu glauben, um sich mit aller Kraft einer derartigen Entwicklung entgegenzustemmen. Verantwortungsbewußte Staatsmänner dürften nichts unversucht lassen, um den totalen Krieg zu vermeiden, und Krieg müsse immer ein Mittel der Politik bleiben, einer Politik, die der Vernunft den Vorrang vor der Leidenschaft lasse und damit wieder zu dem werde, was Bismarck die Kunst des Möglichen genannt habe.

Mit anderen Worten, die Politik eines Landes dürfe bei allem berechtigten Egoismus sich nur mit Moral und Recht vereinbare Ziele setzen. Die Politik der »nackten, rohen Ländergier«, wie Napoleon I. sie trieb, und »die Welteroberungspolitik unseres alten deutschen Kaisertums« seien grundsätzlich unsittlich und in höchstem Maße unpolitisch. Das Recht der Menschen und Nationen müsse heilig gehalten werden. Das Deutsche Reich, erklärte Beck, müsse als ein Land inmitten Europas eine behutsamere Politik treiben, als es für manche Nachbarn nötig sei. Das letzte Mittel der Politik werde auch in Zukunft die bewaffnete Macht bleiben. Das Schwert aber, das jeder Staat berechtigt sei bereitzuhalten, könne ihm oft allein durch sein Vorhandensein ermöglichen, seine Ziele zu erreichen.

Wenn Krieg aber einmal ausgebrochen sei, so müsse er ritterlich geführt werden. Eindringlich verwies Beck in diesem Zusammenhang auf Äußerungen der Feldmarschälle Yorck und Moltke über die Manneszucht und auf die Proklamation Kaiser Wilhelms I. bei Kriegsausbruch 1870, in der es hieß: »Wir führen keinen Krieg gegen die friedlichen Bewohner des Landes.«

Die in diesem Vortrag enthaltene Kritik an Hitler und die Forderung nach einer vernünftigen und anständigen Politik sind nicht neu, wohl aber die klare und eindeutige Verurteilung des totalen Krieges. Zwar hatte Beck nie die überzogenen Thesen des »Feldherrn« geteilt. Aber in den Jahren zwischen 1933 und 1938 hatte er selbst so etwas wie eine Lehre vom totalen Krieg entworfen. Als Vorsitzender des Arbeitsausschusses des Reichsverteidigungsrates hatte er zum Beispiel 1934 im Interesse der Kriegsbereitschaft eine weitreichende Militarisierung der Gesellschaft gefordert und erklärt, es gebe kaum eine praktische Unternehmung im öffentlichen Leben, die nicht für die Reichsverteidigung von Bedeutung sei. Jetzt verwarf er diese Haltung und gab seiner Überzeugung Ausdruck, daß der totale Krieg vermieden werden müsse. Hier sprach der Traditionalist, der die Veränderungen der Lebensbedingungen durch Industrialisierung beklagte, und der Progressive, der hoffte, die damit entstandenen Probleme lösen zu können[68].

Im Juni 1944 hielt Beck einen Vortrag über Foch, »unseren großen französischen Gegner«. Für die Wahl dieses Themas waren zwei Gründe bestimmend: das professionelle Interesse an der Führerpersönlichkeit des großen Soldaten und die Überzeugung, daß das Studium seiner Karriere und seiner Denkweise höchst aktuelle Bezüge habe[69].

Wie Beck selbst war auch Foch beschuldigt worden, ein Dogmatiker zu sein. Dieser Vorwurf war insofern berechtigt, als Foch vor dem Ersten Weltkrieg zwei streng kartesianisch argumentierende Lehrbücher veröffentlicht hatte. Darin hatte er zum Beispiel die Zahl der Geschosse berechnet, die in einer hypothetischen Schlacht abgefeuert werden würden, und den Schluß gezogen, daß diese Zahl allein über Sieg oder Niederlage entscheiden werde.

Beck geht nur am Rande auf die »fachlich anfechtbaren« Theorien des jüngeren Foch ein. Um so mehr betont er die gründliche und vielseitige militärische Schulung, der er sich unterzogen habe. Er habe keine Mühe gescheut, sich so umfassend wie möglich zu bilden. Foch habe daher jede Lage objektiv beurteilen können und sich nicht allein von technischen und rein militärischen Gesichtspunkten leiten lassen. So habe Foch erkannt, daß die Armee kein Selbstzweck und ein Krieg ein sehr vielschichtiges Unternehmen sei. Sich Fochs Leistungen im Ersten Weltkrieg zuwendend, räumte Beck ein, daß er nicht gerade ein brillanter Taktiker gewesen sei. Seine Taktik habe sich aber durch Beständigkeit und Zielstrebigkeit ausgezeichnet, und sie sei realistisch gewesen, weil Foch große Menschenkenntnis und bedeutende Führungseigenschaften besessen habe.

Mit Genugtuung zitierte Beck Fochs Kritik an Napoleon. Der Kaiser habe sein Schicksal mit dem der Nation identifiziert, jedes Maß verloren und das Sittengesetz ignoriert. Er habe die Rechte fremder Länder mißachtet und sich eingebildet, sie würden freudig ein von Frankreich beherrschtes Europa akzeptieren, einen Kontinent von Satelliten Frankreichs. Aber nackte Gewalt habe nicht vermocht, die europäischen Völker zu seiner Ansicht zu bekehren, und sie hätten mit Recht gegen ihn rebelliert.

Daß Beck im sechsten Kriegsjahr eine Laudatio auf den eingefleischten Deutschenhasser Foch zu halten wagte, ist bemerkenswert. Er forderte von seinen Zuhörern Unvoreingenommenheit und Einfühlungsvermögen.

Er hatte seinen Vortrag mit den Worten eingeleitet: »Einem im Kriege unterlegenen Volke fällt es nicht leicht, der Haltung und den Leistungen des Gegners Gerechtigkeit widerfahren zu lassen.« Beck hielt es für besonders wichtig, sich mit dem Denken und Handeln Fochs auseinanderzusetzen, weil Foch den Fehler engstirnigen Spezialistentums vermieden und die Unsinnigkeit einer Strategie der Eroberungen erkannt hatte.
In diesen drei letzten Studien, die Beck für die Mittwochsgesellschaft ausgearbeitet hatte, wird seine Persönlichkeit besonders deutlich erkennbar. Sein Stil ist klar und elegant, sein Denken großzügig und vorausschauend. Er ist nicht mehr in Vorurteilen befangen. Er hat sich von der Dolchstoßlegende gelöst und dem Dogma vom totalen Krieg abgeschworen. Klar und unzweideutig verwirft er den Angriffskrieg und fordert Achtung vor den Rechten der benachbarten Nationen. Er ist zu einem europäischen Staatsmann gereift.

Die Wandlung, die sich in Beck während der Jahre des Widerstands vollzog, war nicht allein auf Hitlers verbrecherische Politik zurückzuführen, sondern vor allem auch auf Becks Erkenntnis seiner eigenen Mitverantwortung. Nachdem er vergeblich versucht hatte, die politischen Grundsätze zu retten, die er selbst bis zum Überfall auf Rußland vertreten hatte, unterzog er sie nun einer selbstkritischen Überprüfung. Hitlers Krieg hatte ein Stadium erreicht, das ihn in seiner Haltung und seinem Denken zur letzten Konsequenz zwang.
In den dreißiger Jahren waren Generale wie Beck für Hitler unentbehrlich gewesen. Er hatte sich ihrer Unterstützung versichert, um sie für seine Ziele einzuspannen. Dadurch, daß sie ihm in der Innenpolitik freie Hand ließen, hatten sie es ihm erst ermöglicht, seine Position in Deutschland zu festigen. Durch den Aufbau einer mächtigen Wehrmacht hatten sie ihn dann in die Lage versetzt, eine aggressive Außenpolitik zu betreiben.
Von 1933 bis 1938 hatte Beck mit der allgemeinen Haltung der Generalität übereingestimmt. Er hatte sich mit äußerster Sorgfalt der Aufgabe gewidmet, die Grundlagen für Deutschlands Wiederaufrüstung zu legen und eine Armee von höchster Qualität aufzubauen. Gleichzeitig hatte er in der Hoffnung, Deutschland eine Vormachtstellung in Mitteleuropa sichern zu können, Vorbereitungen für einen Krieg gegen die Tschechoslowakei, und wenn nötig auch gegen Frankreich, getroffen. Der Vorrang, den er der Außenpolitik einräumte, hatte ihn dazu gebracht, die Augen vor den Verbrechen und Untaten zu schließen, die das Regime innerhalb Deutschlands verübte, sosehr er sie auch verabscheute. Auf diese Weise hatte auch er seinen Beitrag dazu geleistet, daß Hitler seine Herrschaft über Deutschland und die Wehrmacht hatte ausbauen und festigen können.
Jedoch gab es etwas, was Beck im Prinzip von den meisten Generalen

unterschied: sein Verantwortungsbewußtsein. Er fühlte sich dazu verpflichtet, seine Stimme warnend gegen eine überstürzte Aufrüstung und gegen einen Krieg zu erheben, solange Deutschland dafür nicht genügend vorbereitet war. Da er aber als Chef des Generalstabs in keinem der aus seiner Haltung resultierenden Konflikte Widerstand bis zur letzten Konsequenz leistete, blieben seine Warnungen ohne jeden Erfolg, und im Endeffekt hatte er allen Weisungen seiner Vorgesetzten schließlich doch gehorcht.

Erst im Sommer 1939 konnte er sich zu der Konsequenz durchringen, nur noch der Stimme seines Gewissens zu folgen. Als er erkannt hatte, wie unüberbrückbar die Kluft zwischen dem war, was Hitler anstrebte, und dem, was er selbst für verantwortbar hielt, zog er angesichts der Gefahr eines Weltkrieges den Schluß, daß es notwendig sei, Hitler zu stürzen, um den preußischen Rechtsstaat wiederherstellen und Deutschlands Hegemonie in Mitteleuropa sichern zu können – kein realistisches Programm. Auch nach einem Sturz Hitlers hätte es sich schwerlich verwirklichen lassen.

Im Sommer 1940 setzte der Sieg über Frankreich dieser Phase der Verschwörung zunächst ein Ende. Aber auch als die Männer des Widerstands nach dem Überfall auf die Sowjetunion ihre Tätigkeit wiederaufnahmen, blieben sie dem Schema treu, nach dem sie 1939 und 1940 gearbeitet hatten. Beck fuhr fort, Hitlers Strategie und die fortschreitende Erosion der Grundlagen des Rechtstaates zu kritisieren; aber je weiter dieser Prozeß fortschritt, um so radikaler änderten sich Becks strategische und politische Ansichten. Ende 1942 war er bereit, Hitlers Ermordung als unvermeidbar anzusehen, und er beteiligte sich an dem vergeblichen Attentatsversuch vom März 1943. Bei den Vorbereitungen für einen Staatsstreich im Herbst 1943 war er der Koordinator. Und wenn auch alle diese Anstrengungen der Verschwörer von einem Gefühl der Sinn- und Hoffnungslosigkeit geprägt waren, muß man doch anerkennen, daß sich ihre Zielsetzung erheblich verändert hatte.

Becks Wandlung war von einem immer stärker werdenden Schuldgefühl bestimmt. Es ging ihm nicht mehr in erster Linie um den Erfolg der Verschwörung, sondern um die Frage von Schuld und Sühne. Er begann die Rolle des Offizierkorps nach 1918 in einem neuen Licht zu sehen. Er verwarf nicht nur die Dolchstoßlegende, sondern begann seine eigene Rolle im Reichswehrprozeß in Frage zu stellen. Auch das Problem des Hitler geleisteten Fahneneides, die Grundlage seines Dienstes für den Diktator, beschäftigte ihn in zunehmendem Maße, und er bezeichnete den 2. August 1934 zuletzt als den schwärzesten Tag seines Lebens. Er bedauerte vieles von dem, was er getan hatte, um Hitler eine starke Wehrmacht zu schaffen. Er klagte sich selbst an, daß er auf der Kriegsakademie engstirnige Militärspezialisten hatte heranbilden lassen. Besonders quälte ihn aber die Rolle, die er in der Fritsch-Krise gespielt hatte, als die Generale »sich ihr eigenes Grab schaufelten«, und er warf sich vor, seinen Rücktritt nicht zu einer Proklamation vor der deutschen und der Weltöffentlichkeit gemacht zu haben[70].

Im Grunde genommen erklärte er sich selbst für schuldig und sprach sich auch selbst das Urteil. Er war bereit, sein Leben für die Sache des Widerstands hinzugeben. Attentat und *Walküre* waren für ihn als Geste wichtig: »Aber doch eine sehr bedeutungsvolle Geste. Uns aus uns gereinigt zu haben, ist allbedeutend[71].«

X

Der 20. Juli 1944

»Alles andere ist gleichgültig«

Am 1. Januar 1944 wohnte Beck dem Neujahrsgottesdienst in der Kirche Hanns Liljes bei, die oft von den Verschwörern besucht wurde. Zu dieser Zeit war ihm nichts anderes übriggeblieben, als zu warten. Was er tun konnte, hatte er getan. Jetzt kam es nur noch darauf an, ob Stauffenberg und Olbricht ihre Pläne würden verwirklichen können[1].

Geduld ist die größte Tugend des Soldaten. Im Krieg gibt es oft lange Zeitabschnitte stumpfsinnigen Wartens, plötzlich unterbrochen von kurzen Augenblicken höchster Gefahr, in denen der gutausgebildete Soldat seine Aufgaben ohne viel nachzudenken fast automatisch erfüllt. Aber Warten können ist eine Kunst. Beim Warten gewinnt die Phantasie die Oberhand, und die Vorstellung von dem, was geschehen könnte, erzeugt Angst. Hemingway schreibt: »Feigheit ... ist eigentlich nur mangelnde Fähigkeit, die Vorstellungskraft auszuschalten.« Deshalb »ist die höchste Kunst, die ein Soldat erlernen kann, die Fähigkeit, seine Phantasie auszuschalten und völlig dem jeweiligen Augenblick zu leben«[2]. Dies zu lernen, fällt intelligenten und sensiblen Menschen natürlich besonders schwer.

Beck war, wie er selbst von sich sagte, ein reflektierender Mensch, und die Kriegsjahre waren eine schwere Belastung für ihn. Fünf Jahre mußte er warten, bis seine Pläne zur Ausführung kamen – eine Zeit höchster Nervenanspannung. Er litt unter Zahnschmerzen, für die sich keine Ursache finden ließ und die sich daher einer Behandlung entzogen. Außerdem quälten ihn schwere Schlafstörungen; oft wachte er schweißgebadet auf. Manchmal explodierte er voller Wut und Empörung über Hitler und die willfährigen Generale, so als er Hoßbach anschrie: »Was macht der Hund aus unserem schönen Deutschland?« An anderen Tagen wieder war er schweigsam und verbittert und machte abfällig-sarkastische Bemerkungen über die harmlosen Vergnügen, denen seine Nachbarn nachgingen[3].

Aber im allgemeinen hielt Beck seine Nerven im Zaum. Er war seit vierzig Jahren Soldat und wußte, wie wichtig militärische Disziplin war. Am 20. Juli sagte er zu Gisevius, ein guter General müsse warten können. und in der Zeit davor hatte er es sich zur Pflicht gemacht, »von einem Tage zum nächsten lebend, sich doch des Frühlings in seiner ganzen Schönheit zu erfreuen, die zu beeinträchtigen oder zu zerstören außerhalb menschlichen Vermögens liegt«. Sicher war es kein Zufall, daß er sich in den letzten Monaten seines Lebens intensiv mit der Biografie des Feldherrn der Südstaaten im amerikanischen Bürgerkrieg, General Lee, aus der Feder des von ihm bewunderten Historikers Douglas S. Freeman beschäftigte. Lee hatte kurz vor seinem Tode als Erziehungsziel die Selbstlosigkeit bezeichnet. Dies entsprach Becks eigener Auffassung von Disziplin, die nicht Selbstzweck sei, sondern einem übergeordneten Ziel zu dienen habe[4].

Becks religiöse Überzeugung manifestierte sich in seinem Glauben an die göttliche Fügung. Vor 1939 war er kein regelmäßiger Kirchgänger gewesen, aber jetzt sah man ihn oft beim Gottesdienst. Mit seinen feingliedrigen Händen, dem schmächtigen Körper und den großen, melancholischen Augen begann er mehr und mehr einem asketischen Mystiker zu gleichen.

Auch seinen Freunden von der Mittwochsgesellschaft fiel dieser Wandel auf. Eduard Spranger erinnerte sich, daß Beck häufig von der Vergeblichkeit allen menschlichen Handelns sprach, daß er sich intensiv mit dem Buch *Der Mensch und das Schicksal* von Hans Jürgen Baden beschäftigte und daß ihn dessen These von der Nichtigkeit und Ohnmacht des Menschen sehr beeindruckte. Paul Fechter hatte ähnliche Erinnerungen: »Nach einer herbstlichen Gedenkstunde der Universität Berlin – es war während des Krieges – wanderten wir die grauen Linden entlang. Wir sprachen wenig; auf einmal blieb Beck stehen und fragte: ›Kannten Sie das Stück, das zuletzt gespielt wurde?‹ Ich bejahte und gab Auskunft (es war der Choral aus Bachs Kunst der Fuge). Er sah mich eine Weile nachdenklich an. ›Das war das Jenseitigste, was ich je gehört habe‹, sagte er dann halb für sich. ›Sehr merkwürdig.‹ ... auf einmal fuhr er fort, halb für sich, halb zu mir: ›Das sollte man sich merken – für alle Fälle[5].‹«

Mit großer Selbstdisziplin hielt Beck streng an seiner täglichen Arbeitsroutine fest. Er blieb der fleißige und ausdauernde Geistesarbeiter, der er immer gewesen war, und verbrachte den größten Teil des Tages an seinem Schreibtisch. Solange er sich die Times durch geheime Kanäle aus der Schweiz besorgen konnte, las er sie mit großer Sorgfalt, übrigens auch, um sein Englisch zu verbessern, das er im Gegensatz zum Französischen nicht sehr gut beherrschte. Dazu kamen seine Arbeiten für die Mittwochsgesellschaft, deren Vorbereitung ein intensives Quellenstudium erforderte. Außerdem war Beck ein sehr gewissenhafter und sorgfältiger Briefschreiber. Zu seinem vierundsechzigsten Geburtstag zum Beispiel erhielt er über sechzig Briefe – die meisten von Offizieren, die mit ihm zusammen gedient hatten – und beantwortete sie alle[6].

Wenn er sein Tagespensum am Schreibtisch erledigt hatte, beschäftigte er sich in seinem kleinen Garten, der ihm große Freude machte. Er sprach gern von der Erholung und Entspannung, die ihm die Gartenarbeit verschaffte. Menschen, die ihn nicht genau kannten, hatten manchmal den Eindruck, als ob ihn nichts anderes mehr interesiere. »Ich widme mich ganz meinem Garten«, schrieb er wiederholt. Daneben mußte er sich ständig um die Instandhaltung seines Luftschutzbunkers kümmern, was um so wichtiger war, als Lichterfelde immer wieder das Ziel von Bombenangriffen war und sein Haus mindestens zweimal in Flammen stand. Im Winter schaufelte er, wie jeder andere auch, Schnee. Eines Nachmittags besuchten ihn die Sauerbruchs, als er gerade auf dem Bürgersteig vor seinem Haus Schnee schaufelte. Sie meinten, das sei keine Beschäftigung für einen preußischen General, aber Beck zuckte nur mit den Schultern und sagte, so sei es nun mal im Dritten Reich, der Gefreite führe den Krieg und der Chef des Generalstabs schaufele Schnee[7].

Natürlich bestand das Leben auch in der Kriegszeit nicht nur aus Entbehrungen. Die Sauerbruchs gehörten zu den vielen Besuchern Becks, mit denen er auch fröhliche Stunden verbringen konnte. Sie brachten Beck alles, was sie an Essen, Wein und Tabak erübrigen konnten, denn er selbst tat für sich nur gerade so viel, daß er mit dem Allernotwendigsten versorgt war. Ironischerweise half ihm auch Hans Ludin, der jetzt Gesandter in der Slowakei war. Auch Holtzmann kam häufig. Er war ein treuer Freund, und Beck mochte ihn sehr. Mit ihm führte er lange Gespräche, bei denen er sich etwas entspannte. Beide waren zusammen Leutnants in Straßburg gewesen, und gemeinsam erinnerten sie sich der guten alten Zeit. Beck sprach gern von ihren Ausflügen in die Vogesen und den Schwarzwald. Aber Straßburg ging ihm über alles. Einmal bemerkte er, es sei immer sein Lieblingswunsch gewesen, sich nach der Pensionierung im Elsaß niederzulassen und dort ein kleines Haus zu kaufen[8].

Becks liebster Gast war wohl Oster. Mit ihm konnte er offen über die Verschwörung und über alle militärischen Fragen sprechen, die ihn interessierten. Manchmal lud er auch andere Verschwörer, wie Hassell und Goerdeler, zu sich ein, und seine Tochter Gertrud bewirtete die Besucher. Als Goerdeler einmal unangemeldet erschien, ließ Gertrud ihn eintreten und ging in den Garten, um ihren Vater zu holen. Er bat sie, Goerdeler so lange zu unterhalten, bis er sich umgezogen habe. Statt dessen war es Goerdeler, der sie unterhielt und ihr in fünf Minuten mehr über die Verschwörung erzählte, als ihr Vater ihr in fünf Jahren erzählt hatte[9].

Häufig besuchte Beck auch seine Freunde; von Zeit zu Zeit war er beim Kronprinzen in Potsdam zu Gast. Auch Hassell und Sauerbruch luden Beck häufig zu sich ein[10].

Beck achtete sehr darauf, daß seine Familie durch seine Tätigkeit im Widerstand und seine gesellschaftlichen Verpflichtungen nicht zu kurz kam. Sein Lieblingsneffe Walter Beck durfte ihn jederzeit besuchen, wenn er Urlaub hatte, und Beck führte sehr vertrauliche Gespräche mit ihm, ohne ihn allerdings in die Widerstandspläne einzuweihen. Als sein Neffe Rudolf Beck 1941 in Berlin heiratete, hielt Beck als Oberhaupt der Familie eine zu Herzen gehende und humorvolle Hochzeitsrede.

Seine Tochter Getrud hatte schon ein Jahr zuvor geheiratet; Beck hatte sich darüber sehr gefreut. Er schätzte seinen Schwiegersohn Günther

Neubaur, einen jungen Offizier, sehr, machte sich aber große Sorgen um ihn. Seinem Vetter schrieb er: »Eine Kriegsheirat hat ja, wie ich aus eigener Erfahrung weiß, manches gegen sich.« Seine Befürchtungen waren nur allzu berechtigt, denn kaum ein Jahr, nachdem Getrud ihr Kind geboren hatte, fiel ihr Mann an der Ostfront[11].

In den ersten Monaten des Jahres 1944 verschlechterte sich die Kriegslage weiter. Beck erhielt nichts als deprimierende Nachrichten aus den Stäben und von der Front – von Freunden wie Gollwitzer, der an die Ostfront versetzt worden, und von Offizieren wie Tresckow, der natürlich genau informiert war. Im Mai 1944 befürchtete Beck eine mächtige russische Sommeroffensive, und er sagte die Niederlage Deutschlands für den Herbst oder den Winter 1944 voraus. Im Juni kündigte das Unternehmen *Overlord,* die Invasion in Frankreich, Deutschlands Untergang an. Als Beck darüber mit Wilhelm Scheidt, einem Militärhistoriker im Führerhauptquartier, sprach und dabei feststellte, daß Scheidt mit seiner Lagebeurteilung übereinstimmte, erklärte er ihm: »Auf jeden Fall sind Sie mit Ihren Kenntnissen dazu berufen, dermaleinst vor der Geschichte zu bezeugen, daß unsere Tat kein Dolchstoß war, sondern nur das notwendige Fazit aus den Fehlern Hitlers[12].«
Die hoffnungslose militärische Lage machte eine Aktion notwendiger denn je. Als Beck im Mai die bevorstehende Niederlage Deutschlands voraussagte, fügte er hinzu, der Krieg sei verloren, wenn Deutschland nicht Frieden schließe, was aber nur einer neuen Regierung möglich sei. Zu Meinecke sagte er, die Niederlage sei nur noch eine Frage der Zeit, es gebe keine Hoffnung und keine Rettung mehr. »Wir müssen den bitteren Kelch bis zur Neige leeren.« Sein Ziel könne darum nur noch die Verhinderung weiteren sinnlosen Blutvergießens und die Erzielung von möglichst günstigen Friedensbedingungen sein. Der Gordische Knoten könne nur noch mit einem Schwertstreich gelöst werden, und der Mann, der das tue, müsse die Wehrmacht kennen und sie führen können[13].

Beck hatte eingesehen, daß die Alliierten zu weitreichenden Konzessionen keinesfalls bereit waren, und er hoffte nur noch, mit den Westmächten zu einer Übereinkunft zu kommen, die Deutschland vor den Russen rettete. Er schickte Gisevius mit einer entsprechenden Nachricht für Dulles in die Schweiz. Dulles berichtete darüber im April 1944 wie folgt nach Washington:
»Die Gruppe um Beck will nur handeln, wenn sie von den Westmächten Zusicherungen erhält, daß sie nach der Beseitigung der Nazis in direkte Verhandlungen mit den Angelsachsen über die praktischen Schritte, die zu unternehmen sind, eintreten kann. Die Gruppe legt Wert darauf, daß die Verhandlungen über Washington und London laufen und daß sie es nicht unmittelbar mit Moskau zu tun hat[14].«

Als diese Zusicherungen nicht gegeben wurden und Dulles wiederholte, daß die Forderung nach bedingungsloser Kapitulation nicht aufgehoben werden könne, präsentierte Gisevius einen Plan, der offensichtlich von Beck und seinen Freunden stammte. Er sah vor, daß die der Opposition angehörenden Generale im Westen den Weg für die Besetzung Deutschlands durch die englischen und amerikanischen Truppen freimachen sollten, während die Ostfront weiter gegen die Russen gehalten würde[15].
Aber auch auf diesen Plan reagierten weder London noch Washington. Beck sah, daß kein Weg mehr an der bedingungslosen Kapitulation vorbeiführte. Seinen zutiefst deprimierten Freunden sprach er Mut zu und erklärte: »Das Entscheidende ist nicht, was aus diesem oder jenem persönlich wird, das Entscheidende ist nicht einmal die Folge für das Volk, sondern entscheidend ist die Unerträglichkeit, daß seit Jahr und Tag im Namen des deutschen Volkes Verbrechen auf Verbrechen und Mord auf Mord gehäuft wird und daß es sittliche Pflicht ist, mit allen verfügbaren Mitteln diesen im angemaßten Namen des Volkes geübten Verbrechen Einhalt zu tun[16].«
Stauffenberg, der ebenfalls von der Notwendigkeit schnellen Handelns überzeugt war, hatte bisher niemanden gefunden, der das Attentat auf Hitler ausführen konnte. Die es wagen wollten, hatten keine Gelegenheit, und die Gelegenheit hatten, wollten das Wagnis nicht auf sich nehmen. Dann kam die Invasion, und Stauffenberg begann sich zu fragen, ob es überhaupt noch Sinn habe, zu handeln. Deutschland war geschlagen und würde auch nach einem erfolgreichen Putsch besetzt werden. Er wandte sich an Tresckow um Rat. Tresckows Antwort war eindeutig:
»Das Attentat muß erfolgen, coûte que coûte. Sollte es nicht gelingen, so muß trotzdem in Berlin gehandelt werden. Denn es kommt nicht mehr auf den praktischen Zweck an, sondern darauf, daß die deutsche Widerstandsbewegung vor der Welt und vor der Geschichte den entscheidenden Wurf gewagt hat. Alles andere ist daneben gleichgültig[17].«
Am 1. Juli wurde Stauffenberg zum Chef des Stabes bei Fromm ernannt, eine Stellung, die ihm die Gelegenheit gab, nach der er suchte, und er beschloß beide Rollen zu übernehmen: die des Attentäters und die des Koordinators des Unternehmens *Walküre*. Beck gab seine Zustimmung, und damit rückte die Ausführung der Pläne in greifbare Nähe.
Am 10. Juli suchte Cäsar v. Hofacker, ein Vetter Stauffenbergs und sein Verbindungsmann zur Widerstandsbewegung in Paris, Beck in Berlin auf. Zunächst gab er einen niederschmetternden Bericht über die Lage an der Westfront. Rommel und Kluge waren überzeugt, daß der Durchbruch der Alliierten unmittelbar bevorstehe; gleichzeitig konnte er aber auch melden, daß beide zur Mitarbeit bereit seien. Kluge hatte den Vorbehalt, daß Hitler zuerst beseitigt werden müsse. Rommel lehne zwar die Ermordung Hitlers ab, scheine aber dennoch bereit zu sein, sich Beck anzuschließen. Die Argumente Speidels und Stülpnagels und seine eigene Ein-

sicht, daß die Niederlage unausweichlich geworden war, hätten ihn für den Widerstand gewonnen. Als Hofacker geendet hatte, erklärte Beck, er plane, sofort nach dem Putsch Unterhändler nach London und Moskau zu schicken[18].

Am Morgen des 11. Julis flog Stauffenberg nach Berchtesgaden, um an der täglichen Lagebesprechung auf dem Berghof teilzunehmen. Er trug eine Zeitzünderbombe in seiner Aktentasche bei sich. Da aber Himmler nicht anwesend war, zündete er den Sprengstoff nicht. Nach dem Plan der Verschwörer sollten Hitler und Himmler – nach Möglichkeit auch Göring – gleichzeitig ausgeschaltet werden, weil man befürchtete, daß Himmler (oder Göring) auch nach Hitlers Tod das Naziregime aufrechterhalten und den Aufstand niederschlagen könne.

Am Nachmittag des 12. Julis traf Gisevius aus der Schweiz kommend in der Goethestraße ein. Er sah, daß der Klingelzug herausgerissen war, und klopfte deshalb an die Tür. Becks Haushälterin erschien. Gisevius bat, ihn dem General zu melden, aber die Frau sah ihn mißtrauisch an und sagte, der Hausherr sei nicht anwesend. Gisevius erklärte ihr, sie möge Dr. Lange melden (ein Deckname, der gut zu ihm paßte, weil er tatsächlich sehr groß war). Als Gisevius Becks Arbeitszimmer betrat, sah der General überrascht auf und begrüßte Gisevius herzlich: Endlich sei er aus der Schweiz zurück. Seit Tagen habe er voller Sorge auf ihn gewartet, denn Stauffenberg habe sich mehrfach verbürgt, er werde rechtzeitig dasein. Leider habe er im Augenblick aber keine Zeit, um mit ihm zu reden, da er zu einem Treffen der Mittwochsgesellschaft erwartet werde. Gisevius solle doch anderntags wiederkommen. Da vor Sonntag nichts geschehen werde, sei noch genug Zeit für eingehende Gespräche. In der Zwischenzeit solle Gisevius Verbindung mit Stauffenberg aufnehmen, auf dessen Schultern praktisch die ganze Verantwortung für die Organisation des Putsches ruhe[19].

Als er Gisevius verabschiedet hatte, ging Beck ins Harnack-Haus in Dahlem, wo an diesem Abend Werner Heisenberg vor der Mittwochsgesellschaft über die physikalische Struktur der Sterne und über Atomenergie sprach. Am Schluß seines Vortrags deutete er an, daß »die Freimachung und technische Ausnützung dieser Energien wohl bald auch auf der Erde erfolgen könnte«. (Da Heisenberg in leitender Stellung am deutschen Entwicklungsprogramm für die Atombombe mitarbeitete, konnte er aus Geheimhaltungsgründen natürlich nur Andeutungen machen.)

Beck war außerordentlich interessiert, und als er Gelegenheit hatte, Fragen zu stellen, bezogen sich diese bezeichnenderweise nicht auf die militärische Bedeutung der Atomenergie, sondern auf die Geschichte der Astronomie. Allerdings konnte er nicht lange mit Heisenberg diskutieren, denn Hassell und Popitz waren da, mit denen er dringend sprechen mußte. Er verabschiedete sich früh, wahrscheinlich um sich noch mit Olbricht zu treffen[20].

Am Nachmittag des 13. Julis kam Gisevius wie verabredet wieder in die Goethestraße, nicht ohne, wie er schreibt, die nähere Umgebung kontrolliert zu haben, um festzustellen, ob Becks Haus von der Gestapo beobachtet wurde. Er traf auf keine verdächtige Gestalt. Die Umgebung der Goethestraße war so zerbombt, »daß es schwer (war) für einen Spitzel, sich unauffällig aufzustellen«. Als Gisevius Beck davon erzählte, lachte der General. »Dieses Kapitel sei seit letzten November abgeschlossen. Eine Bombe habe das Nachbarhaus getroffen. Er habe die Nacht beim Löschen geholfen und zum Abschluß seinen Nachbarn zu einem Glas Kognak eingeladen. Da habe dieser auf sein Wohl getrunken und ihn beglückwünscht: das Eckzimmer dieses nun in Trümmern liegenden Hauses war von der Gestapo beschlagnahmt, um Becks Verkehr zu beobachten und zu fotografieren[21].«
Becks Gleichmut imponierte Gisevius; er fand, daß der General einen gesünderen und frischeren Eindruck mache als vor einem Jahr. »Die herannahende Entscheidung scheint ihn zu verjüngen.« Beck, der stets korrekte Generalstabschef, hatte sich wie gewöhnlich umfangreiche Notizen für die Besprechung gemacht. Er begann mit der Frage, »ob man ein Attentat unternehmen dürfe und warum der jetzige Augenblick dieses moralisch, politisch, militärisch erfordere. Im Vordergrund steht auch für ihn die Lage im Osten«. Hier ständen die Heeresgruppen Mitte und Nord vor dem Zusammenbruch, die einen durch einen Frontalangriff der Russen, die andere durch Einkesselung. Wenn die Heeresgruppe Nord abgeschnitten sei, könne sie nicht mehr versorgt oder entsetzt werden. Dennoch weigere sich Hitler hartnäckig, die Truppen rechtzeitig zurückzuziehen. Die Lage im Westen nach der Invasion sei nicht besser. Beck unterrichtete Gisevius über Hofackers Besuch und Bericht und äußerte sich abfällig über Rommel, der, solange der Krieg für Deutschland erfolgreich gewesen, ein überzeugter Nazi gewesen sei[22].
Beck unterstrich, daß er sich keine Illusionen mehr mache. Er wisse, daß Deutschland geschlagen und die totale Besetzung nicht zu verhindern sei. Er habe überlegt, »ob er sich überhaupt noch zur Verfügung stellen solle. Er tue dies nicht den Feldmarschällen zuliebe, die ihn so schmählich im Stich gelassen hätten. Aber im jetzigen Zusammenbruch könne die Abwicklung nur durch einen deutschen Badoglio erfolgen, und er sei wohl der einzige General, der im Ausland wie bei der Truppe gleichen Kredit genieße ... er werde zu seinem Teil dazu beitragen, daß sich das Unvermeidliche mit Anstand und Würde vollziehe.« Beck äußerte auch die Absicht, den Titel eines Generalobersten, den Hitler ihm bei der Verabschiedung nachgeworfen habe, abzulegen, um sich deutlich von den Feldmarschällen zu unterscheiden, die Hitlers Gunstbezeugungen angenommen hätten. Er werde in seinem neuen Amt als General a. D. zeichnen. Die Beteiligung Goerdelers bürge dafür, daß der zivile Charakter des Umsturzes von Anfang an klar hervortrete.

Trotz allen gegen Goerdeler vorgebrachten Einwänden werde er an seiner Kandidatur festhalten.

Dann gab Beck Gisevius Gelegenheit, über seine Verhandlungen mit Dulles zu referieren. Im Gegensatz zu dem ewigen Optimisten Goerdeler stellte Gisevius fest, daß es ihn überraschen würde, wenn die Alliierten eine von den Verschwörern gebildete Regierung anerkennen sollten. Ohne Anerkennung seien aber auch Verhandlungen unmöglich. »In seiner gewohnten vorsichtigen Ausdrucksweise faßt Beck zusammen, er könne diese pessimistische Möglichkeit nicht ausschließen, aber man müsse mit Goerdelers Optimismus und Schwung herauszuholen suchen, was herauszuholen sei.«

In den nächsten achtundzwanzig Stunden gaben sich die Verschwörer bei Beck die Tür in die Hand. Noch am 13. Juli, als Gisevius gegangen war, kam Stauffenberg. Am 14. Juli kam Gisevius noch einmal, diesmal zusammen mit Oberst Hansen, dem Nachfolger von Canaris als Chef der »Rumpfabwehr«.

»Der sonst so unbekümmerte, energische Hansen ist ganz befangen und stottert seine ersten Sätze wie ein Examenskandidat. Aber er gibt eine plastische Zusammenfassung, die ihre Wirkung nicht verfehlt ... Leicht kann ich beobachten, welch ein Nimbus Beck bei den Generalstäblern umgibt.«

Als Hansen sich verabschiedet hatte, ging Beck anhand seiner Notizen noch einmal mit Gisevius die Punkte durch, die ihm die größten Sorgen bereiteten. Würde Fromm sich im entscheidenden Moment der Verschwörung anschließen? War Major Remer zuverlässig? (Remer war ein junger Ritterkreuzträger, der das Wachbataillon in Berlin kommandierte.) Waren die Pläne für den Putsch in Berlin fertig und waren sich alle über die Aufgaben klar, die sie zu übernehmen hatten? Offenbar hatte Beck am Vortag die gleichen Fragen mit Stauffenberg erörtert und auch zufriedenstellende Antworten erhalten. Jetzt, sagte er resigniert, könne man nur noch hoffen, daß alles gutgehe[23].

Hitler wechselte in seiner krankhaften Unruhe häufig das Hauptquartier. Jedesmal mußte dabei der ganze Apparat über Hunderte von Kilometern transportiert werden. Am 11. Juli war er noch in Berchtesgaden gewesen; vier Tage später war er schon wieder in der Wolfsschanze in den Wäldern bei Rastenburg in Ostpreußen.

Dorthin flog Stauffenberg am 15. Juli. Diesmal hatten die Verschwörer beschlossen, das Attentat durchzuführen, auch wenn Himmler nicht anwesend sein sollte. Um 11 Uhr, zwei Stunden vor Beginn der Lagebesprechung, gingen die Befehle für das Unternehmen *Walküre* hinaus.

Goerdeler und Gisevius verbrachten den Nachmittag bei Beck. Als sie in der Goethestraße eintrafen, wurden sie von Beck besonders herzlich und liebenswürdig empfangen. Allein zu warten, sei fast unerträglich, bemerkte er. Dann kam er sofort auf die »Autofrage« zu sprechen. Er erwarte den jungen Schwerin, der ihn in die Bendlerstraße bringen werde. Goerdeler und Gisevius fragten, ob er sie mitnehmen könne, und Beck sagte ihnen das zu. Überzeugt, daß Schwerin jeden Moment eintreffen werde, setzten sie sich nicht einmal, sondern gingen unruhig auf und ab und blickten aus dem Fenster. Schließlich versuchte Beck, sich und seine Freunde etwas abzulenken, und las ihnen die vorbereiteten Proklamationen vor, die Stauffenberg ihm am Vortag zugeschickt hatte. Während Beck die weitschweifigen Texte vorlas, starrte Goerdeler bewegungslos vor sich hin, ohne auf die ungeduldigen Gesten von Gisevius zu achten. Als Beck geendet hatte, sagte er ruhig, das alles lasse sich in fünf knappen Sätzen ausdrücken. Auf Becks Bitte setzte er sich an den Schreibtisch, um die Texte zu überarbeiten[24].

In der Zwischenzeit zog Beck wieder einmal ein Bündel Notizzettel hervor und fragte Gisevius nach seiner Meinung über Beamte und Offiziere, die für untergeordnete Posten in seiner Regierung vorgesehen waren. Gisevius fand solche Gespräche überflüssig und gefährlich. Er erklärte mit Nachdruck, die Verschwörer dürften keine Namenslisten anfertigen und aufbewahren, ehe sie an der Macht seien, und bat Beck, diese Zettel zu vernichten. Er hielt Becks Sicherheitsvorkehrungen überhaupt für unzureichend, und mit Erlaubnis des Generals machte er sich scherzhaft an eine Haussuchung. Beck war befriedigt, als er kein weiteres belastendes Material fand. Er hatte seine Notizen nicht gerade raffiniert in den Büchern seines Arbeitszimmers versteckt.

(Beck beging den für einen Verschwörer unverzeihlichen Fehler, sich zu viele Aufzeichnungen zu machen. Im übrigen aber war er ausgesprochen vorsichtig, sorgte stets dafür, daß seine Besprechungen unter strengster Diskretion geführt wurden, und vernichtete belastende Briefe von seinen Freunden und Informanten sofort. Goerdeler war da bedeutend unvorsichtiger[25].)

Nachdem Gisevius und Beck ihre Sicherheitsübung beendet hatten, las Goerdeler eine der von ihm bearbeiteten Proklamationen vor. Dann besprachen sie die dringendsten politischen Maßnahmen nach dem Putsch. Goerdeler empfahl, nichts zu unternehmen, ehe die Lage in Deutschland sich nicht vollständig stabilisiert habe, aber Beck beharrte darauf, daß man sofort diplomatische Fühler ausstrecken müsse, um ein weiteres Vordringen der Roten Armee zu verhindern. Der Meinungsaustausch wuchs sich zu einem hitzigen Wortwechsel aus, wobei Goerdeler die Meinung vertrat, die Verschwörer dürften sich nicht von der Panik mitreißen lassen, die die militärischen Stellen offenbar erfaßt habe; er erinnerte an den 29. September 1918 und Ludendorffs berühmten Nervenzusammenbruch. Das Warten wurde immer unerträglicher. Sie wußten, daß *Walküre* schon um 11 Uhr in Gang gesetzt worden war und daß Stauffenberg vor 14 Uhr die Bombe gezündet haben mußte. Jetzt war es schon 17 Uhr, und sie hatten immer noch nichts gehört.

In einem erneuten Versuch, sich abzulenken und ihre Unruhe zu überwinden, sprachen sie noch einmal die Ministerliste durch. Es war wahrscheinlich Goerdeler, der dabei erneut die bekannte Frage Hassell oder Schulenburg aufwarf. Er war der Meinung, daß die Verschwörer einen Außenminister haben müßten, der bei Stalin Persona grata sei, was unzweifelhaft für Schulenburg zutraf, während Hassell keinerlei Verbindungen zur Sowjetunion besaß und obendrein vielleicht als Schwiegersohn von Tirpitz sogar für die Engländer unannehmbar war. Beck widersprach dem nicht, gab aber zu verstehen, daß er sich von Hassell nur trennen werde, wenn dieser selbst verzichte. Im übrigen ziehe er es vor, die beiden Kandidaten selbst das Problem nach dem Putsch lösen zu lassen, wie Hassell schon 1943 vorgeschlagen hatte. Dann könne man die politische Lage übersehen und sich ein Urteil darüber bilden, wer in welcher Eigenschaft das meiste erreichen könne.
Als dieser Punkt erledigt war, unterhielten sich Beck und Goerdeler über die Verwendung von Gisevius. Sie beschlossen, daß Gisevius zunächst als Verbindungsmann zwischen dem neuen Staatsoberhaupt und der Polizei in den kritischen Wochen nach dem Putsch tätig sein solle. Später könne er dann in das Kanzleramt versetzt werden. Beck bemerkte beiläufig, daß Stauffenberg Yorck für diesen Posten vorgeschlagen habe, doch darauf wollte Goerdeler sich nicht einlassen. Aber Beck hatte diesen Vorschlag schon von sich aus verworfen. Er würde als Staatsoberhaupt die Direktiven erteilen, und niemand, auch nicht Stauffenberg, gestatten, die Autorität Goerdelers als Kanzler zu unterminieren. Schließlich sprachen Beck und Goerdeler über die Verwendung von Oster und Olbricht. Da Olbricht das Kriegsministerium nicht verweigert werden konnte, beschlossen sie, Oster zum Präsidenten des Reichskriegsgerichts zu machen. Diese Ernennung sollte die Entschlossenheit der neuen Regierung unterstreichen, die Säuberung von Justiz und Wehrmacht gründlich durchzuführen.
Dann wechselte Beck das Thema. Bei der Besprechung am 13. Juli hatte Stauffenberg gegen die Absicht Becks Einspruch erhoben, auf den Titel Generaloberst zu verzichten. Er argumentierte, »es sei für die Feldmarschälle schon schwierig genug, sich einem Generalobersten zu unterstellen«. Beck war geneigt, dem Rat Stauffenbergs zu folgen. »Ich muß mich vor die Armee stellen«, sagte er. Gisevius und Goerdeler konnten ihn jedoch überzeugen, daß er an seiner ursprünglichen Absicht festhalten müsse.
Um 18 Uhr war ihnen klar, daß weiteres Warten zwecklos war. Bedrückt nahmen sie voneinander Abschied, und nacheinander verließen Gisevius und Goerdeler das Haus.
Die beiden sollten bald erfahren, was geschehen war. Stauffenberg hatte die Konferenz bei Hitler kurz verlassen, um mit Berlin zu telefonieren. Als er in den Konferenzraum zurückkam, war Hitler gerade gegangen.

Stauffenberg rief sofort wieder in Berlin an. Daraufhin stoppte Olbricht das Unternehmen *Walküre*. Es gelang ihm, den wahren Zweck des Unternehmens zu verschleiern. Er inspizierte die alarmierten Einheiten und erklärte den beunruhigten Kommandeuren, es habe sich lediglich um eine Alarmübung gehandelt.

Gisevius und Goerdeler waren der Annahme, daß Olbricht selbstverständlich dafür gesorgt hätte, daß auch Beck von dem Mißgeschick unterrichtet würde. Sie machten sich Vorwürfe, nicht zu ihm zurückgekehrt zu sein, als sie erfuhren, daß es fast Mitternacht geworden war, ehe Schwerin Beck die Nachricht überbracht hatte.

Als Gisevius Beck am nächsten Morgen besuchte, konnte er sehen, wie sehr das Warten den General mitgenommen hatte. Trotzdem blieb Beck ruhig und objektiv, als er mit Gisevius die Fehler besprach, die Stauffenberg und Schwerin gemacht hatten. Beck erklärte, daß er mit seinem Urteil über den fehlgeschlagenen Attentatsversuch warten wolle, bis er den Oberst persönlich gesprochen habe, den er am Abend erwarte. Ungeachtet dessen äußerte er seine Zweifel. »Ein Gaul, der den Sprung schon zweimal verweigert hat, nimmt die Hürde auch das dritte Mal nicht[26].«

Gisevius ergriff die Gelegenheit, eine Reihe von Fehlern in der Planung für *Walküre* zu besprechen, die Helldorf am Tag zuvor aufgefallen waren. Beck bestätigte, er habe ähnliche Schlüsse aus Schwerins Bericht gezogen. Das gab Gisevius das Stichwort, seine sogenannte »Westlösung« vorzuschlagen – eine Weiterführung des Plans, den er im Mai Dulles vorgetragen hatte. Er hatte auch schon mit Goerdeler darüber gesprochen und mit Helldorf und Hansen, die mit dieser Lösung einverstanden waren. Durch die Berichte von der Front deprimiert und plötzlich auch höchst pessimistisch in bezug auf einen Erfolg von *Walküre*, hatte Goerdeler vorgeschlagen, zusammen mit Beck sofort nach Frankreich zu fliegen, um sich mit Kluge zu treffen. Dort könnten sie dann darüber entscheiden, wie man weiter verfahren solle. Gisevius' Gedanke war: Die Wehrmacht solle den Kampf im Westen einstellen, um den Briten und Amerikanern Gelegenheit zu geben, Deutschland zu besetzen, ehe die Russen im Osten die Front durchbrechen konnten. Beck, weniger impulsiv als Goerdeler und Gisevius, erklärte, er werde darüber mit Stauffenberg sprechen, ehe er sich entscheide.

Als Stauffenberg einige Stunden später Beck Bericht über die Ereignisse des 15. Julis erstattete, äußerte er sich unbefriedigt über Olbrichts Verhalten an diesem Tage. Beck stimmte ihm zu. Dann fragte er ihn wieder, ob auf Remer Verlaß sei, was Stauffenberg noch einmal bestätigte. Dennoch behielt sich Beck vor, diese Frage auch mit Olbricht zu besprechen. Dann erörterten Beck und Stauffenberg die »Westlösung«. Aber Stauffenberg versicherte Beck, er werde einen dritten Versuch am 20. Juli unternehmen[27].

Am Morgen des 17. Julis erhielt Gisevius eine höchst wichtige Nachricht von Nebe: Goerdelers Verhaftung stehe unmittelbar bevor. Die Gestapo habe schon den Haftbefehl ausgestellt, und die Suche nach ihm habe begonnen. Nebe fügte hinzu, es gebe keinerlei Anzeichen, daß Beck oder einer der übrigen Verschwörer ebenfalls in Gefahr sei[28].
Gisevius beeilt sich, diese Nachricht in die Goethestraße zu bringen. Dort hört er sich zunächst an, was Beck Neues zu berichten hat. Beck ist entschlossen, Stauffenberg Gelegenheit zu einem dritten Versuch zu geben. Gisevius ist enttäuscht, er hätte die »Westlösung« vorgezogen. Er berichtet Beck, daß Hansen ein Flugzeug bereitgestellt habe und daß man schon morgen nach Frankreich fliegen könne. Beck reagiert darauf mit ungewöhnlicher Schärfe. »Er könne sich nicht von uns hereinreden lassen. Wenn wir seine Führerstellung anerkennten, müßten wir ihm auch bei der Frage Attentat oder Westlösung die letzte Entscheidung lassen.« Stauffenberg habe sich zu einem dritten Versuch verpflichtet, und er, Beck, sei entschlossen, ihm dazu Gelegenheit zu geben. Das sei er dem Oberst schuldig, der schon so viel gewagt habe.
Gisevius war verwundert. Er fragte Beck, warum er die Westlösung plötzlich so kategorisch ablehne, nachdem er gestern noch bereit gewesen sei, sie in Erwägung zu ziehen. Ob Stauffenberg denn den Erfolg am 20. Juli garantieren könne? Beck antwortete, nein, er halte das Gelingen für mehr als fraglich. »Werfe jedoch Stauffenberg die Bombe, dürften wir ... mit der Beseitigung Hitlers rechnen, und dieses eine Positivum wiege alle übrigen Fehlschläge auf: ein gescheiterter Putsch mit einem toten Hitler sei besser als ein geglückter Teilaufstand, bei dem dieser unheilvolle Magier auf der andern Seite der Bürgerkriegsfront befehle.«
Gisevius schreibt weiter: »Es hilft nichts, wir müssen die Nerven aufbringen und bis Donnerstag warten ... Beck ist entschlossen, dann die Westlösung zu wagen. ›Aber passen Sie auf, auch Kluge wird die Hürde nicht nehmen (sagt Beck). Im letzten Augenblick wird er davor zurückschrecken.‹«
Fast hätte Gisevius vergessen, Beck zu berichten, welche Gefahr Goerdeler drohte. Beck gab sofort die Anweisung, Goerdeler müsse untertauchen, und beauftragte Gisevius, ihn davon zu verständigen.
Am Abend kam Olbricht in die Goethestraße. Freimütig gestand er ein, daß er wohl nicht gerade der geborene Putschist sei und daß er Fehler gemacht habe. Widerspruchslos nahm er Becks Anweisung hin, sich nicht in Stauffenbergs Angelegenheiten einzumischen, auch wenn er ranghöher sei als der Oberst. Dann bat Beck ihn, er solle Helldorf mit dem Kommandanten von Berlin, Generalleutnant v. Hase, zusammenbringen. Olbrichts Bereitwilligkeit und einige ermutigende Nachrichten über die Vorbereitungen für *Walküre* stimmten Beck etwas zuversichtlicher[29].
Gegen Mittag des 18. Julis hatten Beck und Gisevius eine weitere Besprechung. Der General berichtete über seine Unterredung mit Olbricht und

betonte mit Nachdruck seine Entschlossenheit, »sich vor die Armee zu stellen«. Gisevius benutzte diese Gelegenheit, um ihm zu sagen, er halte es für dringend notwendig, daß Beck klar und eindeutig die Führung, auch die militärische, übernehme. Militärs erwarteten klare Befehle. Beck hörte ruhig zu, antwortete aber mit einer gewissen Bitterkeit in der Stimme. Offenbar hatte er sich selbst darüber Gedanken gemacht. Was bleibe ihm anderes übrig, als hier auf seinem Sofa zu sitzen und abzuwarten? »Ich soll Staatschef werden, ich soll den militärischen Oberbefehl erhalten, alle versichern mich ihres Vertrauens ... und dabei kann ich nicht einen einzigen Befehl erteilen und muß froh sein, wenn man meine Ratschläge anhört.« Und ärgerlich fügte er hinzu, Gisevius wisse doch, daß Stauffenberg nur noch »ein Nervenbündel« sei und daß er, Beck, da kein formelles Untergebenenverhältnis bestehe, nicht einmal den Oberst dazu zwingen könne, seine Befehle auszuführen[30].
Den Abend des 18. Juli verbrachte Beck mit den Sauerbruchs. Er war »völlig ruhig und gut aufgelegt«. Während des Essens erzählte er einige Anekdoten aus seiner Karriere. Erst gegen 22 Uhr begann er unruhig zu werden und erklärte, er müsse sich nun verabschieden. Sauerbruch drängte ihn, noch zu bleiben, aber Beck lehnte ab mit der Begründung, er müsse noch mit Olbricht sprechen[31].
Den 19. Juli verbrachte Beck mit Warten. Gisevius schaute kurz vorbei, vielleicht auch noch andere, aber es gab nichts mehr zu besprechen. Man verabredete sich für den nächsten Tag; Beck sagte, er werde seine Pistole mit in die Bendlerstraße nehmen. Später begann er, Papiere zu verbrennen[32].

Am 20. Juli war es in Berlin schon am frühen Morgen stickig heiß und schwül. Ein Gewitter schien in der Luft zu liegen, entlud sich aber nicht. Die fast unerträgliche Schwüle ließ erst am Abend nach. Am frühen Morgen flog Stauffenberg nach Rastenburg. Den Sprengstoff für den neuen Attentatsversuch auf Hitler hatte er in der Aktentasche. Zu dieser Zeit machte Beck einen langen Spaziergang in Lichterfelde.
Kurz nach Verlassen des Hauses traf er Max Habermann, der ihn ein Stück begleitete. Habermann übergab ihm einen Brief, den Goerdeler am Vortag geschrieben hatte. Er erwähnte den gegen ihn erlassenen Haftbefehl und forderte Beck auf, so bald wie möglich zu handeln. Beck und Habermann besprachen dann die Erfolgsaussichten des Unternehmens *Walküre*[33].
Sie stimmten darin überein, daß der Putsch ohne Rücksicht auf die Folgen versucht werden müsse. Die alliierte Forderung nach bedingungsloser Kapitulation dürfe die Durchführung des Staatsstreichs nicht beeinflussen. Gelassen erläuterte Beck noch einmal seinen Standpunkt. Es gehe nur noch darum, den Versuch zu machen, das System von innen heraus zu stürzen. Selbst wenn der Umsturz nicht gelinge, sei der Versuch doch

von größter moralischer Wichtigkeit. Kurz nach 10 Uhr landete Stauffenberg in Rastenburg und fuhr sofort in die Wolfsschanze. Um 11 Uhr 30 meldete er sich bei Keitel. Keitel trieb die Teilnehmer an der Lagebesprechung zur Eile an, denn die Besprechung sollte schon um 12 Uhr 30 beginnen, eine halbe Stunde früher als vorgesehen, da Hitler am Nachmittag Mussolini empfangen wollte[34].

Kurz nach zwölf fragte Stauffenberg den Adjutanten Keitels, wo er sich ein frisches Hemd anziehen könne, und während der Feldmarschall ungeduldig wartete, packte er in einem Schlafraum neben Keitels Büro den Sprengstoff in seine Besprechungsaktentasche um. Als er gerade die Säureampulle des Zeitzünders zerdrückt hatte, wurde er von einer Ordonnanz gestört, die Keitels Adjutant geschickt hatte, um den Oberst aufzufordern, sich zu beeilen. Diese Störung hinderte Stauffenberg wahrscheinlich daran, auch einen zweiten Sprengsatz in die Aktentasche zu packen.

Die Lagebesprechung hatte schon begonnen, als Stauffenberg eintrat. Er sah etwa zwanzig Personen um den schweren Eichentisch versammelt und stellte fest, daß Göring und Himmler nicht anwesend waren. Keitel meldete ihn Hitler, der ihm kurz die Hand reichte und sich dann wieder umdrehte, um einem Bericht GenLt. Heusingers zu folgen. Stauffenberg stellte seine Aktentasche dicht neben Hitler ab. Kurz danach verließ er den Raum unter dem Vorwand, telefonieren zu müssen. Wahrscheinlich stellte dann jemand die Aktentasche beiseite, an die auf Hitler abgewandte Seite des schweren Tischbeins.

Bald darauf explodierte die Bombe, als Hitler sich gerade über den Tisch gelehnt hatte, um sich die Lagekarte genau anzusehen. Die schwere Tischplatte schützte ihn weitgehend vor der Druckwelle der Explosion, deren Kraft schon durch die leichte Bauweise der Holzbaracke, in der die Besprechung (wegen Bauarbeiten) stattfand, im wesentlichen nach außen verpuffte. So wurde Hitler nur leicht verletzt. Wenn Stauffenberg beide Sprengsätze in die Tasche gepackt hätte, wäre Hitler mit Sicherheit getötet worden.

Stauffenberg hatte in einiger Entfernung von der Baracke auf die Explosion gewartet. Als sie erfolgt war, begab er sich sofort zu seinem Wagen, um die Rückreise nach Berlin anzutreten. Er mußte sich beeilen, da er sonst infolge der rasch einsetzenden Sicherheitsmaßnahmen nicht mehr aus dem strengbewachten Sperrgebiet um Hitlers Hauptquartier herausgekommen wäre. Daher wußte er nicht, ob Hitler wirklich tot war. Er hatte nur gesehen, wie die Baracke von der Explosion zerstört worden war und wie eine dicke Rauchwolke über ihr in die Luft quoll. Um 13 Uhr 15 startete Stauffenbergs Flugzeug in Rastenburg.

In Berlin herrschte zu dieser Zeit vollkommene Ruhe. Während die meisten Verschwörer ungeduldig warteten, waren Olbricht und Hoepner, so unglaublich es klingt, in aller Ruhe zum Essen gegangen.

Gegen 13 Uhr 30 rief Fellgiebel seinen Kontaktmann in Berlin, General-

leutnant Thiele, an und sagte ihm, daß das Attentat stattgefunden habe, aber mißlungen sei. Aus Gründen, die unbekannt geblieben sind, sprach Thiele zu niemandem über diesen Anruf, und als Hoepner und Olbricht gegen 15 Uhr vom Essen zurückkamen, sagte er ihnen nur, sie sollten sich auf ein Kommuniqué aus dem Führerhauptquartier gefaßt machen.
Olbricht befahl ihm, sich mit Rastenburg in Verbindung zu setzen, von wo er weitere Berichte erhielt. Gegen 16 Uhr öffnete Olbricht seinen Panzerschrank, um die Befehle für *Walküre* herauszunehmen. Trotz einander widersprechenden Meldungen über den Erfolg des Attentats war er entschlossen, das Unternehmen in Gang zu setzen.
Fromms Verhalten drohte zu einer Gefahr zu werden. Er verweigerte seine Mitarbeit, bevor nicht feststehe, daß Hitler tot sei. Um sich Klarheit zu verschaffen, rief er Keitel an und fragte ihn, was mit dem Führer los sei. In Berlin kursierten allerhand wilde Gerüchte« über seinen Tod. Ob sie zuträfen? Keitel verneinte. Es sei zwar ein Attentat verübt worden, der Führer sei jedoch nur leicht verletzt.
Nach diesem Gespräch beschloß Fromm abzuwarten, wie sich die Dinge entwickelten, ehe er sich festlegte. Olbricht entschied sich nun, die Befehle für *Walküre* ohne Fromms Genehmigung an die Wehrkreise hinausgehen zu lassen.
Gegen 16 Uhr 30 traf Stauffenberg in der Bendlerstraße ein, außer Atem und schweißgebadet, aber in triumphierender Stimmung. Zusammen mit Olbricht und dem Stabschef Merz v. Quirnheim begab er sich zu Fromm in dessen Privaträume. Er erklärte, Keitel habe gelogen – wie gewöhnlich. Hitler sei tot. Olbricht warf ein, die ersten Befehle für *Walküre* seien schon hinausgegangen. Fromm war wütend; er schlug mit der Faust auf den Tisch und schrie, das sei glatter Ungehorsam, Meuterei und Verrat. Olbricht, Merz und Stauffenberg seien hiermit verhaftet. In aller Ruhe antwortete ihm Stauffenberg, daß Fromm sich über die Machtverhältnisse täusche – *er* sei verhaftet. Ohne weitere Diskussion verließen die Verschwörer den Raum und postierten einen bewaffneten Offizier vor der Tür.
Inzwischen war Schwerin mit einem uralten, klapprigen Wagen in die Goethestraße gekommen, um Beck abzuholen. Beck trug keine Uniform, sondern einen Straßenanzug, um den zivilen Charakter seiner Rolle zu betonen und von Anfang an deutlich zu machen, daß es sich hier nicht um einen Militärputsch handle.
Beck und Schwerin fuhren sofort los. Schwerin nahm nicht den kürzesten Weg zur Bendlerstraße, sondern raste im Zickzackkurs durch die Straßen, um eventuelle Beschatter Becks abzuschütteln. Aber es gab keine Verfolger, und trotz seiner Sorge, der klapprige Wagen Schwerins könne plötzlich seinen Geist aufgeben, lächelte Beck über Schwerins übertriebene Vorsichtsmaßnahmen. Gegen 17 Uhr trafen sie endlich in der Bendlerstraße ein[35].

Der erste, den Beck hier traf, war Hoepner. Er begrüßte ihn höflich. Ehe Beck noch etwas sagen konnte, kam Olbricht nach seinem Zusammenstoß mit Fromm zurück, und in die Richtung von Fromms Räumen deutend, sagte er zu Beck: »Also die Sache da drüben ist jetzt in Ordnung.« Hoepner müsse nun Fromms Nachfolge als Befehlshaber des Ersatzheeres antreten. Aber Hoepner verlangte zu wissen, wer die Ernennung ausspreche.

Bevor er Hoepner antwortete, wandte sich Olbricht an Beck und fragte ihn: »Herr Generaloberst, ich nehme an, daß Sie nun Ihre Geschäfte übernehmen?«

Beck antwortete: »Jawohl, ich habe auf Bitten verschiedener Leute mich bereit erklärt, die Regierung vorläufig zu übernehmen.«

Nun konnte Olbricht Hoepners Frage beantworten. Beck sei Staatsoberhaupt. Er habe Witzleben zum Oberbefehlshaber der Wehrmacht ernannt, und Witzleben könne daher ihn, Hoepner, zum Nachfolger von Fromm ernennen. Aber trotz dieser Erklärung Olbrichts und Becks Drängen bestand Hoepner auf einer förmlichen schriftlichen Ernennung. Die Diskussion darüber – so sinnlos sie war – nahm längere Zeit in Anspruch. Schließlich setzte Olbricht eine Urkunde auf, die Hoepner zufriedenstellte. Dann verließen die beiden Generale Beck und begaben sich in Olbrichts Büro[36].

Als sie den Korridor entlangingen, sah Hoepner Fromm durch eine halboffene Tür und blieb stehen, um mit ihm zu sprechen. Beide begrüßten sich förmlich und drückten einander ihr Bedauern aus, sich unter diesen Umständen wiederzusehen. Fromm machte seinen Nachfolger darauf aufmerksam, daß er einen verhängnisvollen Fehler mache; er habe mit Keitel gesprochen; Hitler lebe. Olbricht widersprach ihm und zog Hoepner von seinem gefährlichen Gesprächspartner fort. Es gelang ihm aber nicht, Hoepner zu beruhigen. Dieser ließ sofort ein Gespräch nach Rastenburg anmelden, um Fromms Behauptungen zu überprüfen. Das Gespräch kam jedoch nicht zustande, da die Verbindungen mit Ostpreußen plötzlich unterbrochen waren[37].

Während sich Hoepner und Fromm unterhielten, hatte Beck mit General Wagner in Zossen telefoniert. Auch dieses Gespräch war nicht sehr ermutigend:

»Wagner, Sie sind ein alter Schüler von mir«, begann Beck. »Ich appelliere an Ihren Mut und Ihre Entschlußkraft. Ich habe heute den Befehl übernommen, alles untersteht mir. Ich befehle, daß meine Weisungen eindeutig befolgt werden.«

Wagner antwortete, er sehe sich außerstande, Befehle von Beck anzunehmen, da die Situation unklar sei. Unbeeindruckt erklärte Beck, er habe Witzleben zum neuen Oberbefehlshaber ernannt. Dieser werde bald in Zossen eintreffen. Wagner jedoch blieb bei seiner Weigerung, und Beck beendete das Gespräch[38].

Gleich danach erschien Hoepner bei Beck. Er war durch das, was er von Fromm gehört hatte, tief beunruhigt und trug Beck seine Zweifel vor. Vor allem bestand er darauf, die Frage zu klären, ob Hitler wirklich tot sei. Andernfalls sei es sinnlos, weiterzumachen. Beck antwortete ihm, er lasse gerade eine Telefonverbindung nach Rastenburg herstellen. Da er spürte, daß Hoepner aufgeben wollte, nahm er ihn beiseite und versuchte, ihm die Hintergründe des Putsches zu erklären. Die Lage an der Front sei hoffnungslos, man müsse daher Frieden schließen. Er habe die Macht ergriffen, da Hitler nicht bereit sei, den Krieg zu beenden. Selbst Hoepner mußte jetzt klargeworden sein, daß Beck entschlossen war, den Staatsstreich ohne Rücksicht darauf, ob Hitler lebte oder nicht, durchzuführen[39].

Zwischen 17 und 18 Uhr trafen Helldorf und Gisevius in der Bendlerstraße ein. Mit vor Aufregung überschnappender Stimme erteilte Olbricht Helldorf seine Befehlte: Hitler sei tot, die Wehrmacht habe die Macht übernommen. Der Belagerungszustand sei verhängt worden. Die Polizei sei damit der Wehrmacht unterstellt, und Helldorf müsse sofort die entsprechenden Maßnahmen ergreifen[40].

Helldorf nahm den Befehl mit einer kurzen Verbeugung entgegen und wollte sich entfernen. Beck hielt ihn zurück. Ruhig und bestimmt verlangte er, aus Gründen der Loyalität müsse Helldorf von den widersprüchlichen Nachrichten aus dem Führerhauptquartier unterrichtet werden. Olbricht unterbrach Beck erregt, Keitel lüge. Beck ließ sich nicht beirren. Es tue nichts zur Sache, ob Keitel lüge. Helldorf müsse von seinen Behauptungen wissen, alle Verschwörer müßten sich darauf einstellen, ihnen entgegenzutreten, vor allem, wenn sie über den Rundfunk verbreitet würden[41].

Dann wandte sich Olbricht an Stauffenberg. Seine Meldung sei maßgebend. Stauffenberg bestätigte, die Bombe sei explodiert, er habe es selbst gesehen. Olbricht sagte, er wisse, daß Keitel ein Lügner sei. Dann sprach Beck wieder. Er zweifle nicht an Stauffenbergs Wort, und es werde ihn sehr überraschen, wenn Hitler tatsächlich über den Rundfunk sprechen sollte. Aber er wiederholte, die Verschwörer müßten auch auf diese Möglichkeit gefaßt sein. »Gleichgültig, was jetzt verbreitet werde, gleichgültig sogar, was wahr sei, für ihn, Beck, sei die Entscheidung gefallen. ›Für mich ist dieser Mann tot. Davon lasse ich mein weiteres Handeln bestimmen ... Ein unwiderleglicher Beweis, daß Hitler – und nicht sein Doppelgänger – lebt, kann vom Hauptquartier frühestens nach Stunden geführt werden. Bis dahin muß die Berliner Aktion abgeschlossen sein.«

»Es ist die Pflicht von Männern, die ihr Vaterland wirklich lieben, jetzt für dieses Ziel die letzte Kraft einzusetzen. Wenn uns das nicht gelingt, haben wir wenigstens unsere Schuldigkeit getan[42].«

Niemand widersprach Beck. Dann ließ man ihn allein mit Gisevius und Gottfried Graf v. Bismarck, einem Enkel des Reichskanzlers, der Regierungspräsident in Potsdam war. Gisevius stellte Beck dem Grafen vor. Verlegenes Schweigen. Dann fragt Beck, wo Goerdeler sei und ob dafür gesorgt sei, daß er in die Bendlerstraße komme. Gisevius wußte es nicht und ging hinaus, um sich zu erkundigen. Niemand konnte ihm Auskunft geben, und er bat eine Sekretärin, Goerdelers Adresse festzustellen. Den noch bei Beck wartenden Bismarck machte er aufmerksam, er müsse sich ins Polizeipräsidium zurückbegeben[43].

Wieder Schweigen. Beck geht in dem großen Arbeitszimmer, das Fromms Büro gewesen war, auf und ab. Ein paarmal klopft er Gisevius freundschaftlich auf die Schulter. Dann erzählte er ihm amüsiert lächelnd von seiner Fahrt mit Schwerin. »Damit ist das Eis gebrochen«, berichtet Gisevius. Er bestürmt Beck mit Fragen: Was war schiefgegangen? Warum hatte Olbricht so lange gezögert, bis er die Befehle für *Walküre* hinausgehen ließ? War Hitler nun tot oder nicht? Beck ging weiter auf und ab, schüttelte den Kopf und schlug sich – eine typische Geste – mit der Hand vor die Stirn. Er solle nicht so viel fragen, sagte er. Es sei nichts mehr zu ändern. Man könne nur noch hoffen, daß alles gutgehe. Wieder erklärt er, warum Hitler für ihn tot sei, warum die Verschwörer nicht aufgeben dürften[44].

Sie wurden durch den Eintritt Stauffenbergs und Olbrichts unterbrochen. Stauffenberg bemerkte nur, jetzt seien sie wenigstens einen Opportunisten, Fromm, losgeworden. Dann verschwand er wieder, um weitere Befehle hinauszujagen. Olbricht blieb und blätterte nervös vor sich hinsummend in den Papieren auf dem Schreibtisch, während sich Beck und Gisevius in einem anderen Teil des Zimmers darüber unterhielten, ob man Goerdeler aus seinem Versteck in Potsdam in die Bendlerstraße holen solle, ein Gedanke, den sie schließlich als unverantwortlich verwarfen. Rückblickend wurde Gisevius klar, daß sie eigentlich zu diesem Zeitpunkt schon jede Hoffnung auf ein Gelingen des Putsches aufgegeben hatten[45].

Dann stellte Beck Olbricht einige Fragen über die Sicherheitsmaßnahmen für das Gebäude. Die Eingänge seien geschlossen, antwortete Olbricht, und die Wachen hätten Befehl, niemand hereinzulassen. Es stünden nur wenige Soldaten für den Wachdienst zur Verfügung – jedoch seien Verstärkungen unterwegs. Das war natürlich keine sehr beruhigende Erklärung. Beck stellte weitere Fragen. Welche speziellen Befehle Olbricht gegeben habe und wessen Befehle die Wachen befolgen würden. Meine, antwortete Olbricht.

Beck sah Olbricht ruhig prüfend an. Wie die Wachen reagieren würden, falls die Gestapo erscheine, fragte er. Olbricht zuckte nur mit den Schultern. Würden sie schießen? insistierte Beck. Olbricht wußte es nicht. »›Olbricht, lassen sich diese Soldaten für Sie totschießen?‹ ›Det weeß ick nich.‹ In erstaunlicher Ruhe, immer in derselben freundlichen Eindringlichkeit: ›Olbricht, bei Fritsch wäre das anders gewesen.‹ Roter Kopf.

Verlegenes Achselzucken. ›Olbricht, für Fritsch hätten sich die Soldaten noch totschießen lassen[46].‹« Zu seiner Erleichterung wurde Olbricht in diesem Augenblick von einem Offizier abgerufen. Beck war wieder mit Gisevius allein. Gisevius nahm die Gelegenheit wahr, um Beck zu fragen, ob er nicht persönlich eingreifen wolle. Beck verneinte. Ein guter General müsse Nerven haben und warten können. Es komme jetzt darauf an, daß Hoepner, Olbricht, Stauffenberg und Witzleben ihre Arbeit täten; er wolle die Situation nicht durch sein Eingreifen komplizieren. Als Gisevius ihm berichtete, welche Pannen er und Helldorf erlebt hatten, bevor sie in die Bendlerstraße kamen, antwortete Beck gelassen, es scheine heute ja manches nicht zu klappen[47].

Olbricht kam mit Hoepner zurück und meldete, daß Fromm gebeten habe, man möge ihm gestatten, nach Hause zu fahren. Sie befürworteten diese Bitte mit dem Hinweis, Fromm habe sein Ehrenwort angeboten, nichts gegen den Putsch zu unternehmen. Trotz der Verachtung, die er für Fromm empfand, war Beck geneigt, zuzustimmen, wenn Olbricht und Hoepner die Verantwortung für seine Freilassung übernehmen wollten. Das war für Gisevius zuviel. Er fuhr heftig dazwischen: seiner Ansicht nach solle man Fromm erschießen, er habe nichts anderes verdient. Die Generale waren schockiert. Beck versuchte, Gisevius zu beruhigen. In diesem Augenblick erschien Stauffenberg und mischte sich in die Auseinandersetzung ein. Er könne Fromm zwar nicht ausstehen, sehe aber keinen Grund, sein Ehrenwort anzuzweifeln. Gisevius erinnerte Stauffenberg daran, daß er selbst Fromm vor ein paar Monaten sein Ehrenwort gegeben habe, nicht gegen Hitler zu konspirieren. Stauffenberg protestierte gegen diese »Beleidigung«, aber Beck sah die Berechtigung der von Gisevius vorgebrachten Argumente ein und befahl, Fromm weiterhin in Gewahrsam zu halten[48].

Gisevius gab sich damit nicht zufrieden. Als ob er nicht schon genug gesagt hätte, was Stauffenberg und Olbricht in Verlegenheit bringen mußte, stellte er eine Reihe weiterer peinlicher Fragen: Welche Gebäude umstellt seien; ob die Rundfunksender in ihren Händen seien; ob das Hauptquartier der Gestapo besetzt sei? Stauffenberg empfand es geradezu als unverschämt, daß ein Zivilist diese Fragen stellte, und wurde immer wütender. Beck ergriff ihn am Arm und bat die übrigen, ihn einige Minuten mit dem Oberst allein zu lassen.

Kurze Zeit darauf kam Stauffenberg sichtlich beruhigt aus dem Zimmer und richtete Gisevius aus, er möchte wieder zu Beck hineingehen. Aber bevor Gisevius noch mit Beck sprechen konnte, stürzte Olbricht herein. Keitel sei am Telefon und wolle ihn sprechen. Ob er den Anruf annehmen solle? Beck war unentschlossen, und man debattierte eine Zeitlang, ehe sich Olbricht entschied, mit Keitel zu sprechen. Aber als er ans Telefon ging, war die Verbindung mit Rastenburg schon wieder unterbrochen[49].

Inzwischen war General Joachim v. Kortzfleisch, der Befehlshaber im Wehrkreis III (Berlin), eingetroffen und verlangte Fromm zu sprechen. Trotz seinen heftigen Protesten wurde ihm das natürlich verweigert. Beck hörte den Wortwechsel; er fragte, wo denn Witzleben bleibe, dessen Aufgabe es doch sei, mit Leuten wie Kortzfleisch zu verhandeln. Gisevius antwortete, seines Wissens sei Witzleben auf dem Weg nach Zossen.
Entgegen seiner früheren Ansicht hielt Beck es jetzt für besser, daß Witzleben nach Berlin komme[50].
Olbricht bat Beck, mit Kortzfleisch zu reden. Als Beck den General aufforderte, sich ihm zu unterstellen, erklärte Kortzfleisch, er habe seinen Eid auf Hitler geleistet, und seines Wissens sei Hitler noch am Leben. Keine andere Antwort hätte Beck so provozieren können. Er griff Kortzfleisch heftig an: »Sie sprechen von einem Eid? Hitler hat seinen Eid auf die Verfassung, seine Treupflicht gegenüber dem deutschen Volk hundertfach gebrochen. Wie können Sie sich einem solchen Eidbrüchigen gegenüber auf Ihren Treueid berufen[51]!«
Beck verließ wütend den Raum. Als Kortzfleisch versuchen wollte, die Bendlerstraße zu verlassen, wurde er festgenommen und in das Zimmer gesperrt, in dem auch Fromm festgehalten wurde. Er schrie, er habe einen Eid geleistet, und wütend warf er Tintenfässer gegen die Wand. Schließlich beruhigte er sich, verlegte sich aufs Jammern und Bitten: Man könne von ihm nicht verlangen, sich einer Verschwörung anzuschließen. Einer solchen Verantwortung sei er nicht gewachsen. Man solle ihm erlauben, nach Hause zu gehen und in seinem Garten zu jäten. Beck lehnte es ab, ihn zu entlassen[52].

Gegen 18 Uhr telefoniert Beck mit Stülpnagel in Paris. Ob er gehört habe, was in Berlin vorgehe; ob ihm klar sei, daß Hitler vielleicht noch lebe? Stülpnagel macht keine Ausflüchte. Er versichert Beck, daß sich nichts ändern werde. Die Würfel seien gefallen. Er hat schon entsprechende Maßnahmen eingeleitet; die verantwortlichen SS-Führer sind verhaftet.
Beck fragt nach Kluge. Stülpnagel rät, mit ihm direkt zu sprechen. Es gelingt ihm, das Gespräch ins Hauptquartier West umlegen zu lassen[53].
Beck gibt Kluge einen genauen Lagebericht. Es gebe keine Anzeichen von Widerstand in den Provinzen, fügt er hinzu. Dann fragt er Kluge in bestimmtem, aber kameradschaftlichem Ton, ob er sich der Berliner Aktion anschließe und sich ihm unterstelle. Kluge antwortet, er müsse sich erst mit seinem Stab beraten, ehe er sich entscheiden könne. Was es denn da noch zu beraten gebe, fragt Beck. Es komme jetzt nicht mehr darauf an, ob Hitler lebe oder nicht. Gisevius flüstert Beck zu, er müsse versuchen, Kluge festzulegen. Beck nickt zustimmend: »Kluge, ich frage Sie hiermit ganz klar, billigen Sie die hiesige Aktion und unterstellen Sie sich mir?« Kluge gerät ins Stottern. Beck fragt, ob er ihre früheren Gespräche und

Abmachungen vergessen habe, und dann wieder: »... unterstellen Sie sich mir eindeutig?« Kluge antwortet, er habe ihre früheren Gespräche nicht vergessen, aber durch das Fehlschlagen des Attentats habe sich die Lage geändert, er müsse sie neu überdenken. Er werde Beck seine Entscheidung wissen lassen.
Als Beck den Hörer auflegt, sagt er resigniert: »Kluge! Kluge! Habe ich es Ihnen nicht immer gesagt? Das ist Kluge[54]!«

Kluge rief nicht zurück. Er gab Stülpnagel den Befehl, die Verhaftung der SS in Paris rückgängig zu machen. Stülpnagel blieb keine Wahl. Er mußte gehorchen. Damit war auch in Frankreich der Putsch gescheitert[55].
Während Beck noch mit Kluge telefonierte, waren die ersten Meldungen über den Attentatsversuch im Rundfunk durchgegeben worden. Sie enthielten zwei wichtige Informationen: daß Hitler lebe und daß er in Kürze zur Nation sprechen werde. Beck reagierte mit der Anordnung der sofortigen Besetzung des Deutschlandsenders, damit die Verschwörer ihrerseits eine Erklärung abgeben könnten.
Zunächst besprach er die Situation mit Hoepner, der wieder seine Zweifel anmeldete und sagte, es sei ja doch alles »Quatsch«, wenn Hitler lebe. Beck widersprach und versuchte noch einmal, Hoepner zum Durchhalten zu bewegen. Die Nazis seien raffinierte Propagandisten, diese Meldung könne durchaus ein Bluff sein. Was aber, entgegnete Hoepner, wenn Hitler tatsächlich im Rundfunk spreche? Genau das müsse eben verhindert werden. Die Verschwörer müßten Hitler zuvorkommen. Hoepner hielt nichts von einer solchen Kraftprobe. Vergeblich versuchte Beck ihn davon zu überzeugen, daß es jetzt darauf ankomme, stark zu bleiben; es gehe um Deutschland[56].

Inzwischen war Gisevius ins Polizeipräsidium zu Helldorf gefahren, der sich bitter beklagte. Er habe befehlsgemäß seinen Polizeiapparat stillgelegt, wo aber bleibe das Wachbataillon von Major Remer? Gisevius konnte ihm nur versprechen, sofort in der Bendlerstraße Beck und Stauffenberg Bericht zu erstatten. Er werde darauf dringen, daß sich Generalleutnant v. Hase mit ihm in Verbindung setze[57].
Gisevius kehrte in die Bendlerstraße zurück. Beck, der ihn seit einer halben Stunde verzweifelt gesucht hatte, stürzte auf ihn zu, doch ehe er etwas sagen konnte, meldete Gisevius die Beschwerden Helldorfs. Beck rief nach Stauffenberg, der erklärte, es sei alles in Ordnung, die Panzer seien im Anrollen[58].
Dann fragt Beck Gisevius, ob er eine Proklamation über den Rundfunk verlesen wolle. Gisevius ist verblüfft. Wieso er? Dafür ist doch General Lindemann vorgesehen, und wenn man kein Militär vorschicken will, dann wäre es doch die Aufgabe von Goerdeler oder Beck. Beck erklärt, die Situation habe sich grundlegend geändert, seit man überall die Nach-

richt verbreite, daß Hitler lebe. Goerdeler sei in Potsdam, er selbst sei in der Bendlerstraße unabkömmlich. Gisevius möge einen Text vorbereiten, die richtige Formulierung sei sehr wichtig.
Gisevius fragt nach Lindemann, er möchte das Originalmanuskript einsehen. Aber Lindemann ist unauffindbar, seit Stunden hat ihn niemand gesehen.
Gisevius berichtet: »Wohl oder übel setze ich mich in eine Ecke von Fromms großem Zimmer, um ein paar Stichworte aufzuschreiben. Es geht viel zu turbulent zu ... Fromms Zimmer und das seines Stabschefs Stauffenberg sind nur durch eine Schiebetür getrennt ... Mal klingelt es an Fromms Schreibtisch, dann schrillt einer der beiden Apparate bei Stauffenberg, und je nachdem saust dieser die zwanzig Meter von dem einen zum anderen Apparat, um seine Parolen durchzugeben ... Kein Zweifel, wenn man auf die herumstehenden Offiziere blickt, ist er der einzige, der die Lage beherrscht, der weiß, was er will ... Beck, der meistens neben mir sitzt und schweigend das aufgeregte Treiben beobachtet, wiederholt seine Ausführungen der letzten Tage. ›Wir müssen die Nerven haben ... Ein guter General muß warten können[59].‹«

Beck beschränkte sich darauf, den Versuch zu unternehmen, mit Witzleben in Verbindung zu kommen. Immer wieder rief er in Zossen an, wo es erst hieß, der Feldmarschall sei noch nicht eingetroffen, und dann plötzlich, er sei schon wieder weg und auf dem Weg in die Bendlerstraße; bis Wagner in Zossen sich weigert, weitere Anrufe von Beck entgegenzunehmen[60].
Gisevius berichtet weiter: »Beck schreitet, wenn er nicht in unserer gemeinsamen Ecke sitzt, durch die große Zimmerflucht, fast wie geistesabwesend, weder von der Nervosität um ihn herum noch von irgendeinem der vielen Obersten und Generale Kenntnis nehmend. Jetzt tritt er wieder auf mich zu. Ob ich mit meiner Radiorede fertig sei?
Eigentlich hat er fortlaufend beobachten können, daß ich nichts geschrieben, sondern mich entweder mit ihm oder anderen unterhalten habe. ›Sind Sie fertig? Sie müssen jeden Augenblick damit rechnen, vors Radio gestellt zu werden. So wie die Dinge liegen, müssen die Sendeanlagen vor allen anderen Gebäudekomplexen in unsere Hand gebracht werden.‹ Wie will ich diesen korrekten Mann überzeugen, daß man sich in gewissen Situationen auf die freie Rede verlassen muß? Als er sieht, daß er mich zu einer schriftlichen Ausarbeitung nicht bewegen kann, beharrt er darauf, daß wir wenigstens die Rede Punkt für Punkt durchsprechen[61].
Olbricht gesellt sich hinzu, dann Hoepner, dann Schulenburg, Yorck und Schwerin, zeitweise Stauffenberg. ... Dabei genügte es, wenn Beck allein spräche. In klaren Sätzen, die dem Ernst der Lage angemessen sind, entwickelt er, was seines Erachtens zu sagen ist. Der Grundgedanke ist so einfach, daß ich ihn wahrlich nicht umfangreich aufzuschreiben brau-

che: es ist höchst gleichgültig, ob Hitler tot ist oder lebt. Ein ›Führer‹, in dessen engster Umgebung solche Gegensätze aufklaffen, daß gegen ihn ein Bombenattentat unternommen wird, ist moralisch tot[62].«

In diesem Augenblick kommt eine Unterbrechung durch Fromm, der melden läßt, er sei hungrig, er wolle nach Hause und erneuere sein Ehrenwort. Diesmal gibt es keine Diskussion. Fromms Ansinnen wird abgelehnt. Stauffenberg und Beck veranlassen lediglich, daß ihm ein Essen und eine Flasche Wein gebracht werden[63].

Beck fragt Stauffenberg wieder nach Witzleben und nach den Truppen, die die Bendlerstraße sichern sollten, und wieder erklärt Stauffenberg, es sei für alles gesorgt.

Unmittelbar darauf – wenige Minuten vor 20 Uhr – kommt eine Telefonverbindung mit der Heeresgruppe Nord zustande, die in Kurland fast völlig von den Russen eingekesselt ist. Der Befehl, diese Verbindung herzustellen, ist schon vor zwei Stunden ergangen. Beck spricht mit dem Stabschef der Heeresgruppe, umreißt die strategische Lage und gibt Befehl, sich aus dem Kurländer Kessel zurückzuziehen[64].

Dann wendet sich Beck an die Anwesenden und erklärt, niemand wisse, was die nächsten Stunden bringen würden, aber es gebe gewisse Dinge, die für spätere Historiker interessant seien. Durch den eben erteilten Befehl erhielten große Teile der Heeresgruppe Nord die Chance, sich in die Heimat zurückzuschlagen und bei der Verteidigung Ostpreußens mitzuwirken. Darum ordne er an, den der Nordarmee erteilten Befehl in einer Aktennotiz festzuhalten[65].

Endlich traf Witzleben ein. Zornrot, in voller Uniform, in der einen Hand die Mütze, in der anderen den Marschallstab, kam er herein, die Offiziere, die Haltung annahmen, nur lässig grüßend. Als er Stauffenberg sah, fuhr er ihn an: »Schöne Schweinerei, das!« Dann meldete er sich achtungsvoll, aber nicht ohne einen gewissen Sarkasmus bei Beck. Beck überhörte den Sarkasmus, schüttelte ihm die Hand und zog sich mit ihm zu einem Gespräch unter vier Augen in Fromms Arbeitszimmer zurück[66].

Dort schilderte er Witzleben die Lage, wie er sie sah. Witzleben müsse das Kommando über die Wehrmacht übernehmen, denn das sei die einzige Chance, Deutschland zu retten. Die *Walküre*-Befehle seien hinausgegangen. Witzleben übte scharfe Kritik, er könne Becks Ansichten nicht teilen, das Vorgehen sei sinnlos, da Hitler lebe und die Hauptstadt nicht in Becks Hand sei. Es kam zu einer hitzigen Auseinandersetzung, zu der Beck bald Stauffenberg und Schwerin hinzuzog. Stauffenberg zeigte dem Feldmarschall die Befehle, die er in seinem Namen herausgegeben hatte, worauf Witzleben ihn wütend beschimpfte. Als Stauffenberg darauf bestand, die Meldungen, daß Hitler lebe, seien falsch, erklärte Witzleben kategorisch, sie seien wahr.

Vergeblich versuchte Beck, Witzleben zu beruhigen und Stauffenberg zu verteidigen. Witzleben attackierte jetzt auch Beck, der die Beherrschung verlor. Beide redeten mit erhobener Stimme aufeinander ein; Witzleben schlug mehrfach mit der Faust auf den Tisch, während Stauffenberg und Schwerin schweigend mit betretenen Gesichtern danebenstanden. Die Auseinandersetzung dauerte fast eine Stunde, bis der Feldmarschall abschließend erklärte: »Alles, was ihr hier macht, ist Unsinn«, und die Bendlerstraße verließ. Er begab sich nach Zossen, unterrichtete Wagner und sagte dann, er gehe nun nach Hause.

Witzlebens Lagebeurteilung war zweifellos richtig. Hitler lebte, und das war entscheidend. Die – viel zu spät – für *Walküre* alarmierten Truppen weigerten sich, die Befehle der Verschwörer auszuführen, nachdem sie die Rundfunkmeldungen gehört hatten. Während Beck und Witzleben noch konferierten, waren zwar einige Einheiten erschienen, die aber sehr schnell auf Befehl von Major Remer zurückgezogen wurden, der nun, da er wußte, daß Hitler lebte, fest zu seinem Führer stand. Aus der Wolfsschanze hatte Keitel längst Gegenbefehle an die Wehrkreise gegeben, und in der Bendlerstraße selbst mobilisierte jetzt Fromm den Widerstand, nachdem er in der allgemeinen Verwirrung aus seinem Zimmer entkommen war.

Beck sprach mit Olbricht und Hoepner. Als Hoepner hörte, daß Hitler in Kürze im Rundfunk sprechen werde, sagte er zu Beck: »Herr Generaloberst, jetzt haben wir die Geschichte; der Führer wird sprechen, und damit ist die Voraussetzung für alle unsere Maßnahmen entfallen.« Doch Beck weigerte sich, das Scheitern des Putsches zuzugeben, und drängte Hoepner abzuwarten, ob Hitler wirklich sprechen werde.

Dann schöpfte Beck noch einmal Hoffnung: Das Telefon läutete, Beck nahm den Hörer ab, fragte: »Kluge sind Sie da?« Aber es war General Reinecke, ein überzeugter Nationalsozialist, der mit Beck entfernt verwandt war. Er wollte eigentlich Fromm sprechen, und als er Becks Stimme hörte, legte er sofort wieder auf, tief erschüttert, daß sein Verwandter, den er verehrte, tatsächlich ein Verschwörer war[67].

Um 21 Uhr 30 beschloß eine Gruppe von jüngeren Offizieren, die bisher in dem Gewirr von Befehlen und Gegenbefehlen die Lage nicht erkannt hatten, den Putsch niederzuwerfen. Sie nahmen Verbindung mit Fromm auf. Beide Seiten bewaffneten sich. Auch Stauffenberg zog seine Pistole, drückte sie mit dem linken Armstumpf gegen den Körper und lud sie mit den drei Fingern seiner rechten Hand durch. Es kam in den dunklen Korridoren zu einigen Schießereien; Stauffenberg wurde an der Schulter verwundet. Inzwischen verbrannte Stauffenbergs Adjutant Werner v. Haeften in Olbrichts Büro Papiere.

Dann meldete Stauffenberg Beck, daß alles verloren sei. Beck wandte sich an Olbricht und schlug vor, lieber Selbstmord zu begehen, als sich erschießen zu lassen[68].

Kurz danach, gegen 22 Uhr erscheint Fromm an der Spitze einer mit

Maschinenpistolen bewaffneten Gruppe hitlertreuer Offiziere und sagt triumphierend: »So, meine Herren, jetzt mache ich es mit Ihnen so, wie Sie es heute mittag mit mir gemacht haben.« Die Waffen seien abzugeben; die Verschwörer werden verhaftet. Der Staatsstreich ist zu Ende.
Nur Beck weigert sich. Er wolle seine Pistole für »Privatzwecke« behalten. »Bitte, tun Sie das«, antwortete Fromm, »aber dann sofort.«
Als Beck die Pistole durchlädt, richtet er sie versehentlich auf Fromm, der ihn barsch zurechtweist. Beck spricht ein paar Worte: »Ich denke in diesem Augenblick an die Zeit von früher ... «, doch Fromm verbittet sich jede Diskussion und fordert ihn auf, sich zu beeilen. Beck setzt die Pistole an die Schläfe und drückt ab. Die Kugel verwundet ihn nur und geht in die Decke. Beck taumelt und fragt: »Ist das denn richtig losgegangen?« Dann fällt er in einen Sessel.
Fromm bestimmt zwei Generalstabsoffiziere, »dem alten Herrn« zu helfen und ihm die Pistole abzunehmen. Beck will sie nicht hergeben, sie müssen sie ihm mit Gewalt wegnehmen.
Während sich die beiden Offiziere um Beck bemühen, wendet sich Fromm an Olbricht, Stauffenberg, Merz v. Quirnheim und Haeften. Er läßt ihnen noch ein paar Minuten Zeit, Abschiedsbriefe zu schreiben, dann erklärt er: » ... im Namen des Führers hat ein Standgericht, von mir berufen, stattgefunden. Das Standgericht hat vier Herren zum Tod verurteilt, nämlich den Oberst im Generalstab v. Merz, den General der Infanterie Olbricht, diesen Oberst, dessen Namen ich nicht mehr kenne, und diesen Oberleutnant« (Stauffenberg und Haeften). Dann befiehlt er einem Oberleutnant, das Urteil sofort im Hof der Bendlerstraße zu vollstrecken. Bevor Stauffenberg stirbt, ruft er laut: »Es lebe das heilige Deutschland!«
Fromm hat sich währenddessen wieder Beck zugewandt: »Nun, wie ist das?« fragt er ihn. Noch benommen von dem ersten Schuß, kann Beck nicht gleich antworten. Die beiden Offiziere, die ihm helfen sollen, stehen bewegungslos hinter seinem Stuhl. »Nun geben Sie mir doch eine andere Pistole«, bittet er. Man reicht ihm eine Mauser, und Fromm sagt: »Bitte sehr, Sie haben Zeit für einen zweiten Schuß.« Dann verläßt er mit Hoepner den Raum.
Beck dreht sich zu einem der Offiziere um: »Wenn es auch diesmal nicht funktionieren sollte, bitte, helfen Sie mir.« Dann schießt er ein zweitesmal, aber auch diesmal ist er nicht tot. Besinnungslos liegt er im Sessel, als Fromm ins Zimmer zurückkommt. Er befiehlt einem Offizier, Beck den Gnadenschuß zu geben. Doch der Offizier weigert sich. Ein Feldwebel zieht Beck ins Nebenzimmer und erschießt ihn[69].

Mit diesem Schuß endete nicht nur Becks Leben. Mit General Ludwig Beck starben Idee und Tradition preußischen Soldatentums: selbstlose Pflichterfüllung im Dienst des Vaterlandes und eine in ritterlichem Geist wurzelnde Tapferkeit.

Generaloberst Ludwig Beck – die wichtigsten Daten

29. Juni 1880	Geboren in Biebrich am Rhein
Ostern 1898	Abitur am Humanistischen Gymnasium in Wiesbaden
12. März 1898	Eintritt in das preußische Feldartillerieregiment 15 in Straßburg/Elsaß
1898/1899	Kriegsschule Neiße
18. August 1899	Leutnant
1. Oktober 1908 bis 1. Juli 1911	Kriegsakademie in Berlin
17. September 1909	Oberleutnant
1911/1912	Im Artillerieregiment 15 in Saarburg/Lothringen
1. März 1912	Kommando zur Dienstleistung beim Großen Generalstab in Berlin
1. Oktober 1913	Hauptmann, gleichzeitig Versetzung in den Großen Generalstab
2. August 1914	2. Generalstabsoffizier beim VI. Reservekorps
1915/1916	1. Generalstabsoffizier der 117. Infanterie-, dann der 13. Reservedivision
12. Mai 1916	Vermählung mit Amalie Pagenstecher
Ende 1916 bis 1918	Generalstabsoffizier im Oberkommando der Heeresgruppe Deutscher Kronprinz
30. Januar 1917	Geburt der Tochter Gertrud
16. November 1917	Tod von Amalie Beck
1918/1919	Abwicklungsstelle des Großen Generalstabes, Übernahme in das 100 000-Mann-Heer der Reichswehr
1919/1922	Verschiedene Sonderaufgaben in der Reichswehr
1. Oktober 1922	Abteilungs-Kommandeur im Artillerieregiment 6 in Münster i. W.; Oberstleutnant
1. Oktober 1923 bis 30. September 1925	Leiter der Führergehilfenausbildung (ehemalige Kriegsakademie) beim Wehrkreiskommando VI, Münster i. W.
1. Oktober 1925	Chef des Generalstabes des Wehrkreiskommandos IV in Dresden
1. November 1929	Oberst
1. Oktober 1929 bis 30. September 1931	Kommandeur des Artillerieregiments 5 in Fulda (Standorte Fulda, Ludwigsburg, Ulm)
1. Februar 1931	Generalmajor
1931/1933	Bearbeitung der Vorschrift »Truppenführung«
1. Februar 1932	Artillerieführer IV in Dresden
1. Oktober 1932	Kommandeur der 1. Kavalleriedivision in Frankfurt/Oder
1. Dezember 1932	Generalleutnant
1. Oktober 1933	Chef des Truppenamtes im Reichswehrministerium
1. Juli 1935	In Chef des Generalstabs des Heeres umbenannt
1. Oktober 1935	General der Artillerie
16. Juni bis 20. Juni 1937	Reise nach Paris, Gespräche mit Marschall Pétain, General Gamelin und Kriegsminister Daladier
18. August 1938	Antrag auf Enthebung von der Stellung als Generalstabschef
27. August 1938	Übergabe der Dienstgeschäfte an General Halder

1. September bis 30. September 1938	Mit der Führung der 1. Armee (Westwall) beauftragt
31. Oktober 1938	Verabschiedung; Ernennung zum Generaloberst z.V.
1938/1944	Widerstand
20. Juli 1944	Tod

Erläuterung der Abkürzungen in Quellenangaben und Anmerkungen

BA	Bundesarchiv, Koblenz
BDC	Berlin Document Center
BMA	Bundesarchiv-Militärarchiv, Freiburg
CCC	Churchill College, Cambridge, Archives
CGS	Chef des Generalstabs
CHL	Chef der Heeresleitung
CSDIC	Alliierte Bezeichnung für geheim aufgezeichnete Gespräche deutscher Kriegsgefangener
CTA	Chef des Truppenamtes
DBFP	Dokumente über die britische Außenpolitik (siehe Bibliographie)
DFFP	Dokumente über die französische Außenpolitik (siehe Bibliographie)
DGFP	Dokumente über die deutsche Außenpolitik (siehe Bibliographie)
GS	Generalstab
GZ	Zentralabteilung, Generalstab
HI	Hoover Institute, Stanford, Kalifornien
HL	Heeresleitung
IMT	International Military Tribunal (Nürnberger Prozeß gegen die »Hauptkriegsverbrecher«, siehe Bibliographie)
IFZ	Institut für Zeitgeschichte, München
KA	Kriegsakademie
MGFA	Militärgeschichtliches Forschungsamt, Freiburg
MID	Military Intelligence Division (NARS-Bezeichnung)
ML	Microfilm Library (Nars-Bezeichnung)
MR	Microfilm Roll (NARS-Bezeichnung)
NARS	National Archives and Records Service, Washington
NHB	Naval Historical Branch, Ministerium für Verteidigung, London
OCMH	Office of the Chief of Military History, Ft. McNair, Washington
PRO	Public Records Office, London
RG	Record Group (NARS-Bezeichnung)
StA	St. Antony's College, Oxford, Library
T 1, T 2 usw.	Abteilungen des Truppenamts
ZS	Zeugenschrifttum (IFZ-Bezeichnung)

Anmerkung zu den Quellenangaben

Ich habe mich entschieden, keine vollständige Bibliographie zu bringen, da die Professoren Klaus-Jürgen Müller und Peter Hoffmann ausgezeichnete Bibliographien zu den Themen Deutsche Wehrmacht und Deutscher Widerstand zusammengestellt haben. Darüber hinaus hat Herr Klaus Kischnick eine erschöpfende Bibliographie ausschließlich zum Thema Ludwig Beck veröffentlicht. Diese drei Werke sind in meiner kurzen Bibliographie aufgeführt, die nur solche Quellen enthält, die für meine Arbeit besonders wertvoll waren.
Der Leser kann jedoch die vollständigen Angaben zu den meisten der in den Anmerkungen angeführten Publikationen aus dieser Bibliographie entnehmen: »Hammerstein (1966)« zum Beispiel findet man in der Bibliographie unter dem Namen Hammerstein und dem Titel, der 1966 erschienen ist. (In einigen Fällen wird es notwendig sein, sowohl unter der Primärliteratur wie unter der Sekundärliteratur nachzuschlagen.) Weniger wichtige Werke und die Randliteratur sowie alle Periodika sind in den Anmerkungen zu den einzelnen Kapiteln nachgewiesen und nicht in die Bibliographie aufgenommen worden.
Die Zitierung der Originalquellen in den Anmerkungen folgt den Verfahren der verschiedenen Archive; sie ist daher in der Form nicht einheitlich. Diese Quellen können aber – bis auf einige vertrauliche private Quellen – ohne Schwierigkeit festgestellt werden. Ein Beispiel: »NARS, T 77, Rolle 427 (H I/328): Beck an Manstein, 3. Oktober 1935« bezieht sich auf einen Brief in Mappe H I/328, der außerdem auf Rolle 427 der Mikrofilm-Sammlung T 77 der National Archives festgehalten ist. Ein anderes Beispiel: »BMA, II H 428: Blomberg, Rundschreiben vom 5. Oktober 1933« bezieht sich auf ein Dokument in Mappe (Akte) II H 428 des Bundesarchivs-Militärarchiv.

I. Originalquellen

1) Private Sammlungen von Dokumenten und Briefen wurden mir großzügig zur Verfügung gestellt von Frau Cläre Beck, Herrn Walter Beck, Frau Luise Jodl, Frau Erla Ludin, Mr. David Irving, Lady Liddell Hart, Dr. Carl-Ernst Münchmeyer, SKH Prinz Louis Ferdinand von Preußen und Mr. Aladár Szegedy-Maszák.
2) Private Informationen in Briefen und Interviews wurden freundlicherweise gegeben von Frau Cläre Beck, Herrn Rudolf Beck, Herrn Walter Beck, General Maximilian Fretter-Pisco, Herrn Walther Freund, General Leo Freiherr Geyr von Schweppenburg, Herrn Hans-Bernd Gisevius, Dr. Rüdiger Graf von der Goltz, Generaloberst Franz Halder, Franz Freiherr von Hammerstein, Kunrat Freiherr von Hammerstein, Ludwig Freiherr von Hammerstein, Margarethe Gräfin Hardenberg, General Dr. Kálmán Hardy, Frau Ilse von Hassell, General Adolf Heusinger, General Hans-Henning von Holtzendorff, General von Horn, General Friedrich Hoßbach, Frau Käthe Jessen, Frau Luise Jodl, Dr. Otto John, Herrn Ludwig Kaiser, General Johann Adolf Graf von Kielmansegg, Oberst Herbert Koestlin, Bischof Hanns Lilje, Frau Erla Ludin, Generalfeldmarschall Erich von Manstein, General Sir James Marshall-Cornwall, Herrn Helmut Maurer, Oberst Fritz Nebel, Dr. Elfriede Kaiser-Nebgen, Frau Gertrud Neubaur, General Achim Oster, General Eugen Ott, Admiral Konrad Patzig, Prinz Louis Ferdinand von Preußen, Admiral Karl Jesko von Puttkammer, Oberst Adolf Reinecke, Herrn Detlef Rudelsdorff, General Joseph Russwurm, Dr. Margot Sauerbruch, Dr. Fabian von Schlabrendorff, Angela Gräfin von der Schulenburg,

General Curt Siewert, M. Manfred Simon, General Dr. Hans Speidel, General Kenneth Strong, General Bruno von Uthmann, Alfred Graf von Waldersee, General Albert Wedemeyer, General Siegfried Westphal und General Theodor Freiherr von Wrede.

3) Die Sammlungen folgender Archive wurden benutzt: Berlin Document Center; Bundesarchiv, Koblenz (vor allem der Robert-Holtzmann-Nachlaß); Bundesarchiv-Militärarchiv, Freiburg (vor allem der Beck-Nachlaß sowie Dokumente der RH- und II H-Serien); Churchill College, Cambridge, Archives (vor allem die Christie-Papiere); Hoover Institute, Stanford, California (vor allem die Robert-Holtzmann-Papiere); Institut für Zeitgeschichte, München (vor allem die Curt-Liebmann- und Wilhelm-Adam-Papiere und die Sammlung Zeugenschrifttum); National Archives und Records Service, Washington (vor allem die Nürnberger Protokolle und die Sammlung von militärischen Studien der Wehrmacht sowie die T-77, T-78, T-79 und T-120 Mikrofilm-Serien; Naval Historical Branch, Ministry of Defence, London; Office of the Chief of Military History, Ft. McNair, Washington; Public Records Office, London (vor allem Dokumente der FO 371-Serien); St. Antony's College, Oxford, Library (vor allem die Wheeler-Bennett-Sammlung) und vertrauliche amtliche französische Quellen.

II. Literatur

1. Primärliteratur

Ludwig und Wilhelm Beck, *Ludwig Beck* (Berlin, 1941)

Ludwig Beck, *Studien,* hrsg. von H. Speidel (Stuttgart, 1955)

Ludwig Beck [sic] und Carl Goerdeler, *Gemeinschaftsdokumente für den Frieden, 1941– 1944,* hrsg. von Wilhelm Ritter von Schramm (München, 1965)

Deutscher Widerstand 1938–1944, Fortschritt oder Reaktion? hrsg. von B. Scheurig (München, 1969)

Documents diplomatiques français, 2ème Série, Band I (Paris, 1963)

Documents on British Foreign Policy, Second Series, Band VI (London, 1957)

Documents on British Foreign Policy, Third Series, Band II (London, 1949)

Documents on German Foreign Policy, Series C, Bände III und V (London, 1959 und 1966)

Documents on German Foreign Policy, Series D, Band II (London, 1950)

Moritz von Faber du Faur, *Macht und Ohnmacht, Erinnerungen eines alten Offiziers* (Stuttgart, 1953)

Paul Fechter, *Menschen und Zeiten* (Berlin, 1948)

Maximilian Fretter-Pico, *Verlassen von des Sieges Göttern* (Wiesbaden, 1969)

Maurice Gamelin, *Servir, le prologue du drame* (Paris, 1946)

Leo Freiherr Geyr von Schweppenburg, *Erinnerungen eines Militärattachés* (Stuttgart, 1949)

Leo Freiherr Geyr von Schweppenburg, *The Critical Years* (London, 1952)

Hans Bernd Gisevius, *Bis zum bitteren Ende* (Zürich, 1946)

Hans Bernd Gisevius, *To the bitter End* (New York, 1947)

Hans Bernd Gisevius, *Bis zum bitteren Ende* (Berlin, 1964)

Hans Bernd Gisevius, *Wo ist Nebe?* (Zürich, 1966)

Wilhelm Groener, *Lebenserinnerungen* (Göttingen, 1957)

Helmuth Groscurth, *Tagebücher eines Abwehroffiziers 1938–1940,* hrsg. von H. Krausnick, H. C. Deutsch und H. von Kotze (Stuttgart, 1970)

Heinz Guderian, *Panzer Leader* (New York, 1952)

Franz Halder, *Kriegstagebuch,* hrsg. von H. A. Jacobsen, Band I (Stuttgart, 1962)
Kunrat Freiherr von Hammerstein, *Spähtrupp* (Stuttgart, 1963)
Kunrat Freiherr von Hammerstein, *Flucht* (Freiburg im Breisgau, 1966)
Ulrich von Hassell, *Vom anderen Deutschland* (Frankfurt am Main und Hamburg, 1964)
Rainer Hildebrandt, *Wir sind die Letzten* (Bern, 1949)
Friedrich Hoßbach, *Zwischen Wehrmacht und Hitler* (Göttingen, 1965)
International Military Tribunal, *Trials of the Major War Criminals,* Bände I–XLII (Nürnberger Dokumente, 1947–1949)
International Military Tribunal, *Nazi Conspiracy and Aggression,* Bände I–VIII (Washington, 1947–1949)
Otto John, *Zweimal kam ich heim* (Düsseldorf und Wien, 1969)
Ursula von Kardorff, *Berliner Aufzeichnungen* (München, 1962)
Wilhelm Keitel, *The Memoirs of Field Marshal Keitel,* ed. W. Goerlitz (London, 1965).
Erich Kordt, *Nicht aus den Akten* (Mannheim, 1949)
Erich Kordt, *Wahn und Wirklichkeit* (Stuttgart, 1947)
Julius Leber, *Ein Mann geht seinen Weg,* hrsg. von G. Dahrendorf (Berlin, 1952)
Hanns Lilje, *Valley of the Shadow* (Philadelphia, 1950)
Ulrich Liß, *Westfront 1939–1940* (Neckargmünd, 1949)
Erich von Manstein, *Aus einem Soldatenleben 1887–1939* (Bonn, 1958)
Erich von Manstein, *Verlorene Siege* (Bonn, 1955)
Otto Meißner, *Staatssekretär unter Ebert, Hindenburg und Hitler* (Hamburg, 1950)
[Helmuth Graf von Moltke], *Field Marshal Count Helmuth von Moltke as a Correspondent* (New York, 1893)
Friedrich Paulus, *Ich stehe hier auf Befehl,* hrsg. von W. Goerlitz (Frankfurt am Main, 1960)
Prince Louis Ferdinand of Prussia, *The Rebel Prince* (Chicago, 1952)
Enno von Rintelen, *Mussolini als Bundesgenosse* (Tübingen, 1951)
Edgar Röhricht, *Pflicht und Gewissen* (Stuttgart, 1965)
Ferdinand Sauerbruch, *Das war mein Leben* (München, 1951)
Hjalmar Schacht, *Account Settled* (London, 1949)
Hjalmar Schacht, *Confessions of the Wizard* (Boston, 1965)
Richard Scheringer, *Das große Los unter Soldaten, Bauern und Rebellen* (Hamburg, 1959)
Fabian von Schlabrendorff, *Offiziere gegen Hitler* (Frankfurt am Main und Hamburg, 1965)
Lutz Graf Schwerin von Krosigk, *Es geschah in Deutschland* (Tübingen und Stuttgart, 1951)
Spiegelbild einer Verschwörung, Die Kaltenbrunner-Berichte an Bormann und Hitler über das Attentat vom 20.7.44 (Stuttgart, 1961)
Eduard Spranger, *Berliner Geist* (Tübingen, 1966)
Albrecht von Thaer, *Generalstabsdienst an der Front und in der OHL* (Göttingen, 1958)
Eduard Wagner, *Der Generalquartiermeister, Briefe und Tagebuchaufzeichnungen des Generalquartiermeisters des Heeres Eduard Wagner,* hrsg. von E. Wagner (München und Wien, 1963)
Walter Warlimont, *Inside Hitler's Headquarters, 1939–1945* (London, 1964)
Walter Warlimont, *Im Hauptquartier der deutschen Wehrmacht 1939–45* (München, 1962)

Albert Wedemeyer, *Wedemeyer Reports* (New York, 1958)
Ernst von Weizsäcker, *The Memoirs of Ernst von Weizsaecker* (London, 1951)
Ernst von Weizsäcker, *Die Weizsäcker Papiere 1933–1950,* hrsg. von L. E. Hill (Berlin, 1974)
Siegfried Westphal, *Heer in Fesseln* (Bonn, 1950)
Fritz Wiedemann, *Der Mann, der Feldherr werden wollte* (Velbert und Kettwig, 1964)
Kronprinz Wilhelm, *Erinnerungen des Kronprinzen Wilhelm,* hrsg. von K. Rosner (Stuttgart, 1922)
Kronprinz Wilhelm, *Erinnerungen an Deutschlands Heldenkampf* (Berlin, 1923)
August Winnig, *Aus Zwanzig Jahren* (Hamburg, 1948)

2. Sekundärliteratur

Rudolf Absolon, *Die Wehrmacht im Dritten Reich,* Band II (Boppard am Rhein, 1971)
Larry Addington, *The Blitzkrieg Era and the German General Staff, 1865–1941* (New Brunswick, New Jersey, 1971)
Michael Balfour and Julian Frisby, *Helmuth von Moltke, A Leader against Hitler* (London, 1972)
Heinrich Bennecke, *Die Reichswehr und der Röhm-Putsch* (München, 1964)
Bereit bleiben zur Tat, Zum siebzigsten Geburtstag von General a.D. Dr. Hans Speidel (Köln, 1967)
H. R. Berndorff, *General zwischen Ost und West* (Hamburg, 1952)
Walter Bernhardt, *Die deutsche Aufrüstung, 1934–1939* (Frankfurt am Main, 1969)
Nicholas Bethell, *The War Hitler Won* (London, 1972)
Wilhelm von Blume, *Moltke* (Berlin, 1907)
Hermann Bösch, *Heeresrichter Dr. Karl Sack im Widerstand* (München, 1967)
Peter Bor, *Gespräche mit Halder* (Wiesbaden, 1950)
Martin Broszat, *Der Staat Hitlers* (München, 1969)
Peter Bucher, *Der Reichswehrprozeß* (Boppard am Rhein, 1967)
Gert Buchheit, *Ludwig Beck, ein preußischer General* (München, 1964)
William Carr, *Arms, Autarky and Aggression* (London, 1972)
Berenice A. Carroll, *Design for Total War* (The Hague, 1968)
Francis L. Carsten, *The Reichswehr and Politics 1918–1933* (Oxford, 1966)
Carl Maria von Clausewitz, *A Short Guide to Clausewitz,* ed. Richard A. Leonard (New York, 1968)
Ian Colvin, *Chief of Intelligence* (London, 1951)
Gordon A. Craig, *The Politics of the Prussian Army* (New York, 1968)
Ralf Dahrendorf, *Society and Democracy in Germany* (New York, 1969)
Karl Demeter, *The German Officer Corps* (New York, 1965)
Harold C. Deutsch, *The Conspiracy against Hitler in the Twilight War* (Minneapolis, 1968)
Harold C. Deutsch, *Hitler and his Generals, The Hidden Crisis, January-June, 1938* (Minneapolis, 1974)
Allen W. Dulles, *Germany's Underground* (New York, 1947)
Dieter Ehlers, *Technik und Moral einer Verschwörung* (Bonn, 1964)
Erich Fellgiebel, Meister operativer Nachrichtenverbindungen, hrsg. von K. H. Wildhagen (ohne Erscheinungsort, 1970)
Waldemar Erfurth, *Der deutsche Generalstab 1918–1945* (Wiesbaden, 1950)

Die Europäische Publikation, Vollmacht des Gewissens, Bände I und II (München, 1956, und Berlin, 1960)
Constantine FitzGibbon, *20 July* (New York, 1956)
Gerhard Förster, *Totaler Krieg und Blitzkrieg* (Berlin, 1967)
Wolfgang Foerster, *Ein General kämpft gegen den Krieg* (München, 1949)
Wolfgang Foerster, *Generaloberst Ludwig Beck* (München, 1953)
Hermann Foertsch, *Schuld und Verhängnis, Die Fritsch-Krise* (Stuttgart, 1951)
Mary Gallin, *The German Resistance to Hitler, Ethical and Religious Factors* (Washington, 1966)
Hans W. Gatzke, *Stresemann and the Rearmament of Germany* (Baltimore, 1954)
Jürgen Gehl, *Austria, Germany and the Anschluß* (London, 1963)
Germans against Hitler, hrsg. von H. A. Jacobsen, H. Royce and E. Zimmermann (Bonn, 1960)
Hermann Graml u. a., *The German Resistance to Hitler* (London, 1970)
Hermann Graml u. a., *Der deutsche Widerstand gegen Hitler* (Köln und Berlin, 1966)
Adolf Heusinger, *Befehl im Widerstreit, Schicksalsstunden der deutschen Armee, 1923–1945* (Tübingen, 1950)
Peter Hoffmann, *Widerstand, Staatsstreich, Attentat* (München 1969)
Martin Horn, *Halder, Schuld oder Tragik?* (München, 1948)
Friedrich Hoßbach, *Die Entwicklung des Oberbefehls über das Heer, 1655–1945* (Würzburg, 1964)
Klaus Werner Jonas, *Crown Prince William* (London, 1961)
Johann Adolf Graf von Kielmansegg, *Der Fritsch-Prozeß 1938* (Hamburg, 1949)
Klemens von Klemperer, *German's New Conservatism* (Princeton, 1957)
Klemens von Klemperer, *Mandate for Resistance* (Northampton, Massachusetts, 1969)
Lutz Koch, *Erwin Rommel* (Stuttgart, 1950)
Erich Kosthorst, *Jakob Kaiser, Der Arbeiterführer* (Stuttgart, 1967)
Erich Kosthorst, *Die deutsche Opposition gegen Hitler zwischen Polen- und Frankreichfeldzug* (Bonn, 1954)
Joachim Kramarz, *Claus Graf Stauffenberg* (Frankfurt am Main, 1965)
Albert Krebs, *Fritz Dietlof Graf von der Schulenburg, Zwischen Staatsräson und Hochverrat* (Hamburg, 1964)
Annedore Leber, *Das Gewissen steht auf* (Berlin, 1964)
J. G. Leithäuser, *Wilhelm Leuschner, Ein Leben für die Republik* (Köln, 1962)
Basil H. Liddell Hart, *The German Generals Talk* (New York, 1948)
Erich Ludendorff, *The Nation at War* (London, 1936)
Makers of Modern Strategy, hrsg. von Edward M. Earle (Princeton, 1943)
R. Manvell and H. Fraenkel, *The Man who tried to kill Hitler* (New York, 1964)
R. Manvell and H. Fraenkel, *Canaris Conspiracy* (New York, 1969)
Hans Martens, *General von Seydlitz, 1942–1945, Analyse eines Konfliktes* (Berlin, 1971)
Hans Meier-Welcker, *Seeckt* (Frankfurt am Main, 1967)
Gerhard Meinck, *Hitler und die deutsche Aufrüstung* (Wiesbaden, 1959)
Friedrich Meinecke, *The German Catastrophe* (Cambridge, Massachusetts, 1950)
Friedrich Meinecke, *Die deutsche Katastrophe* (Wiesbaden, 1946)
Manfred Merkes, *Die deutsche Politik gegenüber dem spanischen Bürgerkrieg* (Bonn, 1961)

Manfred Messerschmidt, *Die Wehrmacht im nationalsozialistischen Staat, Zeit der Indoktrination* (Hamburg, 1969)
Hansgeorg Model, *Der deutsche Generalstabsoffizier* (Frankfurt am Main, 1968)
Christian Müller, *Oberst i. G. Stauffenberg* (Düsseldorf, 1970)
Klaus-Jürgen Müller, *Das Heer und Hitler* (Stuttgart, 1969)
Vincenz Müller, *Ich fand das wahre Vaterland,* hrsg. von K. Mammach (Berlin, 1963)
Lewis Namier, *In the Nazi Era* (London, 1952)
Elfriede Nebgen, *Jakob Kaiser, Der Widerstandskämpfer* (Stuttgart, 1967)
A. J. Nicholls et al., *German Democracy and the Triumph of Hitler* (London, 1971)
Robert J. O'Neill, *The German Army and the Nazi Party 1933/39* (London, 1966)
Veit Osas, *Walküre, Die Wahrheit über den 20. Juli 1944 mit Dokumenten* (Hamburg, 1953)
Rudolf Pechel, *Deutscher Widerstand* (Zürich, 1947)
Gaines Post, Jr., *The Civil-Military Fabric of Weimar Foreign Policy* (Princeton, 1973)
Terrence Prittie, *Germans against Hitler* (London, 1964)
Reichsarchiv, Der Weltkrieg 1914–1918, Bände I–XIV (Berlin, 1925–1944)
Gerhard G. B. Ritter, *Carl Goerdeler und der deutsche Widerstand* (Stuttgart, 1954)
E. M. Robertson, *Hitler's Pre-War Policy and Military Plans 1933–1939* (London, 1963)
Herbert Rossinski, *Die deutsche Armee,* hrsg. von G. A. Craig (Düsseldorf und Wien, 1970)
Hans Rothfels, *The German Opposition to Hitler* (Chicago, 1962)
Hans Rothfels, *Die deutsche Opposition gegen Hitler* (Frankfurt/M.–Hamburg, 1958)
H. Gräfin Schall-Riaucour, *Aufstand und Gehorsam, Offizierstum und Generalstab im Umbruch, Leben und Wirken von Franz Halder* (Wiesbaden, 1972)
Bodo Scheurig, *Ewald von Kleist, Ein Konservativer gegen Hitler* (Hamburg, 1968)
Bodo Scheurig, *Freies Deutschland, Das Nationalkomitee und der Bund deutscher Offiziere in der Sowjetunion 1943–1945* (München, 1960)
Bodo Scheurig, *Henning von Tresckow, Eine Biographie* (Oldenburg, 1973)
David Schoenbaum, *Hitler's Social Revolution* (London, 1967)
Wilhelm Ritter von Schramm, *Conspiracy among Generals* (New York, 1956)
Arthur Schweitzer, *Big Business in the Third Reich* (Bloomington, Indiana, 1964)
Hans von Seeckt, *Thoughts of a Soldier* (London, 1930)
Curt Siewert, *Schuldig? Die Generale unter Hitler* (Bad Nauheim, 1968)
Hans Speidel, *Zeitbetrachtungen* (Mainz, 1969)
Hans Speidel, *Invasion 1944* (New York, 1968)
George H. Stein, *The Waffen SS, A Political Army at War, 1939–1945* (New York, 1967)
Fritz Stern, *The Failure of Illiberalism* (New York, 1972)
Christopher Sykes, Troubled Loyalty, A Biography of Adam von Trott zu Solz (London, 1968)
A. J. P. Taylor, *The Origins of the Second World* (Harmondsworth, 1967)
Telford Taylor, *Sword and Swastika* (Chicago, 1969)
Hermann Teske, *Der silberne Spiegel, Generalstabsdienst unter der Lupe* (Heidelberg, 1952)

Georg R. Thomas, *Geschichte der deutschen Wehr- und Rüstungswirtschaft*, hrsg. von W. Birkenfeld (Boppard am Rhein, 1966)
Harry Ashby Turner, *Stresemann and the Politics of the Weimar Republic* (Princeton, 1963)
Alfred Vagts, *A History of Militarism* (New York, 1937)
Ger van Roon, *German Resistance to Hitler, Count von Moltke and the Kreisau Circle* (London, 1971)
Angel Viñas, *La Alamania nazi y el 18 de julio* (Madrid, 1974)
Jehuda Wallach, *Das Dogma der Vernichtungsschlacht* (Frankfurt am Main und Zürich, 1965)
Gerhard L. Weinberg, *The Foreign Policy of Hitler's Germany, Diplomatic Revolution in Europe, 1933–36* (Chicago, 1970)
John W. Wheeler-Bennett, *The Nemesis of Power* (London, 1967)
Eberhard Zeller, *Flame of Freedom* (Miami, 1969)

3. Artikel und Essays

Ludwig Beck, »*Generaloberst von Seeckt zum siebzigsten Geburtstag*«, *Militärwissenschaftliche Rundschau,* I (1936), S. 285–290
Kunrat von Hammerstein, »*Schleicher, Hammerstein und die Machtübernahme 1933*«, *Frankfurter Hefte,* XI (1956), S. 1–21
Kunrat von Hammerstein, »*General von Hammerstein, Richtigstellung zur Geschichtsschreibung*«, *Frankfurter Hefte,* XI (1956), S. 166–186
Friedrich Hoßbach, »*Zum Gedächtnis der Generalobersten Freiherr von Fritsch und Ludwig Beck*«, *Flensburger Tageblatt,* 11. Juli 1950
Otto John, »*Zum Jahrestag der Verschwörung gegen Hitler, 20. Juli 1944*«, *Wochenpost,* 18. Juli 1947
Klaus Kischnick, »*Generaloberst Ludwig Beck 1880–1944, Eine Bibliographie*«, *Wehrforschung,* September/Oktober 1974
Peter Ludlow, »*Papst Pius XII., die Britische Regierung und die deutsche Opposition im Winter 1939/40, Eine Dokumentation*«, *Vierteljahresheft für Zeitgeschichte,* 22 (1974), S. 299–341
Klaus-Jürgen Müller, »*Reichswehr und Röhm-Affäre. Aus den Akten des Wehrkreiskommandos (Bayr.) VII*«, *Militärgeschichtliche Mitteilungen,* 1/1968, S. 107–144
Klaus-Jürgen Müller, »*Ludwig Beck, Probleme seiner Biographie*«, *Militärgeschichtliche Mitteilungen,* 1/1972, S. 167–175
Klaus-Jürgen Müller, »*Ludwig Beck – ein General zwischen Wilhelminismus und Nationalismus*«, in *Deutschland in der Weltpolitik des 19. und 20. Jahrhunderts,* hrsg. von I. Geiss und Bernd Jürgen Wendt (Oldenburg, 1973)
Max Rehm, »*Zum Gedächtnis an den 20. Juli 1944: Generaloberst Ludwig Beck*«, *Staatsanzeiger für Baden-Württemberg,* 20. Juli 1963
Heinrich Rosenberger, »*Die Entlassung des Generalobersten Freiherr von Fritsch*«, *Deutsche Rundschau,* LXIX (1946) Nr. 8, S. 91–96
Hubertus Senff »*Die Entwicklung der Panzerwaffe im deutschen Heere zwischen den beiden Weltkriegen*«, *Wehrwissenschaftliche Rundschau,* XIX (1969), S. 433–451 und 525–531
Hans Speidel, »*Ludwig Beck*«, *Frankfurter Allgemeine Zeitung,* 28. Juli 1965
Georg Thomas, »*Gedanken und Ereignisse*«, *Schweizerische Monatshefte,* XXV (1945), S. 537–559

Anmerkungen

Zu Kapitel I

1 Ludwig und Wilhelm Beck: »Ludwig Beck« (Berlin 1941)
Dieses privat herausgegebene Buch diente als Quelle für die meisten Informationen über Becks Kindheit und seine Eltern. Andere Quellen sind Interviews mit Familienmitgliedern und der Aufsatz »Unterwegs und Daheim« von Emma Weber-Brugmann in »Wiesbadener Tageblatt«, 31. Juli 1960
2 Foerster (1953), S. 11
3 Craig (1968), S. 238
4 Foester (1953), S. 11
5 ibid., S. 12
6 von Thaer (1958), S. 278; Kitchen (1968), S. 4
7 Model (1968), S. 14
8 Guderian: (unveröffentlichte) Studie »Zur Geschichte des Deutschen Generalstabes«, Nov. 1948, S. 4/5
9 BMA, N 34/17, Beck an Gossler, 26. April 1915
10 Reichsarchiv, »Der Weltkrieg 1914/18« (Berlin 1938), XI, S. 158; W. Beck, Interview mit dem Autor; Cläre Beck, Interview mit dem Autor
11 Kronprinz Wilhelm (1922), S. 100; Schulenburg an Kronprinz Wilhelm (Brief im Besitz von Prinz Louis Ferdinand von Preußen); Wilhelm Beck, Interview mit dem Autor
12 Beck (1955), S. 275 ff.
13 Reichsarchiv, »Der Weltkrieg 1914/18« (Berlin 1944), XIV, S. 167 und 553; Beck (1955), S. 217
14 ibid., S. 217 f.
15 Craig (1968), S. 345
16 Becks Darstellung der Konferenz in Kronprinz Wilhelm (1922), S. 294–302
17 ibid.
18 BMA, N 18/4, Wilhelm Heye: »Wie ich den Weltkrieg erlebte, 1914–1942« (sic!), II, S. 154 (undatiert, ohne Ortsangabe)
19 Groener (1957), S. 445 und 461
20 und nachfolgende Zitate BMA, N 28/6, Beck an Frau Wilhelm Beck, 28. Nov. 1918
21 Wheeler-Bennett (1967), S. 67
22 siehe Fußnote 20

Zu Kapitel II

1 BMA, N 28/6, Beck an Frau Wilhelm Beck, 28. Nov. 1918; Cläre Beck und Rudolf Beck, Interviews mit dem Autor
2 IFZ, ZS 26 A I, Josephs an Huch, 14. Juli 1946
3 ibid., Muff an Huch (undatiert)
4 BMA, N 34/17, Beck an Gossler, 29. Juni 1922 und 11. Nov. 1923
5 Friedrich Hoßbach und Walter Warlimont, Interviews mit dem Autor
6 Foerster (1953), S. 49; Chef der Heeresleitung, Truppenführung (Berlin 1933)
7 Cläre Beck und Herbert Koestlin, Interviews mit dem Autor; MGFA, II H 1 E 4, Leo Freiherr Geyr von Schweppenburg: »Bemerkungen zur Persönlichkeit von Ludwig Beck« (1966)
8 ibid., Cläre Beck, Interview mit dem Autor; Schulenburg an Kronprinz Wilhelm, 27. Nov. 1929 (Privatbrief im Besitz von Prinz Louis Ferdinand von Preußen); IFZ, ZS 26 A I, Muff an Huch (undatiert)
9 BMA, N 34/17, Beck an Gossler, 11. Nov. 1923
10 ibid., Kronprinz Wilhelm (1922), S. 100 ff.; IFZ, ZS 26 A I, Obernitz an Huch (undatiert)
11 Ludwig Beck: »Generaloberst von Seeckt zum 70. Geburtstag«, Militärwissenschaftliche Rundschau I (1936), S. 285–290
12 Adolf Reinecke, Interview mit dem Autor
13 Bucher (1967) S. 255 ff. und 313. Buchers Buch enthält zum großen Teil Pro-

tokolle des Verfahrens und kann daher als Primärquelle betrachtet werden. Siehe auch BDC, Sammlung Reichswehrprozeß: Der Oberreichsanwalt, Anklageschrift vom 29. Juli 1930; NARS, T 79, Rolle 53 (WK VII/2389) Major Theisen: »Der Prozeß gegen die ehemaligen Leutnants Scheringer und Ludin und Oberleutnant a. D. Wendt vor dem Reichsgericht in Leipzig«, 14. Okt. 1930

14 ibid.; Eugen Ott und Herbert Koestlin, Interviews mit dem Autor; Bucher (1967), S. 220 ff.; BMA, N 18/4, Wilhelm Heye: »Wie ich den Weltkrieg erlebte, 1914–1942« (sic) II, S. 632 (undatiert, ohne Ortsangabe)

15 Bucher (1967), S. 45 f.

16 Scheringer (1959), S. 205

17 Die Behauptung, daß Beck lediglich seinen Verpflichtungen als Scheringers Kommandeur nachgekommen sei, ist oft vorgebracht worden, auch von Leo Freiherr Geyr von Schweppenburg und Hans Speidel in Gesprächen mit dem Autor.

18 Eugen Ott, Interview mit dem Autor. Siehe auch IFZ, ZS 279, Ott: »Bemerkungen zu den Akten des Instituts für Zeitgeschichte«, 18. Februar 1952

19 IFZ, ZS 1164, Hugo Braune: »Der Ulmer Reichswehrprozeß«, (1955). (Wendt gehörte zu dieser Zeit nicht mehr dem Artillerieregiment 5 an. Er war wegen seiner schlechten Beurteilung als Offizier verabschiedet worden.)

20 Bucher (1967), S. 318–322

21 ibid., S. 322. Vergleiche Hammerstein (1963), S. 17; Groscurth (1970), S. 169. Beck erklärte 1939 gegenüber Groscurth, daß er die Offiziere nicht um des Nationalsozialismus willen verteidigt habe, sondern um seine Autorität als Regimentskommandeur zu wahren. Kunrat von Hammerstein gegenüber erklärte Beck 1943, daß er Schleicher von der Bestrafung Scheringers Meldung gemacht habe und daß sie beide die Angelegenheit damit für erledigt gehalten hätten. Die Untersuchungen seien jedoch infolge eines administrativen Irrtums wiederaufgenommen worden.

22 Beck an Prof. Ludin, 18. Okt. 1930 (Privatbrief im Besitz von Frau E. Ludin); Foerster (1953), S. 23 f.; Walter Beck, Interview mit dem Autor; Scheringer (1959), S. 207; IFZ, ZS 279, Ott: »Bemerkungen zu den Akten des Instituts für Zeitgeschichte«, 18. Februar 1952

23 Bucher (1967), S. 223 ff.

24 ibid., S. 226 und 313

25 ibid., S. 135 ff., 150 und 226

26 Walter Beck, Interview mit dem Autor; Hammerstein (1963), S. 16 und 19

27 IFZ, ED 60, Otto Wagener: »Generaloberst Beck und Hitler« (undatiert); IFZ, ZS 222, Gerhard Engel: »Tagebuch«, Eintragung für Mai 1938

28 NARS, T 79, Rolle 53 (WK VII/2389), Groeners Erlaß vom 6. Okt. 1930, IFZ, ED 1, Curt Liebmann: »Niederschrift der Besprechung im Reichswehrministerium am 25. 10. 1930«; Hammerstein (1963), S. 19 f.; Foerster (1953), S. 23; Friedrich Hoßbach: »Zum Gedächtnis des 70. Geburtstages der Generalobersten Werner Freiherr von Fritsch und Ludwig Beck« in »Flensburger Tageblatt«, 11. Juli 1950. Ein weiterer Versuch, Beck zu verabschieden, wurde 1931 unternommen. Siehe: ibid. und Foerster (1953), S. 24

29 Hans Henning von Holtzendorff, Interview mit dem Autor

30 NARS, Sammlung militärischer Studien der Wehrmacht, B 289, Alexander Freiherr von Falkenhausen: »Von Falkenhausen 1922–1945 (undatiert). Siehe auch Hammerstein (1963), S. 19; Beck an Prof. Ludin, 9. Sept. 1930 (Privatbrief im Besitz von Frau E. Ludin.)

31 Wilhelm Scheidt: »Scheidt-Beck« (undatiert), (ein privater Essay im Besitz von Mr. David Irving); von Faber du Faur (1953), S. 175 f.

32 BMA, N 28/9: Beck zu einem ungenannten General, 16. Sept. 1932

33 Walter Beck, Interview mit dem Autor; BMA, N 34/21, Beck zu Frl. Gossler, 17. März 1933

Zu Kapitel III

1 IFZ, ED 1/2, Curt Liebmann: »Hitler am 3. II. 1933 bei Hammerstein«; IFZ, ZS 105, Horst von Mellenthin: »Hitler vor der führenden Generalität in der Bendlerstraße Februar 1933«; Craig: »Die preußisch-deutsche Armee« (1960), S. 508

2 IFZ, ED 109, Wilhelm Adam: »Erinnerungen«, S. 162. Siehe auch nächste Anmerkung

3 Walter Beck, Interview mit dem Autor; Gertrud Neubaur, Interview mit dem Autor; BMA, H 1/319 b, Beck: »Spitzengliederung«, 15. Januar 1934

4 IFZ, ED 60, Otto Wagener: »Generaloberst Beck und Hitler« (undatiert); IFZ, ZS 26 A I, Draudt an Huch, 6. Juni 1946; und PRO, FO 371/1769/C 437: Thorne an Phipps, 16. Januar 1934

5 Beck an Scholz, 30. Juni 1941 (Privatbrief im Besitz von Walter Beck). Eine Beschreibung der Stellung des Chefs des Generalstabs in der militärischen Hierarchie, siehe nächste Anmerkung.

6 Die Quellen für Becks Privatleben sind: IFZ, ZS 26 A I, Muff an Huch; Gertrud Neubaur, Interview mit dem Autor; Luise Jodl, Interview mit dem Autor; Walter Beck, Interview mit dem Autor; Albert Wedemeyer, Interview mit dem Autor. Die Quellen für sein berufliches Leben sind: Adolf Heusinger, Interview mit dem Autor; Alexander von Horn, Interview mit dem Autor; Maximilian Fretter-Pico, Interview mit dem Autor; Walter Warlimont, Interview mit dem Autor; NARS, T 79, Rolle 11 (WK VII/330); Becks Erlaß vom 13. November 1937

7 NARS, T 79, Rolle 37 (WK VII/1342): Becks Erlaß vom 27. Okt. 1933; BMA, II H 180: Becks Erlasse vom 30. Nov. und 28. Dez. 1933; BMA, RH 15/v. 8, Beck: »Aufbau des künftigen Friedensheeres«, 14. Dez. 1933; O'Neill (1966), S. 37

8 Zitiert bei Hoßbach (1966), S. 60. Ein genaues Bild der SA gibt Heinrich Bennecke in seinem Buch »Die Reichswehr und der Röhm-Putsch« (München–Wien, 1962). Zur allgemeinen Information über die SA-Krise siehe die in den Anmerkungen 9 und 10 aufgeführten Arbeiten.

9 Messerschmidt (1969), S. 31; IFZ, ED 1/3: »Besprechung durch den Chef HL mit Befehlshabern am 7. V. 1934 in Nauheim«; BMA, N 28/1, Beck: »Gegen Aufstellung des 300 000-Mann-Heeres«, 20. Mai 1934

10 Klaus-Jürgen Müller: »Reichswehr und Röhm-Affäre«, Militärgeschichtliche Mitteilungen I (1968), S. 107–144

11 BMA, N 42/92, Arno Moysischewitz: »Bericht über meine letzte Begegnung mit Herrn General von Schleicher am 29. 6. 1934« (1935); NARS, M 679: Verhör Blomberg vom 13. Sept. 1945

12 IFZ, ZS 149: Von Sodenstern zu Krausnick, 3. Juni 1954; Luise Jodl, Interview mit dem Autor; O'Neill (1966), S. 46 f.; Adolf Reinecke, Interview mit dem Autor; Vincenz Müller (1963), S. 354

13 Bennecke (1962), S. 52

14 Siehe Anmerkung 11

15 Siehe Anmerkung II; Liddell Hart an Assmann, 26. April 1951 (Privatbrief im Besitz der Lady Liddell Hart); Erhard Milch: »Persönlichkeiten: Hitler«, 1. Sept. 1945 (Privater Essay im Besitz von Mr. David Irving); Klaus-Jürgen Müller (1968), S. 118. Es war Milch, der Fritsch zusammen mit Göring, Himmler und Reichenau sah. Hoffmann (1974), S. 45, berichtet, daß Erwin Planck, ehemaliger Staatssekretär in der Reichskanzlei, »schon am Nachmittag des 30. Juni ... zu Fritsch gegangen (war), um ihn angesichts des Versagens von Blomberg zum Handeln zu bewegen«.

16 Siehe zum Beispiel Hoßbach (1965), S. 48 f. Hoßbach schreibt: »An der Herbeiführung und Durchführung dieses Tages ist die Heerführung unter General von Fritsch völlig unbeteiligt gewesen.«

17 Walter Beck in Interviews mit dem Autor. Sowohl Alexander von Horn wie Gertrud Neubaur berichteten in Interviews mit dem Autor, daß Beck Hitler als »einen Kriminellen« bezeichnet habe. Ein Herr Scholz, der mit Beck in Verbindung stand, erhärtet diese Aussagen, indem er Becks traumatische Reaktion auf die Säuberungen beschreibt. (BA, Nachlaß Holtzmann, Akte 23: Scholz an Hoffmann, 20. Nov. 1948)

18 In einem Interview mit dem Autor erwähnt Walter Beck die Kommentare Becks zu der Emigration der jüdischen Künstler. Eine ungenannt sein wollende Quelle unterrichtete den Autor darüber, daß Beck mit den Anweisungen für Reichswehrangehörige einverstanden war, die den gesellschaftlichen Umgang mit Juden einschränkten. Den Brief über die Kriegsteilnehmer-Organisation findet man in: BMA, II H 1008/2: Beck an Schröder, 27. Oktober 1937. (Vergleiche auch »Spiegelbild einer Verschwörung« (1961), S. 449, und die Erklärung von Popitz, nach der Beck die Maßnahmen des Regimes gegen die Juden als »übereilt« bezeichnet hat. Friedrich Hoßbach und Alexander von Horn haben in Interviews mit dem Autor erklärt, Beck habe sich bemüht, Posten für Offiziere zu finden, die aus dem Generalstab ausscheiden mußten, weil sie nicht »rasserein« waren. O'Neill (1966), S. 76f., zitiert eine ähnliche Erklärung. Es existiert jedoch kein Dokument, das Becks Bemühungen in dieser Richtung beweist. Das Dokument, das O'Neill zitiert, erwähnt Beck nicht. (NARS, T 78, Rolle 280, H 24/6, Rossing: »Vortragsnotiz«, 22. Mai 1934) Siehe auch Klaus-Jürgen Müller (1969), S. 189

19 Meißner (1950), S. 372; Berndorff (1951), S. 312

Foerster (1953), S. 26, behauptet, daß Fritsch und Beck Mackensen und Hammerstein unterstützten. Auch O'Neill (1969), S. 50, schreibt von einem Besuch von Fritsch bei Hindenburg. Ihnen widersprechen jedoch folgende Quellen: IFZ, ZS 105, Horst von Mellenthin: »Aktenvermerk« vom 23. April 1953; IFZ, ZS 240, Helmut Krausnick: »Aktenvermerk«, 25. Mai 1954; IFZ, SZ 540 Patzig/Vogelsang, 15. Juli 1954; IFZ, ZS 24: Crüwell/Förtsch, 2. April 1954; Kunrat Freiherr von Hammerstein: »General von Hammerstein, Richtigstellung zur Geschichtsschreibung«, Frankfurter Hefte, XII (1956), S. 176

20 NARS, T 79, Rolle 83 (WK IX/134): Blomberg an Fritsch, 2. April 1935

21 Siehe nächste Anmerkung

22 Foerster (1953), S. 27; Hans Bernd Gisevius, Interview mit dem Autor, Brief an den Autor; IMT, XII, S. 242

23 NARS, T 77, Rolle 177 (Wi IF 5.704): »Sitzungsbericht zur 8. Sitzung des Arbeitsausschusses des Reichsverteidigungsrates«, 5. Sept. 1934

24 Broszat (1969), S. 338; Stein (1967), S. 7. Steins Arbeit: »Die Waffen-SS, Eine politische Armee im Krieg« ist eine allgemeine Geschichte der SS-Verfügungstruppe.

25 Hans Buchheim: »Die SS: Instrument der Macht« in Helmut Krausnick u. a., Anatomie des SS-Staates (London 1968), S. 256f.; IFZ, ED 1: Curt Liebmann: Mündliche Ausführungen des Reichswehrministers vor den Befehlshabern am 5. 7. 34«; NARS, T 78, Rolle 427 (H 1/323): Erlaß Blomberg vom 24. Sept. 1934

26 O'Neill (1966), S. 96f.; H 1/323: Beck an das Wehrmachtamt, 24. Nov. 1934

27 H 1/323: »Ausführungen des RFSS Himmler am 10. 10. 34 vor dem CTA«

28 ibid.

29 H 1/323: Beck: »Regelung der SS-Frage«, 11. Okt. 1934

30 ibid.

31 H 1/323: Anonymus, »Allgemeine Stellungnahme zum SS-Problem«, 12. Okt. 1934

32 Stein (1967), S. 282–294

33 H 1/323, Beck: »Bemerkungen des Reichsführers Himmler zu meinen Ausführungen am 13. 10. 34«, 14. Okt. 1934

34 Folgende Dokumente wurden in dieser Reihenfolge benutzt: H 1/323: T 2 an CTA, 18. Okt. 1934; AHA an CTA, 22. Okt. 1934; WK VI an CTA, 3. Nov. 1934; von Otterstedt an WK III, 30. Nov. 1934; Blomberg an Himmler, 30. Nov. 1934

35 H 1/323: Beck an Himmler, 12. Dez. 1934; Erlaß Beck vom 18. Dez. 1934

36 BMA, II H 1008/1: Beck-Mueldner-Korrespondenz vom September 1934; Richard Piazza, »Ludendorff, die totalitäre und völkische Politik eines Militärspezialisten« (Northwestern University Ph. D. thesis, 1969), S. 153; Hoßbach (1965), S. 61; O'Neill (1966), S. 97

37 Konrad Patzig, Interview mit dem Autor; IFZ, ZS 540: Patzig an Braun, 10. Nov. 1953

38 NARS, T 79, Rolle 34 (WK VII/1299):

Halder an GOK, WK VII, 12. Dez. 1934; Helmut Krausnick: »Vorgeschichte und Beginn des militärischen Widerstandes gegen Hitler«, in »Europäische Publikation, Ohnmacht des Gewissens« (München 1956), S. 250

39 Hoßbach (1965), S. 61; BMA, RH 37/v. 2197: Anonymus, »Ausführungen des Herrn Befehlshabers über Besprechungen in Berlin«, 27. Januar 1935; BMA, WK VII/2009: Fritsch, Verfügung vom 27. Januar 1935

40 Hoßbach (1965), S. 61

41 H 1/323: Entwurf eines Briefes von Fritsch an Blomberg, 29. April 1935. Für den Text des Hitlerbefehls siehe H 1/323: Hitlers Erlaß vom 2. Februar 1935. Die anderen Quellen sind: H 1/323: Beck an die Reichsführung SS, 19. Februar 1935; Beck an Wehrmachtamt, 14. Januar 1935; Beck an Himmler, 1. Februar 1935

42 BA, Nachlaß Holtzmann, Akte 11: Holtzmann an Ludendorff, 23. Mai 1935; HI, Holtzmann-Papiere, Kasten 1: Holtzmann an Ludendorff, 29. Juni 1935. Holtzmann leitete den Tannenbergbund in Berlin.

43 Nachlaß Holtzmann, Akte 11: Holtzmann an Ludendorff, 10. Juli 1935

44 ibid.

45 BMA, II H 682/1: Stapf an GZ, 6. November 1935; Vincenz Müller (1963), S. 368

46 ibid.; Nachlaß Holtzmann, Akte 21: Holtzmann an Pauksch, 7. Februar 1949

47 Vincenz Müller (1963), S. 368; und BMA, II H 1008/1: Beck an Himmler, 7. Dez. 1935

48 BMA, II H 429: Verfügung des Reichsführers SS vom 7. Dez. 1935 und Verfügung Fritsch vom 27. Januar 1936

49 HI, Holtzmann-Papiere, Kasten 1: Holtzmann an Ludendorff, 25. März 1936; BMA, II H 429: Beck an Reichsführung SS, 21. Nov. 1936; IMT, XXVIII, S. 351

50 BMA, II H 682/2: Stapf an CGS, Adjutantur, 3. Mai 1937

51 NARS, T 78, Rolle 425 (H 1/319a): Beck an Wehrmachtamt, 4. Januar 1937; NARS, T 78, Rolle 424 (H 1/308): Witzleben an OKH, 8. Dez. 1937; Beck an Wehrmachtamt, 20. Dez. 1937

52 Zur Information über den Tannenbergbund siehe Piazza, a.a.O., besonders S. 64 und 144 ff.

53 Nachlaß Holtzmann, Akte 16, Ludendorff: »Besprechung mit General Wetzell und General Beck vom R.K.M.«, 6. Jan. 1935

54 NARS, T 77, Rolle 815 (OKW 916), Beck: Schriftstück beginnend mit dem Satz: »Der Führer hat das Telegramm erhalten«, undatiert

55 ibid.; Nachlaß Holtzmann, Akte 16, Ludendorff: »Besprechung mit General Wetzell und General Beck«; OKW 916: Beck: »Erklärung im Auftrag des Reichswehrministers an General der Infanterie Ludendorff durch Glt. Beck am 6. I. 1935«, und Beck: »Ergebnis der Besprechung mit Exzellenz Ludendorff am 6. 1. 1935«

56 Nachlaß Holtzmann, Akte 20: Holtzmann an Frank, 20. 2. 1948

57 Nachlaß Holtzmann, Akte 11: Ludendorff an Beck, 22. Febr. 1935

58 Nachlaß Holtzmann, Akte 22: Holtzmann an Lindner, 9. August 1950

59 Nachlaß Holtzmann, Akte 21: Mathilde Ludendorff, »Eidesstattliche Erklärung«, undatiert

60 Nachlaß Holtzmann, Akte 12: Holtzmann an Ludendorff, 26. März 1935; Akte 22: Holtzmann an Ludendorff, 26. August 1950

61 Siehe Anmerkung 59

62 BMA, N 28/2: Beck »Der Feldherr Ludendorff«, 9. April 1935

63 Nachlaß Holtzmann, Akte 21: Hermann an Holtzmann, 20. Januar 1949; Akte 22: Lindner an Holtzmann, 26. August 1950; Walter Beck, Interview mit dem Autor

64 Die Bemerkung über den »inneren Widerspruch« stammt aus BA, Nachlaß Schwertfeger, Akte 30: Beck zu Schwertfeger am 8. August 1937

65 NARS, Sammlung militärischer Studien der Wehrmacht, P 041 d, Band VI, Waldemar Erfurth: »Der Gehilfe des Chefs des Stabes für Militärgeschichte«, November 1947. Für einen Überblick über die Erziehung des Generalstabs siehe: Hoßbach (1964), S. 116

66 NARS, T 79, Rolle 34 (WK VII/1291), Beck: »Richtlinien für die Ausbildung von

Offizieren auf der Kriegsakademie«, 1. August 1934

67 Model (1968), S. 96 f. und 106; Bruno von Uthmann, Brief an den Autor. (1937 befahl Beck die Rückkehr zu den dreijährigen Lehrgängen.)

68 Siehe Anmerkung 66 in bezug auf »Rassenhygiene«. Für »Nationalpolitik« siehe NARS, T 77, Rolle 810 (OKW 898): Fritsch an Wehrmachtamt, 27. Nov. 1935, und Beck an Wehrmachtamt, 14. Okt. 1935. 1938 befahl Beck eine Erhöhung der Zahl der Unterrichtsstunden über »Nationalpolitik« (NARS, T 78, Rolle 373 (H 35/31): Kriegsakademie an Wehrmachtamt, 24. Mai 1938)

69 BMA, H 81/1–2, Beck: »Ansprache bei der 125. Jahrfeier der Kriegsakademie«, 10. Okt. 1935

70 NARS, T 78, Rolle 9 (H 40/88): Beck, Rede am 16. 4. 1937

71 Nachlaß Holtzmann, Akte 11: Holtzmann an Ludendorff, 17. April 1935

72 BMA, N 28/2: Holtzmann an Beck, 24. 4. 1935

73 Nachlaß Holtzmann, Akte 23: Holtzmann an Lindner, 6. 9. 1950; Akte 11: Holtzmann an Ludendorff, 4. 12. 1935; Akte 22: Holtzmann an Lindner, 23. 10. 1950; Akte 20: Holtzmann, »Eidesstattliche Erklärung«, 1. 8. 1949; Holtzmann an Frank, 20. 2. 1948.

74 Nachlaß Holtzmann, Akte 11: Holtzmann an Ludendorff, 5. 5. 1935; 23. 5. 1935 und 10. 10. 1935

75 Nachlaß Holtzmann, Akte 11: Holtzmann an Ludendorff, 28. 9. 1935; HI, Holtzmann-Papiere, Kasten 1: Holtzmann an Ludendorff, 19. 1. 1936

76 Nachlaß Holtzmann, Akte 20: Holtzmann an Meier, 23. 2. 1948; Piazza, a.a.O., S. 177

77 Nachlaß Holtzmann, Akte 11: Holtzmann an Ludendorff, 26. Dezember 1935

78 Nachlaß Holtzmann, Kasten 1: Holtzmann an Ludendorff, 3. 1. 1936, 14. 1. 1936 und 16. 3. 1936. Siehe auch Piazza, a.a.O., S. 177 f.

79 Winnig (1948), S. 82 ff.

80 Walter Beck, Interview mit dem Autor

81 Nebgen (1967), S. 63; Elfriede Nebgen, Interview mit dem Autor; Franz von Hammerstein, Interview mit dem Autor; Achim Oster, Interview mit dem Autor; Walter Beck, Interview mit dem Autor; BMA, N 220/12: Protokolle der Verhandlungen der Entnazifizierungsspruchkammer X München gegen Generaloberst a.D. Franz Halder, 15.–21. Sept. 1948

Zu Kapitel IV

1 Siehe Seite 33

2 Hammerstein (1963), S. 64

3 Nachlaß Holtzmann, Akte 23: Holtzmann an Lindner, 3. Nov. 1952

4 Gatzke (1954), S. 12; über Seeckt und seine Strategie siehe auch Meier-Welcker (1967), S. 46 und 639

5 Seeckt (1930), S. 46–50

6 ibid., S. 62 ff.

7 Turner (1963), S. 175; Gatzke (1954), S. 113 f.

8 Heinrich Brüning, Memoiren 1918–1934 (München 1972), II, S. 585 und 592–595

9 Meinck (1959), S. 47; BMA, N 54/24: »Fragen an Blomberg« (undatiert). Über die polnische Bedrohung siehe auch Antony Polonski: »Politik des unabhängigen Polen« (Oxford 1972), S. 381 f. Wenn auch, wie Polonski berichtet, die Bedrohung im Oktober nachließ, erhielt die Reichswehr auch weiterhin alarmierende Meldungen. Siehe zum Beispiel NARS, T 77, Rolle 808 (OKW 891): Abw. Ib, »Aktenzeichen«, 23. Sept. 1933; NHB, PG 49031: Abw. If, »Lagebericht aus Polen«, 31. Okt. 1933

10 BMA, RH 15/v 8, Beck: »Aufbau des künftigen Friedensheeres«, 14. Dez. 1933

11 Post (1973), S. 314, Berichte über die Vorläufer ihrer Pläne; über Hitlers Rolle siehe Bernhardt (1969) S. 62–67; Becks Ansichten in NARS, T 79, Rolle 75 (WK VII/4082): »Besprechung in Berlin am 21./22. 12. 1933; BMA, RH 15/v 8

12 NARS, Sammlung militärischer Studien der Wehrmacht, MS Nr. P-031a, Band XXX, Beck: »Einführung in die neue Vor-

schrift ›Truppenführung‹«, Dez. 1933, u. a. Über die späteren Debatten zur »Panzerfrage« siehe Seite 86ff.

13 NARS, T 77, Rolle 177 (Wi IF 5.704): »Sitzungsbericht zur 5. Sitzung des Arbeitsausschusses des Reichsverteidigungsrates«, 15. 11. 1933

14 NARS, T 77, Rolle 177: »Sitzungsbericht zur 8. Sitzung des Arbeitsausschusses des Reichsverteidigungsrates«, 5. 9. 1934; IMT, XXXVI, S. 381 f.: »Sitzungsbericht zur 6. Sitzung des Arbeitsausschusses des Reichsverteidigungsrates«, 23.–24. 1. 1934

15 ibid.

16 Es gab viele Diskussionen über die Spitzengliederung. Hoßbach gibt eine Übersicht (1964) über das ganze Problem

17 NARS, T 77, Rolle 640 (OKW 2050): »Protokoll der Besprechung bei CTA«, 10. 8. 1927

18 IFZ, ED 109, Wilh. Adam: »Erinnerungen« (undatiert), S. 184 f.

19 Meinck (1959), S. 110 und 220; Klaus-Jürgen Müller (1969), S. 216

20 Die ganze Denkschrift Becks in ibid., S. 622 ff. Wegen der Denkschrift von Becks Untergebenen siehe ibid., S. 225 und 622 ff.; O'Neill (1966), S. 107 ff. Zur Information über von Blomberg befohlene Übungen siehe BMA, II H 603, Beck: »Wehrmachtkriegsspiel 1934«, Jan. 1934; NHB, PG 34021: Blomberg an CTA, CHL, CMA und »Reichsminister der Luftfahrt«, 17. 10. 1934

21 Klaus-Jürgen Müller (1969), S. 225 f.

22 Meine Quellen für die Rivalität Beck-Fritsch sind: Curt Siewert, Interview mit dem Autor; Foerster (1953), S. 30 f.; Hoßbach (1965), S. 131. Für den Ausgang siehe NARS, T 78, Rolle 425 (H 1/318): »Pläne der OHL über die künftige Friedensorganisation des Großen Generalstabes« (undatiert) mit einem Organisationsschema des Truppenamtes vom April 1934; T 78, Rolle 433 (H 1/463): »Dienstanweisung für den Chef des Generalstabes des Heeres«, 1935

23 IFZ, ED 1/3: »Ausführungen des Reichswehrministers am 1. und 2. 2. 1934«

24 Der Reihe nach sind die Quellen für diesen Abschnitt: NHB, PG 33995: Fritsch, Anweisung vom 26. 3. 1934 (an die Abtl.-Chefs); NARS, T 78, Rolle 440 (H 1/661): Fritsch Anweisung v. 20. 1. 1934 (an Militärattachés); NARS, MR 1710 (H 23/137): Beck an Wehrmachtamt, 27. 4. 1934

25 MR 1710: Reichenau Anweisung v. 9. 5. 1934

26 Quellen zur Information über den Verteidigungsrat sind: NARS, T 77, Rolle 177 (Wi IF 5.704): »Sitzungsbericht zur 9. Sitzung des Arbeitsausschusses des Reichsverteidigungsrates«, 22. 1. 1935; Hoßbach (1965), S. 132, berichtet über Blombergs Verbot.

27 Zu Becks Argumenten siehe BMA, N 28/2: Beck an Fritsch, 9. 12. 1935; NARS, T 78, Rolle 425 (H 1/319a): Beck: »Wehrmachtstudie«, 28. 12. 1936. Über Jodl siehe NARS, RG 238, U.S.Army-Verhöre: Jodl-Verhör am 10. 7. 1945; Brief Luise Jodls an den Autor. Hoßbach (1965), S. 101, berichtet über einen Vorschlag der »Landesverteidigungskommission«.

28 Die Quellen der Reihe nach: IMT, XXVIII (Jodl-Tagebücher) S. 350; NARS, T 77, Rolle 777 (OKW 2118), Fritsch: »Denkschrift des Generalobersten Frhr. v. Fritsch, die er im August 1937 dem Generalfeldmarschall v. Blomberg vorgelegt hat«; Keitel (1966), S. 26

29 BMA, N 28/1, Beck: »Gegen Aufstellung des 300000-Mann-Heeres«, 20. 5. 1934

30 Robertson (1963) S. 33

31 BMA, N 28/1, Beck: »Übersicht über die außenpolitische Lage nach mündlichen Ausführungen des Staatssekretärs von Bülow am 30. 7.«

32 NARS, MR 1710 (H 23/137) Sodenstern: »Vortrag«, 23. 8. 1934; NARS, T 77, Rolle 177 (Wi IF 5.704) Sitzungsbericht zur 8. Sitzung des Arbeitsausschusses des Reichsverteidigungsrates 5. 8. 1934; DGFP, Serie C, B and III, Nr. 369, S. 698 f.: »Memorandum des Staatssekretärs« v. 1. 12. 1934

33 ibid.; BMA, N 28/1: Anonymus, Abwehrbericht v. 18. 8. 1934; NARS, T 79, Rolle 81 (WK VII/1281): Kühlenthal an CTA, 11. 9. 1934

34 BMA, N 28/1: »Professor Stegemann«, 13. 10. 1934; N 28/1, Beck: »Be-

sprechung mit Staatssekretär von Bülow am 15. 11.«

35 Hoßbach (1965), S. 82 f.

36 In einem Interview mit dem Autor erklärte Hans-Joachim v. Horn, Becks damaliger Adjutant, daß Beck im Prinzip für das Wehrgesetz war. Wegen seiner Besorgnisse siehe Meinck (1959), S. 99, und Anm. 37. Hitlers Enttäuschung ist dokumentiert bei Guderian (1952), S. 87. Der Generalstab erhielt seine offizielle Bezeichnung am 1. Juli. Gleichzeitig wurde der Reichswehrminister in Reichskriegsminister umbenannt, der Chef der Heeresleitung in Oberbefehlshaber des Heeres.

37 BMA, N 28/2, Stülpnagel: Notizen zur augenblicklichen militärpolitischen Lage«, 11. 4. 1935, mit handschr. Randbemerkungen von Beck

38 IMT, XXXIV, S. 485 f.: Anweisung Blomberg v. 2. 5. 1935 für »Schulung«

39 BMA, N 28/2: Beck an Fritsch, 3. 5. 1935

40 BMA, N 28/1; Stülpnagel, Bericht 7. 11. 1934

41 BMA, N 28/2, Beck: »Notizen über Besprechung mit Staatssekretär von Bülow am 22. 6. 1935«

42 BMA, N 28/2: Beck: »Besprechung mit ungar. Genst. Chef 24. 6. 1935«

43 BMA, II H 1008/1: Beck an Roeder, 14. 2. 1935

44 Joseph Russwurm, Interview mit dem Autor, 12. 7. 1973. R. begleitete Beck nach Budapest.

45 BMA, III H 1001/6: Friedrici an Tippelskirch, 12. 1. 1937

46 DGFP, Serie D, Band II, Nr. 66, S. 153 f.: Keitel an Ribbentrop, 7. 3. 1938. Keitel schrieb, daß Beck nicht autorisiert war, Verhandlungen zu führen. Vergleiche ibid., Nr. 65, S. 152: Ribbentrop an Keitel. 4. 3. 1938. Hier berichtet R. von der Enttäuschung der Ungarn, daß die Gespräche zwischen den Armeen eingeschlafen seien.

47 NARS, T 973, Rolle 15 (Hu C II 4): Anonymus, »Berlini Megbeszélések«, Aug. 1938, S. 1. Dies ist ein offizieller ungarischer Bericht. Es ist interessant, Becks Forderung nach Zusammenarbeit mit den Ungarn im Jahre 1938 mit diesem Bericht zu vergleichen. (BMA, N 28/3): Beck an Brauchitsch, 3. 6. 1938

48 BMA, N 28/2, Beck: Notizen über Besprechung mit Staatssekretär von Bülow am 22. 6. 1935

49 Foerster (1953), S. 51

50 BMA, II H 662, Beck: Entwurf für eine Denkschrift vom 9. 7. 1935

51 BMA, N 28/1: Beck, Notizen vom 16. 8. 1935

52 Für eine gründliche, gut dokumentierte Studie der Diskussion über Panzer siehe: Hubertus Senff: »Die Entwicklung der deutschen Panzerwaffe zwischen den beiden Weltkriegen«, Wehrwiss. Rundschau XIX (1969), S. 433–451 und 525–531

53 Siehe Seite 71 und Chef der Heeresleitung, Truppenführung (Berlin 1933)

54 Becks Zweifel in NARS T 78, Rolle 441 (H 1/662), Beck: »England, Manöver der Panzerverbände vom 18. bis zum 21. 9. 1934«, Sommer 1934

55 ibid.

56 NARS, T 79, Rolle 13 (WK VII/397), Beck: Anweisung vom 12. 10. 34; NARS T 79, Rolle 52 (WK VII/2371): Kdo. der Panzertruppen, »Erfahrungsbericht über die Versuchsübung einer Panzerdivision auf dem Truppenübungsplatz Munster im August 1935«, August 1935; NARS, MR 1688 (H 23/38): Beck: »Nachträgliche Betrachtungen zu dem Einsatz des Pz-Korps in der Lage der Truppenamtsreise v. 13. 6. 35«, 25. 7. 1935

57 Guderian (1952), S. 32 ff. Beck war von Natur aus etwas intolerant gegenüber neuen Ideen, besonders beim ersten Anhören. Einmal verbot er sogar ihre Veröffentlichung in halboffiziellen Organen. (Foerster [1967], S. 40 f.; vergleiche Manstein [1958], S. 246 f.)

58 BMA, II H 662: Beck an Fritsch, 30. Dez. 1935; Beck, Anweisung vom 9. Jan. 1936; Beck an AHA, 30. 1. 1936

59 Senff, a.a.O., S. 444; Guderian (1952), S. 32 f.; Schall-Riaucour (1972), S. 106, 142 f. und 327 f.

60 Robertson (1963), S. 71; Weinberg (1970), S. 241 f.; Hoßbach (1965), S. 83; Karl-Jesco von Puttkamer, Interview mit dem Autor

61 Weinberg (1970), S. 239

62 NARS, MR 1868 (H 23/36): Beck an Fritsch, 2. 4. 1935; BMA II H 678: Manstein an Fritsch, 23. 1. 1936 (zu den Vorstellungen des Generalstabs); BMA, II H 183/1 und II H 154 (über die Verbindung zu paramilitärischen Einheiten); Walter Beck, Interview mit dem Autor

63 DGFP, C, III, 369, S. 698: »Memorandum des Staatssekretärs« v. 1. Dez. 1934. Für Becks Befürchtungen folgende Quellen: NARS, RG 238, Nürnberger Verhöre: Zeugenaussage Mr. Lochner in Berlin am 25. 7. 1945 gegenüber Oberst Jahn H. Amen; Walter Beck, Brief an den Autor; MR 1686: Beck an Fritsch, 2. 4. 1935, Geyrs Ansichten in IFZ, ED 91/2, Geyr: »Beurteilung der Lage in England«, 13. 3. 1935, und Geyr an den Generalstab, Berlin, 18. 1. 1936

64 Hoßbach (1965), S. 84; Karl-Jesco von Puttkamer, Interview mit dem Autor; IMT, XV, S. 352

65 NARS, MR 1967 (H 23/71a), von Pappenheim: »Bericht Militärattaché London«, 12. 3. 1936

66 DGFP, C, V, 87, S. 119 f.: »Der Militärattaché in Großbritannien an den Reichskriegsminister«, 12. 3. 1936; DGFP, C. V, 88, S. 120 f.: »Der Militär- und Luftattaché in Frankreich an den Reichskriegsminister, 12. 3. 1936

67 DGFP, C, V, 98, S. 134: »Die Botschaft in Großbritannien an das Außenministerium«, 13. 3. 1936

68 Weinberg (1970), S. 257; Geyr von Schweppenburg (1949), S. 87

69 IFZ, ED 91/4 Stülpnagel an Geyr, 21. 3. 1936; Siegfried Westphal, Interview mit dem Autor; DFFP, 2. Serie, Band I, Nr. 428, S. 554: »M. François-Poncet à M. Flandin«, 14. 3. 1936

70 Geyr von Schweppenburg (1949), S. 88

71 Foerster (1953), S. 57; O'Neill (1966), S. 129 f.; IMT XX, S. 603

72 Merkes (1961) und Viñas (1974) bieten die beste Diskussion dieser Punkte.

73 Walter Warlimont, Interview mit dem Autor; sein Zeugnis wird erhärtet durch Hoßbach (1965), S. 36

74 ibid., CC C 180/1/21, Christie: »Kern einer Unterhaltung«, Juni 1937

75 Gamelin (1946), S. 282; BMA II H 1008/2: Kühlenthal an Beck, 10. 3. 1937

76 II H 1008/2: Beck an Kühlenthal, 31. März 1937

77 NARS, T 120, Rolle 1738 (Akten des Außenministeriums, »Politische Beziehungen: Frankreich zu Deutschland«): von Rintelen, »Aufzeichnung«, 17. 6. 1937, und Mackensen an Deutsche Botschaft, Rom, 17. 6. 1937; Franz. Außenministerium, Brief an den Autor; DFFP, 2, VI 94, S. 155 ff.: »M. François-Poncet à M. Delbos«, 19. 6. 1937; Spekulationen in der Presse in PRO, FO 371/20749/C 9373: Telegramm von Phipps an Außenministerium, London, 17. 6. 1937

78 NARS, MS B-819: Ludwig Beck, »Becks Besuch in Paris«, Juni 1937

79 Foerster (1953), S. 66; Gamelin (1946), S. 282 f.

80 ibid.

81 CCC, 180/1/21: Christie, »Kern einer Unterhaltung«. Einer von Christies regelmäßigen Informanten war Hans Ritter, der deutsche Luftattaché in Paris. Daher ist er vielleicht einer der Freunde, auf die sich Christie bezieht: Christie war in den zwanziger Jahren Luftattaché in Berlin und hatte gute Beziehungen zu deutschen Militärkreisen.

82 Foerster (1953), S. 66. Der Bericht des französischen Militärattachés in Berlin, (dessen Herkunft ich nicht autorisiert bin bekanntzugeben) erhärtet Speidels Angaben.

83 Wie in Anm. 78

84 Albert Wedemeyer, Gertrud Neubaur, Rudolf Beck, Walter Beck, Adolf Heusinger in Interviews mit dem Autor. In Becks Arbeitszimmer hing sogar ein Bild von Gamelin.

85 Siehe Anm. 81

86 NARS, RG 242, EAP 13-m-10/1: »Besprechung des Führers mit Generaloberst Jodl am 31. 7. 44 in der Wolfsschanze«

87 Ich habe die Originalniederschrift des Hoßbach-Protokolls benutzt: »Niederschrift über die Besprechung in der Reichskanzlei am 5. 11. 37, von 16.15–20.30 Uhr«, 10. November 1937: IMT, XXV, S. 406–413. Ihre Bedeutung ist heftig diskutiert worden. Siehe zum Beispiel Taylor (1967), S. 20 f.; Carr (1972), S. 78 ff.; Weinberg (1970), S. 1–24

88 IMT, XVI, S. 640; Hoßbach (1965), S. 191

89 BMA, N 28/4, Beck: »Randbemerkungen zu einem mir vorgelegenen Protokoll der Besprechung des Führers mit Blomberg, Göring, Fritsch, Raeder anfangs November 1937«, 12. November 1937. Es ist nicht bekannt, ob Beck diese Randbemerkungen nur zum Hausgebrauch verfaßte oder sie auch Dritten zukommen ließ.

90 Abgesehen von der Bemerkung über den »Tschechischen Blinddarm«, deren Quelle ein Brief des damaligen ungarischen Militärattachés in Berlin, Kálmán Hardy, an den Autor ist, benutze ich hier und in den nachfolgenden Zitaten die in Anmerkung 89 angegebene Quelle. Es ist interessant, diese Ansichten Becks mit denen von Carl Goerdeler zu vergleichen, denn beide trafen sich häufig in den dreißiger Jahren (Ritter [1954], S. 154). Auch Goerdeler war über die wirtschaftliche Lage besorgt und reiste durch Europa, um Verständnis für die deutschen Ziele zu erwecken, die seiner Meinung nach ohne Krieg erreicht werden konnten.

Zu Kapitel V

1 Hoßbach (1965), S. 106

2 ibid.; Gisevius (1964), S. 154

3 Fritsch, nicht betiteltes Manuskript, das sich mit der Krise befaßt, (1939), S. 10. Das Dokument befindet sich in der Hand von Mr. David Irving. (»Fritsch-Manuskript«)

4 ibid., S. 8; Maximilian Fretter-Pico, Interview mit dem Autor; BMA, N 28/3: Fritsch, nicht betiteltes Manuskript über die Beziehungen zur Partei, 1. Febr. 1938 (zu den Gerüchten über Beck); Fritsch-Manuskript (1939), S. 6 (zu den Gerüchten über Verhaftungen und die Erkenntnis, daß die Heeresleitung wegen ihres Widerstandes gegen die SS-Verfügungstruppe angegriffen wurde).

5 PRO, FO 371/21660/C 9022: Mason Macfarlane an Chancery, 18. Januar 1938

6 NARS, T 79, Rolle 213 (WK XII/823): »Vortrag des Führers vor den Generalen am 22. 1. 38«. Es ist nicht bekannt, ob Beck dabei anwesend war.

7 Der Hintergrund der Verschwörung ist genau beschrieben worden von Deutsch (1974), besonders die Seiten 78–93

8 Hoßbach (1965), S. 108f.

9 ibid., S. 110; Fritsch-Manuskript (1939), S. 2

10 Hoßbach (1965), S. 111

11 ibid., S. 114f.; Deutsch (1974), S. 120; NARS, M. 679: Blombergs Verhör vom 13. Sept. 1945; IMT, XXVIII (Tagebuch Jodl), S. 357

12 Keitel (1966), S. 44f.

13 IMT, XXVIII (Tagebuch Jodl), S. 358

14 Fritsch-Manuskript (1939), S. 2; Hoßbach (1965), S. 111

15 ibid., S. 113

16 Gisevius (1964), S. 167; Foerster (1953), S. 87; Gisevius, Interview mit dem Autor

17 Hoßbach (1965), S. 113

18 Fritsch-Manuskript (1939), S. 7

19 ibid.; Gisevius (1964), S. 166f.

20 ibid.; Foerster (1953), S. 87. Foerster behauptet, er habe bei Beck ein Memorandum gesehen, in dem dieser Hitlers Angebot an ihn beschreibt. Gisevius jedoch bezweifelte in einem Interview mit dem Autor, daß dieses Angebot gemacht worden sei, da Beck es ihm gegenüber nie erwähnt habe.

21 Hoßbach (1965), S. 113

22 IFZ, Mikrofilm EAP 21 X C: »Vernehmung von Fritsch«, 27. Januar 1938

23 Gisevius (1964), S. 168; Gisevius, Interview mit dem Autor

24 Gisevius (1964), S. 174

25 IMT, XXVIII (Tagebuch Jodl), S. 358; Keitel (1966), S. 48

26 Foertsch (1951), S. 99; Wolf Eberhard, Tagebuch 1938, Eintragung für den 28. Januar. (Ein privates Dokument im Besitz von Mr. D. Irving. E. war Keitels Adjutant.)

27 IMT XXVIII (Tagebuch Jodl), S. 359

28 Keitel (1966), S. 50

29 IMT XXVIII (Tagebuch Jodl), S. 360

30 Deutsch (1974)), S. 221f.

31 IMT, XXVIII (Tagebuch Jodl), S. 361; Hassel (1964) S. 71

32 IFZ, ZS 129, Rundstedt: »Affäre Blomberg-Fritsch 1938«, (1946). Rundstedts Datierung ist nicht zutreffend. Er schreibt, daß Beck ihn am 3. Februar nach Berlin rief. Andere Quellen beweisen jedoch, daß er Hitler schon am 30. Januar sprach. Folglich muß Beck ihn am 29. Januar nach Berlin geholt haben.

33 ibid.; Manstein (1958), S. 300

34 ibid., S. 300 f.

35 Schall-Riaucour (1972), S. 220. Auch Gisevius hörte, wie Beck »Revolution und Meuterei« ablehnte (Gisevius in einem Interview mit dem Autor.)

36 IFZ, ZS 125, Röhricht: »Bericht über eine Aussprache mit Goerdeler während der Blomberg-Fritsch-Krise, 22. Febr. 1951; Röhricht (1965), S. 11 ff.

37 ibid., S. 115 ff.

38 Tagebuch Wolf Eberhard, 1938, Eintragung vom 1. Febr.; Manstein (1958), S. 301 und 318; Gisevius, Interview mit dem Autor (Gisevius sprach hierüber während des Krieges mit Beck.)

39 Fritsch-Manuskript (1939), S. 10

40 Manstein (1958), S. 307; Keitel (1966), S. 54

41 IMT XXVIII (Tagebuch Jodl), S. 362 und 367

42 Adolf Heusinger, Brief an den Autor

43 Manstein (1958), S. 303 f.; Fritsch-Manuskript (1939), S. 15

44 ibid.

45 IFZ, ED 109, Wilhelm Adam: »Erinnerungen« (undatiert), S. 393 a

46 Gisevius (1964), S. 183; Gisevius, Interview mit dem Autor

47 Gisevius (1964), S. 198; Manstein (1958), S. 307; Getrud Neubaur, Interview mit dem Autor; Graf von der Goltz, Brief an den Autor

48 IFZ, ZS 96, Krausnick: »Niederschrift über einen Besuch bei Gfm Wilhelm List in Garmisch-Partenkirchen am 4. 5. 55«; Deutsch (1974), S. 248; Achim Oster, Interview mit dem Autor

49 Foerster (1953), S. 90; Kielmansegg (1949), S. 68; IFZ, ZS 627: Ulex, undatiertes Manuskript ohne Titel, S. 17

50 IMT XXVIII (Tagebuch Jodl), S. 369

51 Fritsch-Manuskript (1939), S. 17; Manstein (1958), S. 307

52 Gisevius (1964), S. 197; Gisevius, Interview mit dem Autor

53 IMT XXVIII (Tagebuch Jodl), S. 369

54 NHB, PG 33311, Brauchitsch: »Die Organisation der Wehrmacht«, 7. 3. 1938. Siewert, der für die Verteilung dieser Denkschrift verantwortlich war, erinnerte sich, daß Beck und Manstein an seiner Ausarbeitung mitgewirkt haben (Siewert in einem Interview mit dem Autor).

55 NARS, T 77, Rolle 775 (OKW 214), OKW: »Wehrmachtspitzengliederung«, 8. 3. 1938; OKW: »Denkschrift des Ob. d. H. über Organisation der Wehrmachtführung«, 22. 3. 1938

56 NARS, RG 238, Nürnberger Verhöre: Verhöre Keitel, 27. 8. (vorm.), 7. 10. (nachm.) und 8. 10. (nachm.) 1945

57 Landesgericht für Strafsachen, »Der Hochverratsprozeß gegen Dr. Guido Schmidt vor dem Wiener Volksgericht«, (Wien 1974), S. 221

58 BMA, N 28/2: Beck an Fritsch, 20. 5. 1937

59 Nürnberger Verhöre: Verhör Keitel, 28. 8. 1945 (nachm.)

60 Keitel (1966), S. 58

61 Manstein (1958), S. 322 f.; Westphal (1950), S. 70; IMT, XX, S. 609

62 Keitel (1966), S. 58; Wolf Eberhard in Interviews mit Mr. David Irving

63 Manstein (1958), S. 323

64 Hoßbach (1965), S. 128

65 Manstein (1958), S. 325

66 Guderian (1952), S. 49 f.; NARS, MR 1708 (H 2396): Beck an AOK 8, 16. 3. 1938

67 Otto von Heydebreck an Aladár Szegedy-Maszák, 19. 3. 1938 (Privatbrief im Besitz von Mr. Szegedy-Maszák); IFZ, ZS 279, Ott: »Bemerkungen zu den Akten des Instituts für Zeitgeschichte«, 2. 2. 1952

68 Fritsch-Manuskript (1939), S. 24 f.; BMA, N 28/3: Hitler an Fritsch, 30. 3. 1938

69 Fritsch-Manuskript (1939), S. 23; BMA, N 28/2: Fritsch an Hitler, 7. 4. 1938

70 Fritsch-Manuskript (1939), S. 23 f.; Otto John: »Zum Jahrestag der Verschwörung gegen Hitler« in »Wochenpost«, 18. Juli 1947

71 BMA, N 28/3, Canaris und Hoßbach: »Stellungnahme zum Fall des Generalobersten Frhr. von Fritsch«, undatiert; BDC, Sonderakte Canaris: Huppenkothen, »Verhältnis Wehrmacht-Sicherheitspolizei«, undatiert; Gisevius (1964), S. 207; Gisevius, Interviews mit dem Autor

72 IFZ, MS 99, Hermann Leeb: »Material zur Lebensgeschichte von Wilhelm Ritter von Leeb«, undatiert, S. 14

73 Gisevius, Interview mit dem Autor; BMA, N 5/29, Joachim von Stülpnagel: »75 Jahre meines Lebens« (undatiert), S. 358; Foerster (1953), S. 92

74 Keitel (1966), S. 55 f.

75 BMA, N 28/3: Halder an Beck, 13. 6. 1938; Stülpnagel an Beck, 15. 6. 1938

76 Deutsch (1974), S. 409; NARS, Sammlung militärischer Studien der Wehrmacht, MS A 870: Hans Speidel: »Beck gegen Hitler« (1947). (Speidel schreibt, Beck habe seine Bemerkung über die Ehre Hitler ins Gesicht gesagt. Ich halte dies für unwahrscheinlich, da es keinen Hinweis darauf gibt, daß Beck und Hitler sich nach dem 26. Januar noch einmal begegnet sind.)

Zu Kapitel VI

1 DGFP, Serie D, Band I, Nr. 133, S. 239 f.: Denkschrift über Operation »Grün«, abgezeichnet vom Adjutanten des Führers (Schmundt), 22. 4. 1938

2 Keitel (1966), S. 63. Beck muß schon Ende März von Hitlers Absichten erfahren haben, da Keitel am 28. März ein Memorandum in Umlauf setzte, in dem Hitlers Interesse an Operationen gegen die Tschechoslowakei zum Ausdruck kam. (NHB, PG 331 974: Rundschreiben Keitel vom 28. 3. 1938)

3 BMA, N 28/3: »Betrachtungen zur gegenwärtigen militär-politischen Lage Deutschlands«, 5. Mai 1938. (Foerster [1953] bringt Auszüge aus dieser Studie und auch aus den meisten anderen von Beck in diesem Zusammenhang verfaßten Dokumenten.)

4 Keitel (1966), S. 63; Klaus-Jürgen Müller (1969), S. 305

5 NARS, T 77, Rolle 300 (H 25/39): »Aktennotiz der 10. Abt. des Genst. d. H.«, 27. 5. 1938 (Anweisung über den Bau von Befestigungen); IFZ, ZS 222: Engel: »Tagebuch«, Eintragung für den 20. 5. 1938. Ungefähr zur gleichen Zeit erzählte Göring General Adam, daß Hitler Beck durch Halder, Stülpnagel oder Manstein abzulösen wünsche. (IFZ, ED 109, Adam: »Erinnerungen« [undatiert], S. 439)

6 BMA, N 5/27, Stülpnagel: »75 Jahre meines Lebens« (undatiert), S. 360

7 IFZ, ZS 222, Engel: »Tagebuch«, Eintragung vom 22. Mai 1938 und von einem nicht genannten Tag im Mai

8 ibid., Eintr. vom 28. 5. 1938; Wiedemann (1964), S. 127 f.; BMA, N 28/3, Beck: »Ausführungen des Führers«, 29. 5. 1938

9 BMA, N 28/3, Beck: »Bemerkungen zu den Ausführungen des Führers«, 29. 5. 1938. Es ist interessant festzuhalten, daß Beck zwar häufig sich wohlwollend über die britische Politik äußerte, doch für Frankreich kein freundliches Wort fand.

10 DGFP, D, II, 221, S. 357: Weisung Hitlers für Operation »Grün«, an die Oberbefehlshaber, 30. 5. 1938; siehe zum Beispiel auch Schall-Riaucour (1972), S. 215 (für die Weiterführung der Kriegsvorbereitungen)

11 BMA, N 28/3: Beck an Brauchitsch, 3. 6. 1938

12 IMT, XXVIII (Tagebuch Jodl), S. 373

13 BMA, III H 1001/14: Kühlenthal an Generalstab, Berlin, 27. 5. 1938; BMA, III H 1001/11: Bechtolsheim an Generalstab, Berlin, 6. 7. 1938; DGFP, D. II. 259, S. 420 ff., Weizsäcker: »Memorandum«, 8. 6. 1938; IFZ, ZS 240, Weizsäcker: »Eidesstattliche Erklärung«, 4. 5. 1948

14 NARS, T 77, Rolle 291 (Wi IF 5.1502): Rundschreiben Becks vom 19. 4. 1938 (Ankündigung des Kriegsspiels); Warlimont (1962), S. 31; IFZ, ZS 379: Speidel: »Eidesstattliche Erklärung«, 5. 6. 1947. Beck äußerte privat gegenüber Prof. Rit-

ter, daß eine französische Offensive gegen Deutschland im besten Fall erst in der Gegend von Gotha zum Stehen gebracht werden könnte. (Ritter [1954], S. 492)

15 Warlimont in einem Interview mit dem Autor

16 Röhricht (1965), S. 119f.

17 ibid., S. 120f.

18 Luise Jodl, Brief an den Autor; IFZ, ZS 312, Warlimont: »Sudetenkrise und Prag 1938/39«, 24. 9. 1945; IFZ, ZS 240: Halder an das IFZ, 29. 3. 1953 (alle zu den Beziehungen zwischen Beck und dem OKW). Über Brauchitsch und Hitler siehe IFZ, ZS 222, Engel: »Tagebuch«, Eintragungen für Juni und Juli 1938).

19 DGFP, D, II, 282, S. 743ff.: OKW, Allgemeine strategische Weisung, 18. 6. 1938

20 Weizsäcker (1974), S. 123; NARS, T 78, Rolle 365 (H 27/40): von Rintelen an 3. Abt., 26. 6. 1938; NARS, T 78, Rolle 361 (H 27/15b): 3. Abt., »Besuch des Generals Pariani«, 16. 6. 1938. Vergleiche Becks Kommentare über Italien in den Anmerkungen 21 und 27

21 BMA, N 28/3: Beck an Brauchitsch, 16. Juli 1938

22 ibid., Anhang zum Schreiben an Brauchitsch vom 16. Juli 1938

23 Klaus-Jürgen Müller (1969), S. 325; Schall-Riaucour (1973), S. 193, 214f., und 227; Franz Halder, Brief an den Autor

24 BMA N 28/4, Beck: »Vortragsnotiz vom 19. 7. 1938.« Es ist die Vermutung geäußert worden, daß Beck einen Putsch gegen Hitler plante und weniger eine Reform des Regimes im Auge hatte. Das würde bedeuten, daß man Becks Slogan »Für den Führer« nur als geschickte Taktik anzusehen hätte, was sich schwer mit seinen Handlungen im August und September in Einklang bringen läßt. Dagegen ist Hoßbachs Äußerung, daß Beck tatsächlich »Für den Führer« kämpfen wollte, durchaus glaubwürdig (Friedrich Hoßbach in einem Interview mit dem Autor). Auch Halder stellt fest, daß Beck an »evolutionären« Methoden festhielt, solange er im Amt war (Schall-Riaucour (1972), S. 214f.), und erinnert an Osters Klagen über Becks »Unentschlossenheit« (ibid., S. 236). Außerdem protokollierte die Gestapo im Jahr 1944 eine Interpretation von Becks Plänen, die von Oster stammt und die meine Interpretation unterstützt (»Spiegelbild einer Verschwörung« (1961), S. 528). Becks Hinweise auf Spannungen im Innern widersprechen dieser Interpretation nicht, denn sie deuten eine Erneuerung des Kampfes gegen die Partei in der Weise an, wie er auch während der SA- und SS-Krise geführt wurde. Auch waren Becks Hinweise auf »Kommunismus«, die Hoffmann für den Schlüssel zum Verständnis von Becks revolutionären Absichten hält, nicht nur taktischer Natur (Hoffmann (1974), S. 103). Beck hatte solche Erklärungen schon früher oft genug gemacht und sollte sie auch in Zukunft machen. Beck hat höchstens die Möglichkeit eines Putsches mit Witzleben, Oster und Stülpnagel erörtert. (Siehe Schall-Riaucour (1972), S. 246; Foerster (1953), S. 127f.) Vergleiche auch Anmerkung 26

25 IFZ, ZS 300: Historische Untersuchungskommission, »Verhör Artur Seyß-Inquart« vom 25. 7. 1945. Über Bürckel vergleiche Hassel (1964), S. 23. Über Wagner äußert sich zum Beispiel Schacht (1949), S. 162

26 BMA, N 28/4, Beck: »Vortragsnotiz vom 29. 7. 38.« In Verbindung mit dem in Anmerkung 24 gegebenen Kommentar ist es wichtig, festzuhalten, daß Beck auch in diesem Dokument seine Pläne nur als eine Fortsetzung der bereits am 16. Juli »zum Ausdruck gebrachten« ansieht und nicht auf die vom 19. Juli zurückkommt. Als er schrieb, es sei notwendig, Witzleben und Helldorf zusammenzubringen, bezog sich das nicht auf Putschpläne, sondern auf die Möglichkeit von inneren Unruhen. Ebenso notwendig ist es, festzustellen, daß Beck in keinerlei Zusammenhang mit den Kontakten Ewald von Kleist-Schmenzins und Hans Böhm-Tettelbachs zur englischen Regierung zu bringen ist, wie manchmal behauptet wird. (Siehe Kordt [1950], S. 244; Scheurig [1968], S. 155; Ritter [1954], S. 155; IFZ, ZS 240, Hans Böhm-Tettelbach: »Eidesstattliche Erklärung«, 12. 5. 1948. Die beiden letzten Quellen geben die richtige Version wieder.)

27 BMA, N 28/4, Beck: »Entwurf zu

einer Ansprache des Ob. d. H.« (undatiert)

28 BMA, N 19/6, von Weichs: »Erinnerungen« (undatiert), II, S. 65 ff.; IFZ, Ed 109, Adam: »Erinnerungen« (undatiert), S. 455 ff.; Sauerbruch (1949), S. 357; NARS, RG 238, Nürnberger Verhöre: Verhör Brauchitsch vom 1. 11. 1945 (nachm.)

29 Keitel (1966), S. 65; Groscurth (1970), S. 229 (über die »Denkschriften von Herrn Beck«); Schall-Riaucour (1972), S. 226 (diese Quelle und die folgenden über die Konferenz Halder-Brauchitsch): John (1969), S. 33; Foerster (1953), S. 141; BMA, N 220/12: »Protokolle der Verhandlungen vor der Entnazifizierungs-Spruchkammer X München gegen Generaloberst Franz Halder, 15.–21. 9. 1948, S. 5

30 Beide Briefe sind in Klaus-Jürgen Müller (1969), S. 656 ff., wiedergegeben

31 Foerster (1949), S. 121 (über Brauchitschs Nervenflattern); IFZ, ZS 240: Halder an das IFZ, 23. 11. 1950 (über Halders Vertretung von Beck). Vergleiche Schall-Riaucour (1972), S. 223 ff.

32 IFZ, ZS 240, Weizsäcker: »Eidesstattliche Erklärung«, 4. 5. 1948; Hoßbach (1965), S. 134; Gisevius (1964), S. 224. Vansittarts Forderung in: PRO, FO 371/20733/0 7602, Vansittart: »Minute«, 8. 11. 1937

33 IFZ, ED 109, Adam: »Erinnerungen«, S. 439; Walter Beck, Interview mit dem Autor

34 IFZ, XXVIII (Tagebuch Jodl), S. 374; IFZ, ZS 1655, von Wietersheim, »Meine Aussagen am 13. Februar 1948«

35 Keitel (1966), S. 65; Herbert Koestlin und Adolf Reinecke, Interviews mit dem Autor (beide 1938 Artillerieoffiziere in Jüterbog); IFZ, ED 109, Adam: »Erinnerungen«, S. 480. Vergleiche IFZ, ES 1/3 Liebmann: »Persönliche Erlebnisse«, Nov. 1939, S. 3

36 Keitel (1966), S. 65; Wolf Eberhard: »Besprechung des Führers mit den kommandierenden Generalen in Jüterbog«, 15. 8. 1938 (ein privates Dokument im Besitz von Mr. D. Irving). Siehe auch: Liebmann: »Persönliche Erlebnisse«, S. 3

37 ibid., S. 5; IFZ, ZS 28, Doerr: »Auszug aus einer Erklärung des Generals a.D. Doerr«, 3. 1. 1952

38 Gisevius (1964), S. 223 f. (bezüglich des Adjutanten und Brauchitsch); Foerster (1953), S. 45 (über den 24. und 26. 8. 1938); Gisevius (1947), S. 283 (für »nicht den leisesten Anschein«); Doerr, wie in Anm. 37, (für »als Kanonier an der Front«); BMA, N 28/6: Beck an Hoßbach, am 20. 10. 1938 (wegen der Ernennung). Vergleiche IMT, XXV, S. 477: »Stellenbesetzung der Armee«, Sept. 1938. Es ist nicht ganz klar, ob Beck dieses Frontkommando nur angeboten wurde, um ihm den Verzicht auf die öffentliche Bekanntgabe seines Rücktritts zu erleichtern.

39 Hoßbach (1965), S. 130. Luise Jodl beschrieb in einem Interview mit dem Autor dieses Ereignis.

40 Westphal (1950), S. 75; Horn (1948), S. 52; Sauerbruch (1949), S. 357. In einem Interview mit dem Autor erklärte Margot Sauerbruch, daß sie sich erinnere, daß Beck ihrem Mann eine Kopie dieser Denkschrift gegeben habe.

41 NARS, RG 165, MID 2016: Smith an das War Department, Washington, 3. 10. 1938: DBFP, dritte Serie, Band II, Nr. 943, S. 408: Henderson an Halifax, 19. 9. 1938; Gisevius in IMT, XII, S. 209; Halder in Schall-Riaucour (1972), S. 216; Schacht in BMA, N 220/13: »Entnazifizierungs-Spruchkammer X München, Spruch gegen Generaloberst Franz Halder«, September 1948, S. 33; Beck empfahl Halder Oster und Goerdeler (Ritter [1954], S. 184) und sagte Oster und Gisevius, daß er ihnen einen »energischeren« Nachfolger hinterlasse (IMT, XII, S. 211). Gisevius hat in Nürnberg ausgesagt, daß Beck Schacht aufgefordert habe, zusammen mit ihm zurückzutreten (ibid., S. 209), aber in Schachts Memoiren findet sich nichts darüber. Beck war jedenfalls der Ansicht, daß Weizsäcker im Amt bleiben solle (Weizsäcker, [1951], S. 141).

42 IFZ, ED 1/3, Liebmann: »Persönliche Erlebnisse«, November 1939, S. 6; Kálmán Hardy, Interview mit dem Autor; NARS, RG 165, MID 2016: Smith an das War Department, 3. 10. 1938

43 Zu Brauchitschs Bemühungen um

Becks Weiterverwendung: Hammerstein (1963), S. 93; Curt Siewert, Interview mit dem Autor; Hassell (1964), S. 25. Für Hitlers Aussprüche und die Beförderung: BMA N 28/6: Beck an Hoßbach, 20. u. 30. 10. 1938. Hassell (1964), S. 25. Da Beck offenbar der einzige Mann war, den Hitler fürchtete (Schlabrendorff zitiert Hitler, allerdings nach Hörensagen: »Der einzige Mann, den ich fürchte, ist Beck. Dieser Mann wäre in der Lage, etwas gegen mich zu unternehmen«), lehnte der Diktator es auch nach Kriegsausbruch ab, Becks Wiederverwendung zu erwägen. Engel berichtet, daß Brauchitsch diese Frage noch einmal im September 1939 aufgeworfen habe (IFZ, ZS 222: Engel an Uhlig, 7. Juli 1952).

Zu Kapitel VII

1 BMA, N 28/6: Beck an Hoßbach, 20. 11. 1938; Luise Jodl, Interview mit dem Autor; Hans Speidel, Interview mit dem Autor

2 Private Quelle: Fritsch an Schutzbar-Milchling, 22. 11. und 11. 12. 1938. Ich habe Fotokopien von beiden Schreiben in Fritschs unverwechselbarer Handschrift gesehen.

3 Ludwig von Hammerstein, Interview mit dem Autor; Angela Gräfin von der Schulenburg, Brief an den Autor

4 BMA, N 28/7–8/1: Beck an Frl. Gossler, 23. 12. 1938 (ähnliche Gedanken brachte Beck gegenüber Hoßbach zum Ausdruck (BMA 28/6: Beck an Hoßbach, 20. 11. 1938); Beck an Fritz Beck, 19. 10. 1938 (Privatbrief im Besitz von Walter Beck); Hans Speidel, Interview mit dem Autor

5 Halder und Gisevius, die Witzleben halfen, den Putsch vorzubereiten, stimmen darin überein, daß Beck in diese Verschwörung nicht eingeweiht war. (Schall-Riaucour [1972], S. 249; Gisevius, Interview mit dem Autor) Widersprechende Zeugnisse: Sauerbruch (1949), S. 358; Deutsch (1968), S. 36f.; Pechel (1947), S. 151; Buchheit (1964), S. 177. Die Quellen für die Äußerungen gegenüber Holtzmann und Speidel sind: »Bereitbleiben zur Tat – Zum siebzigsten Geburtstag von General a. D. Dr. Hans Seidel« (Köln (1967), S. 36; IFZ, ZS 26 A I: Holtzmann, »Eidesstattliche Erklärung, 19. 4. 1946. Ähnliche Äußerungen über die Bewahrung des Friedens machte Beck in einem undatierten Briefentwurf an einen namentlich nicht bekannten »Herrn Professor« (BMA, N 28/7–8/1). Foerster betont ebenfalls Becks Erleichterung über die Bewahrung des Friedens (Foerster (1953), S. 148). Vergleiche Ritter (1954), S. 478 für eine sorgfältige Diskussion der Beweise über Becks Teilnahme an der Verschwörung.

6 Hassell (1964), S. 20; Foerster (1953), S. 148. Foerster berichtet, daß Beck die meiste Zeit darauf vewandte, die Geschichte der Heeresgruppe Deutscher Kronprinz zu erforschen und Schulenburgs Memoiren herauszugeben.

7 Die »Betrachtungen über den Krieg« datieren vom April 1940, sind aber dem Essay »Deutschland in einem kommenden Kriege« so verwandt, daß man sie als Einheit ansehen kann. Den ersten Essay legte Beck Brauchitsch vor, sobald er ihn geschrieben hatte. Den zweiten trug er der Mittwochsgesellschaft vor. (Siehe Seite 214.) (Beide sind abgedruckt in Beck »Studien« (1955), Seiten 51–64 und 117–138.)

8 »Besaß Deutschland 1914 einen Kriegsplan?« ist vom März 1939 datiert, und »West- oder Ost-Offensive 1914?« vom April 1941. Aber die Konzepte beider Essays sind so eng miteinander verknüpft, daß man den zweiten als Fortsetzung des ersten ansehen kann. (Ibid., S. 91–112 und 143–189)

9 »Feldmarschall Graf Helmuth von Moltke als Korrespondent« (New York 1893), S. 272 und 295 f. Ich bin Professor Klaus-Jürgen Müller dafür zu Dank verpflichtet, daß er Becks Gedanken mit mir diskutierte, und auch für die Ideen, die er zu diesem Thema in seinen hervorragenden Arbeiten niederlegte (Klaus-Jürgen Müller: »Staat und Politik im Denken

Ludwig Becks« in »Historische Zeitschrift« 215 (1972), S. 607–631, und »Ludwig Beck, ein General zwischen Wilhelminismus und Nationalsozialismus« in I. Geiss und B.-J. Wendt u. a., »Deutschland in der Politik des 19. und 20. Jahrhunderts« (Oldenburg 1973)

10 Zitiert nach Craig (1968), S. 214. Siehe auch BMA, N 28/7–8/1: Beck an einen namentlich nicht genannten »Herrn Professor«, undatiert. Hier spricht Beck von dem »wundervollen Dreiklang: Wilhelm I., Bismarck und Moltke. Das Zitat Clausewitz siehe »Clausewitz« (1968), S. 217

11 Walter Beck, Interview mit dem Autor

12 IFZ, ZS 26 A I, Holtzmann: »Eidesstattliche Erklärung«, 19. 4. 1946

13 Hassell (1964), S. 35

14 Groscurth (1970), S. 168 f.

15 Gisevius, Interviews mit dem Autor. Gerade dieser Punkt wurde zwischen uns ausführlich erörtert.

16 Geyr von Schweppenburg (1952), S. 187

17 Wheeler-Bennett (1964), S. 437. Sir John versicherte mir, daß seine Informationen aus erster Hand stammen, die Quelle jedoch nicht genannt sein will.

18 Gisevius (1964), S. 266

19 ibid.

20 ibid., S. 166; Hassell (1964), S. 64

21 NARS, RG 242, ML 1708, Heinz: »Von Wilhelm Canaris zum NKWD« (undatiert), S. 111. Vergleiche Hassell (1964), S. 67 ff.

22 Wheeler-Bennett (1964), S. 446 f.; NARS, RG 238, Nürnberger Verhöre: »Zeugenaussage Mr. Louis P. Lochner zu Berlin am 25. 7. 45 gegenüber Col. John H. Amen«. Der Text, der nach London ging, ist nachzulesen in PRO, FO 371/22979/C 12341: Ogilvie-Forbes an Kirkpatrick, 25. 8. 1939

Zu Kapitel VIII

1 Beck an Wilhelm Beck, 7. 9. 1939 (Privatbrief im Besitz von Walter Beck); IFZ, ZS 26 A I, Holtzmann: »Eidesstattliche Erklärung«, 19. 4. 1946. Thomas berichtet, daß die Verschwörer zu der Überzeugung gelangt waren, sie könnten während des Polenfeldzuges nichts unternehmen. (IFZ, ZS 310, Thomas: »Die Opposition«, Nov. 1945)

2 Gisevius, Interview mit dem Autor. Beck erklärte Holtzmann, daß er Fritschs Tod vorausgesehen habe (BA, Nachlaß Holtzmann, Band 14). Vergleiche NARS, RG 238, Verhöre durch die US.Army: Verhör Graf von der Goltz, 4. Juni 1945. Der Graf berichtete, daß Fritsch ihm geschrieben habe, daß er sein Regiment als »Scheibe« nach Polen begleiten werde. Den gleichen Ausdruck: »nur als Scheibe«, benutzte Fritsch schon in einem Brief vom 7. August 1939 an Margot Schutzbar-Milchling.

3 Beck an Wilhelm Beck am 22. und 28. 9. 1939 (Privatbriefe im Besitz von Walter Beck)

4 Hassell (1964), S. 78

5 ibid., S. 78; Groscurth (1970), S. 478; Becks eigene klare Ansichten über das persönliche Verhalten eines Soldaten in der Schlacht: NARS, T 79, Rolle 130 (Wk XII/88) Beck: »Verhalten im Kriege« 24. 8. 1938

6 Beck an Wilhelm Beck, 22. 9. 1939; Nachlaß Holtzmann

7 Max Pribilla: »Die Fritsch-Krise 1938 als deutsche Schicksalswende«, in »Stimmen der Zeit« 77 (1952), S. 211; Gisevius, Jessen und Margot Sauerbruch in Interviews mit dem Autor

8 Die sechs Denkschriften sind: »Zur Kriegslage nach Abschluß des polnischen Feldzuges«, Sept. 1939; »Das deutsche Friedensangebot vom 6. 10. 39 und der mögliche weitere Kriegsverlauf«, 10. 10. 1939, »Zwischenpause nach dem Mißerfolg des deutschen Friedensangebotes«, 31. 10. 1939; »Eine Wendung im bisherigen Krieg?«, 20. 11. 1939; »Die russische Frage für Deutschland, eine Skizze«, Herbst 1939; »Betrachtungen über die

deutsche Lage um die Jahreswende 1939/40«, 2. 1. 1940. Sie befinden sich beim BMA, N 104/2 (Nachlaß Groscurth) und sind abgedruckt bei Groscurth (1970), S. 474 bis 497. Obwohl sie geschrieben wurden, um Unterstützung für den Widerstand zu gewinnen, spiegeln sie Becks private Meinung wider. Vergleiche Hassell (1964), S. 82 und 88; Beck an Wilhelm Beck, 7. Sept. und 21. Sept. 1939), S. 58; Helmut Gollwitzer, Interview mit dem Autor

9 Deutsch (1968), S. 66 ff. Hassell, Popitz und Jessen trafen sich oft mit Beck bei der Mittwochsgesellschaft. Beck, Hassell und Goerdeler erwogen auch die Möglichkeit, Göring für eine Aktion zu gewinnen. Zunächst billigte Beck diese Idee, verwarf sie dann aber wieder (Hassell [1964], S. 79 und 88). Ähnlich war Becks Haltung gegenüber Göring während der Sudetenkrise; siehe Foerster (1953), S. 122

10 Deutsch (1968), S. 201; IFZ, ZS 603: »Protokoll der Besprechung mit Frau von Dohnanyi am 1. 12. 52«; IFZ, ZS 249, Huppenkothen: »Aussage«, undatiert. Die Verschwörer erwogen die Möglichkeit, Hitler zu ermorden, verwarfen sie aber.

11 Um der Verschwörung eine breitere Basis zu verschaffen, nahm Beck Kontakt mit dem früheren führenden Sozialdemokraten Wilhelm Leuschner auf. Es ist jedoch nicht bekannt, was zwischen den beiden besprochen oder ob eine Vereinbarung getroffen wurde. Auch Leuschner stand keine Organisation zur Verfügung, die unmittelbar nach dem Staatsstreich zu dessen Unterstützung hätte eingesetzt werden können.

12 Hassell (1964), S. 332 ff.

13 ibid.

14 und nachfolgende Zitate ibid.

15 ibid.; Beck dachte an die Wiedereinführung der Monarchie. Eine umfassende Darstellung der Pläne des Widerstands siehe Hans Mommsen: »Die sozialen Vorstellungen und die Verfassungspläne des Widerstandes« in Graml u. a.: »Der deutsche Widerstand gegen Hitler« (1970), S. 105–115

16 Groscurth (1970), S. 478

17 Halder (1962), I, S. 105

18 Groscurth (1970), S. 219 f.

19 ibid., S. 218 und 222 f.

20 CSDIC (UK) G. G. Report: »Bericht über die von einem ranghohen Kriegsgefangenen erhaltenen Informationen, 8.–13. August 1945«. (sic). (Ich habe nicht die Erlaubnis, die Herkunft dieses Dokuments bekanntzugeben.) Halder hatte allerdings von Stülpnagel eine höhere Meinung, als man nach diesem Zitat vermuten könnte.

21 Groscurth (1970), S. 223 f.; Gisevius (1964), S. 285

22 ibid., S. 286

23 ibid., S. 287; Groscurth (1970), S. 224f.

24 ibid., S. 225; Gisevius (1964), S. 286 f.

25 Hassell (1964), S. 88

26 ibid., S. 95; Gisevius (1964), S. 290; ZS 603: »Protokoll der Besprechung mit Frau von Dohnanyi am 1. 12. 52«

27 Groscurth (1970), S. 236; Hassell (1964), S. 93

28 Gisevius (1964), S. 296

29 Deutsch (1968), S. 275; Halder (1962), I, S. 159; IFZ, ZS 249, Huppenkothen: »Der 20. Juli 1944«, undatiert, IFZ, ZS 240: »Aufzeichnung zum Gespräch zwischen Generaloberst a. D. Halder und Dr. Uhlig am 25. September 1954«; und Krausnick: »Aktenvermerk über eine Unterredung mit Generaloberst a. D. Halder am 25. 9. 1954«; Kosthorst (1954), S. 115 f.

30 Hassell (1964), S. 111 f.; BA, Nachlaß Goerdeler, Akte 26, Goerdeler: »Unsere Idee«, Nov. 1944, S. 108; Klaus-Jürgen Müller (1969), S. 675 f.

31 Deutsch (1968), S. 160 ff.; Kordt (1949), S. 369

32 IFZ, ZS 659: nicht betiteltes Protokoll einer Unterhaltung zwischen Müller und Krausnick am 10. 9. 1963

33 ibid.; IFZ, ZS 659: »Aussagen des Staatsministers a. D. Dr. Josef Müller«, 4. 6. 1952, und »Protokoll des Colloquiums vom 2. 8. 55«; Beck zog in Erwägung, zusammen mit Müller Dietrich Bonhoeffer nach Rom zu senden, um der Mission einen ökumenischen Charakter zu geben, nahm aber aus praktischen Gründen davon Abstand.

34 Groscurth (1970), S. 299. Vergleiche ZS 603, Christine von Dohnanyi: »Aufzeichnung«, undatiert. Laut Frau von

Dohnanyi fühlten sich die Verschwörer durch den Bericht ermutigt.
35 Deutsch (1968), S. 133 f. Deutsch liefert detaillierte Informationen zu Müllers Reise.
36 Alle relevanten Dokumente in Peter Ludlow: »Papst Pius XII., die britische Regierung und die deutsche Opposition im Winter 1939/40«. Eine Dokumentation. Vierteljahreshefte des Instituts für Zeitgeschichte 22 (1974), S. 299–341
37 ibid.; Josef Müller: »Bis zur letzten Konsequenz« (1975), S. 80 ff.
38 Peter Ludlow, a.a.O.
39 ibid.
40 Hassell (1964), S. 125; Gisevius, Interview mit dem Autor; ZS 659: Aussagen Müller und Protokoll des Colloquiums (siehe Anmerk. 33); Kordt (1949), S. 382 f. Vergleiche BA, Nachlaß Holtzmann, Akte 19, Holtzmann: »Beck im Jahr 1939«. Beck erklärte Holtzmann, daß »die polnische Frage gelöst werden muß ... unter den richtigen Voraussetzungen«.
41 Gisevius, Interview mit dem Autor; Hassell (1964), S. 124. Dulles bringt Beck in Zusammenhang mit Wirth, der mit den Briten über die Schweiz verhandelte (Dulles [1947], S. 59). Sollte das zutreffen, kann es sich nur um eine höchst lockere Verbindung gehandelt haben. Es mag sein, daß Beck auch noch von anderen Initiativen dieser Art gewußt hat, ohne sie geplant oder gebilligt zu haben. (Vergleiche Hoffmann [1974], S. 16 ff.; PRO, FO 371/24408/C 9635 und FO 371/24389/C 4389 und C 3439 (über Wirth)
42 Hassell (1964), S. 106
43 ibid., S. 130
44 ZS 659: Aussagen Müller und Protokoll des Colloquiums, siehe Anm. 33; Schlabrendorff (1965), S. 73; Hassell (1964), S. 133 f. Bezeichnenderweise hoffte die Opposition, daß der militärische Rückschlag nicht schwer sein möge.
45 In einem Interview mit dem Autor erinnerte sich Gisevius, daß Beck Osters Warnungen mindestens im April und Mai 1940 gebilligt hat. Deutsch stellt zutreffend fest, daß es keinen Anlaß gibt, Beck mit Osters vorhergehenden Warnungen im Jahr 1939 in Verbindung zu bringen (Deutsch [1968], S. 143 f.). Müllers Aussage siehe Anm. 33).
46 ibid. und Müller, a.a.O.
47 Deutsch (1968), S. 338 ff.
48 ZS 603, Christine von Dohnanyi: »Aufzeichnung«; Beck an Fritz Beck 6. 7. 1940 (Privatbrief im Besitz von Walter Beck); Hassell (1964), S. 138
49 Helmut Gollwitzer, Interview mit dem Autor; Hammerstein (1963), S. 126
50 BMA, N 28/7–8/1: Beck, Entwurf eines Briefes an einen nicht näher bezeichneten »Herrn Professor«, undatiert

Zu Kapitel IX

1 »Spiegelbild einer Verschwörung« (1961), S. 284; IFZ, ZS 659: Protokoll des Colloquiums am 31. 8. 1955
2 Hassell (1964), S. 150; Groscurth (1970), S. 543
3 Hassell (1964), S. 146
4 Kordt (1949), S. 412 ff.; Hammerstein (1963), S. 241; Schlabrendorff (1965), S. 73; Hassell (1964), S. 243
5 Walter Beck, Interview mit dem Autor; »Spiegelbild einer Verschwörung«, (1961), S. 93, 117 und 282 ff.
6 Groscurth (1970), S. 543–551
7 Hoßbach (1965), S. 137
8 Schlabrendorff (1965), S. 73
9 IFZ, ZS 26.A I: Draudt an Huch, 6. 6. 1946; Hans Doerr: »Der große Chef«, Wehrkunde VI (1957), S. 547; Hassell (1964), S. 247. Beck weigerte sich, sich überhaupt an Zeitzler zu wenden (Ritter [1954], S. 383)
10 Hassell (1964), S. 178, 187, 189
11 Gisevius (1966), S. 243
12 ibid., S. 184
13 Hammerstein (1963), S. 242
14 Pechel (1947), S. 155; Hassell (1964), S. 218–223
15 Scheurig (1973), S. 112 ff.
16 Gisevius (1964), S. 306
17 »Spiegelbild einer Verschwörung« (1961), S. 379
18 Hassell (1964), S. 228

19 Helmut Gollwitzer, Interview mit dem Autor; Hildebrandt (1949), S. 93; IFZ, ZS 659: Protokoll des Colloquiums am 31. 8. 1955; John (1969), S. 42; Schlabrendorff (1965), S. 76; »Spiegelbild einer Verschwörung«, (1961), S. 89
20 Hoffmann (1974), S. 262
21 ibid., S. 263
22 »Spiegelbild einer Verschwörung« (1961), S. 93
23 »Deutscher Widerstand 1938–1944« (1969), S. 162–8. Trott und Goerdeler reisten ebenfalls nach Schweden. Becks Beziehungen zu diesen Aktivitäten sind nicht bekannt.
24 Hoffmann (1974), S. 276. Beck wies Dohnanyi an, genaue Unterlagen über die Verschwörung zu sammeln, in denen die Naziverbrechen festgehalten und bewiesen werden sollte, daß die Verschwörer nicht einfach Opportunisten waren (Deutsch, [1968], S. 375).
25 Josef Müller, Interview mit dem Autor. Müller erklärte, Beck habe beabsichtigt, durch weitere Verhandlungen in Rom die Bedingungen für einen Friedensschluß zu klären und ob die Atlantikcharta auch für Deutschland gelten solle. (IFZ, ZS 659: »Aussagen des Staatsministers a. D. Dr. Josef Müller am 11. 6. 1952«)
26 Hoffmann (1974), S. 347; Gisevius (1964), S. 303; Gisevius (1966), S. 220; Dulles (1947), S. 133 ff.
27 Gisevius (1964), S. 306
28 Alfred Graf von Waldersee, Interview mit dem Autor
29 IMT, XX, S. 625; IFZ, ZS 249, Huppenkothen: »Der 20. Juli 1944«, undatiert
30 Hammerstein (1963), S. 194 und 227 ff.
31 Ehlers (1964), S. 57 und 194, und Ritter (1954), S. 523, berichten über den »Stalingrad-Putsch« im einzelnen. Ritter weist nach, daß der Bericht von Gisevius, der Witzleben eine zentrale Rolle zuweist, falsch sein muß, da W. bereits durch Rundstedt abgelöst war. Mein Bericht ist Ergebnis einer Kombination der verschiedenen Beweisführungen, speziell auch der Aussagen von Waldersee und des Berichtes von Osas, der schreibt, daß Beck Goerdeler davon unterrichtet habe, daß Rundstedt nichts unternehmen werde (Osas [1953], S. 69 ff.). Ich werde auch durch die Tatsache bestätigt, daß der »Stalingrad-Putsch« eine natürliche Weiterführung der früheren Pläne war und daß Beck ähnliche Vorhaben mit Popitz erörterte (Dulles [1947], S. 154). Die Verschwörer erwogen offensichtlich die Möglichkeit, das Führerhauptquartier mit Truppen zu zernieren (Ritter [1954], S. 523, und »Spiegelbild einer Verschwörung« (1961), S. 396. Vielleicht haben sie auch gehofft, daß Paulus von Stalingrad über den Rundfunk zu ihrer Unterstützung aufrufen könnte (Gisevius [1964], S. 308). Es fehlt aber jeder Hinweis, daß die Verschwörer jemals Kontakt mit Paulus gesucht haben. (Vergleiche: Paulus (1960), S. 205.)
32 IMT, XXXIII, S. 352 ff.; und »Spiegelbild einer Verschwörung« (1961), S. 42. Beck und Witzleben beklagten die Entlassung einer Reihe fähiger Generale.
33 Schlabrendorff (1965), S. 88 ff.; IFZ, ZS 603: »Protokoll der Besprechung mit Frau von Dohnanyi am 1. 12. 52«; IFZ, ZS 659: »Aussagen des Staatsministers a. D. Dr. Josef Müller am 11. 6. 52«
34 Beck an Fritz Beck, 5. Juli 1942 (Privatbrief im Besitz von Walter Beck); Kerdorff (1962), S. 19
35 Sauerbruch (1949), S. 369 ff.
36 Hassell (1964), S. 274–276, und 281
37 IFZ, ZS 74, Hoßbach: »Niederschrift Nr. 2«, 12. 7. 1951
38 Margot Sauerbruch, Interview mit dem Autor
39 Beck an Frau von Hammerstein, 9. 5. 1943 (Privatbrief im Besitz von Ludwig Frhr. v. Hammerstein)
40 Beck an Fritz Beck, 31. 5. 1943 (Privatbrief im Besitz von Walter Beck); Hammerstein (1963), S. 213. Becks Ungeduld mag auch durch den bevorstehenden Zusammenbruch Italiens verstärkt worden sein, der die militärische Lage weiter verschlechtern mußte.
41 Sauerbruch (1949), S. 369; Margot Sauerbruch, Interview mit dem Autor; Von kleineren Schwächeperioden abgesehen, war Becks Gesundheitszustand Ende 1943 und Anfang 1944 zufriedenstellend.
42 NARS, Sammlung militärischer Stu-

dien der Wehrmacht, MS B 285, Ludwig Kaiser: »Die Goerdeler-Bewegung« (1943), S. 33; Hassell, S. 257 und 314

43 Kaiser, a.a.O., S. 35–41; John (1969), S. 119

44 Dulles (1947), S. 153–157

45 Sauerbruch (1949), S. 370

46 Ritter (1954), S. 357 ff.

47 »Spiegelbild einer Verschwörung« (1961), S. 98; Hoffmann (1974), S. 415. Hoffmann berichtet, daß Beck und Witzleben sich weigerten, mit Falkenhausen zusammenzuarbeiten – »wegen seiner notorischen Affäre mit einer Dame«. Das mag zutreffen; sie könnten aber auch durch die Rolle Falkenhausens bei den Geiselerschießungen in Belgien beeinflußt gewesen sein. (Vergleiche Hassell (1964), S. 257.)

48 Hassell (1964), S. 293; »Spiegelbild einer Verschwörung« (1961), S. 309

49 IFZ, ZS 603, Christine von Dohnanyi: »Aufzeichnung«, undatiert; John (1969), S. 61 ff.

50 Nebgen (1967), S. 125; Leber (1952), S. 290 ff.

51 Marianne Gräfin von Yorck, Interview mit dem Autor; Hoffmann (1974), S. 427

52 ibid., S. 240–247

53 Elfriede Kaiser-Nebgen, Interview mit dem Autor; Hassell (1964), S. 215 und 305; Beck selbst sollte entscheiden, wann die Militärregierung abtreten sollte (Buchheit [1964], S. 300.) Wilhelm Ritter von Schramm schreibt, daß Beck und Goerdeler an zwei längeren Memoranden »Der Weg« und »Das Ziel« arbeiteten. Es gibt aber keine Beweise, daß Beck Teile der Memoranden geschrieben hat. Wahrscheinlicher ist, daß Goerdeler sich bei der Niederschrift auf Becks Äußerungen bei Gesprächen mit ihm stützte. (Beck [sic] und Goerdeler [1965], S. 36 ff.) Vergleiche »Spiegelbild einer Verschwörung« (1961), S. 305

54 Ritter (1954), S. 505; John (1969), S. 49; Louis Ferdinand (1952), S. 313 ff.; Hassell (1964), S. 214 ff.

55 »Spiegelbild einer Verschwörung« (1961), S. 31 ff.

56 ibid., S. 59. Es gab auch Vorstellungen, nach denen entweder Rommel oder Leuschner Staatsoberhaupt werden sollten, die aber ernsthaft nie in Betracht gezogen wurden. (Ritter [1954], S. 529 und 538)

57 Leber (1952), S. 291; Osas (1953), S. 67; Elfriede Kaiser-Nebgen und Käthe Jessen, Interviews mit dem Autor. Vergleiche »Spiegelbild einer Verschwörung« (1961), S. 217 und 248; Beck bewertete Goerdelers Verdienste um die Anwerbung neuer Verschwörer wie auch seinen starken Einfluß auf Kluge sehr hoch.

58 ibid., S. 145 und 309; Hassell (1964), S. 293

59 Hoffmann (1974), S. 435, und Meinecke (1950), S. 102. Meinecke berichtet, daß Beck erklärt habe, er sei bereit, auch patriotische Kommunisten in seine Regierung aufzunehmen.

60 »Deutscher Widerstand 1938–1944« (1969), S. 288–293

61 Fechter (1948), S. 397 ff.

62 Spranger (1966), S. 119–123

63 ibid., S. 123, und Meinecke (1950), S. 98 ff.

64 Siehe Seite 76

65 Beck (1955), S. 193–225

66 Hammerstein (1963), S. 16 ff. Beck sprach mit Hammerstein 1943 über die Dolchstoßlegende.

67 und nachfolgende Zitate Beck (1955), S. 230–258

68 Westphal (1950), S. 53, faßt Becks Vorkriegsansichten über Ludendorffs Theorien zusammen. Noch 1939 erklärte der Chef des Generalstabs, es sei notwendig, alle Kraftquellen des Landes zu mobilisieren, doch dürfe der Krieg nicht »irregulär« werden; Beck war gegen die Bewaffnung von Zivilisten und wollte einen Krieg der Ideologien unter allen Umständen vermieden wissen. Frau Jodl erinnert sich an Becks spätere Ansichten. Er betonte, daß der Krieg nicht in Abhängigkeit von der Technologie geraten dürfe. (Luise Jodl, Interview mit dem Autor)

69 Beck (1955), S. 261–291

70 Kunrat Freiherr von Hammerstein und Gisevius, Interviews mit dem Autor

71 Hammerstein (1963), S. 295

Zu Kapitel X

1 Lilje (1950), S. 60
2 Hemingway: »Men at War« (London & Glasgow 1972), S. 16
3 Foerster (1953), S. 153; IMT, XXXIII, S. 412; Foerster, vertrauliche Gespräche mit dem Autor
4 Beck an Scholz, 1. Juni 1944; und Foerster (1953), S. 155
5 Gertrud Neubaur, Interview mit dem Autor; »Spiegelbild einer Verschwörung« (1961), S. 436; Spranger (1966), S. 122; Fechter (1948), S. 400
6 Rudolf Beck, Interview mit dem Autor; Beck an Bertha Beck, 7. Juli 1944 (Privatbrief im Besitz von Frau B. Beck)
7 »Spiegelbild einer Verschwörung« (1961), S. 365; Beck an Fritz Beck, 4. Juli 1944 (Privatbrief im Besitz von Walter Beck); Hammerstein (1963), S. 223; Margot Sauerbruch, Interview mit dem Autor
8 ibid., Frau Erna Ludin, Interview mit dem Autor; BA, Nachlaß Holtzmann, Band 20: Holtzmann an Huch, 2. 7. 1946; Spranger (1966), S. 119
9 Gertrud Neubaur, Interview mit dem Autor
10 Prinz Louis Ferdinand, Interview mit dem Autor; Margot Sauerbruch, Interview mit dem Autor; Hassell (1964), S. 159 und 162
11 Walter und Rudolf Beck, Interviews mit dem Autor; Beck an Fritz Beck, 21. 3. 1940 (Privatbrief im Besitz von Walter Beck)
12 »Spiegelbild einer Verschwörung« (1961), S. 93 ff.; Wilhelm Scheidt: »Scheidt-Beck«, undatiert (private Aufzeichnungen im Besitz von Mr. D. Irving). Es ist interessant, daß Beck vor der Invasion noch die Ansicht vertrat, daß die Alliierten lediglich die Kräfte Deutschlands im Westen fesseln wollten (Hassell [1964], S. 306). Ähnlich äußerte sich Beck über den Feldzug in Italien (Werner Heisenberg, Interview mit dem Autor).
13 Meinecke (1950), S. 98–101
14 Dulles (1947), S. 135
15 ibid., S. 139; Otto John bestätigte, was Gisevius über die Haltung der Alliierten berichtete, nachdem er selbst in Madrid Nachforschungen angestellt hatte (Interview mit dem Autor). Auch Trott wandte sich an Dulles und drohte damit, Deutschland werde sich der Sowjetunion zuwenden, falls die Alliierten sich nicht zu annehmbaren Garantien verstünden. Aber Dulles bringt Beck nicht mit diesen Drohungen in Verbindung (Dulles [1947], S. 132). Tatsächlich darf es als gesichert angesehen werden, daß Beck niemals die Möglichkeit in Betracht gezogen hat, Zusicherungen von seiten der Russen zu erhalten. Sogar die Möglichkeit einer Zusammenarbeit mit dem »Nationalkomitee Freies Deutschland«, das kommunistische Emigranten und kriegsgefangene Generale, Offiziere und Mannschaften in der Sowjetunion gegründet hatten, um die Wehrmacht und das deutsche Volk zum Sturz Hitlers aufzurufen, wurde von ihm kategorisch verworfen. Er verabscheute diese Aktivitäten als zersetzend (Hammerstein [1963] S. 228, und Ludwig v. Hammerstein, Interview mit dem Autor).
16 Foerster (1953), S. 164
17 Schlabrendorff (1965), S. 138
18 »Spiegelbild einer Verschwörung« (1961), S. 136; Buchheit (1964), S. 328
19 Gisevius (1964), S. 333 ff.
20 Foerster (1953), S. 156; Spranger (1966), S. 124
21 und nachfolgende Zitate Gisevius (1964), S. 345 ff.; Hammerstein (1963), S. 223
22 Ritter (1954), S. 539, berichtet, daß Speidel bestritt, was Gisevius über Becks Haltung gegenüber Rommel berichtet.
23 Gisevius (1964), S. 348
24 ibid., S. 349–352
25 Helmut Gollwitzer und G. Neubaur, Interviews mit dem Autor; Hammerstein (1963), S. 240
26 Gisevius (1964), S. 356 ff.; »Spiegelbild einer Verschwörung« (1961), S. 409
27 ibid., S. 409; Gisevius (1964), S. 360 ff.
28 ibid., S. 359 ff.; Wieviel Himmler über die Verschwörung wußte und ob weitere Verhaftungen geplant waren, ist nicht ganz klar. Die vorliegenden Beweise lassen vermuten, daß Himmler genug wußte, um zahlreiche Verhaftungen und Verhöre vornehmen zu können, offensichtlich aber

auf Zeit spielte – vielleicht in der Hoffnung, mit den Verschwörern gemeinsame Sache zu machen, falls sie Erfolg haben sollten (siehe Hoffmann, S. 447)
Schlabrendorff berichtet, daß Himmler 1943 zu Canaris gesagt habe, er wisse viel, und er werde zur rechten Zeit gegen die Verschwörer vorgehen (Schlabrendorff [1965], S. 135). In den Gestapoberichten nach dem 20. Juli wird behauptet, daß die defätistischen Ansichten General Becks seit langem bekanntgewesen seien; wäre er Zivilist, hätten sie längst zu seiner Verhaftung geführt (»Spiegelbild einer Verschwörung« [1961], S. 96). Nach einem anderen Bericht hat ein SS-Offizier mit Namen Litzenberg am 17. Juli um die Genehmigung nachgesucht, Goerdeler und Beck zu verhaften. Himmler habe dies jedoch entrüstet abgelehnt. Diese schriftliche Ablehnung erreichte Litzenberg am 21. Juli (Hoffmann [1974], S. 807).

29 Gisevius (1964), S. 362 ff.

30 ibid., S. 362 ff. Gisevius fügt hinzu, daß Beck ihm gesagt habe, Stauffenberg habe gedroht, das Attentat nicht auszuführen, was wenig glaubhaft klingt. Vielleicht hat Beck den Abend des 17. Juli mit Jessen verbracht und ihm gegenüber die Bemerkung wiederholt, daß ein Pferd, das zweimal ein Hindernis verweigert hat, es auch beim drittenmal nicht nehmen wird. (Käthe Jessen, Interview mit dem Autor)

31 Sauerbruch (1949), S. 371 ff.

32 Gisevius (1964), S. 364; »Spiegelbild einer Verschwörung« (1961), S. 100

33 Nebgen (1967), S. 193; Elfriede Nebgen, Interview mit dem Autor

34 Sofern nicht anders angegeben, ist die Quelle für den Bericht über das Attentat: Hoffmann (1974), S. 466–520

35 Gisevius (1964), S. 371 ff. und 379

36 IMT, XXXIII, S. 361, 402 ff. und 516

37 ibid., S. 404 ff. und 516

38 IFZ, ED 95: Wagner an Zeitzler, 21. Juli 1944

39 IMT, XXXIII, S. 406 ff.

40 Gisevius (1964), S. 372

41 ibid., S. 372 ff.

42 ibid., S. 373; »Spiegelbild einer Verschwörung« (1961), S. 191

43 Gisevius (1964), S. 374. Gisevius berichtet irrtümlich, daß Olbricht Beck aufforderte, ihn zu Fromm zu begleiten, um über diesen Punkt zu sprechen.

44 ibid., S. 374

45 ibid., S. 379

46 ibid., S. 380

47 ibid., S. 380

48 ibid., S. 381

49 ibid., S. 383

50 ibid., S. 383 ff.; IMT XXXIII, S. 409

51 Gisevius (1964), S. 386

52 Hoffmann (1974), S. 504; Ludwig von Hammerstein, Interview mit dem Autor; NARS, Sammlung militärischer Studien der Wehrmacht, ETHINT 5: Otto Remer; »Die Verschwörung vom 20. Juli 1944«, 15. 8. 1945

53 Hoffmann (1974), S. 562; Gisevius (1964), S. 393
Gisevius irrt sich bei seinen Zeitangaben für die Telefonate mit Frankreich.

54 ibid., S. 393 ff.; Koch (1950), S. 232 ff. bietet eine Version des Gespräches zwischen Beck und Kluge an, die nicht stimmen kann. Die Zeitangaben sind unzutreffend, die Aussprüche, die er Beck zuschreibt, entsprechen nicht der Diktion Becks.

55 Gisevius (1964), S. 394; Schramm (1956), S. 93 ff. Weder Beck noch Stülpnagel konnten sich noch an Rommel wenden, der am 17. Juli bei einem Tiefangriff alliierter Jagdbomber verwundet worden war und am 20. Juli im Lazarett lag.

56 IMT, XXXIII, S. 410 ff. und 517 ff.

57 Gisevius (1964), S. 387

58 ibid., S. 389 ff.

59 ibid., S. 391

60 ibid., S. 391

61 ibid., S. 391

62 ibid., S. 392 ff.

63 ibid., S. 394

64 ibid., S. 394 ff., Buchheit (1964), S. 344

65 Gisevius (1964), S. 395

66 ibid., S. 395 ff.; John (1969), S. 166; IMT XXXIII, S. 351 ff., 361 ff. und 369; »Spiegelbild einer Verschwörung« (1961), S. 42 ff.

67 IMT XXXIII, S. 518; Hoffmann (1974), S. 855

68 IMT XXXIII, S. 518

69 Becks Selbstmord wurde von Hoepner geschildert: IMT XXXIII, S. 417 ff., 504–507 und 518 ff.

Danksagung

Vor allem muß ich meinem Freund und Mentor, Mr. A. J. Nicholls vom St. Antony College, Oxford, danken, der mich und meine Arbeit drei Jahre lang ertragen hat. Ich stehe tief in seiner Schuld. Danken möchte ich aber auch allen, die mir mit so ungewöhnlicher Bereitwilligkeit ihre Hilfe angeboten haben: den Mitgliedern der Familie Beck, besonders den Herren Rudolf und Walter Beck sowie Frau Gertrud Neubaur, Ludwig Becks Tochter, die mir Gastfreundschaft gewährten, mir neue Quellen erschlossen und geduldig Becks Leben mit mir besprachen. Herr Rudolf Beck war so gütig, mein Manuskript zu lesen und es ausführlich zu kommentieren, wobei sich herausstellte, daß grundsätzliche Meinungsverschiedenheiten zwischen uns bestanden und wohl bestehen bleiben müssen. Herr H. B. Gisevius empfing mich in seinem Haus zu zwei langen, sehr freimütigen und produktiven Gesprächen und fand sich immer wieder bereit, meine brieflichen Anfragen mit detaillierten Informationen zu beantworten. Er starb kurz vor Beendigung meiner Arbeit; ich habe seinen Tod zutiefst bedauert. Frau Luise Jodl, Becks frühere Sekretärin, übernahm die Übertragung von zahlreichen Dokumenten in Becks schwer zu entziffernder Handschrift. Mr. David Irving erlaubte mir großzügig die Verwendung neuer und wichtiger Dokumente aus seiner privaten Sammlung. Professor Klaus-Jürgen Müller empfing mich und korrespondierte lange mit mir, las das Manuskript und gab mir zahlreiche Anregungen. Sir John Wheeler-Bennett war so liebenswürdig, meine Arbeit mit mir zu diskutieren und mir wertvolle Empfehlungsschreiben zu geben. Mr. Aladár Szegedy-Maszák, Mr. Kenneth Barkin und mein Vater, G. Edward Reynolds, lasen Teile des Manuskriptes und halfen mir mit ihren Anregungen, wie es auch Ms. Margaret Anderson in einem früheren Stadium der Arbeit getan hat.

Es ist mir ein besonderes Anliegen, mich bei einer großen Anzahl von Becks Freunden und Kameraden zu bedanken, die mir viele interessante Details aus ihrer Erinnerung mitteilten. Ebenso danke ich den Mitarbeitern folgender Institutionen: des Berlin Document Center, besonders meinem Freund Herrn Richard Bauer; des Bundesarchivs in Koblenz; des Bundesarchivs-Militärarchiv in Freiburg; des Hoover Institute in Stanford, Kalifornien; des Instituts für Zeitgeschichte in München, besonders Herrn Dr. Hoch und Herrn Weiss; der National Archives in Washington, besonders den Herren Mendelssohn, Wagner und Wolfe.

Dank schulde ich auch Mrs. Frances Yerkes für die Niederschrift meines Manuskriptes – und natürlich meiner Familie und allen meinen Freunden, die mich während meiner Arbeit unterstützt haben. Hier möchte ich besonders David Kahn erwähnen, mit dem zusammen ich viele anregende Stunden in den Bibliotheken und Archiven verbracht habe.

Für alle etwaigen Fehler in bezug auf Tatsachen und ihre Interpretation trage natürlich ich allein die Verantwortung.

Nicholas Reynolds,
Washington und Oxford, 1975

Personenverzeichnis